다른 것이 아닌 것

존재 및 인식의 원리

나남
nanam

한국학술진흥재단 학술명저번역총서
서양편 203

다른 것이 아닌 것

존재 및 인식의 원리

2007년 7월 5일 발행
2007년 7월 5일 1쇄

지은이_ 니콜라우스 쿠사누스
옮긴이_ 조규홍
발행자_ 趙相浩
발행처_ (주) 나남
주소_ 413-756 경기도 파주시 교하읍
출판도시 518-4
전화_ (031) 955-4600 (代)
FAX_ (031) 955-4555
등록_ 제 1-71호(79.5.12)
홈페이지_ http://www.nanam.net
전자우편_ post@nanam.net
인쇄인_ 유성근(삼화인쇄주식회사)

ISBN 978-89-300-8218-1
ISBN 978-89-300-8215-0 (세트)
책값은 뒤표지에 있습니다.

'한국학술진흥재단 학술명저번역총서'는 우리 시대 기초학문의 부흥을 위해
한국학술진흥재단과 (주)나남이 공동으로 펼치는 서양명저 번역간행사업입니다.

다른 것이 아닌 것

존재 및 인식의 원리

니콜라우스 쿠사누스 지음 | 조규홍 옮김

나남
nanam

PHILOSOPHISCH-THEOLOGISCHE SCHRIFTEN
(*De non-aliud*)

Von

NIKOLAUS VON KUES

Herausgegeben von Leo Gabriel Üebersetzt und kommentiert von
Dietlind und Wilhelm Dupré

STUDIEN-UND JUBILAEUMSAUSGABE
LATEINISCH-DEUTSCH

BAND II

VERLAG HERDER WIEN

"Cum igitur nihil maneat dubii, quin hic definiendi modus, quo non-aliud se et omnia definit, praecisissimus sit atque verissimus, non restat nisi circa ipsum attente immorari et quae humanitus sciri possunt reperire."

"다른 것이 아닌 것"이 자기 자신만이 아니라 〔다른〕 모든 것들을 정의하는 이 방식을 따라 가장 정확하고 참되게 말할 수 있으리라고 추호도 의심하지 않기에, 저 "다른 것이 아닌 것"에 주의를 집중하고 그 주변에 머무르면서 인간적 앎을 실현할 수 있다는 사실을 곱씹어 보는 일 외에 따로 할 일이 없다고 보네.

(*De non-aliud* c. 1)

옮긴이 머리말

이 번역서는 전공서적에 속한다. 새로운 시대를 앞두고 중세를 마감하는 특정 시기에 살았던 철학자이자 신학자 니콜라우스 쿠사누스(Nicolaus Cusanus / Nikolaus von Kues, 1401~1464)의 작품《다른 것이 아닌 것》(*De non-aliud*)을 번역한 책이란 점에서 그러하다. 그러나 진리와 마주하는 일에서 그 어떤 전문성을 조건으로 내세워선 안 된다고 본다면, 여기서 전공서적이란 차라리 진리에 관심을 기울이는 이들을 위해 보다 집요하게 따져본 책이란 뜻 외에 다른 뜻이 없다.

《다른 것이 아닌 것》의 집필시기는—니콜라우스의 또 다른 작품《지혜의 사냥》(*De venatione sapientiae* c.14)이 전해주는 대로—1461/62년 겨울 혹은 초봄이다. 전해진 제목으로 보아《통찰을 위한 지침》(*Directio speculantis*)과《다른 것이 아닌 것》(*De non aliud*) 두 권이 합쳐진 것이라 짐작하지만, 앞선 제목은《다른 것이 아닌 것》의 말미에 부록처럼 덧붙여진 명제들(*Propositiones*)이라는 추정이 제기되는 만큼 확실하진 않다. 한편 저 '명제들'만 별도로 1500년에 빈(Wien)에서 출판되기도 하였다(K. Celtis, *Briefwechsel*, ed. H. Rupprich, p. 422). 《다른 것이 아닌 것》은 인간의 이해에서 보편적이며 궁극적인 척도로서 "다른 것이 아닌 것"이란 개념을 제시한다. 이 작품을 통해 니콜라우스가 추구하는 바는 그의 전(全)생애에 걸쳐 과제로 삼았던 것으로서 "절대적 지혜(진리)"에 도달하는 일이다. 그것은 그 이듬해 집필한 《지혜의 사냥》(1463)을 통해서 재확인할 수 있는 사실이다. 《지혜의 사냥》에는 그 전까지 니콜라우스가 시도했던 통찰의 전체적 개요가 그의 작품들과 연상하여 이해할 수 있을 만큼 일목요연하게 소개되어 있다. 예컨대 영원한 지혜에 다가가는 열 가지 방식, 곧 ① 박학한 무지(無知, *docta ignorantia*), ② 모든 가능성의 현실태(*posset*), ③ 다른 것이 아닌 것(*non aliud*), ④ 빛(*lux*), ⑤ 찬미(*laus*), ⑥ 단일성(*unitas*), ⑦ 동등성(*aequalitas*), ⑧ 결속(*connexio*), ⑨ 끝(목적, *terminus*), ⑩ 질서(*ordo*) 개념을 통하여 진리에 이르는 방식에 대해 소개하고 있다(위의 책, c. 11). 이 개념들 가운데 어느 하나를 혹은 몇몇을 함께 숙고함으로써 알아볼 수 있는 절대적 지혜는 그렇듯 다양한 경로를 따라 접근이 가능하게끔 자신을 내보인다는 것이 니콜라우스의 기본입장이다.

그 같은 기본입장은 그의 작품 어디서나 쉽게 접할 수 있다. 예를 들어 좀더 이른 시기의 작품인 《창조》(*De genesi*, 1447) 안에서 니콜라우스는 '동화'(同化)에 대한 기본적 생각을 구약성경의 믿음을 통해 발견하고 발전시킨다. 곧 "언어로써 '초월적인 신적(神的) 양식에 감히 인간이 동화할 수 있기에'(*inattingibilis divini modi fore humanam assimilationem*) 모세는 신(神)의 율법을 틀림없이 전달할 수 있었다"

(위의 책, p. 408) 라고 역설한다. 그러한 통찰에는 분명 신으로부터 창조된 이 세계에 대한 긍정적 시각과 함께 그로써 인간에게 이미 주어진 것들을 토대로 신에게 나아갈 수 있다는 확신이 돋보인다.

"인간의 언어〔말〕"는 절대적 지혜에 다가서는 데 결정적 도움을 준다. 마치 "배우지 못한 학생이 스승의 가르침을 알아듣기까지"〔탐구의 절정 (*De apice theoriae*, 1464, p. 416)〕 스승은 그의 학생을 침묵 (*silentium*) 에서 끌어내어 자기 자신의 개념 (*conceptus*) 과 동화된 소리 (*sonus*) 를 내도록 안내한다. 그렇게 동화된 소리란 "지적 (知的) 인 말" (*verbum intellectuale*) 을 전달해 주는 음성 (*vox*) 으로서 지적인 말과의 동화가 가능하고, 그런 까닭에 지적 의미를 전달하는 매개체로 이해될 수 있다. 이때 〔무분별한〕 '소리'가 '음성'이 되는 과정은 청각 (*sensatio*) 으로 구별해내기 어렵지만, 달리 인간의 이성 (*ratio*) 은 "자음과 모음 요소들의 결합으로 엮어진 음절, 음절들의 결합으로 엮어진 낱말, 그러한 낱말의 결합으로 엮어진 문장" (*post combinatio elementorum in syllabas, syllabarum in dictiones, dictionum in orationem*) 을 체계적으로 분석해내고 알아들을 수 있다. 결국 지적인 말 (*verbum*) 이 그것과 동화된 감각적 소리 및 분절 (分節) 된 음성 (*articulata vox*) 을 통해 타자 (듣는 이) 에게 전달되듯이, 신적 지혜 역시 우리는 그것과 닮아 있는 이성 (언어) 에 힘입어 알아볼 수 있다. 이에 덧붙여 니콜라우스는 말하는 이의 호흡, 입술, 혀 및 턱의 움직임 등에 따라서 "지적인 말"의 의미 및 의도 (*intentio*) 가 다채롭게, 곧 효과적으로 아니면 비효율적으로 전달될 수 있음 또한 잊지 않고 설명한다.

그런 까닭에 인간의 이성 (사유 및 언어) 은 바로 진리를 제대로 알아듣고 전달할 수 있기 위해 그것과 더욱 동화된, 다시 말해 진리에 관한 올바른 사유 및 언어형식에 대해 고민해야만 한다. 일찍이 《사유의 가늠》(*De coniecturis*, 1442) 안에서 니콜라우스는 진리에 대한 사유(능력)를 가늠해보고자 시도했는데, 그로써 그는 인간의 사유가 추구하는 진리란 단지 형식적 올바름을 구별하는 이성을 따라서만이 아니라, 그러한 올바름을 구별짓는 경계에서 또 달리 자각하게 되는 "박학한 무지를 통하여"(*per doctam ignorantiam*) 더욱 분명하게 터득하게 된다고 말한다. 그것은 니콜라우스의 진리관이 분명 사유하는 인간의 논리형식과 연관되어 있지만, 더 나아가 그러한 논리형식의 근간(根幹)으로서 "보다 큰 정신(精神)"(*major intellectus*)에 소급할 때 비로소 온전히, 그리고 포괄적으로 채워질 수 있음을 제언(提言)한 것이다(위의 책, I c. 2). 이러한 태도는 뒤에 근대의 이원론적 관점에 발판을 놓은 당시의(중세의) 유명론적 관점, 이른바 "물질-개념 간의 이분법적 시각"에 기초하여 인간 이성(합리성)의 독단적 행보(行步)를 선택한 경우와 판이하게 구별된다. 니콜라우스에 의하면 인간은 형식적-논리적 올바름을 구별하는 이성을 넘어서 물질과 개념이 하나로 존재하는 보다 큰 정신 혹은 — 뒤에 《신의 직관》(*De visione Dei*, 1453) IX에 따르면 — "합리성이 최대한 고양된 영(靈)"(*spiritus altissimus rationis*)에 근거하여 비로소 사유를 완성시킬 수 있다. 따라서 압축된 형식으로 실재를 명명하기 위해서 혹은 더 나아가 궁극적으로 진리인식과 관련하여 개념 및 언어가 필요하다고 할 때, 정작 개념 및 언어가 보다 큰 정신에 근거하여 활용될 때 비로소 정당하다고 보았다(*De coniecturis* II c. 17). 그렇게 개념 및 언어의 원천적 이해로부터 인간의 인식행위는 그의 고유한 가치와 의미(본래성)를 잃지 않으며, 그로써 개념 및 언어는 실재적인 것과 질서정연하게 연계시키는 가늠자(*coniectura*)가 되는 셈이다. 곧 인간은 제일 먼저 ① 감각(*sensatio*)을 바탕으로 경험한 바를, ② 이성으로 그때마다 분별해낸다. 이때 이성은 지각대상들을 합리적으로 차별화하는 방편으로서의 개념 및 대립적 형식(모순율)을 마치 자신의 권리처럼 행사한다. ③ 그러나 이들 논리형식들이 이성에게는 그 자체의 분별을 위한 최대의 원리이겠지만, 그 너머에 다시금 보다 큰 정신(*intellectus*)에 근거해야만 한다. 다시 말해 이성이 자체 내 최대의 원리로 삼았던 구별형식의 원리들(모순율)에 근간이 되는 또 다른 원리(동일률)가, 이른바 모순의 모순이, 서로 대립하는 것들의 합일(하나)이 거기 큰 정신 안에 선재(先在)해야 한다는 것이다.

니콜라우스는 이같이 새롭게 자각한—그래서 한때 전통에 반목하는 사상가로 지목될 만큼 특별한—지적 근간을 해명하기 위하여 오랫동안 끊임없이 노력하였다. 한마디로 "대립하는 것들의 합일"(*coincidentia oppositorum*)이 왜 우리의 존재 및 인식에서 필연적으로, 그리고 앞서 요구되는지 밝히려고 애썼다. 여기 이 작품 《다른 것이 아닌 것》은 의심의 여지없이 그가 그토록 찾았던 노력의 결정체라 할 수 있다. "다른 것이 아닌 것"이란 바로 저 개념(대립하는 것들의 합일)에 대한 이해를 돕고 마침내 정신(절대적 지혜)을 해명해 주는 "보다 정확하고"(*praecisius*), "보다 가까운"(*propinquius*) 단서라고 확신하였듯이 말이다(*De non-aliud* c. 2). 정신은 인간의 이성에게 개념들의 연관성을 통하여 포괄적 인식에 이르도록 요구한다. 그리하여 대립적으로 경험되는 그런 모든 것들의 하나됨을 파악하기 위하여 우리의 사유활동 혹은 알아봄(*visio*)은 이성을 넘어 더 나아가야 한다. 그로써 도달하게 되는 궁극적 지혜 및 하나됨이 모든 사유 및 인식행위뿐만 아니라 모든 존재가 나아가야 할 본래적이고 최종적인 끝(목표)이다. 그런 점에서 니콜라우스에게서 사유는 플라톤(Platon)과 마찬가지로 본시 전체를 향한 움직임이다. 얽혀져 있음〔*implicatio*, 난제(難題)〕에서 풀어헤침〔*explicatio*, 해제(解題)〕을 거쳐 마침내 모든 것을 가지런하게 하는 일〔*complicatio omnium*, 제물(齊物)〕이 니콜라우스에게서 이른바 세 단계(*sensatio - ratio - intellectus*)를 따라 벌어지고 있는 셈이다. 이는 죄악으로 타락한 인간이 신을 닮은 제 영혼을 회복함으로써 다시 신과의 만남을 기대할 수 있게 되는, 이른바 창조에서 타락을 거쳐 구원에 이르는 경륜(經綸)체계와 유사한 구조를 보여준다. 그리하여 일찍이 아우구스티누스(Augustinus)가 한 인간실존의 구원을 위해 시도하였듯이, 그렇게 육체적 자아를 넘어서 영혼의 "내면적 자아를 향한 길"(*via interior, d.h. ini in te ipsum*)을 통해 마침내 "신에게 나아가는"(*transcende te ipsum*) 인간의 자기완성 과정과 다르지 않은 구도를 니콜라우스에게서도 발견하게 된다. 그로써 근본적으로 인간의 자기인식 및 존재실현으로서 자기완성이 가능하다는 사실을, 나아가 그것이 가능하다면 또한 어떻게 실현될 수 있는지를 밝혀낼 수 있을 만큼 밝혀내는 것이 니콜라우스의 관심사였다고 말해도 지나치지는 않을 것이다.

니콜라우스는 그의 마지막 작품《탐구의 절정》(*De apice theoriae*, 1464) 안에서 "만일 우리가 그 무엇인가를 묻지 않는다면, 우리는 더 이상 아무것도 찾아낼 수 없을 것이다"(위의 책, p. 362)라고 힘주어 말한다. "묻는 행위"(*quaerere*)를 통해서만이 사유의 목적이 실현된다. 왜냐하면 물음은 결코 헛되이 시작되지도 않으며 또한 무의미하게 마감되지도 않을 것이라 확신하기 때문이다. 그도 그럴 것이 모든 물음은 더 이상 답변할 수 없을 지경까지 계속될 것이요, 자포자기하지 않는 한 결국에는 의문을 낳지 않는 순간까지, 곧 원천적 진리에 이르기까지 계속될 것이기 때문이다. 그렇게 니콜라우스의 의문은 의심(*dubitio*)으로 그치지 않고, 오히려 인간이 의문을 가지게 된 근거로서의 진리(존재원천)와 맞닿아 있다.

이러한 해석이 가능하다면, 앞서 가브리엘(Leo Gabriel)의 간단한 평가(《니콜라우스 전집》 제2권, 머리말 p. vii 이하)가 부적절하지 않음은 물론 앞으로 계속될 니콜라우스 사상연구에 유익한 좌표가 될 것이다.

> "무엇보다도 (니콜라우스) 쿠사누스는 인간 사유의 폭을 최대한 넓히려는 데 애썼으며, 이를 위해 우리의 사유 속에 지배하는 긴장과 차별성을 근본적으로 파헤치고자 시도했다. 이때 그는 존재론적-내용적으로 한정된 본질-형이상학이라는 스콜라철학에만 안주하지 않았고, 뒤에 순수 인식론적(*gnoseologisch*) - 형상적인 사유형식을 앞세우는 근대의 선험철학 및 논리적 실증주의에 자신을 내맡기지도 않았다. … 그의 관심사는 오히려 전체성 안에서 저 실재성(*Wirklichkeit*)을 어떻게 해명할 수 있을지 하는 것이었다. 이때 저 실재성이란 '지성적이고 영원한 것과의 교제를 통해'(*conversatione intellectualium et aeternorum*) 인간이 마침내 찾아야 할 자신의 근본적 정체성을 가리킨다. 만일 이 같은 그의 입장을 근대의 (순수 인식론적) 시각으로 해석하려고 한다면, 그가 그토록 고대 및 중세의

철학사상들에 대해 열중하면서 문제삼았던 측면들을 놓쳐버리는 것이 될 것이다.”

이 번역서는 일생을 통해 매진했던 한 사상가의 아주 커다란 사유를 대략 추적해본 작은 시도에 불과하다. 크다고 여기며 그저 바라만 보기에는 작금의 우리에게 너무 절실하다는 조바심에 서투른 작업이나마 시작했다. 다행히 미력한 역자에게 힘이 되어 주신 분들이 있어 넓은 강에 작은 돌 하나를 놓는다. 다른 이에게 작게나마 쓸모 있는 디딤돌이 되기를 희망하며 번역서를 내는 이 시점에 문득 교훈 하나가 머리를 맴돈다.

子[자]路[로]왈, 有[유]民[민]人[인]焉[언], 有[유]社[사]稷[직]焉[언], 何[하]必[필]讀[독]書[서]
然[연]後[후]爲[위]學[학]입니까?
子(孔[공]子[자]) 왈, 是[시]故[고]惡[오]夫[부]佞[녕]者[자]라! (논어 선진〔편〕 제11〔24〕)

논어집주(論語集註)를 빌어 풀어 말하면, 이는 “다스릴 백성이 있고, 모셔야 할 사직(社稷)이 〔있어 직접 익힐 수〕 있는데, 어찌 반드시 옛 글을 읽은 다음에야 학문을 닦을 수 있다는 말씀입니까?” 하고 자로(子路)가 〔자신이 어느 고을의 관리(宰)로 추천했던 자를 두둔하여〕 대꾸하자, 공자님께서 “이런 까닭에 나는 〔덕(德)은 있으되 학식(學識)이 모자라 고을의 분란을 일으키는 관리처럼 참된 이치에 밝지 못하여〕 한갓 말을 꾸미는 자를 미워한다”는 가르침이다.

먼저 한국학술진흥재단의 1년간 번역지원에 감사드리고, 스승이신 정달용 교수신부님과 지난 여름(2004년) 강독 기회에 도움을 주셨던 한국중세철학회 회원 여러분들, 그리고 편지로 도움을 주신 독일의 학위논문 지도교수 샤델(Erwin Schadel)과 역자가 참고한 라틴어 원본의 활용(사진복사)을 허락해준 Herder출판사(Freiburg-Basel-Wien)에 감사드린다. 그리고 역자가 미처 알아보지 못함에도 도움을 주신 여러분들께 고개 숙여 감사드린다.

2007년 봄냇골 춘천에서

조 규 홍

니콜라우스 쿠사누스의 작품 *Directio speculantis seu de li non-aliud*(1462) 혹은 약칭 *De Non aliud*의 라틴어 원문은 레오 가브리엘(Leo Gabriel)이 편집한 《철학-신학 총서》 제 2권(*Philosophisch-theologische Schriften Bd. II, Studien und Jubiläumsausgabe Lateinisch-Deutsch, übers. v. Dietlind Dupré/Wilhelm Dupré, Wien*, 1966; ²1989)을 참고하였다. 본문에 표기된 ( )는 번역된 개념의 한자(漢字) 및 동의어를, 〔 〕는 역자가 첨부한 보충어를 가리킨다. 또한 원문에는 없지만 이해를 돕고자 강조표시로 ' '표기 및 이탤릭체를 활용하였다. 〈각주〉는 참고한 라틴어 원문에 함께 실린 〈각주〉 외에도 〔역주〕를 첨가하여 이해를 돕고자 하였다. 각 장(章)의 소제목은 원문에는 없으나 상기 독일어 번역본을 참조하여 실었으며, 원문과 마찬가지로 "존경하올 교구장 니콜라우스 추기경의 작품《다른 것이 아닌 것》의 내용(덕성)들과 관련된 〔20개의〕 명제들"(*Propositiones eius reverendissimi Patris Domini Nicolai Cardinalis de virtute ipsius Non-aliud*)을 뒤에 수록하였다.

몇 가지 주요 용어들을 아래와 같이 통일시켜 일관된 번역을 꾀하고자 하였다.

- A: 알파, 처음(*initium*) 혹은 존재 및 인식의 원천으로서 첫째(*primum*)와 동의어
- actus: 현실태(현실성)
- aenigma: 은유적(隱喩的) 영상(影像) 혹은 은유적 묘사(설명)
- aliud: 다른 것(혹은 어떤 것)
- aliudquid: 다른 어떤 것 혹은 다른 무엇
- ens: 존재자, 존재하는 것
- essentia: 본질〔번역문의 각주 40번, 169번 참조〕
- initium et medium et finis: 처음(시작)과 중간과 끝(목적)
- intellectus/mens: 둘 다 정신, 드물게 이성; intelligentia: 통찰(가끔 신적 통찰)

- nihil: 무(無)
- non aliud: "다른 것이 아니다"(주로 서술형)
- non-aliud: "다른 것이 아닌 것"(명사형)
- non-ens: 비존재자(非存在者)
- oratio: 언어형식, 문장
- potentia: 가능성(잠재태)
- principium: 원리(原理); primum principium: 제일(第一) 원리
- quidditas: 무엇임(=본질)
- ratio: 이성 혹은 합리적 근거(논리적 사유능력)
- spiritualis: 영적(靈的)
- spiritus: 영(靈)
- substantia: 실체
- supersubstantia: 초실체(超實體)
- triunitas/trinitas: 삼위일체성(三位一體性); trinus: 셋(3)
- triniter: 세 겹으로(혹은 삼위일체적으로)
- unum: 하나(원천적인 '하나' 및 '하나됨'), 개체로서의 하나하나 혹은 일(1)
- unitas: 전일성(全一性) 혹은 하나-됨
- videre: 바라보다 혹은 통찰하다, 여기서 주로 '알아보다'로 번역
- visio: 알아봄(혹은 直觀), 봄의 행위
- visum: 알아보게 됨, 보인 것 대상중심의 표현
- visus: 시각(視覺), 보는 주체중심의 표현

문맥의 흐름을 방해하지 않기 위해 가급적 존칭사용을 피하였고, Deus(하느님)는 성경 및 신학자의 글을 인용하는 경우가 아니라면, 대부분 신(神)으로 번역하였다.

다른 것이 아닌 것

존재 및 인식의 원리

차 례

1

"다른 것이 아닌 것"이란?

그리스도 안에서 존경하올 쇠사슬의 베드로 대성당의 추기경 니콜라우스 쿠사누스가 펴낸 이 대화록을 읽는 이들을 위하여.

여기 (니콜라우스) 추기경과의 대화에 참여한 사람들은 요한 안드레아 비게비우스 아빠스(=수도원장), 피사 출신의 베드로 발부스, 그리고 포르투갈 출신 페르디난도 마팀이다.[1]

요한: 〔니콜라우스 추기경님!〕 당신도 알다시피, 저희 세 사람은 일찍이 심오한 진리를 탐구하는 일에 전념해왔습니다. 그런 우리를 당신은 당신과 토론하도록 초대해 주었습니다. 그리하여 저는 프로클로스의 《파르메니데스에 관한 주석서》를 살펴보았고, 베드로는 프로클로스의 《플라톤의 신학》을 그리스어에서 라틴어로 번역하였으며, 페르디난도는 아리스토텔레스의 사상을 탐구했습니다. 한편 당신은 시간이 있을 때마다 신학자 아레오파기타의 디오니시우스에 몰두하였습니다. 이제 앞서 언급된 사상가들이 다루는 중심사상에 다가서는 데 있어 당신이 보다 간결하고도 분명한 방식을 제시해 주신다면,

---

1) 모나코〔라틴어〕필사본(Codex 〔Latinus〕 Monacensis, folios 132r)에서 발췌. 그 필사본의 바로 앞 장(fol. 131v)에는 참고로 "이는 니콜라우스의 네 번째 논문 'De li non-aliud'로서 그의 《지혜의 사냥》에서 〔절대적 지혜에 대해 밝히고자〕 시도한 세 번째 작품으로 회고(回顧)된다"라고 적혀 있다.

저희는 즐겨 듣겠습니다.

니콜라우스: 우리는 우리 주변에 두루 심오한 신비를 찾는 데 몰두해왔습니다. 그런데 나는 누군가가 그런 신비를 우리가 정독해온 작품들을 저술한 사상가들보다 더욱 간단하고 쉽게 표현해낼 수 있다고는 결코 믿지 않습니다. 오히려 찾고 있는 것에로 우리를 가까이 이끌어 줄 수도 있는 것, 그것을 우리가 간과하고 있다는 생각이 듭니다.

베드로: 그 점이 밝혀지길 저희는 희망합니다.

페르디난도: 저희 모두가 진리에 열정을 갖는 만큼, 저희 정신의 눈앞에 진리를 분간해낼 수 있게끔 진리를 올바르게 되새겨 주는 스승을 동경하고 있습니다. 당신은 이미 고령의 춘추(春秋)에도 불구하고 그렇듯 지치지 않는 힘을 발휘하십니다. 그리하여 당신이 진리에 대해 논할 때에는 젊은이 같은 열정을 보이십니다. 이제 당신이 저희보다 앞서 몸소 통찰하신 바를 가르쳐 주기 바랍니다.

니콜라우스: 그렇게 하도록 하겠네, 페르디난도! 단 자네가 내게로부터 들은 모든 것을 이성적으로 납득이 가지 않더라도 가볍게 폐기할 요량으로 업신여기지 않겠다는 조건하에서 말일세.2)

페르디난도: 저의 스승들인 철학자들이 그렇게 해야 한다고 가르쳤

---

2) 〔역주〕 이러한 상례적 표현에 대한 홉킨스(Jasper Hopkins)의 주석(미주)은 안셀무스(Anselm of Canterbury)의 *Monologion*의 '머리말'을 참조하도록 제안하고 있다. 예컨대 "또한 그들〔=형제 수사들〕은 내가 단순하고 거의 바보 같은 반론들을 제기한다고 해도 업신여기지 않겠다는 말도 덧붙였다"〔박승찬 역, 《모놀로기온 & 프로슬로기온》(아카넷, 2002), p. 3〕.

습니다.

니콜라우스: 그러면 먼저 자네에게 묻겠네. 우리로 하여금 제일 먼저 알도록 해주는 것은 무엇인가?

페르디난도: 정의(定義) 입니다.

니콜라우스: 올바로 대답했네. 왜냐하면 정의란 〔앎을 위한〕 언어 형식인 동시에 합리적 판단이기 때문이지. 그러면 정의는 어디로부터 비롯되는가?

페르디난도: "정의하는 것"[3] 으로부터 비롯됩니다. 그것이 〔이후〕

---

3) 〔역주〕 definire=de+finire. "끝(경계)을 확정한다"는 자의적(字意的) 의미에서 '정의한다'는 것은 도대체 그 행위의 주체가 요구될 것인데, 그 definiendum(정의하는 무엇)은 거듭 소급되더라도, 궁극적으로는 다른 무엇으로부터 정의되지 않는, 이른바 정의하는 원천적 주체를 따져보려는 의도로 여겨진다. 이에 뒤따르는 개념 primum definiendum(정의하는 첫 번째 것)을 참조. 니콜라우스는 *De venatione sapientiae*를 1463년(초)에 기술한 것으로 추정되는데, 거기서(c. 14) 바로 "지난 해(1462) 로마에서 네 사람이 나눈 대화를 통하여" *De non aliud*가 씌어졌다고 진술한다. 우리는 거기서 이 작품의 탄생 정보만이 아니라, 나아가 '정의'에 대한 니콜라우스의 중요한 관점에 대한 정보도 제공받는다. 예컨대 "아리스토텔레스는 그의 《형이상학》 안에서 소크라테스가 정의에 관해 숙고한 첫 번째 유능한 인물이라고 썼다"〔Aristoteles Socratem ad definitiones primo ingenium contulisse in metaphysica sua scribit(참고 *Metaphysica* I 6, 987b. 1ff.)〕고 전한다. 이어서 "왜냐하면 정의는 '앎'을 제공하기 때문이다. 곧 〔정의되는 것의 원천인〕 종(種)과의 일치와 동시에 그와의 특수한 차별성을 밝혀준다. 그리하여 어휘는 정의를 통하여 자신이 표현하는 중에 〔표현하려는 것의〕 전체적 맥락을 소개한다." 그런데 우리가 일반적으로 말하는 정의와는 다른 "원천적 정의", 다시 말해 "정의와 정의되는 대상 사이에 차

모든 것들을 정의하기 때문입니다.

니콜라우스: 매우 현명한 대답일세. 그러면 그것이 모든 것들을 정의한다면, 결국 그 자신을 정의하는 일 역시 그에게 달렸다고 해야겠지?

페르디난도: 물론입니다. 그렇지 않을 수는 없을 것입니다.

니콜라우스: 그렇다면 자네는 모든 것을 정의하는 정의란 〔곧〕 "정의되는 것과 다른 것이 아니"라는 사실을 알겠는가?

페르디난도: 예, 압니다. 왜냐하면 그 자체가 〔동시에〕 정의되는 〔의미로서의〕 정의여야 하겠기 때문이지요. 그러나 어찌 그렇게 되는지는 잘 모르겠습니다.

니콜라우스: 나는 자네에게 그 점을 아주 분명하게 표현했었네. 또한 그것은 우리가 찾는 것을 성급히 포착하려는 중에 간과함으로써 소홀히 다룬다는 사실을 가리키기도 하네.

이가 없는" 그런 정의가 전제되는데, 그것을 가리켜 디오니시우스는 앞서 "완전한 것이자 하나"라고 말했으니, '그것'은 "모든 것들의 원천으로서 다른 모든 것들에서 비롯된 것이 아니라, 그런 모든 것들에 '앞서' 존재하는 것"으로서 니콜라우스는 non-aliud라고 명명하며, 그 개념은 언어로 규정하는 '경계(끝)'를 뛰어넘는다고 말한다. 그래서 경험적 부정(*negatio*)과 긍정(*affirmatio*)의 경계 밖에 있음을 요약하여 강조한다. 더 나아가 참고로 Cicero, *De officiis* I 7: Omnis enim, quae 〔a〕 ratione suscipitur de aliqua re institutio debet a definitione proficisci, ut intellegatur, quid sit id de quo disputetur. "왜냐하면 이성의 힘을 빌려 어떤 사물에 대해 교훈으로 삼고자 하는 모든 문제는, 무엇에 대해 논의할 것인지를 알기 위해 〔먼저〕 개념정의에서 출발해야 되기 때문이다"〔허승일 역, 《키케로의 의무론》(서광사, 1989), p. 19〕.

페르디난도: 언제 당신이 나에게 그 점을 분명하게 표현하셨습니까?

니콜라우스: 물론 그 점은 내가 모든 것을 정의하는 정의가 "정의되는 것과 다른 것이 아닌 것"이라고 말한 것을 가리키네.

페르디난도: 저는 아직 무슨 말인지 모르겠습니다.

니콜라우스: 내가 앞서 말한 몇 마디 표현은 쉽게 확인될 수 있으니, 자네는 "다른 것이 아닌 것"을 상기하게나. 여기서 만일 자네가 자네의 예리한 관찰력을 온통 집중하여 "다른 것이 아닌 것"을 탐색한다면, 자네 역시 나와 함께 그 정의가 자기 자신뿐 아니라 다른 모든 것들을 정의한다는 사실을 이해할 것일세.

페르디난도: 어떻게 그럴 수 있는지 저희에게 가르쳐 주십시오. 당신이 지금 확언하시는 바가 너무 포괄적이라 믿기 어렵습니다.

니콜라우스: 그렇다면 나에게 대답해보겠나. "다른 것이 아닌 것"이란 무엇인가? 그것은 혹시 "다른 것이 아닌 것"과는 "다른 것"인가?

페르디난도: 아닙니다. 결코 "다른 것"일 수는 없겠죠.

니콜라우스: 그래, 그것은 〔말 그대로〕 "다른 것이 아닌 것"이지.

페르디난도: 예, 확실합니다.

니콜라우스: 그러면 이제 "다른 것이 아닌 것"을 정의해볼 수 있겠나!

페르디난도: 저로서는 "다른 것이 아닌 것"이란 다른 것이 아닌 것 외에 다른 것이 아닌 것을 가리킨다고 봅니다. 아무도 이를 부인할 수는 없을 것입니다.

니콜라우스: 자네는 참(진리)을 말했네. 〔하지만〕 자네는 지금 "다른 것이 아닌 것"이 "다른 것"에 의해 정의될 수 없음을 보면서 동시에 그 자신을 정의하고 있음에 대해서는 확실하게 보지 못하는 것이 아닐까?

페르디난도: 분명히 보고 있습니다만, 아직도 그것이 모든 것을 정의한다는 점에 대해서는 확신할 수 없습니다.

니콜라우스: 그보다 더 쉽게 알 수 있는 경우는 없을 걸세. 만일 누군가가 자네에게 "'다른 것'이란 무엇인가?" 하고 묻는다면, 자네는 무어라 답하겠는가? "그것은 '다른 것'과는 다른 것이 아닌 것"이라고 답하는 일 외에 달리 자네는 무어라 말하겠는가? 그와 마찬가지로 "하늘이란 무엇인가?"라는 물음에 대해서도 "그것은 하늘과는 다른 것이 아닌 것"이라고 답해야 하지 않겠는가!

페르디난도: 그러면 제가 정의하고 싶은 모든 것에 대해 과연 진지하게 그렇듯 답할 수 있단 말입니까?

니콜라우스: 물론 "다른 것이 아닌 것"이 그 자신뿐 아니라 〔다른〕 모든 것들을 정의하는 이 방식을 따라 가장 정확하고 참되게 말할 수 있으리라고 추호도 의심하지 않기에, 저 "다른 것이 아닌 것"에 주의를 집중하고 그 주변에 머무르면서 인간적 앎을 실현할 수 있다는 사실을 곱씹어 보는 일 외에 따로 할 일이 없다고 보네.

페르디난도: 당신은 놀랍고도 확신에 찬 어조로 말씀하십니다. 그러면 무엇보다 먼저 모든 사상가들 가운데 어느 누가 이를 표현했었다면, 〔그에 대해〕 들어보고 싶습니다.

니콜라우스: 나는 어느 누구에게서도 이 같은 가르침을 읽은 적은 없으나, 다만 디오니시우스가 다른 어떤 이들보다 그에 가까운 가르침을 소개하였다고 생각하네. 왜냐하면 그가 여러 가지로 표현한 모든 작품들 속에서 "다른 것이 아닌 것" 자체를 암시하고 있기 때문이네. 실제로 그는 《신비신학》 말미에 가서 "창조주는 명명할 수 없거니와 존재하는 것(피조물)으로서 다른 (어떤) 것도 아니시다"[4] 라고 결론을 맺고 있네. 물론 그는 거기서 더욱 의미심장한 어떤 것을 밝히는 것처럼 보이지는 않는 식으로 그렇게 말하지만, 그럼에도 관심 있는 사람을 위하여 여러 곳에서, 그리고 여러 가지 표현을 통하여 "다른 것이 아닌 것"의 신비를 밝히려고 하였네.

4) Dionysius Areopagita 〔이하 Diony.〕, De myst. theol. V 599f. 〔역주〕 PG(J. Migne 판) 3권, 1048a. : 〔θεός〕 οὐδὲ τι τῶν οὐκ ὄντων, οὐδὲ τι τῶν ὄντων ἐστὶν: "하느님께서는 존재하지 않는 것들 가운데 어떤 것도, 존재하는 것 가운데 어떤 것도 아니다." 여기서도 τι(어떤 것)를 aliud(다른 〔어떤〕 것)로 번역하고 있음을 본다.

2

“다른 것이 아닌 것”과 신의 이름

페르디난도: 모든 이가 신을 ‘제일원리’(第一原理)라고 부르는 데 반해, 당신은 “다른 것이 아닌 것(분)”으로 표현하시려는 듯 여겨집니다. 물론 자기 자신뿐 아니라 다른 모든 것을 정의한다는 점에서 〔신을〕 ‘첫째’라고 공언하는 것은 합당합니다. 왜냐하면 첫째보다 앞서 존재하는 것은 하나도 없고, 그것 다음의 모든 존재와 전적으로 구별되며 철저히 그 자신을 통해서가 아니면 결코 정의할 수 없겠기 때문입니다. 그에 반해 그로부터 생겨난 모든 존재는 존재하는 한, 그들 스스로에 의해서가 아니라 첫째에 의해 존재하기 때문에, 그들의 존재와 관련하여 합리적 근거(根據) 혹은 정의로서의 제일원리는 반드시 존재해야만 할 것입니다.

니콜라우스: 나를 잘 이해하고 있네, 페르디난도! 과연 저 제일원리에 여러 가지 이름이 속한다고 해도, 그것이 〔그 밖의〕 다른 모든 이름들과 사물들의 원리라는 점에서 〔그들 가운데〕 그 어떤 것을 원리로 삼지 않고 그 모든 것들에 앞서 존재하기에, 그러한 숱한 이름들 가운데 그 어떤 것도 적합하지 않을 것이요,[5] 그런 만큼 정신의 예

리한 눈으로 그 밖의 다른 것들보다 유독 한 가지 표현방식을 통하여 보다 정확하게 밝혀질 것일세. 〔그러나〕 나는 지금까지 아직도 첫째에 대해 인간의 시야를 보다 올바르게 이끌어주는 합당한 표현을 정작 발견하지 못하였네. 왜냐하면 모든 표현된 것은 〔표현하려는〕 어떤 것과는 다른 것으로 혹은 다름 자체로 한정(限定, 개념화) 되었고, 그런 방식으로 모든 것들은 저 "다른 것이 아닌 것"과는 다르게 존재하는 만큼, 결국 그런 표현들을 통해서는 제일원리에로 〔우리를〕 이끌어 줄 수 없겠기 때문이네.

페르디난도: 이제 당신이 말씀하시는 바를 이해할 것 같습니다. 〔되새겨 본다면〕 알아봄이 도달하는 끝(한계) 인 "다른 것"은 알아보는 행위의 원리일 수 없다는 것이겠지요. 왜냐하면 "다른 것"이 "다른 것"으로서 "다른 것이 아닌 것"이라고 말한다면, 여기서 "다른 것이 아닌 것" 없이 "다른 것"을 말할 수 없다는 점에서도 결국 그것은 앞서 "다른 것이 아닌 것"을 반드시 전제해야만 할 것이기 때문입니다. 그러므로 "다른 것"을 표현할 때마다 그 표현 속에 이미 "다른 것이 아닌 것"이 자리하고 있으니, 결국 그것을 여하튼 원리로 삼아야 한다고 봅니다. 저는 그것을 이제 확연히 알 것 같습니다.

니콜라우스: 아주 훌륭하네! 그런데 우리는 말마디를 따라서가 아니라면 직관한 바를 겉으로 드러낼 수 없다고 볼 경우, 나는 저 "다른 것이 아닌 것"보다 더 정확한 다른 표현을 얻지 못할 것이라고 보네. 마치 어떤 도시를 순례하는 사람들을 안내하는 이정표(里程標) 가 아직 그 도시의 이름(도시를 대변하는 것) 이 아닌 것처럼, 설령 그것이

---

5) 〔역주〕 "Deus est innominalis": transcendentalis vel supersubstantialis etc. 이들은 부정신학(*theologia negativa*) 의 전형적 표현이다. 이에 참고로 Platon, *Sophisten* 235b~236c: *Politeia* 508e~509b.

신의 이름은 아니라 할지라도, 〔그렇게〕 하늘과 땅에 존재하는 모든 것들에게 붙여질 수 있는 〔숱한〕 이름들보다 앞서 존재한다고 보네.

페르디난도: 그렇습니다. 당신이 말씀하신 대로, 또한 저는 신이 신 이외에 다른 것이 아닌 분이요, 다른 어떤 것도 다른 어떤 것 외에 다른 것이 아닌 것이며, '무'(無)는 무 외에 다른 것이 아닌 것이요, '비존재자'는 비존재자 외에 다른 것이 아닌 것이며, 그런 식으로 말할 수 있는 모든 경우에 대해서도 그와 같다는 사실을 분명하게 이해하겠습니다. 왜냐하면 그럼으로써 저는 "다른 것이 아닌 것"이 〔다른〕 모든 것들에 앞서 전제되고, "다른 것이 아닌 것"이 선재하는 까닭에, 모든 것들을 정의하고 나아가 모든 것들을 존재하게 함을 알겠기에 말입니다.

니콜라우스: 자네의 그 논리정연하고 활기 넘친 통찰력이 만족스럽네. 자네는 과연 내가 의도했던 바를 아주 잘, 그리고 재빨리 파악하고 있네. 이제 자네는 "다른 것이 아닌 것"에 대해 앞서 표현하였던 바에 근거하여서 분명히 이해하게 되었네만, 그렇게 "다른 것이 아닌 것"은 단지 '원리'에로 안내하는 이정표로서만이 아니라, 신의 명명불가한 이름을 보다 설득력 있게 밝히는 데 있어서도 도움을 줄 것이네. 〔예컨대〕 그것을 통하여 〔신을〕 찾는 이들에게 마치 신의 모습이 청명한 거울 안에 비춰지듯 밝혀줄 것일세.

3 존재 및 인식의 원리로서 "다른 것이 아닌 것"

페르디난도: 당신은 저 "다른 것이 아닌 것"을 통해서 존재 및 인식의 원리를 소개하고 있습니다만, 그 점을 제게 좀더 상세하게 밝혀주시지 않는다면 이해하지 못할 것입니다.

니콜라우스: 우리는 감각적인 것을 통하여 정신적 인식에 이르기 때문에,[6] 신학자들은 신이 빛의 은유적 영상(隱喩的 影像)을 따라 우리에게 더욱 분명하게 드러난다고 가르쳐왔네.[7] 〔그리하여〕 그들은 결단코 질적으로나 이름으로나 다른 모든 빛들에 앞선 '빛'으로서, 그리고 다른 것에 앞선 보다 단순한 존재로서의 신을 빛 자체로 소개하고 있다네. 과연 다른 것에 앞서 고려되는 그것은 "다른 것"이 아닐세. 결국 저 "〔원천으로서의〕 빛"은 "다른 것이 아닌 것" 자체이면서 동시에 명명할 수 있는 빛이 아닌 까닭에, 〔우리가 알아보기 위해〕 감각

6) 〔역주〕 참고로 Platon, *Symposion* 209e~211c.; Aristoteles, *Analytica posteriora* II 8 〔93a. 20〕; Plotinos, *Enneade* 〔이하 *Enn.* 으로 약칭〕 I 6, 1. 1~7; *Enn.* III 7, 4. 7; Thomas Aquinas, *Summa Theologiae* 〔이하 *S. Th.*〕, I qu. 84, art. 4~6.

7) Dionys., *De div. nom.* IV, 145; 162ff.

적인 빛으로 비춰져야 하네. 한편 감각적인 빛이 우리의 시각활동에 연루되어 있듯이 또 다른 차원에서 저 "다른 것이 아닌 것"으로서의 빛은 우리의 정신에 의해 포착되는 그 모든 사고활동(인식)과 연루된다고 생각하네. 다른 한편 감각적인 빛 없이는 우리의 시각활동이 아예 불가능할 터인즉, 마치 무지개의 경우처럼 다채로운 색상이란 감각적인 빛의 경계(境界, 구별) 및 정의 없이는 존재할 수 없다고 우리는 경험하고 있네. 그렇다면 감각적인 빛이 가시적-감각적인 것들을 존재하게 하고 인식하게 하는 원리라고 말할 수 있겠지. 이와 마찬가지로 우리는 존재하게 하는 원리와 인식하게 하는 원리[8]가 존재한다

---

8) 〔역주〕 '원리'(*principium*) 이해와 관련하여 우리의 정신사 안에서, 특히 플라톤을 중심으로 전개된 철학과 중세 그리스도교 철학 및 신학 안에서 가장 의미심장하게 논의되었던 문제점은 다름 아닌 "diffusivum sui"일 것이다. 곧, "자기분여적(自己分與的) 원리"의 의미를 적절하게 해명하는 일이다. 고대의 경우는 "'하나'인 영원한 선(善)의 이데아"가 어떻게 "다수의 현실세계"에로 물질화되어 존재하고 또 그렇듯 인식되는가? 하는 물음으로, 중세의 경우는 "완전하신 하느님"이 어떻게 "불완전한 세상"을 창조하셨는가? 하는 물음으로도 재고될 수 있다. 이에 니콜라우스는 한편으로 이 창조세계 역시 창조주 하느님과 "다른 것이 아닌 것"을 반영한다고 봄으로써 "자기분여적 원천으로서 최고선(*bonum summum*)의 의미"를 아우구스티누스 및 보에티우스 이래 꾸준히 교회 안에서 옹호하고 보존하기를 기대하는 동시에 그로부터 야기되는 또 다른 물음으로서의 '물질'에 대한 해석에서 두 가지 전통적 관점을 종합하려는 듯이 여겨진다. 다시 말해 그는 '물질'과 관련하여, 한편으로는 저 (신)플라톤적 관점을 따라—곧, 유출론(*Emanationstheorie*)적 맥락에서(이에 관해서는 본문의 c. 10 참조. "사물들의 다양함은 그런데 사물들 저마다의 다양한 합리적 근거들에 기인하며, 그러한 근거들은 일찍이 하나의 샘〔*fons*〕, 그러니까 다른 모든 것들이 그로부터 그것을 따라 흘러나왔다〔*emanare*〕고 보듯 그 원천에 근거해야 한다고 이해하네.")—'원천'으로부터 점차 멀어지는 가운데 그 선성(善性)을 조금씩 잃고 "결함 있는 무엇"으로서 드러나는 '물질'은 "시공간적 조건" 앞에 제약을 받는다는 해석에 동의하는 것처럼 보이며, 다른 한편 창조주 하느님의 섭리(은총)의 대상에서 그 어떤 것도 배제되지 않는다는 입장을

고 생각해야겠지.

페르디난도: 아주 명쾌하고 적절한 해설(手腕)입니다. 〔나아가〕 이는 청각활동에도 적용되겠지요. 왜냐하면 '소리'는 들을 수 있는 존재 및 인식의 원리가 될 테니까요. 결국 "다른 것이 아닌 것"으로 표현되는 신은 모든 것들의 존재와 인식의 원리가 되겠지요. 그래서 누군가가 만일 그(神)에게서 벗어난다면, 존재든 인식이든 무엇 하나 남아

지지하는 것처럼 보인다. 이는 그가 은연중에 "하느님과 세상" 사이의 관계를 해명하려는 신학과 철학의 관점들을 새롭게 종합하려는 듯한 인상을 준다. 그런 노력은 물론 '악'(惡)이 본래적으로 "최고선 자체"로서의 창조주 하느님 안에 "다르지 않게" 존재하였기에 창조될 수밖에 없었다는 후대의 관념론적 추론과는 판이하게 구별된다. 왜냐하면 스콜라 신학 및 철학 안에서 '악'은 더 이상 "존재에 참여하지 않음"을 가리키기 때문이다(참고 Thomas Aquinas, *S. th.* I, qu. 48, art. 5 ad 1: Malum est privatio boni, et non negatio pura, … defectus boni quod natum est et debet haberi〔="악은 선의 사사로운 사용(한정)이요, 순수 부정이 아니다. … 자연적이면서 또한 있어야만 하는 선의 결핍이다"〕). 차라리 "있어야 할 것(존재)의 결핍"이라는 점에서 악 자체는 본래적으로 '있음'과 구별된다. '물질'이 그 자체로 불완전한 존재라는 사실 때문에 '온전히' 선하게 불릴 수 없을 뿐이다(이는 우리의 윤리적 관점에서도 그 논리성을 유지시키는 것 같다. 대부분의 경험적 사물이 그 자체로가 아니라, "사용자의 지향〔의도〕"에 따라 선하게 결정되듯이 말이다. 그럴 수 있는 근거는 도대체 "존재하는 어떤 것〔곧 이미 선에 참여가능한 것〕"이란 점에서도 고려될 수 있다. 다른 한편 "물질이 온전치 않음"은 — 아리스토텔레스(Aristoteles)에 따르면 — 그것이 "무상〔無常〕하며, 끝내 사라져버린다"는 데에 있다). 그렇다면 궁극적으로 말해서 이른바 "가장 악한 것"이라 일컫는 것임에도 최소한 "존재하는 무엇"이란 점에서 또한 순수 '악'일 수 없고, 결국 "악 자체"란 존재할 수 없다는 스콜라 신학 및 철학의 논리가 우리에게 여전히 설득력을 제공한다. 다만 "원천으로부터의 멀어짐"이 선 및 존재 결핍의 근거라고 할 때, 그러한 '멀어짐'을 신학적으로는 죄(*peccatum*)로 설명하지만, 다른 한편 존재론적으로는 그 원인을 어떻게 설명해 낼 수 있을지 그 과제가 아직 남아 있는 것 같다.

나지 않을 것입니다. 무지개에 빛이 사라진다면 더 이상 보일 수도 없고 보이지도 않듯이, 또한 소리가 사라진다면 더 이상 들릴 수도 없고 들리지도 않듯이, "다른 것이 아닌 것"이 사라진다면, 더 이상 그 어떤 것도 존재하거나 인식되지 않을 것입니다. 저로서는 그 모든 이치가 그렇듯 엮어져 있다고 확신하고 또 확신하는 바입니다.

니콜라우스: 자네는 제대로 확신하고 있네만, 자네가 꼭 명심했으면 해서 묻겠네. 자네가 어떤 것을, 예컨대 어떤 돌멩이 하나를 바라볼 때, 자네는 '빛'을 통하지 않으면 그것을 볼 수 없다고까지 생각하지는 않겠지. 또한 자네가 어떤 것에 대해서 들을 경우, '소리'를 통해서가 아니면 들을 수 없다고까지 주의하지는 않겠지. 요컨대 〔우리가 설령 의식하지 않더라도〕 존재와 인식의 원리 자체는 우리가 보고 듣는 일이 헛되지 않게끔 훨씬 앞서 손을 쓰고 있다는 말일세. 다만 〔우리의〕 관심이 그때마다 보고 또 듣고자 하는 어떤 것(대상)에 쏠려 있기 때문에, 정작 "찾고 있는 것의 시작과 중간과 끝에 존재하는 저 원리"[9]에 대한 통찰을 우리는 꾸준히 할 수 없는 것일세. 그와 같은

---

9) 〔역주〕 "처음과 중간과 끝으로서의 원리(혹은 원천)"에 관한 통찰은 오랜 역사를 갖고 있다. 예컨대 플라톤은 그의 *Nomoi* 715e 안에서 "옛 주술" 하나를 소개하는데, "신은 모든 존재하는 것들의 처음(*ἄρχη*)이자 끝(*τέλος*), 그리고 그 중간(*μέσον*)을 모두 포괄하는 분"이라고 한다. 이 주술에 대한 플라톤의 긍정적 수용은 다시금 그의 *Parmenides* 145a안에서 "이 세 가지 요소 없이는 전체(全體)에 대해 말할 수 없다"고 강변하는 중에 알 수 있다. 아리스토텔레스 역시 피타고라스의 가르침을 소개하면서 "그들(=피타고라스학파)은 말하길, 우주 만물은 저 셋을 통해서 정해지는데, 곧 마지막과 중간, 그리고 처음을 모든 만물은 (숫자로 표현될 수 있을 만큼) 함축하고 있으니, 이를 일컬어 셋(삼원성)이라 가르쳤다"(*De coelo* I 1 〔268a. 10~12〕) 고 전하면서 자신 또한 이를 토대로 가장 합리적 인식방법을 구현한다. 이에 또한 그의 *Physica* I 6 〔189b. 16~18〕; VIII 1 〔251b. 20~22〕을 참조 바람. 피타고라스학파가 저 "세 겹의 수"(*trias*)를 첫째가

는 자리에 두었던 사실을 얌블리코스(Iamblichos) 역시 그의 책 *De vita Pythagoreica* 〔hg. M. v. Albrecht, Zürich- Stuttgart 1963〕, p. 154에서 전해 주고 있다.
플로티노스 또한 이러한 전통을 답습하고 있다. "세 겹의 수(3)가 존재하는 모든 것의 원칙으로 존재한다"(*Enn.* VI 6, 16. 49f.). 이와 관련하여 얌블리코스는 또 다른 책에서 여러 번 전해 주고 있는데, 예컨대 그의 *Theologoumena arithmeticae* 〔ed. V. de Falco 1922; 복사판 *Stuttgadiae* 1975〕, pp. 3. 9~11: μονὰς ἀρχή τε καὶ μέσον καὶ τέλος … πάσης ποιότητος ('하나'는 … 모든 이루어진 것들의 처음이자 중간이며 끝이다); *Ibid.*, p. 17. 5: τριάς τὰ πάντα σημαίνει, ἀρχὴν τε καὶ μέσον καὶ τέλος ('삼위일체성'은 모든 것들을 상징하는 처음이자 중간이며 끝이다). 플로티노스는 '하나'를 '신'과 동일하게 이해한 것처럼 보인다. "신은 모든 실현력의 처음이자 중간이며 그 끝을 두루 주재한다"(*Enn.* II 9, 17. 12 이하; 이와 함께 참고로 *Enn.* I 8, 14. 34f.). 이제 이러한 통찰은 아우구스티누스에게 영향을 준 것으로 내다본다. 예컨대 아우구스티누스는 "원천적 원리"는 "첫째, 자연의 원인(자체)으로서 모든 것들이 그로부터 비롯되었음을, 둘째, 그 모든 형상(種)들이 그를 통하여 다듬어지고 또 어떻게든 형성되어 감을, 그리고 셋째, 흔히 말하듯 그 안에 모든 것들이 (언제나) 머물러있음을 가리킨다"(Epist. 11, 3: Primum illud causam ipsam naturae ostentat, ex qua sunt omnia; alterum speciem, per quam fabricantur et quodammodo formantur omnia; tertium manentiam quandam, ut ita dicam, in qua sunt omnia)고 이해했으며, 나아가 "존재하는 것은 모두 '〔무엇엔가〕 근거하는' 것이요, '〔무엇인가를 통해〕 구별되는' 것이며 '〔무엇인가와〕 일치하는 것'이다"(*De div. quaest.* 83, qu. 18: Omne quod est, aliud est quo constat, aliud, quo discernitur, aliud, quo congruit)라고 봄으로써 세 가지 요소를 따라 전체성(全體性) 안에서 참된 의미를 물어나갔다. 이와 관련하여 우리는 아주 분명한 표현으로서는 아리스토텔레스 이래(*Physica* II 7 〔198a. 24f.〕: ἔρχεται δὲ τὰ τρία εἰς τὸ ἕν πολλάκις 〔"일찍이 저 삼원인성은 다수이지만, 하나로 — 한결같이 — 작용한다"〕) 다시금 니콜라우스에게서 참된 앎을 위한 '삼원인성'의 도식(작용인-형상인-목적인)을 발견하게 된다(참고로 이 책 *De non-aliud* 외에도 그의 *De docta ignoratnia* I 21, 64에서 이를 볼 수 있다. "Vides quomodo totum maximum perfectissime est … *principium* omnium, quia centrum, *finis* omnium, quia circumferentia, *medium* omnium,

방식으로 "다른 것이 아닌 것"에 대해서도 생각할 수 있겠지. 왜냐하면 존재하는 것들은 모두 그렇게 존재하는 것 자체와 다르지 않는 한, 어쨌든 다르지 않기에 그 어느 곳에서나 "다른 것이 아닌 것"에 기초하여 존재한다는 것일세. 〔무엇이든〕 존재하는 한, "다른 것이 아닌 것"을 통하지 않고서는 존재하지도 또 인식되지도 않는다는 것이니, 이는 "다른 것이 아닌 것"이 존재의 원인이요, 가장 적합한 근거이거나 제일 먼저 전제되는 정의이기 때문일세. 이것이 〔우리가〕 정신을 통해 찾던 "시작과 중간, 그리고 끝"으로서의 원리일세. 하지만 〔우리가 경험하는 세계 안에서〕 찾아지는 그것은 "다른 것"으로 찾아지기 때문에, "다른 것이 아닌 것" 자체는 〔경험세계의〕 존재영역 내에서는 결코 포착될 수 없다고 보네. 그 때문에 일반적으로 사람들이 찾고자 하는 것들보다 항상 앞서 존재하면서 그것 없이는 찾고자 하는 것들이 아예 발견될 수 없게 만드는 저 '원리'를 우리가 본래적으로 파악하지 못하는 것이네. 그럼에도 나는 사도 바오로가 말씀하신 것처럼,[10] 저마다 그만한 능력이 있는 한, 찾고자 하는 모든 이에게

---

quia diameter; *causa efficiens*, quia centrum, *formailis*, quia diameter, *finalis*, quia circumferentia"—이에 Rudolf Haubst, *das Bild des Einen und Dreieinen Gottes in der Welt nach Nikolaus von Kues*, Trier 1952, 특히 pp. 255~262; 또한 그(Haubst)의 *Streitzüge in der cusanischen Theologie*, Münster 1991, pp. 117~122 u. p. 320f.: "Tres causae 〔efficiens, formalis, finalis〕 coincidunt in unam." 이와 관련된 니콜라우스의 삼원성에 대한 설명은 특히 E. Schadel, "Gott als Zusammenfall der Gegensätze? Historische und systematische Erläuterungen zu Nikolaus von Kues." In: E. Schadel, U. Voigt, E. Kim(Hgg.), *Aktive Gelassenheit*(Schriften zur Triadik und Ontodynamik Bd. 17), Frankf./M.-Berlin-Bern-New York-Paris-Wien 1999 〔pp. 127~150〕, p. 131을 참조.

10) 참고 《사도행전 17:27》. "〔이리하여〕 사람들이 하느님을 더듬어 찾기만 하면 만날 수 있게 해주셨습니다. 사실 하느님께서는 누구에게나 가까이 계십니다."

저 '원리'에 이르는 길이 발견된다고 믿네. 왜냐하면 신은 갑자기 생겨나는 분이 결코 아닌 바, 어떤 사람이 그를 찾기 전에 〔이미〕 스스로 존재하는 분인 만큼, 〔비록〕 그것 자체와는 다른 분으로 여긴다 하더라도, 다른 것 안에서 마침내 그를 발견할 수 있으니, 그것은 마치 빛으로 발산된 강렬한 태양처럼 그 자체로는 인간의 눈에 보일 수 없지만, 그렇게 보이는 것(빛깔)들과 함께 찾아질 수 있는 것과 같기 때문이네. 실상 "빛 자체"를 파악하고자 애쓰는 것은 결코 탐탁하지 않고,[11] 그것은 어쩌면 불가해한 일일지도 모르네. 차라리 '빛'(자체)은 빛〔깔〕을 통해서 〔유비적으로〕 찾아질 수 있다고 믿네. 결국 "빛 자체"는 보이는 것들을 우리가 철저히 통찰함으로써 알게 되거나 최소한 그에 근접하는 식으로 이해될 것이라 보네.

---

11) 〔역주〕 빌퍼트 〔Paul Wilpert, *Vom Nichtanderen* (*De non aliud*), In: Ernst Hoffmann (Hg.), *Schriften des Nikolaus von Cues* 〔Im Auftrage der Heidelberger Akademie der Wissenschaften Heft 12〕, übers. v. P. Wilpert 〔Der philosoph. Bibl. Bd. 232〕, Hamburg 1952 〔^{3}1987〕 —이하 저자와 쪽수만 표기함〕는 이 문장의 이해를 위해 "〔가시적인 것(빛깔)을 통해 밝혀지는〕 빛 자체를 애써 찾는 일은 불가해한 것으로 여겨진다"라고 삽입구를 넣어 친절하게(?) 해석하고 있다. 그러나 문맥의 전후 흐름을 고려해야 할 순간에 자칫 혼동을 일으킬 수 있다. 왜냐하면 바로 앞선 문장에서도 "가시적인 것(빛깔)들을 통한 빛 자체에 대한" 접근을 긍정적으로 소개했고, 뒤에 이어지는 문장에서도 "결국 '빛 자체'는 〔그로 인한〕 가시적인 것(빛깔)들을 우리가 철저히 통찰함으로써 알게 되거나 최소한 그에 근접하는 식으로 이해될 것이라"고 긍정적으로 평가하기 때문이다. 다시 말해 니콜라우스에게서 "탐탁하지 못한 빛에 대한 탐구방식"은 곧 빛 자체에만 매달리는 태도로서, 그것은 앞서 니콜라우스가 비유적으로 말하고 있듯이, 마치 "눈이 멀 수밖에 없음에도 어리석게 태양을 직시하려는 태도"와 흡사하다. 참고로 Platon, *Politeia* 597a~e.

4

"다른 것이 아닌 것"과 "초월적 존재"

페르디난도: 당신은 "다른 것이 아닌 것"(개념) 언저리에서 머물러 생각하도록 권고합니다만, 한편 이 주제가 너무 포괄적이어서 얼른 지나쳐버리고 싶지 않습니다. 그러므로 "다른 것이 아닌 것"을 통해 이해하신 바를 〔좀더〕 설명해 주었으면 합니다.

니콜라우스: 내가 이해하는 그 개념(다른 것이 아닌 것)은 다른 것들(개념들)을 통해 다르게는 결코 표현할 수 없다는 점을 먼저 말하고 싶네. 왜냐하면 그 개념에 뒤따르는 모든 것들은 〔그와〕 다른 해제를 소개하고, 그래서 정작 그 개념에 모자란 의미만을 전하기 때문일세. 우리의 정신이 〔원천적으로〕 바로 그 개념을 따라서 통찰하고자 할 때, 우리가 생각하고 표현할 수 있는 그 모든 것들에 앞서 그 개념이 전제되어야 한다면, 도대체 그 개념을 '달리' 어떻게 표현해낼 수 있을까? 〔그래서〕 모든 신학자들이 "신은 〔개념적으로〕 파악될 수 있는 것보다 더욱 크신 분"[12]이라 보았고, 나아가 그를 "초실체적인

12) 〔역주〕 참고로 Anselm von Canterbury, *Proslogion* 〔Die Vernunft und das Dasein Gottes, deutsch-lat. Ausgabe, Übers. eingel. u. erläutert

분”[13] 이라 가르침으로써 그 밖의 모든 이름들을 넘어서 〔다만〕 유사

---

von Rudolf Allers, Köln 1966〕: “Et quidem credimus te esse aliquid quo nihil maius cogitari possit” 〔그보다 더 큰 것은 아무것도 생각할 수 없는 그런 어떤 것으로 당신께서 존재하신다는 사실을 정녕 우리는 믿습니다〕(권기철, “니콜라우스 쿠사누스의 철학과 신론,” 《이성과 신앙》(제 21호/2001. 4), p. 220 참조).

13) Diony., *De div. nom.* I 7 et 36 — 〔역주〕 여기 ‘초실체적’이라 함은 그리스어 ‘ὑπερούσιος’에서 옮겨졌다. ‘ὑπερ-ούσιος’(존재를 초월하여). 우리는 여기서 ‘οὐσία’ 〔=우시아〕에 대한 과거 철학적 개념활용에 대해 잠시 회고하는 것도 좋을 것 같다. 아리스토텔레스는 이 우시아(존재)를 나름대로 네 가지 의미로 종합하여 밝히고자 시도한 적이 있다. ① 전(前) 소크라테스 시대로부터 전해진 만물의 근원으로서 네 원소(물, 불, 공기, 그리고 흙) 혹은, ② 이 네 원소의 존재원인 혹은, ③ (전체로부터) 구별되는 독립적 존재 〔곧 개별존재〕 혹은, ④ 논리적 의미에서의 모든 사물들의 존재성을 가리켰던 개념이라고 분석한 다음, 그는 다시금 “이를 종합하여 이제 다음의 두 가지 방식으로 요약할 수 있겠으니, 하나는 ‘그 어떤 것을 통해서도 대체될 수 없는 근본적(본질적)인 것’을 가리키며, 다른 하나는 ‘도대체 존재한다고 일컫는 것’으로서 그렇듯 나뉠 수 있는 〔개별적인〕 모든 것 또한 가리킨다. 그로써 나는 〔우시아를〕 그때마다 존재하는 사물의 형태(*μορφή*)와 형상(*εἶδος*)이라 말하고자 한다”(*Metaphysica* V 8 〔1017b. 10~23〕). 이에 따라 그가 말하는 우시아를 “본질적이며 동시에 구체적으로 경험가능한 존재바탕”이라고 우리가 이해하고자 한다면, 당장 다른 한편 우리는 우시아와 또 다른 측면에서 대비되는 개념으로서 ‘물질’(*ὕλη*)과 구별하는 일이 쉽지 않다. 왜냐하면 아리스토텔레스는 ‘물질’ 역시 “첫 번째 실체(*τὸ πρῶτον ὑποκείμενον*)라고 불리는”(*Physica* I 9 〔192a. 31〕) 까닭에, 나아가 “저 우시아와 물질이 하나되어(*σύνολον*) 자연(*φύσις*)을 이룬다”(참고 *Physica* I 5 〔188b. 15f.〕; I 4 〔187a. 25〕; *Metaphysica* XII 1 〔1069a. 23〕)고 내다보았으니 그 구별이 쉽지 않기 때문이다. 그러나 또 다른 개념 “원소 혹은 재료(*στοχεῖα*)”가 “일시적으로 존재하고”(*Physica* I 4 〔187a. 26〕), “언젠가는 소멸되고 말기에”(*Ibid.* 〔187b. 33〕), “무한한 능력(무한성)에 참여할 수 없다”(참고 *Ibid.* 〔187a. 23~26〕)고 말한 점에서 이들 물질은 우시아와 함께 “〔개별적으로〕 존재하는 것의 원인”으로 취급되지만, 저 “개체적이며 사라지는 특성”을 지닌 재료(*stokeia*)의 차원에서 다시금 우시아와 근본적으로 다르다고 보아야 할 것이다(이에 참고로

한 형식으로 그분에 대해 언표하였으니 〔그로써〕 '초(超)—'를 통하여 다른 것이 결코 아닌, '무—'를 통하여 다른 것이 결코 아닌, '부(不)—'를 통하여 다른 것이 결코 아닌, '비(非)—'를 통하여 다른 것이 아닌, '선(先)—'을 통하여 결코 다른 것이 아닌 분으로서 신을 우리에게 구별하여 표현하였다고 보네. 왜냐하면 다음과 같은 표현들이 그 같은 사실을 말해 주는데, 그가 "초실체적 실체"란 곧 "무실체로서의 실체"요, "실체가 아닌 실체"를 가리키며, 나아가 "비실체적 실체" 혹은 "실체에 앞선 실체"를 가리키기 때문이네. 그러므로 자네가 항상 말하고 싶었던 것처럼, 자네가 표현하는 그것은 그 자체와는 다르지 않기 때문에, "다른 것이 아닌 것"(개념)은 훨씬 단순하며 훨씬 앞서 존재한다고 보며, 그것은 〔그에 뒤따르는〕 다른 것을 통해서

Ingrid Craemer-Ruegenberg, "Aristoteles." In: G. Böhme(Hg.), *Klassiker der Naturphilosophie*, München 1989, pp. 45~60, 인용은 p. 48). 그럼에도 여전히 아리스토텔레스에게서는 "물질과 형상" 간의 "공유할 만한 유대"는 고려될 수 있고 또한 고려되어야 할 것 같다.

여기서 니콜라우스의 'ὑπερ-ούσιος'(존재를 초월하여)라는 의미는 저 우시아를 피조계인 '자연'(세계)과 동일하게 바라보는 아리스토텔레스의 일부 견해에 국한된 의미로 받아들여도 꼭 잘못된 것은 아니겠지만, 다른 한편 "다른 것이 아닌 것"이 "초실체적인 무엇"으로 간주되어야만 하는 까닭은—뒤에 계속 보겠지만—처음부터 모든 피조물에 앞서 스스로 존재하는 영원한 실체이기 때문이요, 그런 한에서 시공간적 제약 안에 경험되는 존재를 초월하여 궁극적으로 고려되고 전제되어야 할 존재원천으로서 결국 신과 함께 이해되어야 함을 시사한다.

이는 나아가 이 'super'(*ὑπερ*)란 말마디를 통하여 니콜라우스의 '부정신학'을 디오니시우스의 그것과 유사하게 이해함은 물론 다시금 그런 '부정'을 통해 '긍정'으로 나아가는—현실적 긍정을 부정함으로써(넘어서서) 다시금 그런 긍정 속에 긍정(수긍)된 '부정'을 되찾아 부정의 부정으로 마침내 신을 찾아 나아가는—과정이 반드시 이 《다른 것이 아닌 것》 개념에 대한 이해를 위해 요구된다〔참고로 정달용, "니콜라우스 쿠사누스의 '神-論'(*De docta ignorantia* 제1권과 *De non-aliud*를 중심으로)," 《중세철학》 제7호(분도출판사, 2001), 특히 pp. 25~29〕.

는 〔온전히〕 말해지거나 표현될 수 없다고 여기네.

페르디난도: 그러면 당신은 "다른 것이 아닌 것"이 일종의 〔절대적〕 '긍정'이거나 '부정' 혹은 그런 종류 가운데 하나라고 말씀하시려는 것입니까?

니콜라우스: 결코 그런 것은 아니지만, 그 개념은 그런 모든 것(규정)에 앞서며, 내가 "대립하는 것들의 합일"[14]이란 개념을 통해 수년간 묻고 통찰하면서 써온 많은 책들이 소개하려던 바로 그것일세.

페르디난도: "다른 것이 아닌 것"이 〔그러면〕 다른 (어떤) 것을 전제(前提)하거나 아니면 다른 (어떤) 것을 배제(排除)한다는 것입니까?

니콜라우스: 〔아니, 차라리〕 모든 전제 및 배제에 앞서 존재한다고 보네.

페르디난도: 그렇다면 그것은 '실체'도 아니요, '존재'도 아니며, '하나'도 아니요, "그 밖의 다른 (어떤) 것"은 더더욱 아니라는 말입니까?

니콜라우스: 그렇다고 보네.

페르디난도: 그럼에도 또한 "다른 것이 아닌 것"이 '비존재'도 '무'도 아니란 말입니까?

---

14) 〔역주〕 이에 관해서는 이 번역서 뒤에 '역자해제'로 소개하는 "간략한 해제" 중에 특히 "3. 그(니콜라우스)의 중심사상: 대립하는 것들의 합일" 내용을 참조하기 바람.

니콜라우스: 역시 그렇다고 보네.

페르디난도: 제가 최선을 다해 당신의 말씀을 뒤쫓고자 하오니, 추기경님, 가르쳐 주십시오! 저로서는 "다른 것이 아닌 것"이 〔절대〕긍정의 방식으로도 〔절대〕부정의 방식으로도, 나아가 그 어떤 방식으로도 이해될 수 없다는 점만이 가장 확실하게 여겨지지만, 과연 그렇듯 기묘한 방식을 통해서만이 영원한 것 자체에로 나아갈 수 있다고 보아야 하는지요?

니콜라우스: 안정되고 동요됨이 없는 〔의미로서의〕 영원한 것은 아주 많은 점에서 "다른 것이 아닌 것"에 관여하고 있다고 보는데, 이는 "다른 것이 아닌 것"이 '달라짐'이나 '탈바꿈'을 결코 겸할 수 없기 때문일세. 그러나 영원한 것은 영원한 것 외에 다른 것이 아니요, 따라서 그것은 분명 "다른 것이 아닌 것"과는 또 "다른 것"으로 있기에, 나는 분명히 말하지만, "다른 것이 아닌 것" 자체는 영원한 것 이전에, 그리고 모든 시대에 앞서며 〔우리가 이 세상에서〕 파악할 수 있는 그 모든 것들 너머에 존재한다는 것일세.

페르디난도: 그러면 반드시 당신처럼 통찰을 가진 사람이 말할 수 있는 모든 것들에 앞서 존재하는 그것을 일별(一瞥)할 수 있을 경우에나 비로소 언급할 가치가 있겠군요. 그렇지만 저는 〔지금까지 알려진〕 '하나', '존재', '참', '선'이 바로 그 개념(다른 것이 아닌 것) 다음에 존재해야 한다는 점에 대해 의아스러움을 금할 수 없습니다.

니콜라우스: 사람들이 일체에 대해 '하나' 내지는 "다른 것"이라 말하는 까닭에, '하나'가 "다른 것이 아닌 것"에 아주 근접하는 개념으로 보이네. 그러므로 '하나'는 "다른 것이 아닌 것"과 흡사하게 여겨진다

고도 말하네. 그럼에도 불구하고 '하나'는 '하나'일 뿐, '하나' 이외에 다른 것이 결코 아닌 동시에 "다른 것이 아닌 것" 자체와 다른 것이네. 고로 "다른 것이 아닌 것"은 바로 그 자신에게서 유래한 '하나'에 비해 훨씬 단순하다고 보며, 그 반대는 아니라고 보네. 물론 여러 신학자들이 '하나'를 "다른 것이 아닌 것"으로 간주하고, 모순율에 앞서 고려하도록 하였으니, 이는 예컨대 플라톤의 《파르메니데스》 대화편[15]과 디오니시우스의 작품[16] 속에 기록된 바일세. 그러나 하나가

---

15) 〔역주〕 참고 Platon, *Parmenides* 137c~160b. 우리는 이 글 속에서 최소한 플라톤이 '하나'와 '다수'(혹은 다름) 가운데 궁극적 '존재원리'(*principium entis*)가 어느 것이냐는 물음을 던지면서 그 대답으로 '하나'를 찾아나가고 있음을 보게 된다. 그가 만일 다수를 존재원리로 삼는다면, 결국 자기모순에 빠지는 우(愚)를 범한다고 경고할 때, 우리는 그 까닭을 되짚어 보는 것이 좋을 것 같다.

여기서 플라톤이 의도하는 논증의 주제는 '하나'가 존재의 원천으로 이해될 경우, 그 '하나'는 더 이상 다수(혹은 다른 수)일 수 없음에도 다시금 다수의 근거로서 존재할 수 있는지를 보여주려는 것이다. 그는 《파르메니데스편》의 끝 부분에서 "(하나와는) 다른 것", 혹은 '다수'와 관련하여 "만일 하나가 존재하지 않는다면, 도대체 그와는 다른 것으로서 무엇인가가 존재해야 함에 대해 말해야 할 것"(*Ibid.*, 164b. 5: Ἔτι δὴ λέγομεν, ἓν εἰ μὴ ἔστι, τἆλλα τί χρὴ πεπονθέναι)이라는 가정(假定)을 실험적으로 제시하고 있다. 그러나 플라톤의 이 같은 가정은 "이미 저마다 서로로부터 구별되는 것들의 집합체로서 '다수'이듯이"(*Ibid.*, 164c. 7: Κατὰ πλήθη ἄρα ἕκαστα ἀλλήλων ἄλλα ἐστι), 그렇게 포착되고 또 일컬어질 수 있는 그 '다수'의 존재방식은 반드시 그 어떤 '하나됨'의 근본적 존재원칙에로 소급되어야 함을 시사한다. 이는 플라톤이 의도한 대로, 만일 '다수'가 '하나'에 대응하여 그보다 '앞서' 존재한다고 여긴다면, 그래서 그것이 다른 모든 것의 존재원리라고 주장한다면, 분명 이것은 잘못된 주장이요, 나아가 '자기모순'에 빠진다는 것이다. 다시 말해 '다수'가 모든 것의 존재원리라고 굳이 말한다면, 우리는 다음과 같은 물음을 던져야 할 것이다. 첫째, 그 '다수'의 존재근거를 어디서 찾을 수 있을까? '다수'로서의 "다른 것"은 스스로 존재하기에 '앞서' 오히려 그와 다른 것으로서의 '무엇'을 전제해야 한다. 그래야만 "다른 것"으로서의 의미를 갖는다. 그렇다면 이미 제기한 가정, 곧 "하나를 무

시한 다수"의 가정은 독자적으로 성립되지 않는다. 둘째, "두 개 이상의 집합체로 이해되는 다수"는 "서로 다르다"는 점에서 "끝없는 다름"을 조장하기에, 결국 "종잡을 수 없는 다수"로 우리의 생각을 몰아갈 뿐만 아니라, 거기에는 그 끝조차 묘연한 가운데 그 자체의 완전함을 도무지 생각할 수 없도록 이끈다. 바로 이렇듯 부정적 무한성에 의해서 '다수' 자체가 (또 다른 시작을 요구하지 않는) 원천적 시작으로서의 '존재근거'라는 주장은 여전히 미결로 남을 뿐이다. 그로써 플라톤은 "존재하는 무리들에서 도대체 '하나'가 〔앞서〕 존재하지 않는다면, '무리들' 역시 존재하지 않을 것이니, '다수'란 생각할 수조차 없다"(*Ibid.*, 165e. 7: Eἰ γὰρ μεδὲν αὐτῶν ἐστιν ἕν, ἅπαντα οὐδὲν ἐστιν, ὥστε οὐδ᾽ ἂν πολλὰ εἴη)는 결론에 이른다.

플라톤은 그리하여 "존재하는 모든 것"을 '하나'의 존재원리에 입각하여 파악해야 한다고 심중을 밝힌다. 이는 곧 우리가 다양하게 경험하는 "개별적 사실들"에 대해 도대체 "인식할 수 있고 또 표현할 수 있는 조건"으로서의 '하나'를 생각해야만 함은 물론 정녕 '다수'로 혹은 "다른 것"으로 존재하기 위해 '앞서' 전제되어야만 하는 "존재론적 근거"로서의 '하나됨'을 시사한다. 이는 '하나'에 대하여 우리가 무시하거나 아예 존재하지 않는 것으로 생각하는 그 어떤 인위적인 이성적 조작에 대한 플라톤의 경고이기도 하다. "그 누구에 의해서든 담론적 사유를 따라 자아낸 모든 존재하는 것은 반드시 완전히 분쇄되고 내쳐져야 할 것이니, 이는 마치 '하나' 없이도 언제든 생각할 수 있는 것처럼 여기기 때문이다"(*Ibid.*, 165b. 5~7: Θρύπτεσθαι δὴ οἶμαι κερματιζόμενον ἀνάγκη πᾶν τὸ ὄν, ὃ ἄν τις λάβῃ τῇ διανοίᾳ. ὄγκος γάρ που ἄνευ ἑνὸς ἀεὶ λαμβάνοιτ᾽ ἄν). 한편 여기서 'διανοία'는 "담론적 사유"라는 점에서 'ἔννοια', 곧 직관적 의미의 통찰과 구별된다. 전자는 주어진 것, 곧 경험을 토대로 발전시켜 나가는 "인간의 지적 한계성"을 내포한다. 이것은 후대 전승(라틴어 문화권) 안에서 더러 전자를 'ratio'(합리적 이성), 후자를 'intellectus'(전체적 앎과 관련된 정신) 혹은 'intuitio'(직관)와 구별하는 중에 목격되는 사실이기도 하다. 니콜라우스에게서도 'intellectus' 및 영(*spiritus*)이 'ratio'와 구별되고 있지만, 서로간의 유사성(단계별 구별)이 여전히 유효하다. 예컨대 그는 신(절대자)에게도 'ratio'를 적용하여 소개하는데, 예컨대 "spiritus altissimus rationis"(*De visione Dei* c. 9)라고 일컫기도 한다.

플라톤은 물론 그와 함께 상기 작품에서 자신의 논증을 밝혀 줄 몇 가지 예증들을 소개한다. 곧 그가 원천(존재원리)이라고 말하는 '하나'는 "전체와 부분에서", "형태와 장소에서", "꾸준한 존재 및 변화와 관련하여", "다

"하나가 아닌 것"과는 다른 것이기 때문에, 모든 것들의 제일원리로 설 수 없다네. 〔왜냐하면〕 제일원리는 다른 것과 혹은 무와 다를 수는 없기 때문일세. 제일원리에는 뒤에 자네도 보겠지만, 아예 그와 대립하는 것이 전혀 자리하지 않는다네.

'존재'에 대해서도 이와 똑같이 생각해보게나. 왜냐하면 존재하는 것들 가운데 〔"다른 것이 아닌 것"은〕 다른 어떤 것으로부터 비롯된 다른 것이라고 추호도 생각할 수 없는 만큼, 존재에서도 "다른 것이 아닌 것"을 분명하게 밝힐 수 있으리라 보기 때문에, 그렇듯 그(존재)에 앞서 "다른 것이 아닌 것"이 고려되어야 할 것이네. 마찬가지로 '참'에 대해서도 생각할 수 있겠지. 왜냐하면 참 역시 그 어떤 존재로부터 결코 벗어나 고려되지 않기 때문이네. 그 어디에도 〔존재하는 것 곁에〕 참여하지 않는 곳이 없는 '선' 역시 그렇다고 생각하네. 그 때문에 이 모든 표현들이 이른바 "신을 소개하는 이름"으로 활용되었다고 보네. 설령 그 표현들이 철저하게 그 정확성을 꾀하지는 못했더라도 말일세. 〔한편〕 그럼에도 사람들은 그 표현들이 정작 "다른 것이 아닌 것"에 뒤따른 개념들이라고 말하지 않았다네. 만일 그것들이 "다른 것이 아닌 것" 이후에 생긴 개념들임을 눈치챘더라면, 어찌하

양성과 통일성과 관련하여", "닮음과 닮지 않음과 관련하여", "동일함과 동일하지 않음과 관련하여", "시간 내외적 상황과 관련하여" 그 가운데 "어떤 하나"가 아님을 소개한다. 이는 존재적(*ontisch*) 관점과 존재론적(*ontologisch*) 관점의 차이와도 흡사하다. 결국 "시공간적 차원에서의 존재"와 "영원한 차원에서의 존재" 사이의 비교는 평면적으로가 아니라 의당 입체적으로 다루어져야 한다는 것이다. 그러므로 여기서도 요한 수도원장이 "다른 것이 아닌 것" 개념이해와 관련하여 제기하는 그런 부류의 모든 의문들은 '그것'이 다른 것〔들〕 사이에서 벌어지는 동일성과 차이에 연루되어 있으며, 그 이해는 더 이상 "평면적—존재적—수준에서의 상대적 비교"가 아니라, 입체적—존재론적—비교를 통해서는 얻어질 수 있음을 시사한다고 할 수 있겠다.

16) 참고 Diony., *De div. nom.* XIII 540ff.

여 그런 개념들 하나하나가 현재 있는 그것과 다르지 않다는 깨달음에 이르지 않았겠는가? 그와 같이 "다른 것이 아닌 것"은 〔재언하지만〕 여타의 개념들에 앞서 있을 뿐만 아니라, 게다가 그것(다른 것이 아닌 것) 다음에 존재하지 않고 그 자체로 존재한다고 〔전통적으로〕 여겨온 다른 많은 개념들에 앞서 있는 것으로 새삼 밝혀지네. 그러므로 자네가 그러한 개념들(하나, 존재, 참 및 선)이 "다른 것이 아닌 것" 다음에 존재하는 것들로 재고됨으로써 〔결국〕 그것이 그러한 것들에 앞서 자리한다는 사실에 대해, 그리고 어떤 까닭으로 그럴 수 있는지에 대해 의아스러움을 금할 수 없다고 말한 것은 당연하다고 보네.

페르디난도: 만일 제가 당신을 제대로 이해하였다면, "다른 것이 아닌 것"은 그로부터 비롯된, 그러니까 그 개념 이후에 발견되는 모든 것들에 앞서 고려되어야 하는 만큼, 그 어떤 것도 결코 그 개념에 부재(不在)하지 않는다고 보아야 한다는 것이겠네요. 설령 거기에 그 어떤 대립적 내용들 또한 함께 하더라도 말입니다.

니콜라우스: 그렇게 나는 물론 그것이 참되다고 내다보고 있네.

5
"다른 것이 아닌 것"과 삼위일체 (三位一體)의 신

페르디난도: 부탁드립니다, 추기경님! 이제 저로 하여금 이같이 "다른 것이 아닌 것"을 따라 그 윤곽을 더듬어가면서 요약하게끔 허락하시되, 만일 저의 오류를 감지하시거든 지체 없이 당신의 방식으로 바로잡아 주십시오!

니콜라우스: 어디 말해보게나, 페르디난도!

페르디난도: 만일 제가 "다른 것이 아닌 것" 자체를 그 밖의 다른 모든 개념들에 앞서 더듬어 살피자면, 저는 그 어떤 개념들도 과연 "다른 것이 아닌 것" 안에서 살필 수 있다고 내다봅니다. 왜냐하면 그것(다른 것이 아닌 것)을 떠나서는 그 무엇조차 존재할 수도 인식될 수도 없기에 말입니다. 곧 '존재' 및 '인식'에 관한 한 그 어떤 것도 저 "다른 것이 아닌 것"을 도저히 빗겨갈 수 없겠기 때문입니다. 도대체 "다른 것이 아닌 것"이 관여하지 않는 '존재'와 '인식'을 저로서는 상상조차 할 수 없을 것 같습니다. 더욱이 제가 "다른 것이 아닌 것"을 떠나서 무와 무지(無知) 자체를 생각하고자 하면, 저는 당장 헛되고 무

익한 시도라는 것을 깨닫기 때문입니다. 도대체 무가 무와 다르지 않을지니, 어찌 "다른 것이 아닌 것"을 통하지 않고서 무를 무로 볼 수 있겠습니까? 무지나 그 밖의 다른 모든 개념들에 대해서도 같은 방식으로 말해야 할까 봅니다. 왜냐하면 존재하는 모든 것은 〔거기에〕 "다른 것이 아닌 것"이 존재하는 만큼 존재하는 것이며, 인식되는 그 모든 것 또한 〔거기에〕 "다른 것이 아닌 것"이 인식되는 만큼 인식되는 까닭입니다. 참되게 보이는 모든 것 역시 과연 〔거기에〕 "다른 것이 아닌 것"이 통찰되는 한에서 참되게 이해된다고 봅니다. 결국 저마다 "다른 것"으로 보이는 것은 "다른 것이 아닌 것"이 보이는 한에서 저마다 다르게 보이는 것이라고 봅니다. 그러므로 "다른 것이 아닌 것"으로부터 벗어나서는 아무것도 〔존재에〕 머무를 수 없고 또 인식될 수 없는 것처럼, 과연 모든 것들이 "그 개념"을 따라서 존재하고 인식되고 또 이해됩니다. 왜냐하면 "다른 것이 아닌 것" 자체는 도대체 존재하는 것들에 대해서 존재한다고 말할 수 있도록, 그리고 도대체 존재하지 않는 것들에 대해서 존재하지 않는다고 말할 수 있도록 가장 적절하게 이끌어주는 합리적 근거(이성)이자 분별력이며 판단기준이기 때문입니다. 나아가 존재할 수 있는 것에 대해서 존재할 수 있다고 말하고, 이러저러하게 존재하는 것에 대해 이러저러하게 존재한다고 말하며, 또 움직이는 것에 대해 움직인다고 말하고, 정지하여 있는 것에 대해 정지하여 있다고 말하며, 살아있는 것에 대해 살아있다고 말하고, 인식하는 것에 대해 인식한다고 말하는 데 있어서나 그 밖의 모든 경우에 대해서도 다 마찬가지입니다. 그리하여 저는 "다른 것이 아닌 것"이 자기 자신뿐 아니라 일컬을 수 있는 모든 것들에 대해 정의한다는 사실을 따라 그 모든 경우가 반드시 그러해야 한다고 알아듣습니다.

니콜라우스: 자네의 통찰은 〔어느덧〕 "다른 것이 아닌 것"을 따라 표

현되는 신에게로 올곧게 향하고 있네. 그로써 자네는 이제 그렇듯 스스로 인정하는 것처럼, 그 밖의 모든 것들과 〔아예〕 다르거나 분리되지 않는 원리이자 원인 혹은 이성(理性)을 통해 인간사의 모든 가시적인 것들을 통찰하게 되었네. 그러나 지금 "다른 것이 아닌 것" 자체가 사물들의 합리적 근거를 자네의 이성에게 혹은 정신에게 드러내거나 제시해 주는 한에서 자네가 그것을 인정하고 있지만, 이제부터 "다른 것이 아닌 것"을 통한, 곧 자기 자신을 정의하는 그것 자체의 〔직접적〕 중재로 위에서 논했던 것보다 더욱 분명하게 그것이 드러날 것일세. 왜냐하면 신께서 이전에 어떤 방식으로 내게 친히 밝혀주셨는지 자네는 내가 쓴 여러 글들을 읽음으로써 확인할 수 있겠지만, 이제부터는 은유적으로 표현된 그분의 모습 안에서 "다른 것이 아닌 것"이 무엇보다도 저 합리적 근거(이성)를 따라, 곧 "자기 자신을 정의한다"는 원리를 따라 우리에게 훨씬 더 유익하고도 훨씬 더 분명하게 드러날 수 있을 뿐 아니라, 더 나아가 신께선 언젠가 은유적 영상을 통해서가 아니라 친히 당신 자신을 드러내시리라고 희망할 수 있게 되었기 때문이네.

페르디난도: 방금 말씀하신 바에 따르자면, 저희의 능력으로 이미 제대로 알아볼 수 있게끔 그 모든 것들이 서로 잘 짜여져 있을지라도, 저희 스스로 지나치게 다그침으로써 이른바 의심에 사로잡히게 되고, 그로써 기력이 쇠하여 잘 훈련된 직관(直觀)이 그만 경솔하게 되어버린다는 것입니까?

니콜라우스: 자네가 지금 설명하는 바에 대해 동의하는 바일세.

페르디난도: 지식(앎)을 갈망하는 자는 무엇보다도 셋이면서 동시에 하나이신 신께서 저 "다른 것이 아닌 것"을 통해서 표현된다는 사

실과 관련하여 그 합리적 근거를 도대체 어디에서 찾을 수 있을지 따져 물을 것입니다. 이때 "다른 것이 아닌 것"이 모든 수(數)에 선행한다는 사실을 고려하면서 말입니다.

니콜라우스: 앞서 말했던 것들을 기초 삼아 모든 것들은 하나의 통일된 합리적 근거에 따라 존재한다고 보아야 할 것이네. 왜냐하면 자네 역시 이미 보았듯이, 그 자신을 정의하는 "다른 것이 아닌 것"을 통해 표현된 원리가 〔궁극적으로〕 존재해야 하기 때문이네. 그러므로 여기서 그(개념)에 대한 정의를 풀어 살펴보도록 하세나! 곧 "'다른 것이 아닌 것'은 '다른 것이 아닌 것'과는 다른 것이 아닌 것이다"라는 말이 되겠지. 이때 만일 동일한 "다른 것이 아닌 것"이 세 번 반복되었다고 본다면, 우선 자네도 그렇게 생각하듯, 이는 첫째〔원리〕의 정의로서 확실히 삼위일체적이며 동시에 그 개념이 자기 자신을 정의하고 있다는 사실 외에 또 다른 근거로 정의되지 않음을 볼 수 있겠지. 게다가 자기 자신을 스스로 정의할 수 없다고 한다면, 그것을 우리는 도대체 '첫째〔원리〕'라고 생각할 수 없지 않겠는가! 그런데 자기 자신을 정의하려는 한, 그것은 자신을 세 번 드러내야 한다네. 자네도 보겠지만, 셋이란 바로 '완전성'에서 비롯하지 않는가![17] 그리하여 저

17) 〔역주〕 완전한 수(*perfectus numerus*)로서의 3 혹은 셋은 우리의 정신사 안에서 발견되는 이론이다. 우리는 이 '셋'이란 표현을 앞서 보았듯이, 플라톤의 *Nomoi* 715e에서 "모든 존재하는 것들의 처음과 중간과 끝으로서의 완전한 신"에 대한 이야기나 아리스토텔레스가 *De coelo* I 1 〔268a. 10~12〕에서 소개하는 피타고라스학파의 '셋'에 대한 통찰, 나아가 아리스토텔레스 스스로 삼원인성(작용-형상-목적인)을 중요시하던 관점(참고 *Physica* II 7 〔198a. 24f.〕)이나 아우구스티누스의 관점(특히 삼위일체적 인간의 모습: 기억〔회상〕-주의집중〔현재적 사고〕-바램〔예견〕! 예컨대 그의 *Confessiones* XI 28, 37; *De Trinitate* XIV 11, 14. 혹은 그의 시간연구에서 과거-현재-미래에 대한 시도! 예컨대 *Conf.* XI 20, 26.) 뿐만 아니라, 신플라톤주의 사상 안에서도 이 '삼원성'에 관한 존재론적 고찰이 이루어졌

다. 예컨대 플로티노스는 *Enn.* VI 6, 16.49~50에서 말하길, "이 삼원성(하나-정신-영혼; 중심-반경-원주; 작용-형상-목적인)은 존재하는 모든 것들에서 존재의 원천을 의미한다"(ἡ … ὅλως τριὰς ἐν τῷ ὄντι, ἀρχὴ οὐσίας; 그 밖에도 그의 *Enn.* V 1, 8. 24~26; IV 4, 16.23~25; VI 8, 18.22~25 참조할 수 있다)고 소개한다. 이러한 관점은 플로티노스의 사상을 그리스어에서 라틴어로 번역하여 소개했던 빅토리누스(Victorinus Marius)에 의하여 특히, 그의 작품 *Hymnus de Trinitate*를 통하여 아우구스티누스에게 전달된 것으로 사려된다. 여기 플로티노스의 '삼원성' (*Trinitas*) 이해를 위해 역자(Cho Kyu Hong)의 학위논문, "Die Zeit als Abbild der Ewigkeit" 특히 색인을 참조할 수 있음. 물론 우리는 그 밖에도 그 이후의 '삼원성'에 관한 이론을 여러 사상가들로부터 목격한다. 예컨대 완전한 신을 가리켜 "삼위일체적 신"(θεὸς τριαδικός; *Im primum Euclidis element. librum commentarii*, ed. G. Friedlein, Lipsiae 1873 〔Repr. Hildesheim 1967〕, p.155, Zeile 24)이라고 소개했던 프로클로스(Proklos) 역시 그의 *Stoich. theol.* 〔The Element of Theology, ed. E. R. Dodds, Oxford 1964〕, p.38 안에서 "머무름-솟아나옴-되돌아옴"이란 도식 아래 존재의 근원적 3요소를 설명하고 있다. πᾶν τὸ αἰτιατὸν καὶ μένει ἐν τῇ αἰτίᾳ καὶ πρόεισιν ἀπ' αὐτῆς καὶ ἐπιστρέφει πρὸς αὐτήν("원천적인 것은 모두 그 원천에 '머물러 있고', 그 자신으로부터 '솟아나고', 또 그 자신에게로 '되돌아간다'"). 이에 W. Beierwaltes, Proklos. *Grundzüge seiner Metaphysica.* Frankf./M. 1979, 특히 pp.118~164 참조. 또한 중세를 마감하고 근대를 여는 문턱에서 코메니우스(Johann Amos Comenius)는 그의 *Oculus fidei* c. 48 〔Amsterdami 1661: Repr. in: Comenius, *Antisozianische Schriften*, Hildesheim 1983, p.468〕 안에서 "In Patre ut in fonte, in Filio ut in effuxu, in Spiritu Sancto ut in refluxu 〔divina essentia est〕(성부에게서 '샘'으로, 성자에게서 '분수'〔噴水〕로, 성령에게서 '회수'〔回水〕로 신의 본질은 이해된다)"고 강조하고 있다. 또한 카롤루스(Carolus Bovillus) 역시 "물의 비유"를 통하여 '샘', '강', 그리고 '바다'라는 관점에서 우주의 삼위일체적 측면을 소개하고 있다(참고 *Liber de sapiente* 〔Paris 1510: Repr. Stuttgart-Bad Constatt 1973〕, Fol. 133). 니콜라우스는 바로 이러한 역사적 관점에서 벗어나지 않고 있음을 우리는 보게 된다. 그럼에도 니콜라우스의 "삼위일체적 신"에 대한 "다른 것이 아닌 것"의 개념을 이용한 새로운 논증은 논리적 관점에서 놀라운 설득력을 발휘하고 있다. 이밖에도 '삼원성'의 역사적 고찰을 위해 E. Schadel, *Musik als*

'셋'을 다른 것들에 앞서 알아보기 때문에, 그만큼 저 셋이란 숫자를 뒤늦게 합산하여 얻어내거나 마치 그것이 〔단순히〕 하나의 수(數)라고 말할 수는 없을 것일세. 왜냐하면 셋이란 숫자는 〔함께 "하나의 정의"를 이루고 있다는 점에서〕 하나와 다르지 않으며, 또한 저 하나는 셋과 다르지 않기 때문이요, 이는 셋이든 하나이든 모두 "다른 것이 아닌 것"을 따라서 표현되는 순수원리와 다르지 않기 때문일세.[18)]

페르디난도: 그러면 '첫째'의 완전성에 따른 필연적 논리를 최대한 적절히 생각해볼 때, 자신을 스스로 정의한다는 근거로 〔그 '첫째'는〕 다른 모든 것들뿐 아니라 모든 수(數)에 앞서 "하나이면서 동시에 셋"이어야만 하겠지요. 그로써 '첫째'가 자신에 앞서 무엇인가를 전제하는 경우란 그의 완전성에 근거하여 도무지 있을 수 없겠지요. 이미

Trinitätssymbol (Schriften zur Triadik und Ontodynamik Bd. 8), Frankf./M.-Berlin-Bern-New York-Paris-Wien 1995를 참조할 수 있겠다. 혹은 Heinrich Beck, "Triadische Götter-Ordnungen: Klassischer-antiker Ansatz." In: *Theologie und Philosophie* 67 (1992/H2) pp. 230~245 참조.

18) 〔역주〕 참고 Nikolaus, *De posset* 〔II 328〕: "Neque trinitas esset perfecta, nisi esset una quae unitas. Non enim unitas, quae de Deo dicitur, est mathematica, sed est vera et viva omnia complicans. Nec trinitas est mathematica, sed vivaciter correlativa. Unitrina enim vita est, sine qua non est *laetitia sempiterna et perfectio suprema.*" 내용(생명) 없는 수식(상징으로서의 수)으로서 "셋이면서 동시에 하나"라는 의미를 넘어서, 그 안에는 "참되고, 생생하고, 모든 것을 포괄하는", 이른바 "기쁨과 영원과 최고의 완전성"이 함의된 삼위일체의 신을 고려해야 한다는 것이다. 한편 샤르트르(Chartres)의 피타고라스학파적 해석을 따라서 우리는 물론 1×1=1이라는 수식을 응용하여 "삼위일체적 원리"의 내적 자기관련성을 생각해볼 수도 있다. 이에 관하여 Edouard Jeauneau, "Mathématiques et Trinité chez Thierry de Chartres." In: Paul Wilpert (Hg.), *Die Metaphysica im Mittelalter*, Berlin 1963, pp. 289~295 참조.

당신이 다른 곳에서, 특히 《박학한 무지》에서 노심초사 여러 가지 방법을 동원하여 신적 풍요로움에 대해 다른 말(용어)들로 설명하였기[19] 때문에 여기서는 다만 간단히 덧붙여 말해 주신다면 충분하리라 생각합니다.

니콜라우스: 삼위일체의 신비는 일찍이 신앙 안에서 받아들여진 신의 선물이요, 그래서 모든 감각을 훨씬 뛰어넘고 그들보다 앞선 것일지라도 우리가 지금처럼 신을 찾아 나아가는 이런 방식으로, 자네가 앞에서 들었던 바와 결코 다르지 않게, 그리고 그보다 더 정확할 수는 없을 정도로 잘 표현해낼 수 있다고 보네. 한편 〔우리보다〕 앞서 "성부, 성자, 성령"으로서 거룩한 삼위일체성을 표현한 많은 사람들이 있었고, 그들은 사실상 다소 덜 정확하게 이해하긴 하였지만, 성경의 가르침 덕분에 저 신의 이름(삼위일체성)을 그릇됨 없이 적용할 수 있었다고 보네. 그들 가운데서도 그러나 저 삼위일체를 가리켜 '하나'와 '동등성'과 "서로 관계함(연관성)"으로 풀이한 이들이 있었으니,[20] 그들이 만일 성경의 가르침과 연관지어 〔계속적으로〕 탐구하였

---

19) Nikolaus, *De docta ignorantia* I, 10.

20) 〔역주〕 이 삼위일체성을 설명하는 개념-쌍을 니콜라우스 역시 그의 *Compendium theologicum* c. 8에서 앞의 'unitas' 대신에 'entitas'로 대체하여 "entitas-aequalitas-nexus"라고 활용하여 묘사한 적이 있고, 달리 본문과 정확히 동일한 표현을 우리는 그의 *De beryllo*(III 38)에서 "principium unitrinum"이란 이름 아래 고스란히 발견한다. 그 밖에 그의 다른 작품 안에서도 같은 의미의 다양한 개념 쌍을 발견하게 되는데, 예컨대 여기 *De non-aliud* 안에서만도 이미 "principium-medium-finis", "principium essendi-medium conservandi-finis quiescendi", "unum(ens)-verum-bonum", "potentia-sapientia-voluntas"를, 또 달리 *Idiota de mente* 안에서는 "entitas-aequalitas-connexio", "potentia-sapientia-utriusque nexus", 또 달리 *De beryllo* 안에서는 "efficiens-formalis-finalis", *De aequalitate* 안에서는 "conconantia-ratio-delectatio"란 표현과 아울러 아우구스티누스의

었다면, 한층 가까이 다가설 수 있었을 것이네. 왜냐하면 그들은 "다른 것이 아닌 것"을 분명 암시하고 있었으니, 〔곧〕 '하나' — 그것은 그 자체와 '다름없음'과 동시에 그 자체와 다른 것들과는 '다름'을 보여주듯이 — 안에서 "다른 것이 아닌 것"이 전부 확인될 수 있다고 보

개념을 뒤따라 "memoria-intellectus-voluntas"를, 그리고 *De pace fidei* 안에서는 "unitas-aequalitas-amor/nexus"란 개념 쌍을 목격하게 된다.
이는 가깝게는 토마스(Th. Aquinas)가 *De doctr. christ.* I 5 안에서 소개한 아우구스티누스의 "potentia-sapientia-bonitas" 개념 쌍과 사도 바오로의 "ex ipso-per ipsum-in ipso" 개념 쌍을 부연설명하기 위해 시도한 "unitas-aequalitas-concordia" 개념 쌍과 유사하다. 한편 토마스의 작품 안에서도 이 '삼위일체성'에 대한 소개는 다양한 개념-쌍들을 통해 이루어지고 있다. 예컨대 "aeternitas-species-usus"(*S. th.* I qu 39, a. 8 안에서) 등 말이다. 물론 그보다 앞서 어쩌면 교회 내에 '삼위일체성'에 대한 이해를 누구보다 풍부하게 심화시킨 아우구스티누스의 개념-쌍은 그의 전 작품 안에 보다 풍부하게 소개되어 있다. 예를 들어, "aeternitas-veritas-caritas", "ess-nosse-velle", "origo-pulchritudo-delectatio", "causa subsistendi-ratio intelligendi-ordo vivendi" 등 말이다(이에 Oliver du Roy, *L'intelleigence de la foi en la Trinité selon saint Augustin*, Études Augustiniennes 8, Rue François, Paris 1966, 특히 Indices pp. 537~540 참조). 그에 덧붙여 우리는 보나벤투라(Bonaventura)에게서도 "potentia-sapientia-bene volentia"(*It. mentis in Deum* I 10) 혹은 "origo-exemplar-finis"(*Ibid.*, II 12), "unum-verum-bonum"(*Ibid.*, III 3), "memoria-intelligentia-amor"(*Ibid.*, III 5), "efficiens-exemplans-terminans"(*Ibid.*, V 7), "unitas-veritas-bonitas"(*Ibid.*, V 8), 또한 그가 세상의 창조물을 통하여 하느님의 '삼위일체성'을 재발견할 수 있다면서 해명한 "unitas-veritas-bonitas", "memoria-intelligentia-voluntas", "fides-spes-caritas"(*Breviloquium*, Pars II cap. XII 〔Opera omnia Vol. V, p. 230〕)을 통해서도 아우구스티누스의 관점이 고스란히 전수되어왔음을 목격하게 된다.
이 개념-쌍, "하나됨-동등성-연관성"에 대한 의미체계 연구는 특히 이 번역서의 역자해제(간략한 해제)의 "3. 그(니콜라우스)의 중심사상" 안에서 소단원 "ⓛ 존재의 삼위일체성"(333쪽 이하)을 참조하기 바람.

았기 때문일세. '동등성'과 "서로 관계함" 안에서도 그와 마찬가지로 이해하였다고 보네. 좀더 쉬운 말로 바꾸어 말한다면, '이것', '그것', "서로 같은 것"일 수 있겠지.[21] 이 용어들은 모두 "다른 것이 아닌

---

21) 〔역주〕 '지시대명사'를 통하여 문법적으로 우리에게 설명하려는 니콜라우스의 의도를 얼른 이해하기는 쉽지 않다. 그러나 "이것(S)은 바로 그것(C)이다"라는 기본문장의 구성요소를 우리가 생각한다면, 그래서 흔히 말하듯, "주어(S)-연계사(V)-보어(C)"라는 가장 간단한 문장구조를 생각할 때, 혹시 그의 의도에 접근할 수 있으리라 여겨진다. 예컨대 '주어'와 '보어'가 제각기 뿔뿔이 진술될 경우 그로부터 우리에게 전달되는 '의미'는 없다. 비록 "간단한 외침"이라 하더라도, 거기에는 이미 "외치는 자"와 "듣는 자"가 서로 "관계를 맺을 경우"에 한해서 의미롭다. 여기 하나의 문장 안에서도 '주어'와 '보어'가 '연계사'를 통하여 서로 맺어지는 순간에 그 어떤 의미를 띨 것이다. 나아가 그 관계성이 '주어'와 '보어' 사이에 어떤 '일치점' 내지 '동등성'을 드러낼 때, 비로소 문장이 함의하는 바의 참된 의미전달이 그 문장을 통해서 이루어질 수 있음을 알 수 있다. 우리는 이러한 문장구조의 근원적 고찰을 원천적으로 플라톤의 *Sophistes* 261e~262c 안에서 발견할 수 있을 것이다. 예컨대 플라톤이 거기서 "지시어(*ὄνομα*)〔주어〕"를 "실행어(*ῥῆμα*)〔보어〕"와 그 둘을 서로 연계시키는 "접속어(*συμπλοκή*)〔연계사〕"와 함께만이 그 문장의 "온전한 의미"를 파악할 수 있음을 제고(提高)하고 있다면 말이다. 이는 물론 앞서 우리가 보았던 근원적 의미에서의 '삼위일체성' 해석과 맥락을 같이 한다. 예를 들어, 니콜라우스가 "unitas-aequalitas-nexus"(하나-동등성-관련성)란 개념 쌍은 하나의 사건으로서 '문장' 안에서도 어김없이 포착된다. 다시 말해서 unitas(하나)로서의 '주체'(주어)는 그 자신으로부터 그와 aequalitas(동등성)로서의 '객체'(보어)를 그때마다(시공간적으로) 드러내기에, 다시금 그러한 '객체'(보어)로 서술되는 — 곧 재결합하는(회귀하는) — 순간 그 '의미'가 마침내 밝혀진다는 것이다. 결국 여기서 '주체'(주어)의 본래적 '존재성'은 하나로 머무르지만, 시공간적 흐름을 따라 그때마다 다양하게 표출될 수 있고, 그러한 다양성이 다시금 하나된 존재 자체에로 회귀하는 순간에 비로소 본래적 의미를 회복하게 된다는 여정을 소개하는 것처럼 들린다. 이때 물론 "다양한 표출"이 '존재'에서 비롯하는 한 의미로운 것이 사실이지만, 그럼에도 "회귀할 줄 모르는 다양성"이라면, 그것은 "무의미한 다양성"으로 마감될 수 있다는 경고 역시 그러한 구조 안에서 되새겨 볼 수 있을 것이다.

것"을 보다 분명하고도 보다 정확하게 닮고 있지만, 실제 활용하는 일은 드물었다고 보네. 그와 마찬가지로 "다른 것이 아닌 것"에 "다른 것이 아닌 것", 그리고 또 "다른 것이 아닌 것"이란 표현을 따라 "셋이면서 동시에 하나"라는 원리가 밝혀지지만—이러한 표현을 실제 활용하는 일은 훨씬 더 드문 일이겠지만, —〔그럼에도〕 우리가 생각하고 표현하는 모든 능력과 범주 너머에서나 마침내 저 삼위일체의 원리가 분명하게 밝혀지겠지. "다른 것이 아닌 것"으로 표현되는 첫째(원리)가 스스로 자기 자신을 정의한다고 말한다면, 사실상 "다른 것이 아닌 것"에 근거하여 정의하는 중에 〔"다른 것이 아닌 것"은〕〔두 번째〕 "다른 것이 아닌 것"을 낳고, 〔저 원천적인〕 "다른 것이 아닌 것"과 그로부터 낳아진 "다른 것이 아닌 것"이 〔세 번째〕 "다른 것이 아닌 것" 안에서 서로 엮어지는 가운데 정의를 완성하게 되니, 그것을 관망하는 자는 말로 표현할 수 있는 것보다 훨씬 더 분명하게 알아볼 수 있을 것이라 생각하네.

6
다른 것 안에 자리하는 "다른 것이 아닌 것"

페르디난도: 그 점에 대해서는 충분히 이해하겠습니다. 〔그러면〕 이제 "다른 것이 아닌 것"이 다른 것 안에 〔어떻게〕 자리하는지 보여주기를 계속 청합니다.

니콜라우스: "다른 것이 아닌 것"은 결코 "다른 것"이 아니면서 또한 다른 어떤 것과 다른 것이 아니며, 그 어떤 이유에서도 다른 것일 수 없다는 점에서 다른 어떤 것 안에 자리하는 "다른 것"이 아니라, 오로지 "다른 것이 아닌 것"으로서 그것은 그 어떤 방식으로도 다른 것일 수 없을 것일세. 만일 그렇지 않다면 다른 것과 마찬가지로 "다른 것이 아닌 것" 안에 부족한 무엇이 있다는 말이 되겠지. 왜냐하면 "다른 것"이란 다른 것과 다르다는 점에서 앞서 〔또〕 다른 (상대적인) 것을 부득불 필요로 하기 때문이네. "다른 것이 아닌 것"은 그러나 물론 다른 것이 결코 아니기 때문에 다른 것은 하나도 필요로 하지 않으며, 자신 외에 다른 무엇으로도 존재할 수 없다네. 그러므로 그 자체 없이는 "다른 것이 아닌 것"이 결코 말할 수도 인식될 수도 없는 것처럼, 도대체 "다른 것이 아닌 것"을 통하지 않고서는 그 어떤 것도 말

할 수도 인식될 수도 없거니와 존재할 수도 식별될 수도 없으니, 이는 결국 그 밖의 모든 존재하는 것들에 앞서 "다른 것이 아닌 것"이 선재하는 한에서 그러할 것이네. 이때 "다른 것이 아닌 것"이 그 자체로 선재함에서 또 절대적으로 자신과는 다르지 않음을 보게 되며, 또 〔그로 말미암아〕 다른 것 안에서 다른 것 자체와 다르지 않음을 확인시켜 준다고 보네. 예컨대, 만일 내가 "신은 가시적인 것의 〔관점에서〕 무이시다" 하고 고백했다면, 그것은 그분께서 가시적인 모든 것들의 근원이자 창조주이시기 때문이요, 이는 또한 "하늘에 있는 신은 하늘과 다른 것이 아니신 분"[22]이라고 고백한 셈일 것일세. 왜냐하면

---

22) 〔역주〕 우리는 이와 관련하여 "하늘에 계신 아버지 하느님(神)"에 관한 신앙적 표현을 재고할 필요가 있을지도 모른다. 물론 먼저 저 '하늘'의 의미가 이 땅의 세계와는 구별된다는 관점을 따라 "초월적인 신의 모습"을 생각할 수 있다. 그리하여 아리스토텔레스는 '하늘' (*οὐρανος*, 우라노스)을 가리켜 고대로부터 이어져 온 관점을 종합하여 "우주만물을 포괄하는, 그리고 무한한 시간성을 그 자체 안에 함축한다"(*De coelo* 〔283b. 29〕) 고 풀이하고 있다. 물론 일찍이 플라톤이 《소크라테스의 변명》을 통해서 말하듯, "우리 위에 그래서 우리〔의 영향력〕와 무관한(*τὰ ὑπὲρ ἡμᾶς οὐδὲν πρὸς ἡμᾶς*)"(*Apologia* 18b.) "하늘 및 이데아의 세계"가 과연 "완전한(신적) 세계"로서 우리로부터 "초월하여 있음"을 강조하는 것이 사실이지만, 그럼에도 그러한 "이데아의 세계"가 여전히 이 지상(경험)세계의 '존재원천'(*Paradeigma*)이라는 점에서 다시금 '하늘'의 신이자 최고의 신으로서 사람들이 꾸준히 경배하는 Uranos 신을 생각하면서 우리에게 그 본래적 의미를 재확인하도록 이끌고 있다. 곧 '하늘'(우라노스) 혹은 "천상적인 것"(*οὐ ρανία*)은 이미 "위(경험세계의 저편)에 존재하는 것들로 보이는 것(호로사 따 아노, *ὁρῶσα τὰ ἄνω*)"(*Kratylos* 396a 이하)이라 풀이되듯, 이제 경험세계 "너머를 바라보는" 우리의 정신(*νοῦς*) 안에서 '하늘'의 참된 의미가 밝혀질 수 있다. 그러나 비록 현상계로부터 초월한 '하늘' 및 "이데아의 세계"라고 불리지만, 그럼에도 그 분별에 "우리의 시각(視覺)"이 관여하는 한, '하늘'과 '땅'(지상세계) 사이의 유비적(類比的) 관계를 생각해야 한다고 플라톤은 설명하는 것 같다. 특히 이 유비적 관계에 대해 또한 Platon, *Timaios* 31b~c. 참조.

만일 그 자체로 존재하는 "다른 것이 아닌 것"이 하늘과 다른 것이라면, 어찌 하늘을 하늘과는 다른 것이 아닌 것이라고 말할 수 있겠는가? 그러나 하늘은 "하늘이 아닌 것"과 구별된다는 점에서 "다른 〔어떤〕 것"이라고 말할 수도 있겠지만, "다른 것이 아닌 것"으로서 신은 그와 같은 구별을 따라서 〔표현되는〕 "다른 〔어떤〕 것"이 결코 아니며, 당신 자신과 견주어서도 다른 것이 아니라는 점에서 "다른 〔어떤〕 것"으로서의 하늘은 아닐 것일세. 마찬가지로 빛은 비록 빛깔 안에 있는 어떤 것도 아니면서 동시에 빛깔과 다른 어떤 것 또한 아니기에, 〔그 어떤 한 가지〕 빛깔이 아니라고 말하지. 자네는 그러므로 말로 표현될 수 있고 생각으로 따져지는 그 모든 것들이 그 때문에—즉, 그렇게 (생각으로나 말로) 표현된 모든 것들이 "다른 것이 아닌 것"에 대해 상대적(相對的)으로 다른 것이기 때문에—"다른 것이 아닌 것"을 통해 지시되는 저 '첫째'가 아님을 명심해야 할 것이네. 그러나 비록 "다른

이미 발터(Walter von Löwenich) 역시 "신이 공간적 의미에서 우주공간의 어딘가에 계시지 않는다는 것은 오늘날에 와서는 대체로 인정되고 있다. 지금 우리가 '하늘에 계시는 신'에 대하여 말할 때 그것을 공간적 초월이라고 생각할 수는 없다. … 세계의 바깥에 있는 신이라고 말함으로써 사람들은 도대체 무엇을 마음속에 그리는 것일까? … 이 세상에 대하여 '절대 타자'임을 의미하는 것일까? 그러나 그것은 순전히 부정적 표현에 그치는 것이 아닐까?" 〔"하늘에 계시는 神," 《현대의 神》 〔Nobert Kutschki(Hg.), *Gott heute*. Fünfzehn Beiträge zur Gottesfrage, München [2]1967〕, 진철승 역, 범우 [2]1988, pp. 62～76, 인용은 p. 71 이하〕하고 자문함으로써 우리로 하여금 올바른 신관(神觀)을 갖추길 촉구한다. "오랫동안 이해되어 온 '하늘에 계신 신'은 〔과연〕 참된 신일까? 〔본회퍼(D. Bonhöffer)가 지적한 것처럼 '우리의 불완전한 인식을 메우는'〕 '방편으로서의 신', '사고상 가정으로서의 신'은 참된 신일까"(위의 책, p. 75)? 그것은 분명 "인간으로 나타난 예수 그리스도"의 육화사건과 더불어 매번 되새겨야 할 "신에 관한 우리의 물음"이기도 하다. 니콜라우스 또한 '초월'과 '내재' 사이의 긴장 속에서 해명되어야 할 '신'을 그렇듯 "다른 것이 아닌 것"이란 개념을 통하여 이해되기를 바라던 것처럼 보인다.

것이 아닌 것"과 다른 것이 서로 대립하는 것처럼 보일지라도, 신께선 〔항상〕 다른 것과 다르시지 않기에, 〔상대적 의미에서〕 어떤 분은 아니실 것이네. 곧 우리가 앞서 살펴본 바와 같이, 어떤 것으로서 그 분을 마치 다른 〔어떤〕 것에서 비롯된 다른 것이라도 되는 것처럼 여기고 그를 〔상대적 의미로〕 "어떤 분"이라고 말해서는 아니 될 것이네. 그로써 자네는 이제 많은 신학자들이 옳게 말했던 바대로, 신께선 "모든 것들 안에 모든 것으로 존재하시는 분"이나 〔세상의〕 모든 것들과 관련하여 무와 같으시다[23]는 〔역설적(逆說的)〕 표현방식을 이해할

---

23) Diony., *De div. nom.* I 405: 〔역주〕 이 구절은 뒤에서도 다시 발견된다. *Ibid.*, VII 405. "In omnibus omnia est et in nihilo nihil(〔신은〕 모든 것들 안에서는 모든 것으로, 무 안에서는 무로 존재한다)." 이와 유사한 역설적 표현을 우리는 플로티노스의 제자 포르피리오스(Porphyrios)에게서 발견한다. "신은 어디에나 존재하니, 아무 곳에도 존재하지 않기 때문이다(*ὁ θεὸς πανταχοῦ ὅτι οὐδαμοῦ*)"(*Sententiae* c. 31). 물론 거기서 포르피리오스가 '신'뿐만 아니라, '정신'(*νοῦς*)과 '영혼'(*ψυχή*)도 동일한 맥락에서 이해하고, 다른 한편 그와는 달리 '육체'(*σῶμα*)와 구별하는 것을 볼 때, 예컨대 "신과 정신과 영혼"이 "육체 안에는 아무 곳에서도 존재하지 않는다"(*Ibid.*)고 말하면서, 오히려 "육체가 저 신과 정신과 영혼 안에 존재한다"(*Ibid.*)고 말함으로써 앞서 그의 스승 플로티노스가 가르친 바를 뒤따르고 있음을 보게 된다. 물론 우리는 플로티노스에게서 신 및 "영원한 존재"의 현현(顯現)이 어디에서나 포착되면서 동시에 (육체적인) 아무 곳에서도 고정적으로 말해질 수 없음을 듣게 된다. 예컨대 그가 존재원천으로서 '하나'(*Hen*)를 소개할 때, "저 〔원천적인〕 하나는 모든 것이며 동시에 〔개별적인 어떤 것으로서〕 하나가 아니다(*τὸ ἓν πάντα καὶ οὐδὲ ἕν*)"(*Enn.* V 2, 1. 1)라고 함으로써, 마침내 우리 인간의 영혼이 육체로부터 해탈하기를 강조하는 사실에서 충분히 알 수 있다(참고 *Enn.* VI 9, 10. 2). 그 까닭은 지금 '육화된' 영혼으로서는 저 원천에 대한 직접적 참여가 힘겹기 때문이다.

잠시 플로티노스의 "신과 인간 영혼의 만남"에 대한 생각을 여기서 간단하게나마 살펴보자! 플로티노스가 '육체'에 대하여 한편 궁극적 의미를 두지 않는 이유는, 마치 외적으로 완성된 '가옥'이 이미 그 가옥구조를 설계하는 건축가의 전체적이고 조직적인 생각을 그때마다 (작업된) 부분들을 따라

서만 마침내 드러내고 있듯이, 오히려 ‘정신’ 안에서 포착되는 ‘원인’-인식이 감각적인 여러 부분들의 전체성을 보장한다는 것이다. 그러기에 플로티노스는 “만일 네가 원인을 찾아 나선다면, 너는 모든 것을 제대로 말할 수 있을 것이다”(*Enn.* VI 7, 3.13f.)라고 말한다. 플로티노스가 추구하는 “확실성의 인식”은 아리스토텔레스의 “존재론적 원인론”(*Onto-aitiologie*)과 상통한다. 왜냐하면 아리스토텔레스가 “신적 존재”를 두고 “첫 번째이자 가장 강력한 원인”(*Metaphysica* XI 7 〔1064a.37f.〕)이라 설명하듯이, 플로티노스 역시 이 같은 정신적 원인을 추구하는 자기인식을 결국 궁극적으로 “신을 인식하는 것”과 결부시키고 있기 때문이다. “자기 자신을 아는 자는 그 자신이 도대체 어디서 왔는지 또한 알고 있다”(*Enn.* VI 9, 7.33f.). 그리하여 그는, 자기 자신을 아는 ‘영혼’은 내면의 깊은 곳을 따라 ‘정신’에로, 곧 “이데아의 근원지”(*Enn.* I 6, 9.41)에로 되돌아간다고 가르친다. 예컨대, “네 자신으로 돌아가 스스로를 바라보라! 그러면 네가 아직 아름답지 못하다는 것을 알게 된다면, 어떤 조각가가 아름다운 반신상을 만들어내기 위해 한편으로는 돌을 쪼아 내고, 평평하게 다듬고 하여 마침내 매끄럽고 티없는 조각으로 탄생될 때까지 그런 행위를 거듭한다는 사실을 새롭게 깨달을 것이다. 다시 말해 너의 불필요한 부분을 쪼아내고 비뚤어진 부분을 바로잡도록 힘쓰며, 답답한 곳을 쳐내고 밝게 만들어라! 네 자신의 아름다움을 위해, 너의 미덕에 신적 광채가 밝게 빛나듯, 네 자신을 조각하길 중단치 말라!”(*Ibid.*, 9.7~14).

“자아의 참된 모습”은 분명 내적 영감을 따라 “자아의 존재원인”을 밝혀내는 일과 관련되어 있으니, 바로 거기에 우리의 ‘영혼’이 애써 몰두하여야 할 이유가 자리한다는 것이다. “거기에 참된 삶이 자리하니 … 거기에서 산다는 것은 곧 정신적 힘을 소유하는 것과 같으며 … 그러한 힘 안에서 비로소 영혼은 아름다워지고, 의로워지며 또한 덕스러워질 수 있는 것이다”(*Enn.* VI 9, 9.16~20). 이 같은 영혼의 노력에는 분명 그 끝(목표의 완성)이 자리한다. “누군가가 그러한 노력중에 자신을 관찰할 때, 그는 저편의 존재원천과 유사한 것을 자신 안에서 깨닫게 된다. 곧 복사물과 같은 자신이 결국 그 ‘원형’을 찾아 방랑하고 있음을 깨닫는데, 이것이 우리 영혼의 긴 여정이 추구하는 목표이다”(*Ibid.*, 11.43~45).

때때로 우리는 “역설적(*paradox*) 표현” 앞에서 한순간 당혹스러움을 갖는다. 그것은 어쩌면 “인간의 언어”가 갖는 한계성 때문인지도 모른다. 그러나 다른 한편 ‘초월’과 ‘내재’ 사이에서 이해되는 ‘신’과 관련하여 인간의 경험적 한계성을 인정해야 한다면, 이 “역설적 표현”, “어디에나 발견되면서 수 있을 것이네.

페르디난도: 모름지기 당신과 함께 꼼꼼히 생각하면서 이를 살펴볼 때, 그 누구도 이해 못하는 경우는 없을 것입니다. 그로부터 "이름 부를 수 없는 신"을 가리켜 '모두'라고 명명하며, "무한한 그분"을 가리켜 '모두'로 한정짓고, "경계가 없는 그분"을 가리켜 '모두'로 경계짓는 등 그 밖의 이와 같은 방식으로 일컫는 모든 사실들에 대해 확신을 얻겠습니다.

니콜라우스: 그렇지! "다른 것이 아닌 것"(개념)을 신과 함께 소거시킨다면, 존재하는 것이나 존재하지 않는 것이나 모든 것 또한 필히 사라져버리기 때문에, 사람들은 신 안에 있는 모든 것이 이미 "다른 것이 아닌 것"이며, "다른 것이 아닌 것"이 〔곧〕 "모든 것들 안에 모든 것으로 존재하는 것"임을 분명하게 인식할 수 있을 것이네. 그러므로 내가 "다른 것" 안에서 "다른 것이 아닌 것"을 생각하거나 신 안에 선재하는 "다른 것이 아닌 것"을 생각하는 한, 나는 이미 그 "다른 것이 아닌 것"을 통하여 신에게 〔이미〕 현존하는 그 모든 것들과 전혀 다름없는 그것을 이해하게 되겠지. 그도 그럴 것이 〔신은〕 하늘을 "다른 것"으로부터가 아니라, 바로 신 안에 "다른 것이 아닌 것"으로 현존하는 하늘을 통하여 창조하셨기 때문이네. 마찬가지로 만일 우리가 "다

도 아무 곳에도 존재하지 않는 신"의 모습을 통하여 새롭게 새겨야 할 의미가 있을 것이다. 그러한 신의 특징은 여기 니콜라우스의 "다른 것이 아닌 것"과 연계되어 있다. 곧 "다르지 않으신 분으로서의 신"은 그분과 달리 존재하는 모든 것들의 '존재원천'이라는 점에서 그분을 거치지 않고서는 존재할 수 없는 만큼, 그들과 "다르지 않으며(곧 '모든 것들의 모든 것이시며')", 동시에 이미 "다르게 존재하는 그들 자체"와 구별되는 점에서 "다른 분"("무와 같으신" 분) 혹은 "다른 존재들과 다른 분"으로서 다시금 "다르지 않으신 분"이라는 것이다.

른 것이 아닌 것"을 두고 인식행위를 일으키는 정신으로 혹은 빛으로 간주하든지 혹은 우리가 그 개념을 따라 인식하는 중에 그것을 모든 존재하는 것의 합리적 근거로 간주한다 해도 합당하다고 보네. 왜냐하면 "다른 것이 아닌 것"은 "하늘이 왜 하늘이고 다른 것으로서가 아니라 이미 그 자체로 존재하는지"를 밝히는 근거이기 때문이요, 바로 그 근거를 통하여 하늘이 형성되었거나 혹은 하늘이 하늘일 수 있었다고 보는 것이네. 그러므로 감각적으로 볼 수 있는 하늘은 〔본시〕 있는 그대로의 그것이 아니요, 곧 다른 어떤 것으로부터 비롯되거나 하늘과 다른 것으로서의 그 무엇이 아니라, 다른 그 어떤 것과 "다른 것이 아닌 것" 그 자체로부터 비롯되었다고 할 수 있네. 그러니 자네는 그 "〔하늘이란〕 이름"을 부르기도 전에 그것을 알고 있으니, 이는 "다른 것이 아닌 것"이 모든 이름들 안에 자리하는 모든 것이면서 동시에 그 모든 〔감각적인〕 것들과 비교하여 무인 까닭일세. 그렇게 하늘을 명명하는 이치와 동일한 근거에서 나는 땅과 물에 대해서도 명명할 수 있을 것이요, 나아가 모든 낱낱의 것들도 그렇게 명명할 수 있겠지. 그래서 만일 내가 하늘의 합리적 근거를 바로 하늘 자체라고 부를 수 없음을 알고 있다면, 이는 마치 하나의 결과가 그 원인의 이름을 결정하지 못하기 때문이요, 그와 동일한 근거에서 그것(제일원리)은 그 어떤 이름으로도 〔합당하게〕 불리지 않는다고 나는 이해하네. 그러므로 나는 저 제일원리가 명명될 수 없다는 까닭을, 마치 그 이름이 뒤에 바뀔 염려 때문에서가 아니라, 정녕 〔그 모든〕 이름에 앞서 고려되어야 하기 때문이라고 보네.[24]

---

24) 비교 ― 老子의 《도덕경》 1장: "道可道 非常道 名可名 非常名, 無名 天地之始 有名 萬物之母 … "; 《도덕경》 40장: "天下萬物生於有 有生於無."

7
모든 존재의 전제(前提)로서 "다른 것이 아닌 것"

페르디난도: 예, 저는 당신의 설명이 옳다고 확신하며 그렇게 이해합니다. 〔그런데〕 '원인'이 사라진다면, 그 효과 또한 사라질 것이라고 말해야 되겠지요. 또한 그와 같이 "다른 것이 아닌 것" 자체가 사라진다면 다른 모든 것들 역시 사라져야 할 것이니, 명명할 수 있는 모든 것들과 심지어 무 또한 사라져야 하겠지요. 왜냐하면 무 역시 명명된 것이라 여겨지기에 말입니다. 바로 이 점을 알고 싶어 여쭈니 제게 밝혀주시기 바랍니다.

니콜라우스: '추위'가 사라진다면, 지금 우리가 여기 로마 어느 곳에서나 볼 수 있는 '얼음' 역시 사라진다는 것은 분명하네. 그러나 그로 인해 얼음에 앞서 존재하던 '물'마저 사라져버리는 것은 아니겠지. 만일 존재가 사라져버린다고 한다면, 정작 얼음도 물도 모두 사라져버려야 하고, 그래서 그들 모두 현실적으로 더 이상 존재할 수는 없어야 하겠지. 그러니 〔추위가 사라진다고 하더라도〕 그렇듯 '물질' 혹은 "물로 존재가능한 그것"은 사라지지 않을 것이라고 보네. 이때 "물로 존재가능한 그것"을 하나의 〔존재적〕 잠재태라 말할 수 있을 것이네.

그런데 만일 〔존재적〕 하나됨이 사라지면, 얼음도 물도 나아가 물로 존재가능한 그것조차도 모조리 사라져버리겠지. 그렇지만 〔그런 경우에도〕 모든 정신적인 것은 사라지지 않는다고 보는데, 정신적인 〔= 존재론적인〕 것은 물로 존재가능한 그것에 전적으로 반드시 요구된다고 여겨지는 것이네. 이를테면 우리가 정신적으로 이해하는 무나 무질서가 더 이상 사라지지 않는 것과 같은 이치이겠지. 그러므로 정신적인 것은 물로 존재가능한 그것과의 구별보다는 '물' 자체와 훨씬 뚜렷이 구별될 것이니, 이는 물로 존재가능한 그것이란 아직 〔구체적으로〕 존재하는 것과는 거리가 멀고 불확정적인 것인 이상, 저 정신적 힘에 전적으로 의존해야 한다고 보기 때문일세. 저 정신적 힘이 하나의 〔존재적〕 잠재태에 전적으로 가하는 영향력(全權)은 존재적 하나됨이 사라져버린다 해도 결코 사라지지 않을 것이네. 그러나 만일 “다른 것이 아닌 것”이 사라져버린다면, 그 즉시 모든 것들은 사라져 버린다고 해야 할 것이네. 그 모든 것들에 “다른 것이 아닌 것”이 앞서 전제되기에 말일세. 그래서 “다른 것이 아닌 것”에 뒤따르는 〔모든〕 존재하는 것의 현실태와 잠재태뿐만 아니라 비존재(非存在)와 무 역시 〔“다른 것이 아닌 것”이 사라진다면 모조리〕 사라질 것이라고 보네.

페르디난도: 당신은 〔저의〕 의구심을 만족스럽게 풀어주셨습니다. 이제는 무와 다른 것이 아닌 그 무가 “다른 것이 아닌 것”을 자신보다 앞서 전제해야 한다는 점에 대해서 생각하고 싶습니다. 더욱이 “현실태(로)-있음”과 “가능태(로)-있음”이란 아예 무와는 거리가 멀다고 봅니다. 따라서 무가 정신에게 가장 난해한 무질서로 여겨지는 까닭에, 그것이 규명되기 위해서는 오로지 “다른 것이 아닌 것”의 “〔모든 존재를 결정하는〕 무한한 힘”에 의해서만 단단히 붙잡힐 수 있으리라 봅니다.

니콜라우스: 자네는 지금 “다른 것이 아닌 것”이 “무한한 힘”이라고

말하였지. 그것을 자네는 어떻게 이해하고 있는가?

페르디난도: 저는 그 힘을 하나로 있도록 그래서 다르게 있지 않도록 하는 힘이라고 생각합니다. 그러므로 철저히 "다른 것이 아닌 것"으로서의 그것은 무한할 것이라고 봅니다.

니콜라우스: 자네는 아주 잘, 그리고 무엇보다도 합리적으로 대답했으니 나 또한 합리적으로 따져 봄세. 마치 감각적인 바라봄(관찰)이 어느 정도 정확할 수 있으려면 모든 감각적 능력 및 활동의 도움 없이는 불가능한 것처럼, 정신적인 바라봄(통찰) 역시 모든 이성적 능력의 도움 없이는 불가능할 것일세. 그러므로 내 비록 자네의 통찰이 바람직하게 이루어졌다고 볼지라도, "다른 것이 아닌 것" 자체 또한 모든 경우에, 〔곧〕 보이거나 보일 수 없는 그 모든 경우에도 정신을 통해 그렇게 이해되는지 나는 확인하고 싶은 것이네.

페르디난도: 그럼 "〔다른 것이 아닌 것이〕 자기 자신뿐만 아니라 표현되는 다른 모든 것들을 정의한다"는 원리로 되돌아가 생각해보겠습니다. '알아봄'이 알아봄과는 다르지 않음을 이해하며, 또한 그와 마찬가지로 "다른 것이 아닌 것" 자체가 '알아봄'을 통해서 이해되는 만큼 "알아보지 못함"을 통해서도 그에 못지않게 이해된다고 봅니다. 그러므로 만일 정신이 "다른 것이 아닌 것" 자체 없이는 '알아봄'도 "알아보지 못함"도 아예 불가능하다면, 그로써 "다른 것이 아닌 것" 자체가 보일 수 없는 것이 아닌 것처럼 또한 그렇듯 알려질 수 없는 것도 아니라고 사려됩니다. 왜냐하면 '앎'을 통해서 뿐만 아니라 '무지'를 통해서도 의당 알려지는 것처럼, 그렇게 "다른 것이 아닌 것" 자체가 보일 수 없거나 알려질 수 없는 경우는 없을 것이기 때문입니다. 결국 다른 것 안에서 "다른 것이 아닌 것" 자체가 확인될 것이니,

이는 다른 것이 보여짐(=보임)과 동시에 그와 함께 "다른 것이 아닌 것"이 보여진다(=보인다)는 것을 뜻하겠지요.

니콜라우스: 참 잘 대답했네. 그러나 〔혹시〕 만일 자네가 다른 것 안에서나 "다른 것이 아닌 것" 안에서나 다른 것을 보지 못한다면, 어떻게 다른 것을 보겠는가?

페르디난도: 〔보지 못합니다.〕 그것은 "다른 것이 아닌 것" 자체를 전제함이 곧 모든 것들을 위한 전제요, "다른 것이 아닌 것"의 소거(掃去)가 곧 모든 것들의 소거라는 사실에 있으니, 다른 것은 저 "다른 것이 아닌 것"을 떠나서는 존재하지 않을 뿐더러 또한 보이지도 않는 까닭입니다.

니콜라우스: 비록 자네가 "다른 것이 아닌 것" 안에서 다른 것을 볼 수 있다 하더라도, 실상 거기에 존재하는 것은 다른 것이 아니라, 바로 "다른 것이 아닌 것"일 것인즉, 이는 "다른 것이 아닌 것" 안에 다른 것이 존재한다는 것은 불가능하기 때문이겠지.

페르디난도: 제가 "다른 것이 아닌 것" 안에서 다른 것을 본다고 말한 까닭은, 실상 다른 것이 도대체 그것(다른 것이 아닌 것) 자체를 벗어나서는 결코 보이지 않음을 말하고 싶었기 때문입니다. 그러나 당신이 저에게 "다른 것이 아닌 것" 안에서 알아보는 다른 것이 정작 무엇이냐고 물으신다면, 저는 그것은 곧 "다른 것이 아닌 것"이라고 대답하겠습니다.

니콜라우스: 그렇겠지.

8

"다른 것이 아닌 것"과 본질 (무엇임)

페르디난도: '본질'(무엇임)에 대해 그 무언가를 살펴보는 것이 좋겠습니다.

니콜라우스: 그렇게 해보지. 내가 "다른 것이 아닌 것"의 본질은 "다른 것이 아닌 것" 자체라 생각한다고 자네가 주저 없이 말해도 좋네. 그 때문에 신 혹은 "다른 것이 아닌 것"의 본질은 다른 어떤 본질과 다르지 않고, 오히려 다른 모든 본질(들) 안에 그때마다 "다른 것이 아닌 것"으로서 〔모든 본질들과〕 다르지 않다고 말하는 것일세. 그러므로 "다른 〔어떤〕 것" 자체의 본질과 다른 것들이란 다음과 같은 이유에서, 곧 〔다른 어떤 것과〕 다르다는 이유에서 우유적(偶有的)이라고 말하지만, 이때 다르다는 사실에 다름이 없다면 "다른 것이 아닌 것"이라고 말해야 옳겠지. 따라서 다른 〔어떤〕 것의 본질에 연루하여 밝혀지는 다른 것들이란 오로지 "다른 것이 아닌 것" 본질의 〔다양한〕 광채들이며, 그 광채는 무의 그림자 속으로 빠져들 것이네. 그러므로 "다른 것이 아닌 것"으로서의 본질은 다른 것의 본질의 본질이요, 다른 것의 본질은 그보다 앞선 본질의 반영(反映)이겠지. 그리하

여 저것(=다른 〔어떤〕 것의 본질)에 우유적으로 보이는 그런 다른 것들이 있고, 그런 다른 것들 안에 존재하는 저 본질이 우유적으로 마주한 저것을 밝힐 것이네.[25]

내가 양(量)에 앞서[26] 정신을 통해 알아보는 ‘본질’은 〔실상〕 다양

25) 니콜라우스는 여기서 무엇을 밝히려는 것일까? 이중적 의미를 함께 논의하기에 애매하게 보일 수 있다. ① 이 세상에서 경험되는 “모든 (다른) 것들” 저마다의 본질(무엇임)은 물론 (지금까지 해명된 결과에 비추어 볼 때) 제일원리인 “다른 것이 아닌 것”에서 비롯되고 파악된다. 모든 본질은 “동일성의 원리”를 따라 밝혀진다는 철학적 원리는 유효하다. 그래서 어떤 사물 그 자체와 다르다는 통찰로부터 그의 실체적인 것과 우유적인 것이 구별된다. 그러므로 동일성의 원리로서 “다른 것이 아닌 것”은 모든 다른 것들 저마다의 본질을 해명하는 원리로서 “본질의 본질”이요, 저마다의 본질은 “다른 것이 아닌 것”의 ‘반영’이다. ② 다른 한편 “우유적인 것들”에 대해서도 “다른 것이 아닌 것”이 무관할 수 없다. 이른바 이들 비실체적인 것들은 그러면 어떻게 저 제일원리로부터 해명될 수 있을까? 앞서 논의된 통찰을 부정할 필요도 없고 또 그래서도 안 된다. 그러면 그와 동일한 논의로부터 출발하자. 예컨대 우리가 〔어떤 것의〕 우유적인 것들을 “다른 어떤 사물(자체)과 상대적으로 다르다”고 할 때, 그 통찰은 곧 “다른 것으로서 어떤 사물 자체와 다르다”는 뜻이다. 여기서 ‘다르다’에 “다름이 없다면”, 곧 그 다름의 의미가 그대로 적용되어야 한다면, 결국 어떤 것과 우유적으로 구별된 “다른 것들”은 곧 “다른 어떤 것과 다른 것들”이요, 따라서 “다른 것이 아닌 것”에 귀속된다. 그러니 그것들은 모두 “다른 것이 아닌 것”의 다양한 ‘광채’인 셈이다.

26) 〔역주〕 양(量)과 관련된 각별한 사색과 관심은 좀더 오랜 역사를 갖는다. 플라톤적 세계관 아래서 특히 양적 세계에 대한 조심스러운 접근이 고무되었다. 예컨대 플로티노스가 그의 시간연구(참고 *Enn.* III 7, 6.26 이하)에서 “양적인 것”(*Quantität*, *τὸ ποσὸν*)을 더 이상 “첫째가는 범주”에 귀속시키지 않았다면(참고 *Enn.* VI 2, 13.1 이하), 그래서 “순수 양적 시간의 연장”이란 무의미한 것이요, 이를 극복하도록 권면하였다면, 그동안 ‘양’보다 ‘질’을 택하도록 가르치는 많은 사상가들의 생각과 다르지 않다. 마치 세네카(Seneca)가 “지혜로운 삶”(*sapientia*)에 대해서, “양이 아니라, 질적 삶에 대해 항상 생각하라!”(*Epistola moralis* 70, 4: cogitat semper, qualis vita, non quanta est)고 하듯이 말이다. 여기서 니콜라우스 역시

그러한 관점을 뒤따르고 있는 것 같다.

시간적-공간적 연장(延長)을 통한 양적 변화 및 성장이란 실상 그 자체로서는 무의미하다. 왜냐하면 그러한 "양적 변화 및 성장"이란 실제 그 자체 안에 어떤 '척도'가 자리하지 않기 때문이다. 그런 까닭에 플로티노스는 산(뫼)이 '작게'도 표현되고, 좁쌀이 '크게'도 표현될 수 있다고 말한다(참고 *Enn.* VI 3, 11.14f.). 그는 그리하여 이러한 "양적 표현"을 다시금 "존재의 내면적 근거"로부터 고쳐 이해하기를 촉구한다. "존재의 내면적 근거"는 물론 여기서 말하는 바처럼 "양적인 것에 앞서" 놓여 있으며, 그것은 차라리 일종의 〔존재론적〕 '점'과 같이 그 어떤 연장 없이 존재한다. "양적인 것은 그 밖의 다른 것들처럼 첫째가는 범주(예컨대 '존재', '운동'과 '정지', '동일함'과 '상이함')에 속하지 않는다. 왜냐하면 첫째가는 범주에 속하는 것들은 '존재' 곁에 한결같이 포착된다. 그러므로 '운동'은 살아있는 현실성을 가리키는 한, '존재' 곁에 있고, '정지'(내지 '안정')는 이미 그러한 존재의 본성 안에 자리잡고 있다. … 그러나 '수'와 같은 양적인 것은 저 앞선 범주에 뒤따르는 어떤 것에 지나지 않는다. … 그러한 양적인 수란 물론 그래서 그 첫째가는 범주와 동등하게 생각될 수 없다. … '크기'라고 하는 것 역시 … 뒤늦게 또 복합적 관점에서 고려된다"(*Enn.* VI 2, 13.2～11). 여기 소개되는 '수'와 '크기'의 예는 일찍이 피타고라스학파 이래 관심을 불러일으킨 '수학자'들을 염두에 둔 것 같다. 그들은 과연 수(數)를 통하여 모든 존재하는 것을 연역적으로 이해할 수 있으리라 생각했다. 플로티노스는 그러한 수와 관련된 이해를 두고 경각심을 일깨운다. "감각적 조화에서 본래적인 것은 그 어떤 척도에서 고려된다. 그러나 여기서 척도는 결코 임의로 파악되는 〔감각적〕 '수' 자체와 관련해서가 아니라, 오로지 '이데아'의 산출에 종사하는 그 무엇(곧 정신)에 의해서 결정된다고 해야 할 것이다"(*Enn.* I 6, 3.31～33).

그러므로 플로티노스는 "연장(크기)을 따라 관찰되는 외적 형태는 실상 연장(크기) 안에 자리하는 실체(본질)와 다르다"(*Enn.* V 1, 5.18f.)고 보았다. 이는 다음과 같은 해석을 가능케 한다. 시공간적으로 연장되어 나타나는 것의 본질은 그런 외적 모습과는 "다른 무엇"을 함축하고 있다. 곧 연장하는 방식으로 그때마다 '다르게' 표출시키는 주체가 내면에 자리잡고 있다. 이 주체는 그때마다 다양하게 드러나는 외양의 내면에 동일하게 머물러 있는 정체성을 가리킨다. 시공간을 따라 외적으로 다양하게 변모하는 가운데에서도 주체는 변함없는 자신의 동일성 안에 머무르듯 말이다. 이러한 주체는 플로티노스에게서 다름 아닌 '영혼'을 의미한다. 그래서 영혼은 한 부피의 양 없이는 이루어질 수 없다고 여기는 그런 여러 가지 상상을 따라서 함께 받아들여질 것이네. 그리하여 비록 우리의 정신이 〔양적〕 상상을 뛰어넘어 본질을 내다보는 까닭에 정작 본질의 본질은 양이 아니라 하더라도, 다른 한편 정신이 알아보는 그 본질과 〔양적으로 그려내는〕 상상이 엮어내는 본질이 서로 다르지 않다고 말해야 한다면, 결과적으로 '양'이란 그렇듯 양적 존재(=부피) 없이는 결코 그려내지 못하는 〔저〕 상상이 이루어 놓은 본질과 의당 연루되어야 할 것이네. 그와 마찬가지로 '위대함'[27]에 대해서 말할 경우, 위대함

플로티노스에게 "비연장적인 것"(*Enn.* IV 7, 5.53f.)으로 풀이된다. 바로 그 때문에 "무엇인가를 측정하는 영혼의 '본질'은 (외적으로) 측정되듯 파악되지 않는다"(*Enn.* VI 1, 4.39)고 그는 말한다. 왜냐하면 외적 측정을 위해 어떤 척도를 제공하는 영혼은 오히려 연장된 무엇을 측정하는 "척도의 척도"이기 때문이다. 여기서 물론 플로티노스는 이러한 입장에서 영혼이란 "비연장적이면서 동시에 연장적인 존재"(*Enn.* IV 4, 16.22: διάστημα ἀδιάστατον)라는 어쩌면 일면 '자기모순'처럼 보이는 영혼의 양면성을 거침없이 표현하고 있다. 우리는 이를 이해하기 위해 무엇보다도 우리의 시각을 "시공간적 차원"에만 고정시켜서는 안될 것이다. 오히려 그러한 수평적 이해지평을 뛰어넘어 수직적 이해지평으로 나아가야 할 것이다. 다시 말해 영혼 존재(본질)에 대한 이해는 "외적으로 연장된 상태"를 따져 묻는 것이 아니다. 이는 플로티노스가 앞서 말하듯이 "단순히 양적인 것"에 대한 물음이 진정 "질적인 것" 혹은 '본질'에 관한 답을 줄 수 없다는 생각과 통한다. 곧 영혼 존재에 대해 물을 때, 외적 — 수평적 — 연장성과 관련된 척도에 따라서가 아니라, 내면적이고 존재론적인 — 수직적 — 깊이와 관련된 '존재구조'에 따라서 그 의미를 파악해야 한다는 것이다. 그 밖의 "본질적 수"와 "(비본래적인) 양적 수" 사이의 구별과 관련하여서는 아래의 각주 29번을 참조.

27) 〔역주〕 여기서 'magnitudo'는 흔히 '크기'로 번역되지만, 그럼에도 이는 "물질적 크기"에 뿐 아니라 "정신적 크기"로서 "위대함, 탁월함, 막강함" 등에도 주저 없이 적용되고 있다. 여기서 우리는 '크기' 대신에 '위대함'이라는 정신적 의미로서의 번역시도 또한 이해에 도움을 줄 것 같다. 이 점은 니콜라우스가 앞서 '양'과 관련하여 우리에게 주지시키려는 의도에서도 그러하다. 그럼에도 니콜라우스는 한층 더 나아가 그러한 외적 표현이 갖는

또한 우리가 '양'을 상상하기에 앞서, 곧 〔감각적〕 상상을 뛰어넘어 정신을 통해 알아보는 어떤 것이라고 여기고 있네. 그러나 우리는 〔위대함에 대한〕 상상 중에 '양'을 보고 있지 않은가! 하지만 〔다시금〕 우리의 상상이 아직 조야(粗野)하고 그늘진 '양'으로부터 떨어져 거리를 두면 둘수록, 그래서 그 상상이 더욱 성숙해지고 단순해지면 질수록, 그만큼 그 상상 안에서 "위대함의 본질"은 더욱 단순하고 명확하게 드러남은 물론 나아가 상상된 것들 역시 훨씬 참되게 비춰질 것일세. 왜냐하면 '양'이란 사실상 "위대함의 본질"에 다가서는 어떤 것이

"이중적인 면", 곧 '크기'가 함축하는 "물질적 크기"와 "정신적 크기"를 동시에 이해하도록 요구한다. 그리고 나아가 인간의 '정신'이 갖는 한계성에 대해서도 잊지 말기를 요구한다. 그럴 때 비로소 "신의 위대하심(크심)"을 제대로 바라볼 수 있다는 것이다.

한편 "정신적 크기"를 따라 우리가 파악하는 '위대함'이 존재론적으로 볼 때 "물질적 크기"에 '앞서' 있으며, 그에 따라 후자가 결정된다고 보는 관점은 분명 '형상'이 '물질'에 앞선다는 논리와 일치한다. 이와 관련하여 아마도 아우구스티누스가 "영혼의 크기"에 대해서 가르치는 바를 참고할 수 있겠다. 예컨대 그가 "Corpus … nullum fit, nisi accipiendo per animam speciem(만일 영혼으로부터 그 고유한 모습을 부여받지 못했다면, 육체는 … 생겨날 수 없었을 것이다)"(Augustinus, *De quantitate animae* XVI 25) 라고 말했던 것처럼, 아우구스티누스는 이미 "인간의 육체(의 크기)를 그렇듯 저마다 고유하게 결정하는 내면적 근거"가 바로 "영혼(의 위대함)"이라고 보았으며, 이러한 관점은 여전히 교회전통 안에 이어져 니콜라우스에게 영향을 주었다고 본다. 그러나 니콜라우스는 여기서 두 가지 새로운 관점을 더 보태어 제시하고 있다. ① 존재론적으로 '육체'가 상대적으로 '영혼'에 비해 열등한 평가를 받는다고 하더라도, "영혼의 상태"와 "다르지 않은" 육체라고 보아야 한다면, 무작정 육체를 냉대할 수는 없다는 시각을 제안한다. 이는 "실존주의적 측면"을 암시하는 것처럼 보인다. ② 인간이 자신의 감각적 경험과 더불어 '사고한다'는 점에서 감각경험과 정신 사이의 연계성은 여전히 "정신적 한계성"에 꼬투리를 제공하기에, 이러한 측면을 넘어서는 데까지 이르러야 비로소 "초실체적 실체로서의 신"에 대한 온전한 이해가 가능하리라는 시각 또한 제안하는 것으로 보인다.

아니기 때문이네. 그래서 겉보기에만 마치 "위대함의 본질"과 관련된 필수적인 어떤 것처럼 여겨지는 것일 뿐이니, 이는 우리가 "최대한 단순함이나 최대한 나눌 수 없음"을 실제로 '양'과 무관하게 이해하는 이치를 따라서도 알 수 있을 것이네. 그러나 만일 '위대함'이 〔감각적으로〕 상상된다고 하거나 혹은 아무튼 상상을 따라 드러난다고 말한다면, 〔이를 위해〕 '양'이란 이내 필연적인 것이 되어야 하고, 그것은 바로 '양' 없이는 '위대함'을 더 이상 논할 수 없다는 뜻이 되지 않겠는가! 〔하지만 이는 분명 오해라고 생각하네.〕

그러므로 차라리 '양'은 위대함과 더불어, 그리고 위대함을 통해 그려내는 우리의 상상이 밝혀내는 어떤 것이라고 보며, 기실 우리의 〔좀더 세밀한〕 통찰을 통해서 보다 확실하게 밝혀지리라 여기네. 왜냐하면 우리는 정신 및 지식을 가리켜 〔감각과 물질에 비해 보다〕 '위대하다'고 말하기 때문일세. 거기서 '위대함'이 지적으로 드러난다면, 그것은 물론 양적 의미에서의 육체적 활동과 구별되고 나아가 철저히 그런 '양'에 앞서 고려됨을 가리키겠지. 그러나 나는 가장 진지하게 말하거니와 '위대함'이란 우리의 모든 인식가능한 방식에 앞서, 그리고 그 너머에서 〔온전히〕 밝혀진다고 말하고 싶네. 그리하여 마침내 그것은 납득할 수 없는 방식으로 납득하게 되고, 인식할 수 없는 방식으로 인식하게 되며, 볼 수 없는 방식으로 보게 된다고 여기네. 왜냐하면 이것은 인간의 모든 인식행위를 초월하는 인식과정에 속하기 때문일세. 한편 이것은 인간적 방식으로 엮어지는 인식과정을 쫓아서는 그저 소극적으로밖에 이해되지 않을 것일세.

왜냐하면 우리가 상상할 수 있는 '위대함'(크기) 이란 과연 상상할 수 있는 그것과 다르지 않고 또 우리가 생각할 수 있는 위대함 역시 과연 생각할 수 있는 그것과 다르지 않다고 여기면서 그것을 의심하지 않기 때문이네. 또한 우리가 그렇듯 이해하는 위대함이란 도대체 우리가 상상할 수 있는 한에서 상상된 것이요, 우리가 생각할 수 있는 한해서 생각된 것이라 여긴 나머지, 우리가 생각할 수 없게 된다면 당장 부재(不在)한다고 여김으로써 “다른 것이 아닌 것” 자체 및 〔도대체〕 앞서 존재하는 그것을 보지 못하기 때문이지.[28] 모름지기 상상할 수 있는 크기는 그런 〔감각적〕 상상에 대립하는 그 어떤 〔정신적〕 위대함을 앞서 전제해야 하고, 이 정신적 위대함 또한 그런 생각에 대립하는 위대함, 곧 아마도 여느 통찰과 은유적 방법을 통하여 어느 정도 밝혀지는 그런 위대함을 앞서 전제해야 하겠지. 그로써 그 밖의 다른 것들에 앞서, 뭇 방식에 앞서, 그리고 표현할 수 있고 인식할 수 있는 그 모든 것들에 앞서 전제되는 존재를 인식하게 된다고 보네. 이를테면 신의 위대함으로서 말이야. 그분의 위대하심은 더 이상 끝이 없으시니, 우리가 흔히 인식할 수 있는 용어로는 더 이상 설명할 수 없는 그런 것이네. 그러므로 보편적 의미에서 “다른 것이 아닌 것” 자체인 본질은 자기 자신뿐만 아니라, 다른 모든 것들의 본질을 정의하는 것을 가리키며, 그것은 이미 말했던 위대함의 본질과 연

---

28) 불가(佛家)에서 한편으로 전해져 오는 ‘유식무경’(唯識無境)의 법 역시 “망정(妄情)에 의해 시설된 외경(外境)”은 모두 실제로 “존재하지 않는다. 오직 내적 식(識)만이 존재할 뿐”(成唯識論 제1권, 대정장경 31, 1. 實無外境唯有內識)이라고 가르침으로써 인간의 정신(마음)을 기초로 삼는다. 그러나 “그 마음 역시 절대적 실체가 아니다.” “현상세계의 경험축적으로” 마음의 활동이 이루어지기 때문이다. 그러므로 그러한 인식경로로부터 해탈을 추구한다. 다시 말해 파악된 “개념(인식)이란 다른 개념과의 차별성을 통해서만 규정되는” 만큼, 여전히 “부정적으로만 드러날 뿐 그 자체로서 긍정적으로 규정될 수 없다”는 사실을 자각하도록 요구한다. 그로써 “궁극적으로 얻고자 하는 것은 … 내적 자각, 즉 마음(정신)의 활동성에 관한 내적 직관”이요, “곧 자기 마음의 활동을 단 한 점의 무의식적 잔재도 남기지 않은 채 투명하게 통찰하는 것”이요, 그리하여 “직관하는 그 진여심(眞如心)에서는 나와 세계, 주관과 객관, 식과 경의 관계가 둘도 아니요 하나도 아닌 묘(妙)의 관계”에 이른다고 한다. 곧 “개체 안의 개체초월적인 보편적 일심”을 견성(見性)하여 성불(成佛)하는 것이라 한다(참고 한자경, 《유식무경》〔유식불교에서의 인식과 존재〕, 예문서원, 2000).

관시켜서도 설명할 수 있다고 보네. 〔다시 말하자면〕 "다른 것이 아닌 것"은 수많은 말로도 다 말해질 수 없으니, 이는 "다른 것이 아닌 것"이 수(數)에 앞서기 때문이네.[29] 그와 마찬가지로 비록 서로 다른

---

29) 〔역주〕 일찍이 플로티노스 역시 '수'(數)와 관련하여 이렇게 말했다. "우리는 이제 수(數) 자체가 저 정신세계 안에서 어떻게 이해될 수 있는지 물어야만 한다"(*Enn.* VI 6, 4. 1f.). 곧 "수의 본질은 무엇인가"(*Ibid.*, 5. 1)하고 물어야 한다는 것이다. 수에 관련하여 가장 기본적인 사실은 '하나' 혹은 1이다. "왜냐하면 우리의 생각이 '하나'에 근거하지 않는 한, 다른 수 혹은 다수를 도무지 말할 수 없기 때문이다"(*Ibid.*, 13. 11f.). 이러한 기초 인식론적 명제는 또한 존재론적 시각을 갖도록 이끈다. 곧 "'하나'가 없다면 무엇이 존재한다는 것은 아예 불가능하다"(*Ibid.*, 13. 50f. : οὐδὲν … ὄν ὃ μὴ ἕν). 이 같은 '하나'가 혹은 "하나의 존재"가 바로 존재의 토대이다. "첫 번째로 있는 이것은 하나요 동일하다. … 존재에 있어 '하나'는 … 존재하는 것 '앞에' 자리한다. 그것이 자체로 (존재에) 머물러 있는 동안, 그의 모범을 따라 존재하는 것은 (그와) '다르지 않고', (존재하는 것이) 존재하게끔 능히 이끈다"(*Enn.* V 5, 5. 1~7). 플로티노스에 의해 개념화된 이 같은 존재원칙을 따른다면, 이 '하나'는 하나의 다른 무엇에서 비롯된다는 순환적 무한성이나 '하나'가 '다수'에서 비롯된다는 집합적 다원성을 근거삼아서는 안 된다. 오히려 '하나'로부터 '다수'가 또는 "다른 수"가 비롯한다는 사실을 기억해야 옳을 것이다. 이는 플로티노스가 다시금 *Enn.* III 7, 3. 6f.에서 《영원》을 두고 "보다 중요한 것은 그들〔곧 저 피안에 존재하는 것들〕을 살아 움직이게 하는 그 어떤 유일한 하나가 그럼에도 다수가 될 수 있으며, 그 자체로 다수라고 말해야 옳지 않을까" 하고 생각한 내용과 일맥상통한다. 이제 그러면 남은 설명이란 "도대체 이런 절대적인 '하나'가 어떻게 그 자체로 다수라 할 수 있으며, 그 자체로부터 다수를 산출해낼 수 있느냐"는 것이다. 이러한 관점은 그의 "삼위일체적 존재원천"에 대한 진지한 탐구에로 이끌었다.

아무튼 '수'와 관련하여 우리는 다시금 플로티노스의 남다른 연구관점을 통해 얻을 수 있는 무엇이 있다. 곧 그는 "본질적 의미에서의 數"를 낱낱의 수, 즉 "양적 의미에서의 수"와 구별하고 있기 때문이다. "본질적 수는 언제나 '존재'를 위하여 요구되는 반면, 양적 수는 다른 대상과의 비교 중에 단순히 양적 입장을 고려할 때 요구된다"(*Enn.* V 5, 4. 18f.)는 것이다. 바로 이런 구별을 통하여 플로티노스는 다시금 "양적 수, 다시 말해 어떤

사물들 안에서 그때마다 서로 다른 방식으로 "다른 것이 아닌 것"으로서 본질이 다르게 존재한다 하더라도, 그것은 또한 그런 것들에 앞서 있다고 보네.

페르디난도: 당신은 저에게 눈을 열어주어, '본질'의 참됨이 어떠한지를 차츰 볼 수 있게 하셨고, '위대함'의 본질과 관련된 은유적 방법을 통하여 저로 하여금 더없이 감사드릴 만큼 귀한 깨달음으로 이끄셨습니다.

니콜라우스: 이제 자네의 명오(明悟)가 열렸다니 다행이네. "다른

단위를 따라 계산되는 수는 저 본질적 수의 '복사물'과 같다"(*Enn.* V 6, 9.35)고 말한다. 결국 "양적 수"는 저 내적 '존재'의 입장을 십분 고려할 수 있도록 표현되는 방식이 아니라, 그저 외적으로 드러난 관점에서, 곧 저 본질적인 점을 간과하는 관점에서 거론되는 수라고 할 수 있다. 플로티노스는 이런 이유에서 다음과 같이 스스로 질문을 던지고 있다. "만일 그 어떤 인간이 또 다른 인간들과 더불어 셈해진다 할 때, 도대체 어떤 의미에서 그의 '존재'가 고려됨직할까? (그리고는 답하길) 거기에는 물론 그 어떤 '하나의 윤무(輪舞)'에서 볼 수 있는 통일성이 자리하지 않는다. 차라리 네가 '10명의 인간들'을 셈하고 있듯이 네 안에 오로지 그 존재의 모습이 자리할 뿐이며, 한편 '10'이라고 하는 숫자는 하나의 통일성을 가지고 나타난 것이 아니다. 바로 그런 점에서 '10'은 한낱 누산된 것에 지나지 않는다. 너는 그러한 의미의 '10'을 따라 한낱 '양적 수'를 말하고 있을 뿐이다. 그에 반해 앞서 말한 '하나의 윤무'는 네 안에 셈해진 것 이상의 의미를 담고 있다"(*Ibid.*, 16.30~36). "셈해진 것 이상의 의미"란 과연 무엇을 두고 한 말일까? 이는 과연 저 "본질적 의미의 수"와 관련이 깊다. 바로 저 정신세계의 변함없는 또 한결같이 완전하게 그 모습을 갖추고 있는 '하나'를 전개시키고 존재일반 안에 드러나는 낱낱의 존재를 그때마다 결정하며 보증하는 점에서 '본질'은 그러므로 일종의 "〔원천으로서의〕 권위"를 갖는다. 플로티노스는 그 때문에 공간적으로 연장되어 나타나는 존재자를 가리켜 이렇게 말하고 있다. "'하나'가 존재하는 한, 존재자는 존재한다"(*Ibid.*, 1.22).

것이 아닌 것"이 그 모든 인식행위에 앞서 전제되고 또 가장 먼저 인식됨을 자네가 깨달았다니 말일세. 〔그리하여〕 인식되는 그것은 〔실상〕 다른 것 자체로부터 비롯된 존재가 아니라, 아직 인식되지 않은 것 자체의 존재임을 깨달았다니 다행이네. 그것은 인식되는 것(대상) 안에서 〔차츰〕 인식해나감으로써 밝혀지는 것이니, 이는 마치 태양의 밝음이 우리의 감각적 눈을 통해서는 보일 수 없지만, 구름의 변화무쌍한 다채로움에 의해 여러 가지 가시적 빛깔들로 세상에 비춰지는 것과 같을 것이네.

9 "다른 것이 아닌 것"과 우주 삼라만상

페르디난도: 당신께 청합니다. "우주 삼라만상"에 대해 무언가를 말해 주십시오! 그로써 제가 당신을 뒤따라 신에게 더욱 가까이 다가설 수 있는 안목을 얻었으면 합니다.

니콜라우스: 그럼, 말해보겠네. 내가 나의 육체적인 두 눈을 통해 하늘과 땅을 보고, 그 안의 만물을 관찰하노라면, 나는 내가 이미 보았던 것들을 〔모두〕 모아 지적(知的)으로 따짐으로써 우주 삼라만상 전체를 살피게 되고, 그 안에 개개의 것들이 제 자리를 차지하여 저마다 질서와 평화를 유지한다고 여기겠지. 바로 그 때문에 나는 세상을 아름답다고 여기고 만물이 합리적으로 이루어졌다고 생각하네. 〔또한〕 그런 만큼 나는 만물 안에서 그런 '합리성'이 밝혀진다고 확신하거니와 이는 단순히 존재하는 것들〔1〕에게서만이 아니라, 존재하면서 동시에 살아 움직이는 것들〔2〕에게서도, 그리고 존재하면서 동시에 살아 움직이고 나아가 지적으로 활동하는 것들〔3〕에게서도 그런 합리적 근거를 발견할 수 있다고 여기네. 〔물론〕 저 첫 번째 무기체(無機體)에게서는 아주 불분명할지도 모르네. 그리고 두 번째 유기체

(有機體)에게서는 좀더 분명할지도 모르네. 그러나 세 번째 정신적 존재에게서는 가장 분명하게, 그리고 개체로나 무리로나 다양한 측면에서 알 수 있다고 생각하네. 이제 만물의 합리적 근거에 대해서 생각해보자면, 나는 그 합리적 근거가 세상에 앞서 고려되어야 한다고 믿네. 그래서 그 합리적 근거를 통해서 이 세상이 창조되었다고 보지만, 그럼에도 합리적 근거 자체는 우리가 〔모조리〕 이해할 수 없다고 결론내리고 싶네. 왜냐하면 내가 주저 없이 세상의 합리적 근거에 대해 말하듯이, 만물은 모두 합리적으로 이루어졌으며, 그 합리적 근거는 모든 인식에 앞서 놓여 있고, 창조된 모든 것들 안에서 밝혀진다고 믿으며, 그 어떤 것도 합리적 근거 없이는 존재할 수 없다고 해야 하겠지만, 그럼에도 나는 그 합리적 근거 자체를 아주 조금밖에는 파악할 수 없다고 생각하기 때문일세. 왜냐하면 내가 만일 그것을 〔전부〕 파악하기라도 한다면, 왜 이 세상이 이렇고 이와 다르지 않은지를, 또 왜 태양은 태양이고, 왜 달은 달이며, 왜 지구는 지구인지를, 나아가 저마다 낱낱의 존재들이 왜 지금 있는 그대로 외에 다르게 존재하지 않은지를, 그 밖에 왜 그것은 더 크지도 않으며, 왜 더 작지도 않은지를 내가 확실히 안다고 말해야 할 것이기 때문이네. 그리하여 내가 만일 그것을 당장 〔전부〕 깨닫는다면, 아마도 나는 〔더 이상〕 이 세상 만물 가운데 하나일 수 없고, 도대체 피조물일 수 없을 것이니, 내가 터득한 합리적 근거는 삼라만상을 창조하는 능력(기술)을 뜻하며, 결국 나로 하여금 〔피조물로서보다는〕 차라리 조물주로서 존재하도록 할 것이 아니겠는가! 바로 이런 맥락에서 나는 “다른 것이 아닌 것”을 이해하고자 하네. 곧 그만큼 우주 삼라만상의 합리적 근거가 〔전부〕 이해될 수 없음을 받아들이니, 그렇게 그것은 모든 납득할 수 있는 것들에 앞서 존재하는 만큼, 〔우리에게는〕 납득할 수 없는 것 자체로 머무른다는 것일세. 그러므로 나는 납득할 수 있는 것들 안에서 납득할 수 없는 방식으로 밝혀지는 그것을 알아보고 있

는 셈이네.

페르디난도: 무엇이 '존재'에 앞선다는 것인지 이해하기 어렵습니다.

니콜라우스: 형상(形相)이 '존재'와 '인식'을 제공한다지. 그런 연유로 형상을 갖추지 못한 것은 형상을 갖추기 전(前)이거나 형상이 사라진 후(後)이기 때문에 납득할 수 없는 것이요, 거기에는 신만이 아니라 물질과 무와 같은 그런 많은 개념들도 속하겠지.

〔그렇다면〕 언제든 우리가 정신의 알아봄(직관)을 따라 그런 개념들에게 접근하고자 할 때면, 그만큼 우리는 〔감각적-이성적〕 이해방식을 뛰어 넘어서 혹은 〔그로부터〕 훨씬 멀리 나아가야만 할 것일세. 그러나 거기서 알아봄을 말없이 전달하는 일이란 마치 존재하지 않는 무엇을 존재하는 것처럼 여기지 않고서는 효과적일 수 없으며 또 표현하는 것이 불가능하다네. 왜냐하면 서로 다르게 알아듣는 터에 〔서로를〕 납득시키지 못하기 때문일세. 이러한 정신의 알아봄은 마치 〔인간의〕 이해방식 너머를 지향하는 만큼 그렇게 〔인간의〕 표현방식을 또한 초월한다고 보네. 그래서 그들(정신적으로 알아본 것들)에 대한 모든 언어적 표현은 비본래적이며, 그 정확성에 결함이 있다고 보네. 마치 우리가 물질은 물질로, 물체는 물체로, 무는 무로 등 그런 식으로 표현하는 경우처럼 말일세. 그러므로 통찰(通察)하는 자는 마치 빨간 유리를 통해 눈(雪)을 알아보는 것과 같으니, 결국 그는 흰 눈을 보면서도 빨간 색을 보기에, 더 이상 눈을 보는 것이 아니라 빨간 유리를 보는 것이라고 생각하네. 그렇다면 우리의 정신은 형태를 통해 "형태가 없는 것"을 알아보도록 〔노력〕해야 하겠지.

페르디난도: 〔그러면〕 신학자들이 "신의 원의(願意)를 통하여 모든 것이 창조되었다"고 말한 〔언어를 통한〕 가르침이 참되다는 것을 제가

어떻게 알 수 있겠습니까?

니콜라우스: 신의 원의는 “다른 것이 아닌 것”이라고 보네. 왜냐하면 ‘원(願)함’이 〔행위를〕 결정하기 때문이네. 한편 원의가 완전하면 완전할수록, 그만큼 〔행위가〕 훨씬 더 합리적이고 훨씬 더 질서정연하겠지. 따라서 우리는 다른 어떤 것에 앞선 “다른 것이 아닌 것”으로서 분간하게 되는 그 원의가 합리적 근거나 지혜 및 그 밖에 이와 유사하게 명명될 수 있는 것들과 다른 어떤 것이 결코 아님을 이해할 것이네. 〔그럼에도〕 만일 그 원의가 결국 “다른 것이 아닌 것”이라고 한다면, 그 원의는 〔또한〕 합리적 근거와 지혜와 질서와 다르지 않다는 점에서 합리적 근거이며 지혜이고 질서라고 말해야겠지. 또한 그 원의를 통해 그 모든 것들이 결정되고 생겨나며 질서지워지고 확고해지며 안정되고 보존될 것이요, 마침내 우주 삼라만상 안에 그 원의가 그대로 드러날 것이라 추정할 것이네. 이는 마치 트라야누스[30] 로마 황제의 원의가 지혜와 권위 모두를 겸비한 자신의 모습을 원기둥에 새겨 넣게 한 것과 같다고 보네. 왜냐하면 트라야누스는 거기서 자신의 영광을 후대에 보여주길 원했고, 그렇게 〔오늘날까지〕 그의 조각과 함께 사람들의 눈에 띄도록 원기둥에 그의 가시적 형상을 새기지 않았다면 전시되지 못했을 바로 그 영광을 그의 원의가 지시하는 대로 원기둥에 새겨 넣도록 하였기 때문이지. 그렇게 그의 원의는 바로 거기 서있는 원기둥이요, 그 원기둥 자체는 그의 원의와 “다른 것이

30) 참고 Marcus Ulpius Trajanus: AD 98～117 동안 집권한 로마황제. 〔역주〕 53년 이탈리카(스페인)에서 태어난 그는 일찍이 원로원의 일원이 되었다가 황제로 추대된 Nerva 황제(Marcus Cocceius Nerva: AD 96～98 집권)에게 입양되어 그 후계자가 되었다. 특히 영토를 가장 넓게 확장하고 예술 및 건축(도서관, 성전 및 기념비 등)에 관심을 기울여 로마제국을 크게 번성시킨 황제로서 유명하다.

아닌 것"이라고 여기네. 이는 설령 그 원기둥이 〔동일하게〕 그의 원의 자체는 아니라 하더라도, 그것을 결정하고 한정하는 원의에 의해서 그것이 이루어진 만큼, 원기둥을 그런 어떤 〔의지적인〕 것으로 볼 수 있기 때문이네. 한편 그의 원의〔의 실현〕 안에서 우리는 어떤 지혜와 질서 또한 보게 되는데, 그 까닭은 그의 조각 안에다 그가 전쟁에서 승승장구하던 화려한 추억을 떠올리게끔 아로새기게 하였고, 그리하여 능력이 없는 자는 감히 흉내낼 수조차 없는 조각의 출중함을 따라 〔마침내〕 트라야누스의 권위가 밝게 드러나기 때문이라네.

이 같은 은유적 설명으로 자네는 크게 기뻐하게 될 것이니, 그로써 "다른 것이 아닌 것"을 통해 표현되는 "왕 중의 왕"(=신)을 알아보게 될 것이기 때문이네. 〔다시 말해〕 신께서 당신 영광을 드러내기 위해 당신 원의로써 지혜와 능력, 우주와 그 안에 존재하는 만물을 창조하셨음을, 그것도 삼위일체적으로 모든 것들 안에서 〔당신 영광을〕 드러내심을 〔자네가〕 알아보게 될 것이기 때문이네. 이러한 사실은 우리가 우리 영혼을 따라 경험할 수 있게끔 '존재적으로', '정신적으로', 그리고 '의욕적으로' 밝혀질 것일세.[31] 왜냐하면 그런 방식으로 우리

31) 〔역주〕 우리는 니콜라우스의 이 표현을 앞서 아우구스티누스에게서 발견한다. 예컨대, "만일 의심하는 자가 있다면, 그는 '무엇에 대해 의심하는지' 곰곰이 회고할 것이요, 또한 '그가 의심하고 있다는 사실'을 지금 눈여겨볼 것이며, '그로부터 그 어떤 확실함을 얻고자' 희망할 것이다"(*De Trinitate* X 10, 14: Si dubitat, unde dubitat, *meminit*; si dubitat, dubitare *se intelligit*; sie dubitat, certus esse *vult*). 기억하고, 눈여겨보고 또 희망하는 세 가지 구조적 요소가 "의심하는 상황" 속에 자리하듯, 모든 상황, 사물 및 인간에게는 이 "세 가지 구조적 요소"가 고려된다고 보았고, 그것은 곧 "삼위일체의 하느님"의 모상이요, 창조물로서 그 흔적을 어김없이 보여준다는 것이 아우구스티누스의 통찰이다. 우리는 그의 작품 《삼위일체에 관하여》 안에서 이러한 통찰을 줄곧 목격하게 된다. "나는 이 세 가지 모든 요소를 따라 기억하고, 통찰하고 또 사랑하는 존재이다. 그럼에도 나는 기억〔자체〕도, 통찰〔자체〕도, 그리고 사랑〔자체〕도 아니

영혼은 과연 존재의 원리인 그분으로부터 존재하게 되며 또한 인식의 원리인 그분으로 인하여 인식하게 되며, 의욕의 원리인 그분을 따라 마침내 원하게 되기 때문이네. 그리하여 그런 방식으로 우리는 그분의 삼위일체적 모습을 통찰하고 그분의 영광에 가까이 올라서게 될 것일세.

페르디난도: 이 같은 사실들이 그렇듯 벌어지고 있음을 잘 알겠으며, 또한 "다른 것이 아닌 것"으로서의 원의가 모든 것들에 의해 의욕(意慾)되고 거명(擧名)되는 창조적 선임을 잘 알겠습니다.

요, 단지 그것들에 참여할 뿐이다"(*Ibid.*, XV 22, 42: Ego per omnia illa tria *memini*, ego *intelligo*, ego *diligo*, qui nec memoria sum nec intelligentia nec dilectio, sed haec habeo). 그렇게 아우구스티누스는 "창조된 우리의 모습 속에 저 참된 영원함과 영원한 참됨, 그리고 영원하고 참된 사랑 자체이신 창조주의 모습이 담겨져 있다"(*De civitate Dei* XI 28: Ad nostri creatoris imaginem creati 〔sumus〕, cuius est vera *aeternitas*, aeterna *veritas*, aeterna et vera *caritas*)고 가르친다. 그리하여 저 "위대한 아우구스티누스 주교"에 의해 다져진 "기억과 통찰과 의지"에 따른 존재(행위)구조의 삼차원적 이해방식에 대해 알고 있던 니콜라우스는 이미 자신의 작품 *De aequalitate* 〔III 386〕("Cum magnus Augustinus dicat animam trinitatis imaginem habere *memoriam*, a qua abdita *intelligentia* generatur et procedet ex his *voluntas*, quomodo hoc videri debeat?") 안에서 일찍이 아우구스티누스가 이해한 바와 같이 "인간의 다양한 경험영역들이 하나의 동일한 행위사실로 집약될 수 있다고 보았으니, 다시 말해서 '하나의 동일한 행위사실'이 〔첫째〕 여전히 해체되지 않는 '기억'(*memoria*) 안에서 하나로 머물러 있으면서 동시에 〔둘째〕 '통찰'(*intelligentia*)의 다각적 자기분화 과정을 거쳐 그때마다 분별되고, 마침내 그 두 가지 요소를 통해서, 곧 기억과 통찰이라는 내면적 해명활동에 이어 〔셋째〕 '의지'(*voluntas*)를 통해서 구체적인 외적 행위에로 옮겨진다"는 사실을 받아들이고 있다(참고 E. Schadel, *op. cit.* 〔Gott als Zusammenfall der Gegensätze?〕, p. 144). 그 밖에 아우구스티누스와 니콜라우스의 '삼위일체적' 유사개념-쌍을 통한 표현들은 이 글의 앞선 각주 20번 참조.

왜냐하면 존재하는 모든 것들이 의욕하는 그 무엇은 — 도대체 존재하는 것 외에 — 다른 것이 아닌 것이요, 살아서 움직이는 것들이 의욕하는 그 무엇은 — 살아 움직이는 것 외에 — 다른 것이 아닌 것이요, 사유(思惟)하는 것들이 의욕하는 그 무엇은 — 사유(思惟)하는 것 외에 — 다른 것이 아닌 것이기 때문입니다. 그러므로 그것은 무엇이든 "다른 것이 아닌 것" 자체로부터 비롯하는 것을 의욕한다는 것입니다. 과연 "다른 것이 아닌 것"은 그 어떤 것과 다른 것이 아닌 까닭에, 모든 것들에 의해 궁극적으로 추구되는 "존재의 시작이자 보존(保存)의 중간(=연속)이며 안정(安靜)의 끝(=완성)"이라고 봅니다.

니콜라우스: 자네는 그 모든 것들이 그로 인해 밝혀지는 "다른 것이 아닌 것" 자체를 향하여 올바르게 나아가고 있네.

10

"다른 것이 아닌 것"에의 참여 (나눔)

페르디난도: 여러 신학자들이 피조물에 대해 "모두 하느님께 참여하는 것 이외에 다른 것이 아니다"[32] 라고 단호하게 말했습니다만, 이

---

32) 〔역주〕 니콜라우스는 가깝게는 Dionys., *De cael.* IV 802f.; *De div. nom.* V 329ff. 좀더 멀리는 토마스(Th. Aquinas)에게서 '존재참여'(*participatio essendi*)에 관한 개념을 발견한다. 예컨대, 모든 존재하는 것들이 참여하는 "신적인 영원한 존재"란 차례차례 또는 곁에 나란히 나타나는 "시공간적 다름(혹은 구별)"과 다르기에, 결국 "다르지 않다"는 점에서 오히려 자기 안에 머무르고, 자기로부터 나와 다시금 자기에게로 되돌아가는 가운데 온전한 '자기동일성'을 내적으로 충만하게 갖는다고 생각하는 니콜라우스와 다름없이 토마스 역시 "〔영원한〕 존재란 … 그의 보다 큰 내적 친밀감을 따라 모든 것들 안에 깊숙이 있다"(Esse … est id quod est magis intium cuilibet, et quod profundius omnibus inest: *S. th.* I. qu. 8. a. 1, resp.)고 설명한다. 토마스에게서 '존재' 혹은 '있음'이라는 개념은 단순히 피동적으로 발견되거나 관찰되는 대상으로서의 의미를 넘어서 자체 역동적(力動的) 의미를 내포한다. 그것은 무엇보다도 '존재자체'가 이미 '영원성' 안에서 포착되는 이유에서 그러하다.

이미 잘 알려진 고대의 두 존재론자, 곧 파르메니데스와 플라톤이 '존재'에 대한 사상에 초석을 다졌다고 우리는 알고 있다. 그 이유는 먼저 파르메니데스에게서 도대체 참됨(진리)을 인식할 수 있는 근거를 '존재'로부터 확보하기 때문이다. "이제 단 한 가지가 '남아 있다'(λείπεται)"는 파르메니데

스(M 11/DK 8, 2번째 줄)의 말은 뒤에 다시금 플로티노스가 해석하듯이 (이에 특히 *Enn.* III 7, 3.11 ~38 참조) "과거시제나 이미 지나가버린 무엇도", "미래시제나 되어간다는 것도" "〔영원한〕 존재"에는 자리하지 않는다. 이 "유일한 있음"(*ἔστι μόνον*)에 대한 플로티노스의 해석은 다시금 *Enn.* V 1, 4.22에서도 발견되는데, 이는 일찍이 플라톤의 우주론, 곧 세상만물의 '아버지'에 관한 가르침과 일맥상통한다. "그(데미우르고스)는 영원의 움직이는 복사물을 만들고자 생각했으니, 천체의 질서를 창조하는 동시에 '하나 안에 머무르는 영원'에 버금하여 수(數)를 따라 표지될 수 있는 복사물, 곧 시간을 만들었다. 낮과 밤, 달(月)과 해(年)를 만들었는데, 이는 천체의 생성 이전에는 존재하지 않았고, 그 천체의 창조와 더불어 그와 부합하는 차원에서 시간이 돌아가도록 만들었다. 이들(천체의 움직임)은 그러나 시간을 구분하는 행위와 관련될 뿐, '있었음'과 '있을 것임'은 그렇듯 생겨난 시간들의 일련의 형태에 속할 뿐이니, 우리가 여기서 자칫 '영원한 본성'을 두고 무의식중에 잘못 생각할 소지가 있다. 왜냐하면 우리는 흔히 저 '영원한 본성'과 관련하여, 마치 그것이 '있었다' 하거나 '있을 것이라'고 표현하기 때문이다. 그러나 실은 저 영원한 본성은 참된 의미에서 그저 '유일하게 있음'(*ἔστι μόνον*)을 가리키며, 그에 반해 '있었음'이나 '있을 것임'은 시간 안에서 거듭 '되어 가는 것들'에 한에서 사용되어야 옳다"(*Timaios* 37d.5~38a.2). 이것은 이미 우리가 살펴보았던 것처럼, 물론 파르메니데스의 단편 안에서도 발견되는 내용이다. "한 번쯤 있었음도 (언젠가) 있을 것임도 자리하지 않으니, 지금 (있음에) 전부가 함께 하기 때문이다"(M 11/ DK 8, 5번째 줄).

'영원'(*αἰών*)이 "있음 깊숙이 있음으로 있다"(*Enn.* III 7, 3.33f.: ἐν τῷ εἶναι τοῦτο ὅπερ ἔστιν εἶναι)라는 플로티노스의 해석 또한 뒷날 토마스가 표현하는 바와 같이, "그 어떤 부분적 참여형태"로서가 아니라 또 "아직 실현되지 않은 혹은 그저 가능성으로 머물러 있는 무엇"으로서가 아니라, 오히려 "그의 본성이 바로 그 존재자체"(*S. th.* I. qu. 3, a. 4, resp.: Sua … essentia est suum esse)요, "스스로를 통하여 존재하는 존재자체"(*Ibid.*, qu. 4, a. 2. resp.: ipsum esse per se subsistens)라는 존재정의와 많은 유사함을 보여준다. 특히 스콜라철학 안에서 활발하게 사용되었던 '존재'(*esse*) 개념은 앞서 플로티노스가 동사의 원형으로서 '존재하다'(*εἶναι*)를 — 중성관사(*τὸ*)를 덧붙여 — 실체화시킴으로써 의도하는 바와 통한다. 다시 말해, 그런 표현으로써 모든 시간적 공간적 존재(자)뿐만 아니라 정신적 존재 또한 실현시키는 순수 활동적 원천을 또 다른 개념에 대해 당신에게서 듣고 싶습니다.

니콜라우스: 무엇보다도 자네는 "다른 것이 아닌 것" 자체가 일찍이 모든 것들에 선재하는 만큼, 그 자체에 대해 그 어떤 이름으로도 가당치 않음을 이해하고 있겠지. 그런 만큼 존재하는 것은 "다른 것이

의 도움 없이 자체적으로 이해하려는 시도라 할 수 있다. 이 같은 존재일반을 위한 자극은 물론 플로티노스에 따르면 영혼에게서 관찰되는데, 이는 영혼이 '영원'으로부터 직접, 그리고 제일 먼저 이탈한 까닭에 그 무엇보다도 '영원'을 이미 잘 알고 있기 때문이다. 바로 그런 점에서 영혼은 다시금 "존재 안에 존재하기 위해 꾸준히 애쓴다"(*Enn.* III 7, 11.58)고 플로티노스는 설명한다. 이는 영혼이 "저 피안의 존재"(*Ibid.*)를 본뜨는 능력을 지니고 있다는 설명과 맥락을 같이 한다. 한편 '영원'이 바로 이러한 "존재를 실현시키는 근원적 존재"라는 해석은 *Enn.* III 7, 3.1~6.57 안에서 유감없이 관찰되는데, 이렇게 영원히 존재한다는 것과 그러한 존재를 위해 애쓰는 모든 사물들의 노력 사이에서 반드시 짚어야 할 점은, 서로간의 "관계성(참여)" 문제이다.

물론 플로티노스 이전에도 많은 철학자들이 이 용어(εἶναι)를 사용하였다. 예컨대 플라톤(*Parmenides* 151c), 아리스토텔레스(*Physica* IV 12 [221b.5]), 그리고 그 이전에 이미 파르메니데스(M 7/DK 7)도 알고 있었다. 플로티노스를 해석하던 바이어발테스는 이와 관련하여 교부시대의 "sum qui sum"이라는 성경(《탈출 3:14》)해석이 엑하르트를 거쳐 독일 관념주의 철학에 이르기까지 커다란 관심사였다고 주석을 단 적이 있다(W. Beierwaltes, "Deus est esse-esse est Deus. Die onto-theologische Grundfrage als aristotelisch-neuplatonische Denkstruktur." In: *Platonismus und Idenalismus*, Frankf./M. 1972, pp.5~82). 그 밖에 하인리히 벡(Heinrich Beck)은 그의 박사학위논문(*Der Akt-Charakter des Seins*. Eine spekulative Weiterführung der Seinslehre Thomas v. Aquinas aus einer Anregung durch das dialektische Prinzip Hegels, München 1965)에서 존재와 관련하여 다음과 같이 소개한다. "[존재에 대한 물음이] 인간의 중심문제라고 도대체 말할 수 있는 것은 '존재' 자체에 우리의 의미와 목적이 담겨 있다는 점에서 '있음'이기 때문이다"(*Ibid.*, p.11).

아닌 것”에 참여함으로써 존재한다고 보아야겠지. 그러므로 “다른 것이 아닌 것”이란 결코 명명될 수 있는 것으로는 명명될 수 없을 것이네. 그와 마찬가지로 모든 것들에 의해 참여되는 식으로 나눠지지는 않을 것일세. 한편 “다른 것이 아닌 것”에 매우 어설프게 참여하는 것들이 있는데, 이는 그저 불분명하고도 평범하게 참여하기 때문이겠지. 한편 “보다 특별하게” 참여하는 것들이 있는가 하면, “아주 특별하게” 참여하는 것들이 있다고 보는데, 예컨대 우리 영혼의 삶에서도 어떤 이들은 어설프게 또 어떤 이들은 분명하게 또 달리 어떤 이들은 아주 특별하게 참여하듯이 말일세. 영혼의 능력에서도 지성활동에 분명하게 참여하는 이들이 있는가 하면, 달리 불분명하게 참여하는 이들이 있다고 보네. 창조물 가운데 어떤 것들은 다른 것들과 다른 것(점)을 보다 적게 지니는 가운데 마치 순수 지성활동과 같이 ‘그것’(다른 것이 아닌 것)에 보다 많이 참여한다고 보네. 다른 한편 다른 것들과 다른 것(점)을 보다 많이 지니는 것들이 있는데, 〔예컨대〕 육체적 사물들이 그에 속할 것이네. 이들은 한 ‘곳’(=상태)에 가만히 머무르지 못하는 까닭에, 다른 어떤 것과 다른 것이 아닌 것으로서의 본성(=동일성)에 거의 참여하지 못한다고 보네.

페르디난도: 저 역시 당신이 설명하신 대로 그러리라고 봅니다. 하지만 도대체 사물들의 ‘본질’이 〔그들의 물질적 형체와 함께〕 썩어 없어지지 않는다는 사실이 어찌 참되다고 보는지 알고 싶은 저의 추궁(追窮)을 비켜가지 말았으면 합니다.

니콜라우스: 그러면 가장 먼저 “다른 것이 아닌 것”이 사멸(死滅)하지 않는다는 점에 대해서 얼른 생각해보세. 만일 “다른 것이 아닌 것”이 사멸한다고 가정한다면, 이른바 그것이 〔그와〕 다른 것으로 변화한다는 말이 되겠지. 그러나 〔그렇게〕 다른 것을 거론하자면, “다른

것이 아닌 것" 또한 거론되는 셈이니, 따라서 그것은 사멸한다고 말해서는 안 되겠지.

게다가 "다른 것이 아닌 것" 자체가 자기 자신뿐 아니라 다른 모든 것들을 정의한다고 우리는 이미 확신하였네. 그러므로 사물의 본질들은 저마다 "다른 것이 아닌 것"이 없다면 존재할 수 없다고 보네. 그에 따라 우리는 "다른 것이 아닌 것"이 결국 만물 안에 그때마다 존재한다고 생각하는데, 그렇듯 만물 안에 저마다의 존재를 근거 짓는 〔개별적〕 본질로서 "다른 것이 아닌 것"이 어떻게 사멸하겠는가? 오히려 마치 "다른 것이 아닌 것"이 만물의 본질들에 앞서고 그와 더불어 만물을 〔제각기〕 명명할 수 있게 한다고 내다보는 것처럼, 다채로운 물질 근간에 자리하는 그 모든 변화와 유동성에도 앞선다고 생각해야 겠지. 따라서 "다른 것이 아닌 것"은 〔그들 가운데〕 그 어떤 하나의 본질이 아니라, 그런 본질들 안에 자리하는 본질, 곧 본질들의 본질이라고 불러야 할 것이네.

일찍이 주님의 사도(바오로)가 "보이는 것은 잠시뿐이지만, 보이지 않는 것은 영원하다"[33]고 하지 않았던가! 우리의 감각으로 경험하는 것은 물질적인 것이요, 물질의 자연본성에 따라 유동적인 것과 변화무쌍한 것이 있겠지. 그러나 감각적으로 경험되지 않더라도 존재하는 것들이 있는데, 이들은 시간을 따라 관찰되는 것이 아니기에 차라리 영원한 것들이라고 말해야겠지. 만일 자네가 어떤 존재 곁에서 그런 본질을 보게 된다면, 〔예컨대〕 소크라테스에게서 '인간성'을 보게

33) 《2 코린토서 4:18》. 바오로 사도는 〈코린토 교회에 보낸 두 번째 서간〉의 4장에서 "하느님께서는 질그릇 같은 〔유약한〕 인간인 우리(영혼) 속에 주님을 선포함으로써 당신의 빛과 영광을 깨달을 수 있도록 귀한 보화(정신)를 담아주셨다"고 가르치면서 끝으로 "우리는 보이는 것(찰나적인 것)에 눈길을 돌리지 않고 보이지 않는 것에 눈길을 돌려야 합니다. 보이는 것은 잠시뿐이지만, 보이지 않는 것은 영원하기 때문입니다"라고 권고한다.

된다면, 자네는 분명 어떤 존재 곁에서 그와 다른 것 자체를 보는 것이요, 그 때문에 자네는 죽어 가는 소크라테스를 볼 때 그저 우유성(=신체)을 따라서〔만〕 그가 사라져버린다고 말해야겠지. 그러나 자네가 다른 것(=신체)과 구별하여 다르지 않은 것으로 '인간성'을 알아보게 된다면, 자네가 그(=소크라테스) 안에서 알아본 그의 본성대로 당연히 그것은 사멸하지 않는다고 말해야겠지.

페르디난도: 당신은 그러면 "다른 것이 아닌 것"이 그보다 앞서고, 다른 것이 그에 뒤따르는 저 '본질'을 가리켜 '이데아'나 '형상'〔혹은 종(種)〕이라 표현하시려는 것입니까?

니콜라우스: 플라톤이 그렇게 만물의 원형(原型)들을 뭇 사물에 앞서, 그리고 신 다음에 자리매김하였네.[34] 왜냐하면 사물의 합리적 근거는 그것을 통하여 생겨난 사물에 선행하기 때문일 것일세. 한편 사물들의 다양함은 사물들 저마다의 다양한 합리적 근거들을 〔앞서〕 요구하며, 그러한 근거들은 일찍이 하나의 원천(샘), 그러니까 그(=플라톤)에 따르면 다른 모든 것들이 거기서 흘러나왔다는 그 원천 이후에 존재해야 할 것이네. 그러나 "다른 것이 아닌 것"은 왜 저마다의 사물이 지금 있는 그대로 그렇게 존재하는지를 밝혀주는 최적(最適)의 원인으로서 뭇 사물들에 앞서 존재하기 때문에, "다른 것이 아닌 것"은 다양하게 변화하는 어떤 것이 아니라네. 오히려 그것은 사물의 합리적 근거로서 다른 〔모든〕 것들에 앞서 존재함은 물론 수(數)와 다양성에도 앞서며, 그렇게 헤아릴 수 없이 〔저마다의〕 사물이 그것("다른 것이 아닌 것")에 참여하는 대로 헤아려진다고 내다보네.

---

34) 참고 Platon, *Timaios* 28a 이하.

페르디난도: 〔그렇다면〕 당신은 "다른 것이 아닌 것"이 사물의 '본질'이 아니라, 방금 합리적 근거라고 단언하신 '하나'라고 정녕 말씀하시는 것 같군요.

니콜라우스: 자네 역시 알고 있듯이 〔그러나〕 '하나', "본질적 존재성", '이데아', '형상', '원형' 혹은 '종'(種) 은 "다른 것이 아닌 것"과 거리가 있다고 보네. 그러므로 만일 뭇 사물들이 그들의 '본질'을 통해 존재하는 만큼, 그 본질을 고려하면서 그들을 관찰하자면 나는 그들의 본질을 두고 정신을 통하여 우선적으로 동일한 것으로 통찰하면서도 〔다른 한편〕 그들이 서로 다르다고 표현할 것이네. 그러나 내가 〔그런〕 '다름'에 앞서 정신 너머로 그들의 본질을 통찰할 때, 나는 그 본질들이 서로 다르다는 것을 알아보지 않고, 내가 사물들 안에서 이미 관조할 수 있었던 그런 본질들의 순수 합리적 근거(=존재원천) 와 다르지 않은 어떤 것을 알아볼 것일세. 그래서 나는 그것을 가리켜 "다른 것이 아닌 것" 혹은 "본질들의 본질"이라고 부르는 것이니, 이는 모든 본질들 안에서 확인되는 사실일 것이네.

페르디난도: 당신은 "본질〔들〕의 본질"에 대해서 지금 말씀하시지만, 〔제가 이해하기로〕 아리스토텔레스는 이 표현을 받아들이지 않았다고 사려됩니다. 왜냐하면 그로써 〔참된〕 '무한성'으로 넘어가는 길은 물론 저 '첫째'〔원리〕에 도달하는 길이 막혀버림으로써 인간의 모든 '앎'은 허무하게 끝나버린다고 내다보았기 때문입니다.

니콜라우스: 우리의 정신을 양(量) 으로 고려한다면, 그로써 우리가 〔참된〕 '무한성'에로 계속 나아갈 수 없다는 아리스토텔레스의 가르침[35] 은 옳다고 보네. 그러나 〔참된(질적인)〕 '무한성'은 양에 앞서, 그래서 다른 모든 〔유한한〕 것들에 앞서 고려되는 동시에 또한 모든

것들에 대해 모든 것을 함축하고 있다는 의미를 갖는데, 그와 같은 방식으로 그는 무한성을 거부하기보다는 오히려 저 "첫 번째 〔다른 어떤 것에 의해 움직여지지 않고 스스로 움직이는〕 운동자"와 연관시켜서 무한성에로 정확하게 이끌어갔고, 〔마침내〕 그 무한한 힘에 근거하여 뭇 사물들이 존재한다고 생각하였다고 이해하네. 그래서 그는 〔세상의〕 모든 힘들이 그 무한한 힘에 참여하고 있음을 알아보았으니,[36] 그 무한성을 가리켜 〔이제〕 나는 "다른 것이 아닌 것"이라 말하고 싶네. "다른 것이 아닌 것"은 바로 그런 점에서 형상 중의 형상 혹은 형상의 형상이요, 종(種)의 종(種)이자 목적의 목적이라고 보네. 나아가 그 모든 존재와 관련하여 그와 동일한 방식으로 그렇듯 끝없이(=

---

35) 참고 Aristoteles, *Analytica posteriora* I 22 〔83b.〕(아래의 각주 36번 참조).

36) 참고 Aristoteles, *Metaphysica* XII 7~8 〔1081a. ff.〕. 〔역주〕 움직임(*κίνησις*)을 잣대로 존재하는 모든 것을 이해하려 했던 — 예컨대 "만일 현실성(實現性)과 관련하여 아예 원인(原因)이 없다면, 어떻게 움직임이 있을 수 있겠는가?"(*Metaph.* XII 6〔1071b28f.〕: πῶς … κινηθήσεται, εἰ μηδὲν ἔστι ἐνεργείᾳ αἴτιον;) 하고 스스로 묻고 답하는 — 아리스토텔레스의 입장에서 이제 신적 존재는 저 "움직이는 최초의 부동자(*πρῶτον κινοῦν ἀκίνητον*)"(*Ibid.*, XII 6〔1071b4〕; XII 7〔1072a25〕)로 귀결된다. 이 표현 속에는 물론 "또 다른 원인을 두지 않는, 이른바 그 자체가 움직임의 원인을 갖는 자력(自力)의 운동자"로서 "모든 운동의 시원(始原)"이 고려되고 있을 뿐만 아니라, 그렇듯 모든 존재실현(存在實現)의 움직임 및 삶이 모두 그로부터 원천적으로 시작된다면, 결국 그에게로 되돌아가야 함을 암시하고 있다. 이 움직이는 최초의 부동자가 다른 모든 것들, 특히 시간적 존재들을 "마치 연인(戀人)처럼 움직이게 한다"(*κινεῖ … ὡς ἐρώμενον*)는 아리스토텔레스의 지적은(*Ibid.*, XII 7〔1072b3〕) 곧 "신적 존재"가 인간 이성의 능동적 활동(*De anima* III 5: νοῦς ποιητικός)의 목적(*Telos*)으로서 마지막까지 애욕(愛慾)해야 할 "첫 번째이자 가장 주된 원천"(*Metaph.* XI 7〔1064a37f.〕: τὸ θεῖον … ἂν εἴη ἡ πρώτη καὶ κυριωτάτη ἀρχ)임을 가리킨다. 그렇게 에로스(*Eros*)의 능동성이 신과 인간 이성 사이에 필연적으로 걸쳐 — 맺어져 — 있다는 사실은 여전히 니콜라우스에게도 고무적 사실로 여겨진다.

헛되이) 〔양적〕 무한성에로 나아가는 일 없이, "모든 것을 정의하는 함축적 〔질적〕 무한성"에 어느덧 다가서게 되었다고 보네.

11
실체와 우유(偶有), 그리고 "다른 것이 아닌 것"

페르디난도: 존경하는 추기경님! 바라건대, 다른 어떤 은유적 설명으로 당신께서 가르치신 바를 통찰하도록 저를 이끌어 주십시오. 그로써 당신이 의도하신 바를 훨씬 더 잘 알아들을 수 있을 것입니다.

니콜라우스: 그렇게 해보겠네. 자네는 상투적으로 '루비'라고 부르는 홍옥(紅玉)을 세공(細工)하기 위해 밤 3시 야심한 시각에 아주 깜깜한 곳에서 그야말로 촛불 하나 없이 사람들이 작업하는데, 그것은 홍옥 자체에서 빛이 발하기 때문이라는 사실을 이해하겠는가? 사람들이 그 돌을 세공하기를 바랄 때, 그 돌〔자체〕의 중재로써 그렇게 한다는 것이니, 왜냐하면 홍옥석 안에는 〔우리의〕 감각에 발견될 수 없는 것이 있다고들 하기 때문이라네. 그것은 감각〔만〕으로는 포착되지도 느껴지지도 않으니, 감각이 홍옥과 마주치는 순간에만 발견될 수 있다는 뜻일세. 그러므로 돌 안에서 스스로 발하는 저 홍옥의 빛이 〔우리의〕 눈에 비춰질 때 비로소 홍옥이 발견될 수 있다는 것이네.

그런데 어떤 홍옥은 보다 많은 빛을 발하고, 어떤 홍옥은 보다 적은 빛을 발하는데, 그래서 아주 강한 빛을 발함으로써 돌덩이 중에 보다 많은 부분이 홍옥으로 이루어진 완벽한 홍옥석이 있는가 하면, 훨씬 적은 비율로 거의 광채가 나지 않는 〔값싼〕 홍옥석이 있다고도 하네. 그러므로 나는 홍옥석의 가치가 높고 낮은 기준이 〔결국〕 광채의 밀도에 있지, 홍옥석의 무게에 있지 않음을 말할 수 있겠는데, 물론 그 무게가 광채의 밀도를 증대시키지 않는 한에서 말일세. 그러므로 〔좀더 진지하게 말하자면〕 홍옥의 '본질'을 논할 경우 양(무게)으로 평가하지 않을 것이요, 이는 소량의 홍옥이나 다량의 홍옥이나 다같이 홍옥이기 때문이겠지. 그와 마찬가지로 빛깔이나 모양 혹은 그 밖의 우유적인 것들에 관해서도 말할 수 있으리라고 보네. 그러므로 내가 보고 만지고 상상하는 활동을 통해 홍옥을 평가하는 그 모든 것들은 사실상 홍옥의 본질이 아니라, 단지 그에 덧붙여진 우유적인 것들이겠지. 한편 그런 것들 없이는 홍옥이 더 이상 감각적으로 파악되지 않기 때문에, 감각적으로 파악되게끔 하는 그런 것들을 통해서 홍옥의 본질이 자신을 드러낸다고 보네.

결국 그렇듯 덧붙여지는 우유적인 것들에 앞서 존재하는 '실체'는 그런 우유적인 것들과는 무관할 것이네. 그러나 우유적인 것들은 모두 실체에 종속하는데, 이는 우유적인 것들이 곧 그들의 실체적 빛의 그림자요, 모상이기 때문이겠지. 그러므로 홍옥의 실체적 빛은 〔우유적인 것들에 비해 원천에〕 훨씬 더 근접하는 닮음을 따라서 보다 명료한 광채의 발산으로 자기 자신을 보다 분명하게 드러낼 것이네. 그런데 홍옥의 그 빛은 빨간빛이기에 사람들은 루비(紅玉)라고 부르지만, 그것은 홍옥의 실체적 빛에 대한 지칭(한정된 표현) 이외에 다른 뜻은 없겠지. 〔곧〕 그 지칭은 실체(홍옥 자체)가 아니라 그 실체와의 닮음을 뜻하는 것으로서, 외부적으로 혹은 감각적으로 감지되기에 그럴 수 있다고 보네. 그에 반해 홍옥의 실체적 빛은 〔감각적〕 빛깔과 그 밖의 우리가 감각하고 상상할 수 있는 그 모든 우유적인 것들에 앞서 있으니, 그 내면 깊숙이 살피고 관조되어야 하는 만큼, 감각 자체로는 발견할 수 없는 것이요, 저 감각에 앞서 분별해내는 정신을 통하여 포착된다고 확신하네. 저 정신〔만〕이 저 홍옥의 실체를 있는 그대로 혹은 그 실체와 다르지 않은 것을 알아볼 수 있기 때문에 말일세. 그로 인해 그 실체가 또한 홍옥이 아닌 〔다른〕 모든 것의 실체와 다르다는 점을 정신이 알아볼 것이네. 또한 이 실체는 다르게 거듭 변화하는 우유적인 것들 안에서 음미(吟味)되지만, 저 우유적인 것들은 홍옥의 실체적 덕성으로부터 기인할 뿐, 그 밖의 다른 것에 기인하지 않음을 경험하게 되네. 그러므로 〔정신이〕 그렇게 홍옥의 비가시적인 실체적 빛을 〔감각적 빛깔과〕 다르게 보는 한, 자석(磁石)의 비가시적인 실체적 빛과는 다른 실체로, 태양석의 경우와도 사자석(獅子石)의 경우와도 다른 실체로 구별하고, 그 밖의 〔다른〕 모든 것들의 경우와도 구별한다고 보네. 그 모든 가시적 사물들 곁에서 그때마다 실체적 빛을 서로 다른 것으로 이해하네. 그래서 감각적으로 경험되는 그 모든 것들에 앞서 "정신적인 것"이 있고, 〔그렇게〕 우유적인 것들에 앞선 것으로서—정신이 없으면 관찰되지 않는—오로지 지적으로 파악되는 실체가 있다고 이해하네.

그런 다음 우주와 그에 속하는 부분 하나하나에 대해 정신으로 보다 면밀히 통찰할 경우, 마치 홍옥석의 실체가 그의 무게(量)와 비교하여 빛깔이나 경도(硬度), 그리고 그 밖의 나머지 것들에서 다르지 않은 것처럼 이해할 것이네. 왜냐하면 그것들은 그 실체에게 귀속된 우유적인 것들이요, 그 실체는 그런 우유적인 것들 안에 존재하면서 그렇게 지금 있는 그 모든 것들과 빠짐없이 관계하기 때문이네. 비록 그 실체가 그때마다의 무게나 성질(性質) 혹은 그 밖의 우유적인 어떤 것(자체)이 아니라, 그렇듯 서로 다르게 존재하는 그것(우유적인 것)들 안에 존재할지라도, 그 실체는 우유적인 어떤 것으로서의 '양'이나 '성질' 혹은 전체의 한 부분으로서 관찰되기 때문에[37] (이로써 내가 꼭 이해하려는 바는 홍옥의 실체가 다르고, 자석의 실체가 다르며,

---

37) 〔역주〕 여기서 다른 오해가 생기지 않도록 한 가지 '질'(質)에 관하여 간단히 생각해보는 것이 좋을 것 같다. 왜냐하면 앞서 "양적(量的) 무한성"과 "질적(質的) 무한성"을 구별하여 생각해보고자 하였는데, 이때 '양'과 구별되는 '질'의 의미가 여기서도 그대로 적용될 수 없는 것처럼 보이기 때문이다. 분명 니콜라우스는 여기 제11장에서는 '양'과 '질'을 동시에 "우유적인 것"(*accidentia*)으로 말하고 있다. 이때 '질'이 어째서 우유적인 것인지는 실상 바로 앞선 설명 안에서 드러난다. 예컨대 여기서 말하는 '질'은 보다 구체적으로 말해 "사물의 성질(性質)"이다. 이는 개개의 사물이 갖는 특성으로서 일찍이 데모크리토스가 원자(입자)와 관련된 세계관을 제시할 때, '원자'(*ἀτομή*)가 지니고, 우리가 그것을 경험하는 바, "차거나 덥게 혹은 가볍거나 무겁게" 여겨지는 물질적 속성을 가리킨다. 여기서 우리가 별다른 오해 없이 알 수 있는 사실은 '질'이 "물질적 속성"(*συμβεβηκότα* 혹은 *συμπτώματα*)으로 이해되고 있다는 점이고, 그러한 관점에서 질(*qualitas*)은 여전히 양(*quantitas*)과 함께 '물질'을 이해하는 척도임이 분명하다. 그리하여 원자들의 속성에는 결국 이 세상 안에서 발견되는 다양성을 위해서 그 '형태'(모양새), '무게', 그리고 '크기'(길이)를 덧붙여 생각해야 한다고 주장함으로써 에피쿠로스는 데모크리토스의 "〔동질적〕 원자론"을 발전시켰다(이에 참고로 M. Hossenfelder, *Die Philosophie der Antike* III, p. 136ff.).
그러나 다른 한편 니콜라우스가 "존재론적(*onto-logisch*) 관점"을 지향하는 많은 사상가들과 함께 '양'과 '질'을 구별하였던 경우를 되새길 때, 우리는 '양'으로 대표되는 '물질'을 넘어서 '질'로 대표되는 '정신'을 생각해야 옳을 것이다. 이때 후자의 '질'을 우리는 차라리 '실체'(*substantia*)라는 개념으로, 곧 "우유적 성질"과 구별하여 이해하는 것이 타당할 것 같다. 이는 분명 "존재적(*ontisch*) 관점"과는 다른 관점이다. 물론 우리가 이 두 가지 관점을 그저 '다르다'는 입장에서 완고하게 말할 필요는 없으며, 그래서도 안 될 것 같다. 서로는 과연 하나의 세계(*uni-versum*) 안에서 알아보는 두 측면인 것처럼 근원적으로는 서로 '연관성'을 맺고 있기 때문이다. 이는 니콜라우스가 앞서 '양'과 '위대함'을 비교하여 논했던 것처럼, "감각적 이해"와 "정신적 이해"가 서로 무관하지 않으며, 오히려 "유비적 관계 혹은 닮음-관계" 안에서 통찰되어야 함을 시사한다. 우리는 여기서 다시금 "다른 것이 아닌 것"의 현실적 이해에 다가서야 할 필요성에 이를진대, 니콜라우스는 이제 다음 제12장에서 이와 관련하여 좀더 구체적으로 설명을 시도하게 될 것이다.

인간의 실체가 다르고, 태양석의 실체가 다르다고 할 경우, 그렇듯 서로 다른 모든 실체들 안에서도 이미 필연적으로 "다른 것이 아닌 것" 자체가 선재한다는 사실인데), 그 실체란 존재하는 그 모든 〔다양한〕 것들에게서 그때마다 다르게 존재하는 것이 아니라, 그 모든 것들 안에 모든 것으로 존재한다고 보겠으니, 이는 〔궁극적으로〕 '그것'이 모든 것들 안에 모든 것으로 존재함으로써 그때마다 그들을 실체화시킨다고 보기 때문이네. 그러므로 요한 복음사가는 하느님을 다른 모든 것들, 특히 어둠에 앞서 계신 '빛'이라 칭하였으니, 이는 직접 "하느님께서는 빛이시고 거기에 어둠이 전혀 없다"[38] 고 말하는 것을 보아서도 알 수 있네. 만일 자네가 그러므로 저 '빛'을 가리켜 "다른 것이 아닌 것"이라고 말한다면, 창조물들의 어두움은 "다른 것"이겠지. 그렇게 우리의 정신은 개별적 사물들의 정신적이며 실체적인 빛 너머에 존재하는 "다른 것이 아닌 것"이라는 빛의 원리를 확인할 수 있을 것일세. 왜냐하면 "다른 것이 아닌 것"은 우리에게 〔그때마다 경험되는〕 개별적 실체들과 또 다르지 않기 때문이겠지.

38) 《요한1서 1:5》.

12

물질과 "다른 것이 아닌 것"

페르디난도: 제가 당신을 이해한다고 생각합니다만, 과연 제대로 이해하였는지 가르쳐 주시기 바랍니다. 보다 작은 홍옥석이 보다 큰 홍옥석과 비교하여 '다르다'는 점에 대해 당신은 인정하지 않으시는지요?

니콜라우스: 어째서 내가 그것을 인정하지 않는다고 생각하는가?

페르디난도: 두 개의 홍옥석이긴 하지만, 〔같은 홍옥이라는 점에서〕 하나의 실체가 또 다른 하나의 실체와 서로 다르지 않다고 보기 때문입니다. 그러니 어떻게 서로 '다르다'고 말할 수 있겠습니까?

니콜라우스: 자네는 물론 〔일찍이〕 그것을 통해 실체화(實體化) 된 서로 다른 존재들 안에서 〔그것 자체는〕 다르게 존재할 수 없는 "절대적(=정신적) 실체"를 생각하고 있네. 하지만 감각적 실체가 되기 위해서는 '물질'이 반드시 실체화의 요소로 요구되며, 물질 없이는 아예 실체화될 수 없어야 할 것이네. 도대체 감각적으로 존재하는 가능성 없이 어찌 실체화될 수 있겠는가? 그런 이유로 이 (보다 작은) 홍옥석

은 저 (보다 큰) 홍옥석과 비교하여 '다르다'고 보아야 할진대, 이는 그 두 개의 홍옥석이 저마다 서로 다른 존재가능성을 갖는다는—곧 물질적 측면에서 서로 다른 존재라는—이유에서 반드시 그러하겠지. 그리하여 감각적 물질이 곧 감각적 실체를 위해 필연적이듯이, 감각적 사물들 안에는 실체를 구성하는 물질이 자리한다고 말해야 할 것이요, 그런 연유에서 우리는 저마다의 홍옥석에는 저마다 실체를 구성하는 물질이 있고, 그로써 실체를 구성하는 물질에 따라 홍옥석 하나하나가 서로 다르게 존재하고, 실체적으로 두 개의 홍옥석을 서로 구별하게 된다고 보네. 그러나 실상 〔경험〕가능한 감각적 실체의 '존재형상'으로 통찰되는 정신적 실체를 따라서는 그 두 개의 홍옥석은 서로 다르지 않을 것이네.

페르디난도: 결국 홍옥, 곧 루비의 실체란 다양한 홍옥석의 감각적 실체(적 특징)와 상관없이 서로 다르지 않다는 것이요, 그것에 그 어떤 극단적 우유성(偶有性)이 함께 하더라도 감각적이고 물질적인 측면에서의 차이란 한낱 부차적인 것이라는 말씀이군요.

니콜라우스: 자네는 아주 잘 이해하였네. 서로 다른 〔두〕 홍옥석 사이에는 그 어느 〔한쪽〕 홍옥석의 실체와도 다르지 않은 실체가 자리할 것이네. 비록 〔그것이〕 그들(두 홍옥석)의 〔물질적으로 존재하는〕 실체적 가능성에 따른 다양함과 결과적으로 덧붙여지는 우유성의 다양함 때문에 그들 가운데 어느 하나의 실체가 아니라고 하더라도 말일세. 그러므로 정신이 구별하여 내다보는 첫 번째 실체를 가리켜 〔이른바〕 실체 혹은 〔지적으로 차별화된〕 고유형상이라 말하고 싶네. 반면 감각적인 것으로 일컫는 다른 〔감각적〕 실체란 첫 번째 실체를 통해서, 그리고 차별가능한 물질을 통해서 차별화된 실체를 뜻하겠지.

페르디난도: 그 점에 대해 매우 분명하게 동의합니다. 그러나 "다른 것이 아닌 것" 자체가 그렇게 서로 다른 모든 정신적 실체에 또한 철저히 관여하는 것을 목격하지 않습니까?

니콜라우스: 물론 정확히 목격하지.

페르디난도: 그렇다면 홍옥석이 그렇듯 다양하게 경험되지만 결국 〔홍옥은〕 하나라고 말하듯이, 이 우주 역시 '하나'라고 말할 수는 없을까요?

니콜라우스: 왜 그리 생각하는가?

페르디난도: 왜냐하면 그(=우주)의 실체는 그 안에 존재하는 각 사물의 실체와 비교하여 다르지 않아야 할 것 같기 때문입니다. 예컨대 우주의 실체는 홍옥석의 실체 혹은 인간의 실체와 다르지 않아야 하겠거니와, 이는 마치 인간 실체가 비록 그와 다른 실체로서의 손(手) 자체는 아니라 하더라도, 인간 실체가 바로 그의 손의 실체와 서로 다르지 않아야 하는 것과 같겠지요.

니콜라우스: 그로써 자네는 무엇을 말하려고 하는가?

페르디난도: 사실은 당치 않다고 봅니다! 왜냐하면 "다른 것이 아닌 것" 자체가 우주의 실체라고 말하고 그래서 우주 자체라고 말해야 할 경우, 또한 '그것'이 우주에 앞서, 그리고 도대체 다른 것에 앞서 고려되어야 하는 만큼, 그것은 불가능해 보이기 때문입니다. 오히려 우주 삼라만상은 '그것'과는 철저히 다른 것이라고 봅니다.

니콜라우스: 더 이상 그르치지도 말고 자신을 속이지도 말게나, 페르디난도! 왜냐하면 〔우리가 이미 보았듯이〕 만물은 신에게 혹은 "다른 것이 아닌 것"에 질서 지워져 있고, 그 이후의 다른 〔어떤〕 것에는 결코 질서 지워져 있지 않은 까닭에, 〔창조된〕 우주가 〔곧〕 우주의 목적이기라도 한 것처럼 생각되지는 않기 때문일세. 만일 그러하다면 신이 우주라고 해야 하겠지. 그러나 우주 삼라만상은 그들의 원천에 질서 지워져 있는 만큼—예컨대 질서를 통해 스스로 우주 삼라만상이 신으로부터 비롯함을 보여주는 만큼—의당 만물 안에 자리하는 질서의 질서인 그분에게 질서 지워져 있는 것일세. 왜냐하면 그분은 만물을 질서 지어 놓으셨고, 그로써 〔우주는〕 그분에게 질서 지워진 것들의 완전함을 따라 "다른 것이 아닌 것" 자체 혹은 질서의 질서를 보다 완전하게 드러내기 때문이네.

13
지금까지의 중간요약

페르디난도: 그럼 제가 이미 이해한 바를 요약하여 말씀드리자면, 정신은 그렇듯 다양한 홍옥석 곁에서 그들을 같은 종(種)으로 엮어주는 "그 무엇"(=본질)을 직시(直視)한다는 것이겠지요. 그래서 그것(그 무엇)이 그들 온갖 홍옥석에 내재하면서 〔다른 종과〕 차별화시킨다고 하겠지만, 그보다 훨씬 앞서, 그러니까 홍옥석들의 저 다양함을 따지기 전에 이미 〔정신은〕 그것(그 무엇)이 "다른 것이 아닌 것"과 유사함을 직시하게끔 한다는 것이겠지요. 왜냐하면 그것이 그때마다 홍옥을 홍옥으로 존재하게끔 만들기 때문이요, 또한 여느 홍옥석이든 그 안에 실체적 원리가 내재하고, 그 원리 없이는 더 이상 홍옥석으로 머무를 수 없다고 내다보기 때문입니다. 그러므로 이 종(種)의 원리는 그때마다 〔다른 종과〕 차별적으로 존재할 수 있는 홍옥의 존재가능성을 한정(限定)하여 그의 존재가능성에다 "현실적으로 있음"을 부과한다(곧 '구현시킨다')는 것이겠지요. 이때 〔그 원리가〕 홍옥의 존재가능성을 그의 현실태로 구현시키는 중에 현실적으로 홍옥석이 존재하게 될 것입니다. 여기서 저희는 혼란스럽던 존재가능성이 "차별화하는 현실태"를 통해서 구체적으로 결정되는 혹은 개별화되는 것

을 경험하게 됩니다. 또한 그런 식으로 당신은 앞서 정신적으로 절대적인 것이라고 이해했던 바로 그것(=종의 원리)을 각각의 홍옥석 안에서 〔그 존재〕가능성을 실현하는 현실태라고 여기고 계시니, 그것은 홍옥석이 현실적으로 존재하기 때문이겠지요. 이는 마치 누군가가 얼음을 보면서 지금은 단단하고 딱딱한 얼음을 경험하지만, 이전에는 졸졸 흐르는 시냇물이었다는 사실을 생각하는 것과 같다고 하겠습니다.

만일 그 누군가가 그 원인을 살핀다면, 그는 정신적으로 분간해낸 '차가움'이 어째서 모든 시냇물의 결빙(結氷)가능한 물질을 〔마침내〕 단단하고 딱딱한 얼음으로 고착시키고 구체화시키는 존재형상(=종의 원리?)인지 이해하게 될 것입니다. 그렇게 모든 시냇물은 그 자신에게 작용을 일으키는 현실적 원인의 현존을 통해 현실적 얼음으로 바뀔 수 있을 것이며, 그것(차가움)을 통해 〔물이〕 흐르지 못하게 되는 한 〔그 상태는〕 지속될 것입니다. 또한 설령 저희가 차가운 어떤 것들로부터 차가움을 〔감각적으로〕 따로 구별해내지 못할지라도, 저희의 정신만큼은 차가운 어떤 것들에 앞서 그들을 차갑게 하는 원인으로서 '차가움'을 알아볼 수 있고, 그들 안에 차가워질 수 있는 어떤 가능성이 차가움을 통하여 현실적으로 차갑게 되었음을 확신합니다. 또한 그런 방식으로 얼음뿐 아니라 서리, 우박 혹은 그와 유사한 나머지 것들의 차가워질 수 있는 요소들에 따라 그 다양함이 발견될 것입니다. 그러나 차가워질 수 있는 물질은—그렇듯 그것 없이는 결코 그 어떤 것으로도 현실적으로 경험될 수 없는—그 물질로 인해 어떤 식으로든 〔달리〕 따뜻해질 수도 있기 때문에, 왜냐하면 물질이란 '따뜻함'을 통해 언제든 따뜻한 것으로 변해버릴 수 있기에, 그 자체로는 결코 사라지지 않을 〔정신적〕 '차가움'이 우발(=우유)적으로 사라진다고 생각할 수도 있겠지요. 당신은 그렇게 저에게 설명하셨던 것으로 이해합니다.

또한 우유성이 차별적으로 존재하는 실체에 어떤 식으로 관계를 맺는지 알 것 같습니다. 그것은 마치 이런저런 ‘얼음’이 서로 다르게 존재하는 것처럼, 얼음은 눈(雪)에도 있고, 서리에도 있고, 우박에도 있으며, 수정이나 돌에도 있다고 봅니다. 그렇게 공공연하고도 널리 퍼져 있는 이 모든 자연현상들 곁에서 저는 자연 속에 어떻게든 깊숙이 관여하는 우유성이 앞서 당신이 간단히 밝힌 바와 다르지 않게 펼쳐지고 있음을 족히 이해하겠습니다. 다른 한편 저마다 차별적으로 존재하며 또한 실체라고 경험하는 그것을 저희가 정신을 통하여 형상이란 개념으로 분간해내며, 그런 방식을 따라 차별적으로 존재하면서 실체라고 경험하게 되는 그 모든 사물들에게 접근할 수 있다고 봅니다. 한편 감각적 실체들로부터 정신적 실체들로 나아가기 위해서는 닮음(유사성)을 통해 저는 저(저의 생각)를 고무시켜야 하겠지요.

니콜라우스: 자네가 나의 생각(개념)을 자연현상들에 관한 예를 통하여 분명하게 풀이해 준 것에 대해 무척 기쁘네. 자네는 그것을 그렇게 관찰함으로써 모든 것을 제대로 이해하였다고 보네. 왜냐하면 아주 잠깐의 따뜻함으로 수정처럼 차가운 얼음을 녹일 수는 없겠으니, 이는 결빙시키는 차가움이 얼려 있는 물을 유동적으로 해소시키는 힘보다 강하기 때문이듯, 마치 결코 사라지지 않는 하늘의 경우와도 같이 형상이 물질의 모든 유동적 특성보다 실제 강하다는 사실을 분명하게 확인시키는 셈이네. 이로 말미암아 우리가 감각적 사물들 곁에서나 경험되는 “(썩어) 사라져버림”이 변화에 익숙한 물질과 구별되는 정신적인 것들에게서는 불가능하다는 사실이 분명하겠지.

그리하여 우리가 사유(思惟)하는 ‘따뜻함’이란, 마치 감각적 따뜻함이 우리의 감각을 변화시키듯이 〔그렇게〕 우리의 정신을 따뜻하게 변화시키지는 못한다고 보는데, 이러한 사실은 우리의 정신이 물질적이거나 변화무쌍한 어떤 것이 아니라는 증거이며, 감각적인 것들의 속성이 변화인 반면에 정신 안에는 〔더 이상〕 감각적으로 존재하는 것들이 아니라 지적으로 존재하는 것들만이 존재한다는 증거가 될 것일세. 만일 자네가 우리의 정신이 감각에 앞서 존재하고, 그 때문에 감각으로는 정신에 다가설 수 없음을 주의 깊게, 그리고 정확히 기억한다면, 자네는 감각으로 경험되는 그 모든 것들이 정신 안에 이미 앞서 존재하고 있음을 깨달을 것일세. 이미 앞서 존재하는 것은 의당 모두 비감각적으로 존재한다고 말해야겠지. 그래서 정신 안에서 파악된 '차가움'이 있고, 감각으로 느끼는 '차가움'이 있다고 볼 때, 정신 안에 있는 '차가움'은 저 감각으로 경험되는 '차가움'에 선재(先在)한다고 보는 것이네. 왜냐하면 "차가운 것"은 감각으로 느껴지지만, '차가움'〔자체〕은 감각으로가 아니라 정신으로 파악되기 때문일세. 그와 마찬가지로 '따뜻함'이 아니라 "따뜻한 것"이 감각으로 느껴지며, 나아가 '물'이 아니라 "물로 이루어진 것"이, '불'이 아니라 "불로 이루어진 것"이 감각적인 것들의 영역 안에서 발견되는 것이네. 이는 모든 복합적인 것(사물)에 대해서도 유사하게 가르쳐질 수 있다고 보네. 왜냐하면 감각적 세계의 모든 것에는 정신적인 것들의 영역과 관련된 그런 "단순한 것들"이 선재하기 때문일세. 그리고 정신적인 이런저런 것들에 앞서 "다른 것이 아닌 것" 자체가, 곧 정신적 단순한 것들의 '단순함'이 전제될 것이네. 그런 까닭에 "다른 것이 아닌 것"은 그 자체로는 결코 사유되지 않고, 오히려 단순한 것 안에서 단순한 방식으로, 복합적인 것 안에서 질서정연한 방식으로 사유될 것이네. 〔그리하여〕 내가 그렇게 말해도 좋다면, 그 두 가지(=단순한 것과 복합적인 것)는 사실상 그것(=다른 것이 아닌 것)으로부터 "〔온통〕 탈바꿈한 것이 아닌 것들"이니, 다시 말해 "다른 것이 아닌 것" 자체는 그것들과 다른 것이 아니라고 말해야겠지. 그러므로 나는 감각으로 느껴지는 그런 모든 감각적인 것들의 영역 안에서 발견되는 그런 것들에 앞서 의당 고려되는 그 어떤 단순함이 선재한다는 것을 이해하고 있네. 〔또한〕 그에 못지않게 우리의 사유되는 것들의 영역 안에서 파악되는 그 모든 것들에 앞서 우리가 "다른 것이 아닌 것"이라고 일컫는 원리가 선재한다고 이해하네. 기실 정신적으로 파악된 '차가움'에 앞서 '차가움'과 다르지 않게 존재하도록 그것을 정의(한정)하는 그의 원인이 〔미리〕 선행되어야 하겠지.

그러므로 그렇듯이 〔우리의〕 정신이 지적으로 파악한 '차가움'을 통하여 감각적으로 경험한 모든 '차가움'을 그(=정신)의 변화 없이, 곧 정신이 차가워지는 일 없이 깨닫는 것처럼, 그렇게 "다른 것이 아닌 것" 자체 역시 자기 자신을 통하여, 〔곧〕 "다른 것이 아님"을 통하여 정신적으로 현존하는 모든 것들을 그 자신의 변화나 다르게 되어버림 없이 지금 있는 그대로와 다르지 않게 존재하도록 한다고 보아야겠지. 또한 차가움이라 일컫는 점에서 〔서로〕 전혀 다르지는 않을지라도, 감각적 차가움은 이성적 차가움이 아니듯이, 그렇게 정신적 차가움은 그에 앞선 제일원리, 곧 "다른 것이 아닌 것"이 아니면서 〔또한〕 그와 다른 것이 아니라고 해야겠지.[39)]

---

39) 〔역주〕 여기서 우리는 우리의 전통적 유산 하나를 재고하도록 이끄는 어떤 관점을 발견하게 된다. 예컨대 도가사상(道家思想) 안에서의 도(道) — 개념이나 불가사상(禪佛教) 안에서의 무 — 개념에 대한 우리의 접근을 재고하도록 이끌어주는 유익한 단서가 엿보인다. 이른바 언어도단(言語道斷) 혹은 불립문자(不立文字)로서의 이들 지존(至尊)개념은 — 물론 '개념'이란 보조어조차 거기에 적용하는 일이 어색하다고 여기는 가운데 — 그야말로 '초월적'이다. 세상의 그 어느 것으로도 그 개념에 대해 온전히 말해낼 수 없다. 그런 만큼 '절대적'이다. 하지만 과연 그것이 단순히 세상내 경험적이고 찰나적인 그 모든 것을 초월하면서도, 동시에 그 모든 것들의 궁극적 '원천'으로 이해되어야 한다면, 사실상 그 밖의 모든 것들과 그것은 어떻게든 유대(紐帶)를 맺어야 한다고 본다. 만일 그것이 전적으로 그 밖의 모든 것들과 무관(無關)하다거나 무관해야 한다면, 그것의 원천성에 대한 이해는 공허할 수밖에 없다. 따라서 존재원천으로서의 그것이 그에 뒤따르는 다른 모든 것들의 존재에 어떤 방식으로든 원천으로서 작용해야 한다고 말할 수 있겠다. 나아가 이때 저 원천적인 것의 영향력이 무

기력하지 않다고 여기는 한, 그로부터 존재하게 된 것 안에 관여하고, 그런 의미에서 그 뒤에 존재하는 것 안에 작용한 "원천적 힘의 내재성"에 대해서 이야기할 수 있고 또 그래야 보다 타당하다고 여겨진다. 물론 정신적으로 앞서 있다는 점에서 혹은 현실적으로 구체화되기 이전에 선재한다는 의미를 함의하는 입장에서, 곧 어느 것 하나도 존재하는 것인 한, 그 존재의 궁극적 원인으로서 기억되어야 할 만큼 내재적이라고 해야 할 것이다. 니콜라우스는 이 같은 사실을 여기 존재 및 인식의 원리로서 "다른 것이 아닌 것"이 그 밖의 다른 모든 — 정신적이든 감각적이든 — 것들과 〔초월적 관점에서〕 '다르면서' 동시에 〔내재적 관점에서〕 "다르지 않음"을 소개하는 것으로 이해된다. 이는 다시금 그의 "빛과 빛깔"에 관한 비유를 통해서 더욱 분명하게 확인될 수 있다. 간단히 말해 비록 무색(無色)이라 말하지만, 그 모든 빛깔을 이미 함유하는 온 색(=모든 색)으로서의 '빛'(자체)이기에, 매번 다채로운 빛깔을 그때마다 밝혀줄 수 있는 것처럼, "다른 것이 아닌 것"은 그 자체 안에 그로부터 비롯하는 모든 것들을 함유하고 있으며, 그로 인해 그때마다 그 모든 존재하는 것들의 원천으로 작용하고 있다는 니콜라우스의 논증을 살펴보게 될 것이다(역자해제 참조).

우리의 '도' 개념과 '무' 개념에 대한 이해의 시도가 여기 니콜라우스의 "다른 것이 아닌 것" 개념으로부터 다소 도움을 받는다면, "무형불변(無形不變)의 〔초월적〕 道"가 '무소부재'(無所不在=철저히 내재적)하다는 입장이, 또는 "유(有)를 함유한 절대무(絶對 無)"에 대한 전통적 가르침이 단지 이해의 걸림돌로 부각되는 경우는 — 예컨대 모순 혹은 역설(逆說)이라고 단정짓고는 그 이유로 "그저 초월적인 비의적(秘義的) 가르침"으로만 따돌리는 태도는 —그만큼 타당성을 상실한다고 본다. 그렇다고 현대의 논리적 실증주의를 대변하려는 것이 아니다. 왜냐하면 "합리적이어서 참된 것이라고 말하려는 것이 아니라, 참되기에 합리적으로 설명될 수 있다"고 내다보기 때문이다. 진리에 대한 폭넓은 시각은 인간의 정신에 의해 포착되긴 하지만, 인간의 정신에게 속한 것이 아니라, 진리를 결정하는 존재 자체의 자기해명과 더욱 긴밀히 연계되어 있다고 본다. 그도 그럴 것이 "그 어떤 것이 참되다"는 사실은 궁극적으로 존재로부터 틀림없이 밝혀질 것이기 때문이다.

14

디오니시우스의 다섯 작품들에서 발췌한 그의 사상 요약

페르디난도: 먼저 그 모든 것들이 당신이 말씀하신 대로 그렇게 벌어진다는 점에 대해 저 역시 매우 분명하게 수긍하며, 나아가 정신적인 것들 사이에서 "다른 것이 아닌 것"이 뚜렷이 그 원천으로 밝혀진다고 확신하겠습니다. 왜냐하면 비록 그들이 감각적인 것들은 아닐지라도, 감각적인 것들과 다르지 않기 때문입니다. 〔예컨대〕 이미 당신이 설명하신 대로 '차가움'은 냉기(冷氣)와 다르지 않습니다. 따라서 만일 저희가 차가움을 소거시킨다면 더 이상 냉기는 있을 수 없고, 그의 존재마저 생각할 수 없겠지요. 그렇게 정신은 감각과 관련을 맺는다[40]고 믿습니다. 이와 유사한 방식으로 또한 모든 존재가

40) 〔역주〕 참고 아리스토텔레스가 그의 *De anima* II 5 〔416b. 33f.〕 안에서 "감각작용(*αἴσθησις*)은 〔수동적으로〕 움직여짐(*κινεῖσθαι*)과 겪음(*πάσχειν*) 안에서 함께 이루어진다"고 하였을 때, 그는 "감각적 실체(대상)"가 감각하는 이에게 '주어진다'는 사실과 더불어 더욱 고무적으로 생각하기를 희망하였던 바는, 그렇듯 "주어진 실체"가 다름 아닌 감각하는 자의 〔능동적〕 '사고'(인식)에 "실재적 내용" (*in-formation*)으로서 서로 '동일하다'는 사실이다. 다시 말해 "감각적 대상의 본질(=실재성)과 감각〔기관〕이 파악한 그것은 〔같으며〕 하나이다. 그러나 그 본질의 존재성은 그 자체들의 각자는

움직이고 또 그렇게 벌어지고 있다고 봅니다. 이는 지금 있는 그대로의 모든 존재가 그 자체에 "다른 것이 아닌 것"을 원천으로 삼고 있기 때문이겠지요. 바로 그 때문에 '따뜻함'은 따뜻하려고, 차가움은 차가우려고 노력한다(=따뜻함은 따뜻함과 다르지 않고자, 차가움은 차가움과 다르지 않고자 애쓴다)고 보며, 다른 모든 것들 역시 그와 같을 것입니다. 여기서는 이것으로 충분하다고 봅니다만, 그럼에도 당신이

아니다"(ἡ δ' τοῦ αἴσθητοῦ ἐνέργνεια καὶ τῆς αἰσθήσεως ἡ αὐτὴ μὲν ἐστι καὶ μία, τὸ δ' εἶναι οὐ αὐτὸ αὐταῖς: *Ibid.*, III 2 〔425b. 26f.〕). 이와 관련하여 아우구스티누스(Augustinus)는 말하길, "가시적(경험적) 사물로부터 … 관찰이 이루어진다. 그러나 만일 관찰하는 자 또한 함께 하지 않는다면, 그것(감각대상) 하나만으로는 〔관찰이〕 이루어지지 않는다"(Gignitur … ex re visibili visio, sed non ex sola, nisi adsit et videns. Quocirca ex visibili et vidente gignitur: *De trinitate* XI 2, 3)고 하였고, 이에 토마스 아퀴나스(Thomas Aquinas)는 더욱 정확하게 소개한다. "아리스토텔레스는 〔우리에게〕 그 적절한 (중간) 길을 마련해 주었다. 왜냐하면 앞서 플라톤에 따라 지성이 감각과 구별된다는 점을 전제하였기 때문이다 〔그로써 이해의 어려움이 있었기 때문이다〕. 그러나 〔이제 아리스토텔레스에 따르면〕 감각은 육체와의 교류(소통) 없이는 그 고유한 작용이 이루어지지 않는다고 하였으니, 그렇듯 감각한다는 것은 영혼 단독의 행위가 아니라 〔육체와〕 함께 이루는 〔공동〕행위이다"(Aristoteles media via processit. Posuit enim cum Platone intellectum differre a sensu. Sed sensum posuit propriam operationem non habere sine communicatione corporis: ita quo sentire non sit actus anime tantum, sed 〔et〕 coniuncti: *S. th. I* qu. 84, a. 6, resp.). 여기 이 글에서 페르디난도 및 니콜라우스의 입장은 디오니시우스의 견해와 함께 이런 전통적 입장에 동의하고 있음을 엿볼 수 있다. 한편 니콜라우스는 앞서 아리스토텔레스의 견해(*De anima* III 2〔425b. 26f〕)에서 두 번째 문장("그 본질의 존재성은 그 자체들의 각자는 아니다")에 대해 이미 제 8장에서 "quidditatis essentia"로 숙고하였고, 나아가 제 10장에서 "essentiorum essentia"로서, 그리고 무엇보다도 제 21장의 "rerum essentia et quidditas"에서 니콜라우스는 essentia를 '본질'(=*quidditas*)로 이해하면서도 그와 다소 구별된 의미를 새기려고 애쓴 듯하다(또한 각주 147 및 169번 참조).

앞서 약속하신 대로 저 위대한 신학자 디오니시우스와 또 다른 신학자들이 가르치는 이 원천("다른 것이 아닌 것")에 대해 제게 간략하게나마 소개해 주셨으면 합니다.

니콜라우스: 자네가 바라는 바를 채우게끔 가급적 아주 간단히 설명하도록 애써보겠네. 신학자들 가운데 위대한 디오니시우스는 앞서 전제하기를, 인간에게서 감각적 형상들로부터 출발하지 않고서는 영적 깨달음(통찰)에로 나아가는 일이 불가능하다고 말하였으니, 이는 가시적으로 아름다움을 경험하였을 때 비로소 그것이 비가시적 황홀함을 되새기게 하는 모상(복사체)이라고 보았기 때문이네. 그러므로 그는 감각적인 것을 가리켜 정신적인 것들과 "닮은 어떤 것" 혹은 그 모상이라 불렀으며, 다른 한편 신을 모든 정신적인 것들에 앞서 존재하는 〔그들의〕 원천으로 소개하였고, 동시에 신은 인식될 수 있거나 또는 표현될 수 있는 그런 모든 것들 가운데 하나가 결코 아님을 안다고 말하였네. 그리하여 신을 가리켜 간단히 "모든 것들의 존재"라 표현하고 모든 정신에 앞서 계신 분으로 알아볼 수 있다고 그는 믿었네.

페르디난도: 당신께 결례가 되지 않는다면, 그의 가르침에 관해 듣고 싶습니다.

니콜라우스: 많은 번역가들이 그의 〔그리스어〕 가르침을 라틴어로 옮기면서 다양하게 전하고 있네만, 나는 이제 우리가 여기서 함께 나눈 대화에 도움이 되게끔 순서를 매겨 전달해 주는 까말둘 교구의 총대리 암브로시우스[41] 형제의 가장 최근 번역을 따라 인용해보겠네.

---

41) 〔역주〕 암브로시우스(Ambrosius Traversari, 1386~1439)는 그의 사교적 재능과 인품을 인정받아 일찍부터 교회의 외교적 정책가로서 활동하였다. 특히 교황 에우제니오 4세는 그를 1435년 바젤 공의회에 교황대변인 자격

(1)

〔디오니시우스는 그의 작품〕《천상교회(天上敎會)의 위계(位系)》제 1장에서 "인간에게는 〔홀로〕 영적 깨달음에로 나아가는 일이 불가능하다. 만일 의당 가시적 아름다움이 저 비가시적 황홀함을 밝혀주는 모상임을 알아차리도록 감각적인 것들의 형상과 닮음이 그를 인도해 주지 않는다면"42) 하고 말하였다. 제 2장에서는 "신적 존재의 단순한 실체는 그 자체 안에 머물러 있고, 〔그로 인해〕 우리에게 인지되지 않

으로 파견하여 자신의 뜻을 폈다. 당시 니콜라우스는 바젤에 없었고 코블렌츠에 머물렀었는데, 암브로시우스는 교황을 지지하는 사람들을 더 많이 확보하기 위해 니콜라우스에게 편지를 썼다. 암브로시우스는 성서신학에 특별한 관심과 전문적 지식을 가졌으며, 그의 남다른 학구적 열망은 그리스어를 라틴어로 번역하는 작업에도 미쳤다. 그리하여 위-디오니시우스의 작품 번역을 그는 1436년에 이미 완료하였다. 그의 필사본(43권)이 현재 쿠스(Kues) 기증박물관에 보관중이다. 니콜라우스는 그가 죽은 다음에야 비로소 그의 번역본을 손에 넣을 수 있었다고 한다(P. Wilpert, pp. 186~188).

42) Diony., *De cael.* I 735f. 〔역주〕 여기 소개되는 디오니시우스(Dionysius) 작품들의 인용출처는 앞에서 소개한 경우를 포함하여 모두 가브리엘(Leo Gabriel) 〔판〕이 전해 주는 것들인데, 실제 니콜라우스가 본문에서 전하는 장(*caput*)과 다소 차이가 있다. 이에 대해서 일찍이 빌퍼트(P. Wilpert)가 밝힌 바에 따르면, 디오니시우스의 전 작품은 처음 1498/1499년에 파리에서 출판되었고, 그 이후 여러 번 여러 곳에서 출판되었는데, 우리가 현재 활용하는 디오니시우스의 작품(예컨대 이 번역과 관련하여 참고한 *PG* 〔Paris: J. Migne, 1968〕판이든, 빌퍼트가 참고한 *Dionysius Cartusianus* 〔Tournai: Dionys Rachel 1902〕판이든, 홉킨스(Hopkins)가 참고한 *Dionysiaca* 〔Paris: Desclée de Brouwer, 1937〕판이든)의 장 및 쪽수가 다른데, 실제 니콜라우스가 참고한 필사본〔Cod. Cus. 43 — 아마도 에르켈렌츠(Peter Erckelentz)에 의해서 작성되어 당시 로마에 머물던 니콜라우스에게 전달되었던 것으로 보인다〕과 다르게 편집되었기 때문이라고 한다(P. Wilpert, pp. 188~189).

는 바, 우리의 지성에서 멀리 벗어나 있다"[43] … 고 쓰고 있네. 또한 같은 곳에서 "저것(단순한 실체)을 가리켜 여기 〔이 세상에〕 존재하는 것들로부터 비롯된 어떤 것이 아니라고 말한다면, 〔그로써〕 다음과 같은 입장에서 온전히 참됨을 말하는 것이니, 저것이 〔우리에 의해〕 정의되지 않고, 다만 초실체적이며 파악 불가능하고 표현 불가능하다는 점에서 우리가 그에 대해 철저히 무지하다는 입장에서 그러하다"[44] 고 가르치네. 그리고 제 4장에서는 "그러므로 모든 〔본래적 의미에서의〕 실체는 만물의 최고 원천이자 권위에 찬 신성(神性)으로부터 흘러나온 섭리(攝理)의 합리적 근거에 의해 지배된다. 왜냐하면 만일 그렇지 않았다면, 그래서 사물들의 실체와 그 원천이 서로 소통하지 않았다면, 아예 아무것도 존재하지 못했을 것이기 때문이다. 또한 모든 무기체들도 있는 그대로를 저 원천으로부터 물려받아 존재하니, 그 모든 것들 곁에 존재하는 신적 능력은 그 모든 것들의 존재방식을 능가한다"[45] 라고 쓰고 있다네. 또한 같은 장에서 "하느님의 신비 자체는 — 그렇듯 항상 최종적으로 제시되는 바 — 그 누구도 일찍이 파악한 적이 없고, 앞으로도 파악하지 못하리라"[46] 고 전하고 있네. 그리하여 그 작품의 제 13장에서는 "그러므로 신학자는 그가 꼼꼼히 확인한 바로부터 하느님께서는 당신의 온갖 실체적 탁월하심을 따라 가시적이든 비가시적이든 그 모든 능력(德性)을 넘어서 또한 그 무엇과도 비교할 수 없는 방식으로 우뚝 서 계신다는 충고를 〔결국〕 얻게 된다"[47] 고 쓰고 있네.

43) *Ibid.*, II 745.
44) *Ibid.*, II 758.
45) *Ibid.*, IV 801.
46) *Ibid.*, IV 809.
47) *Ibid.*, XIII 962.

(2)

〔디오니시우스의 또 다른 작품〕《지상교회(地上教會)의 위계(位階)》 제1장에서는 "참되고 본래적으로 가르치고자 한다면, 도대체 '하나'가 있고, 그 '하나'를 〔다른〕 모두가 추구하며, 〔그렇게〕 모두는 그 '하나'를 앞세우지만, 모두는 저 '하나'에 한 가지 방식으로 참여하는 것이 아니라, 실상 하느님의 가장 정의로운 저울이 저마다에게 각자의 몫을 따라 분배하듯 〔저마다의 몫을 따라〕 참여한다"[48] 고 적고 있네. 또 같은 장에서 "한 처음(=알파)은 생명의 원천이요, 선의 본질이며, 모든 사물들의 유일한 원인으로서 가장 복된 삼위일체이시니, 그로부터 유일한 선-근거가 유래하고 만물은 그 근거로 말미암아 있게 되는데, 곧 만물이 저마다 존재하게 되며 동시에 선하게 존재할 수 있기 위해 그것을 받아들인다. 따라서 모든 것들을 능가하는, 〔이른바〕 세 분이자 동시에 한 분이신 하느님의 복됨 곁에, 그 유일한 복됨 안에 '참되게 있음'이 내재하되, 우리에게는 정작 인식되지 않는 방식으로 내재하지만, 당신 자신에게는 분명 지각적이며 알려진 방식으로 내재하면서 당신 원의가 곧 모든 인간 실체 및 천상적 실체의 합리적 복락이다"[49] 라고 풀어쓰고 있네.

(3)

〔그의 또 다른 작품〕《신명론(神名論)》 제1장에서는 "이른바 육체적 존재들은 영적 존재를 감지하고 통찰하는 데 부족한 것처럼, 그래서 그들은 모양새와 형체에 사로잡힌 나머지 단순하고 형체가 없는 존재를 파악하기 어렵다. 또한 육체의 윤곽을 따라 형체를 갖춘 것들

48) Diony., *De eccl.* I 1084f.

49) *Ibid.*, I 1089f.

은 비육체적 사물들의 무형체(無形體), 곧 감각적으로 만져지지도 않고 모습을 분간하지도 못하는 그런 무형체의 존재들을 더 이상 〔올곧게〕 접촉하지 못하듯, 그런 참됨의 합리적 근거를 따라 초실체적 무한함이 모든 실체에 탁월하게 작용한다. 나아가 감각을 훨씬 능가하는 점에서 〔하느님의〕 전일성(全一性)은 모든 감각을 뛰어넘고, 모든 정신에게조차 포착되지 않는 저 '하나'는 정신보다 우위에 있으니, 그것은 언어를 능가하는 만큼 그 어떤 언어로도 표현될 수 없는 〔최고의〕 선이다"[50] 라고 설명하고 있네. 또한 같은 곳에서 "그(초실체적 무한함)에 대해서 이미 성경이 전하는 바대로, 그것은 모든 것들의 원인이자 처음이며 실체이자 생명이다"[51] 라고 가르치네. 또 같은 곳에서 "너는 신학자들이 — 대략 언급하지만 — 신성의 복된 진보에 대하여 환호하고 찬송하는 그 모든 찬양기도 안에서 하느님의 이름을 사용하고 있음을 발견할 것이다. 그 외에도 우리는 거의 모든 거룩한 문헌들 안에서 신성이 거룩한 방식으로 묘사되고 있음을, 곧 단독적으로, 그리고 저마다 특별하게 찬양되고 있음을 목격할 것인즉, 이는 그때마다 탁월하게 이해되어야 할 신성의 단순함과 전일성 때문이요, 우리는 그로써 하나로 머물러 있는 신성의 덕성(힘)을 통해 '하나'를 향해 나아갈 수 있다. 또한 그로부터 우리가 이 세상의 〔경험적〕 방식으로 구별해내는 '다름들'을 모두 끌어 모아 그것을 신적인 단자(單子=하나)이자 하느님을 닮는 합일에 모조리 통합시킬 수 있다는 등"[52] 을 진술하고 있네. 또한 "그분 안에는 모든 학문(앎)의 전체 목적들이 우리의 부족한 표현방식을 훨씬 넘어서 선재하고 있으며, 그 때문에 우리는 그분을 통찰하지도 못하며 표현하지도 못하고, 또 그 어떤 방식으로도 직관하지 못할지니, 그것은 〔우리의〕 모든 행위 저

50) Diony., *De div. nom.* I 9ff.

51) *Ibid.*, I 19.

52) *Ibid.*, I 22ff.

편에, 그리고 탁월한 방식으로 그분은 알려지지 않는 채 계시기 때문이다"[53] 라고 고백하고 있네. 또한 "만일 모든 학문이 사물들의 실체에 대해 알려고 애쓰며 그 실체를 쫓아 그 끝에 도달한다면, 결국 그 모든 실체를 능가하는 〔그런 존재에 대한〕 앎은 우리의 모든 학문을 능가하는 것이 당연하다 할 것이다.… 그분이 모든 것들을 감지하고 이해하며 또 예기(豫期)하는 반면에 그분 자신은 완전히 파악될 수 없는 가운데 머물러 계신다"[54] 고 말하고 있네. 또한 "그것(신성)은 성경이 증언하는 바와 같이 모든 것들 안에 모든 것으로 존재하는 것이다. 과연 가장 참된 의미에서 그것은 〔모든〕 실체의 입법자요 완성자이며 꾸준한 수호자이자 그 본향이라 칭송될 것이니, 그러한 칭송을 성경은 주저함 없이, 곧 그 어떤 제한적 조건 없이, 〔그렇듯〕 탁월한 방식으로 적용시키고 있다"[55] 고 가르치네. 같은 작품의 제 2장에서는 "표현 불가능한 것이 여러 가지 말로 표현되기도 하거니와, 예컨대 무지나 그 밖의 모든 것을 통하여 고려되는 것이나 또는 모든 앎에 대한 긍정이나 반대로 모든 앎에 대한 부정 또는 모든 긍정과 부정을 초월하는 어떤 것으로서 표현되기도 한다. 〔한편〕 신적 존재는 오로지 참여에 의해서 알려진다"[56] 고 가르치네. 또한 거기서 "신적 존재는 〔한낱〕 부분도 아니며 〔한낱〕 전체도 아니요, 오히려 부분이며 〔동시에〕 전체이시다. 왜냐하면 그분은 모든 것을, 그러니까 부분과 전체 모두를 당신 안에 포괄하고 계시니, 취하기 전에 이미 당신 안에 그것을 탁월한 방식으로 지니고 계시기 때문이다. 그분은 완전하지 못한 것들 안에서 완전하신 분이니, 이는 그분이 완전함의 원천이시기 때문이다. 그러나 또한 완전한 것들 안에서도 완전하게 드

53) *Ibid.*, I 33.

54) *Ibid.*, I 34.

55) *Ibid.*, I 49f.

56) *Ibid.*, II 77ff.

러나지 않는 분이시니, 이는 그분의 탁월하신 완전함이 시간을 초월하여 계시기 때문이다"[57] 라고 적고 있네. 또 거기서 "〔그분은〕 만물의 척도이시니, 〔모든〕 시대이자 시대를 넘어 계시며 또한 모든 시대에 앞서 계신다"[58] 고 적고 있네. 또한 같은 곳에서 "그분은 하나도 아니시고 하나의 일부도 결코 아니시며 아예 하나로부터 멀찍이 거리를 두는 만큼 하나를 초월하여 〔모든〕 실체들 안에 존재하는 분이시다"[59] 라고 가르치네. 〔그리하여〕 신의 이름에 대해 가르치는 같은 책 제 4장에서는 "신학자들이 특별히 최고의 신성을 가리켜 모든 것들 가운데 〔최고의〕 선으로 풀이하면서, 나 역시 동의하는 바, 선을 신적 실체로 표지했다"[60] 고 덧붙이네. 또한 이어서 "존재하는 하나는 존재하는 사물들 사이에서 〔수적으로〕 헤아려진 것이다. 더 나아가 수(數)는 실체에 참여한 것에 지나지 않는다. 그에 반해 저 '초실체적 하나'는 존재하는 하나하나뿐만 아니라 동시에 그 모든 수를 결정한다"[61] 고 적고 있네. 또한 "〔최고〕 선으로서의 실체는 실제 그 이상 확대되거나 그 이하로 작아지지 않는다는 등"[62] 을 적고 있네. 또 "그(善)로부터 빛이 비롯하니, 빛을 가리켜 선의 모상(摸像)이라고 부른다. 그러므로 빛의 호칭으로 우리는 선을 칭송하는 것이니, 그것은 마치 그 모상 안에 표현된 원초적 형상을 칭송하는 것과 같다"[63] 고 하였네. 또한 "〔빛은〕 빛을 받아들이는 모든 사물들을 밝게 드러내고 창조하며 생명을 주고 또한 유지시키며 완성시키는 만큼, 빛은 모든 실체의 척도요, 시대이자 수(數)이며 질서이다"[64] 라고 하였네. 이는

57) *Ibid.*, II 106f.
58) *Ibid.*, II 108.
59) *Ibid.*, II 115.
60) *Ibid.*, IV 145f.
61) *Ibid.*, IV 149f.
62) *Ibid.*, IV 159f.
63) *Ibid.*, IV 162.

태양의 예(비유)를 통해서도 〔잘〕 알려져 있네. "정신적 빛이 또한 선 자체라 일컬어지니, 이는 그 빛이 모든 천상적 영을 영적 빛으로 가득 채워 모든 무지함을 몰아내고 나아가 모든 영혼들 속으로 파고 들어가서 그들로부터 비롯되는 오류를 없애주기 때문"[65]이라고 적고 있네. 또 같은 곳에서 "정신적 빛은 그러므로 저 선이 그의 원천적 반경을 따라 모든 빛깔을 지배하고 빛깔의 발산을 그 자체로부터 풍부하게 만드는 것을 일컫는다"[66]고 풀이하네. 또 "이 같은 선은 거룩한 신학자들에 의해서 아름다움으로도 소개되었다"[67]고 하고는, "모든 아름다운 것들의 원천적 아름다움을 가장 탁월한 방식으로 시간에 앞서 그 자체 안에 지니고 있다"[68]…고 덧붙이네. 또한 "〔그로써〕 아름다움과 선이 서로 같다는 것이 자명하다"[69]고 말하면서 "〔모든〕 사물들의 실체들에서 아름다움과 선에 어떤 방식으로든 참여하지 않는 그 어떤 것은 하나도 없고, 덧붙여 강조하거니와 그런 식으로 지금 현존하지 않는 것들 또한 저 아름다움과 선에 참여한다고 추정한다. 그런 만큼 따라서"[70] … 하고 계속 설명하고 있네. 또 같은 곳에 "이 모든 것을 간단히 요약하자면, 현존하는 모든 것이 저 아름다움과 선에서 유래하고, 또한 현존하지 않는 모든 것이 저 아름다움과 선에게 초실체적으로 참여하고 있으니, 저 아름다움과 선은 모든 것들의 처음이자 마지막(목적)"[71]이라고 전하고 있네. 더 나아가 이 작품의 제

---

64) *Ibid.*, IV 163.

65) *Ibid.*, IV 172f.

66) *Ibid.*, IV 174f. 〔역주〕 여기서 '반경' 및 '분출'의 개념이해를 위해서는 이 글에 앞서 살펴본 '삼원성'(*Trias*) 및 셋(3)에 관한 각주 9, 17~18, 20, 31번 참조.

67) *Ibid.*, IV 178.

68) *Ibid.*, IV 182f.

69) *Ibid.*, IV 185.

70) *Ibid.*

8장에서는 “그분은 〔여기〕 현존하시지 않지만, 현존하는 모든 것들에게 있어 존재 자체이시며, 현존하는 그 모든 〔감각적인〕 것들뿐 아니라 현존하는 그것들의 존재라 일컫는 그 자체(=본질) 역시 그분으로부터 비롯되는 바, 그분은 모든 시대에 앞서 계신 분이다. 왜냐하면 그분은 모든 시대에 앞선 시대들의 시대이시기 때문”[72] 이라고 쓰고 있네. 또 제 8장에서 “그러므로 요약하여 말하자면, 현존하는 모든 사물들과 시대들에게 존재는 그들보다 앞서 계신 그분으로부터 주어지며, 〔긴〕 시대이든 〔짧은〕 시간이든 모두 그분으로부터 비롯하여 존재한다고 말할 수 있다”[73] 고 적고 있네. 나아가 “모든 것들은 그분께 참여하고 그분은 그 어떤 현존으로부터도 떠나 계시지 않는다”[74] 고 가르치네. 또한 “만일 어떻게든 존재하는 무언가가 있다면, 그것은 그에 앞서 계신 그분 안에서 존재하고 인식되고 또 보존되듯, 그분께 참여하는 그 밖의 나머지 것들에게도 그분은 앞서 계신다”[75] 고 설명하고 있네. 또한 “하느님께서는 앞서 소유하시는 만큼 가장 출중하게 앞서 계시면서 또한 탁월한 방식으로 당신의 존재를 소유하신다고 말할 수 있다. 〔그리하여〕 그분은 모든 것들에 앞서 당신 안에 갖추신 그 존재 자체를 따라 〔그들의〕 존재를 정해 주시고 어떻게든 존재하는 모든 것들을 실체로 존재하게끔 작용하신다. 더욱이 사물들의 모든 원리들이, 곧 현존하는 원리들과 그 이전의 원리들, 그리고 그 이후의 원리들이 모두 그분께 참여하는 방식으로 존재한다. 그래서 만일 네가 살아 움직이는 것들의 생명을 가리켜 살아 움직이는 것들의 시작(=원리) 이라고 풀이하겠다면, 닮은 것들의 시작은 마찬가

71) *Ibid.*, Ⅳ 198.
72) *Ibid.*, Ⅴ 334f.
73) *Ibid.*, Ⅴ 335.
74) *Ibid.*, Ⅴ 336.
75) *Ibid.*, Ⅴ 336f.

지로 닮은 것들의 닮음을 뜻할 것"[76] 이라고 설명하네. 또한 계속하여 "이들(시작들=원리들)은 그분의 존재에 가장 먼저 참여하며 그분 곁에 처음 존재하듯 거기에 계속 머물러 있음을 네가 발견한다면, 그 다음에 이런저런 〔정신적〕 존재들의 존재원리들과 본질들이 거기(시작)에 참여함으로써 존재하고 또한 〔다른 아래 것들에 의해〕 참여되고 있음을 알게 될 것이다. 한편 만일 저들이 〔원천의〕 본질에 참여함으로써 존재한다고 한다면, 저들에게 참여하는 것들〔=아래 것들〕의 경우는 훨씬 더 많을 것"[77] 이라고 내다보았네. 또한 "선은 참여에서 첫 번째로 칭송될 것"[78] 이라 말하며 또한 "〔그것은〕 존재하는 모든 것들 가운데 존재하지도 않고, 그들 가운데 〔어떤〕 하나일 수도 없다"[79] 고 강조하고 있네. 또한 같은 책 제 9장에서 "그분에게는 대립하는 것이란 하나도 없다"[80] 고 말하며, 같은 책 제 10장에서는 "모든 피조물들

---

76) *Ibid.*, V 338ff.

77) *Ibid.*, V 341f. 〔역주〕 홉킨스는 이를 세 가지 존재양식의 분류를 따라 해석을 시도하는데(그의 책 p. 1138), 신의 존재자체에 일차적으로 참여하는 ① 존재양식(아마도 이데아계에 속하는 것으로서 닮음 자체, 생명 자체, 크기 자체 등)과, ② 거기에 본질(존재성)을 통해 참여하는 존재양식(아마도 정신적 존재들), 그리고 ③ 거기에 또 다른 방식으로 닮아 있는 두 번째 존재양식(아마도 물질적 존재들)을 가리키는 것 같다.

78) Diony., *De div. nom.* V 342.

79) *Ibid.*, V 336.

80) *Ibid.*, VI 376f. 〔역주〕 이 "대립하는 것들의 일치"(*coincidentia oppositorum*) 개념은 니콜라우스가 절대자 하느님을 가장 특징적으로 밝혀주는 핵심적 개념으로서 고려되고 있다(뒤에 이 책의 역자해제 참조). 우리는 그의 여러 작품들 안에서, 그리고 그의 또 다른 주요 개념들, 예컨대 박학한 무지(*docta ignorantia*), 부정신학(*theologia negativa*) 등과 연계시켜서 이 개념을 이해할 수 있다. 이에 이 책의 해제 참조. 아래의 인용문을 계속 참조할 수 있겠다. 예컨대 *Ibid.*, VII 404(우리는 하느님을 지로도 무지로도 어느 정도 알 수 있다); IX 471f. (그분에게는 닮음도 닮지 않음도 함께 한다). 나아가 이와 유사한 표현으로 에리우게나(Johannes Scotus

로부터 발견되는 그분을 신학자들은 〔근본적으로〕 납득할 수도 추적할 수도 없는 분이라 진술하였다"[81] 고 적고 있네. 또한 같은 장에서 "하느님의 역사(役事)를 우리는 인간적 풍속(風俗)으로 이해하려고 해서는 아니 되고, 오히려 우리 자신에게서 철저히 이탈하여 전적으로 하느님께 초탈(超脫)하여 나아가는 중에나 이해될 수 있다"[82] 고 가르치네. 또한 같은 장에서 "하느님께서는 특수한 앎(지식)이 아니라, 달리 모든 것들을 포괄하는 보편적 지식을 지니신다. 과연 그분의 앎이 당신 자신을 모든 것들의 원인이라 자각하면서 어찌하여 그 앎이 그로부터 존재하고 또한 존재하는 모든 것들의 원인임을 모를 수 있겠는가?"[83] 하고 반문하면서 설명하고 있네. 또 같은 장에서는 "하느님께서는 모든 것들 안에서 인식할 수 있으나 그분 자신은 그 모든 것들과 구별되기에 그분은 지(知)를 통해서 동시에 무지를 통해서 알려지신다"[84] 고 하였으며, 또 같은 장에서 "모든 것들 안에 모든 것으로 존재하시는 그분은 또한 그 어디에도 존재하지 않으시는 무"[85] 라고 가르치네. 같은 책 제 11장에서는 "하느님께서는 능력이시며

Eriugena)의 신(*Deus*)은 "est … ipse similium similitudo et dissimilitudo dissimilium, oppositorum oppositio, contrariorum contrarietas〔닮은 것들의 닮음 자체요, 닮지 않은 것들의 닮지 않음 자체이며, 대립하는 것들의 대립 자체이자, 모순된 것들의 모순(성) 자체이다〕."(《자연의 구분》(*De divisione naturae*): Periphyseon Liber primus 〔ed. I. P. Sheldon-Williams, Dublin 1968〕, p. 206). 그 밖에 Werner Beierwaltes, "Deus oppositio oppositorum. Nicolaus Cusanus, *De visione Dei* XIII." In: Salzburger Jahrbuch für Philosophie 8(1964), pp. 175～185 참조.

81) Diony., *De div. nom.* VII 383.

82) *Ibid.*, VII 395f.

83) *Ibid.*, VII 400f.

84) *Ibid.*, VII 404. 〔역주〕 이 진술도 앞선 각주 80번의 "대립하는 것들의 일치" 개념과 같은 맥락에서, 그리고 특히 그의 "박학한 무지" 개념과 연계시켜 고려할 만한 중요한 인용문이라 여겨진다.

모든 능력의 창시자이시다"[86] 라고 전하네. 또 같은 장에서 "무한하게 펼쳐지는 하느님의 능력분배는 존재하는 모든 것들 안에서 자연 이루어지니, 또한 모든 존재하는 것들 가운데 그분의 권능이 미치지 않았다고 여겨지는 것은 하나도 없다"[87] 고 가르치네. 또한 같은 장에서 "도무지 〔그분의〕 그 어떤 권능의 도움조차 받지 못한 것이란 존재하지 않으며, 그런 것은 아예 존재할 수조차 없을 뿐더러, 그 어떤 위치(상황) 에서도 고려될 수 없다"[88] 고 말하고 있네. 또한 같은 곳에서 "존재하는 모든 것들을 그분은 탁월한 방식으로, 그리고 〔모든〕 시간에 앞서 그분의 초실체적 능력으로 보유(保有) 하시며, 그렇듯 존재하는 모든 것들로 하여금 존재할 수 있도록, 그리고 지금 있는 그대로 존재하게끔 그들에게 당신의 탁월하신 능력의 풍부함과 흘러 넘치는 풍요로움을 나눠주신다"[89] 고 가르치네. 또한 같은 작품 제 12장에서는 "하느님께서는 다른 위대한 모든 것들을 중재하시는 당신만의 위대하심으로 인해 〔지극히〕 위대하신 분으로 불리며, 〔이 세상에서 경험하는〕 그 모든 위대함을 넘어서 한껏 뻗치시듯 영향력을 행사하시며, 모든 공간을 감싸 안으시고, 모든 수(數) 를 능가하시며, 모든 무한함을 초월하신다"[90] 고 쓰고 있네. 또한 같은 곳에서 "이 위대하심은 무한하니 양(量) 과 수를 능가하신다"[91] 고 하였네. 또 같은 곳에서 "그분을 가리켜 〔한없이〕 미소(微小) 하고 유연(柔軟) 하시다고 말하니, 이는 그분께서 그 모든 물량과 거리를 초월하시기 때문이요, 그 어떤 장애 없이 모든 것들을 철저히 관통하시는 만큼 대단히 섬세하

85) *Ibid.*, VII 405. 이에 앞선 각주 23번을 참조.

86) *Ibid.*, VIII 417f.

87) *Ibid.*, VIII 421.

88) *Ibid.*, VIII 428.

89) *Ibid.*, VIII 433.

90) *Ibid.*, IX 452.

91) *Ibid.*, IX 454.

시기 때문이다. 그러므로 너는 눈으로 확인할 수 없을 만큼 섬세한 그분의 모습을 그 어디에서도 발견하기 어려울 것"[92]이라고 가르치고 있네. 또 "그렇듯 그분의 섬세하심은 양(量)으로도 질(質)로도 전혀 측정되지 않으니, 그렇게 그분은 한정되지 않으시며 결정되지 않으시는 분이요, 몸소 모든 것들을 파악하시나 그 어떤 것에 의해서도 〔온통〕 파악되지 않으시는 분"[93]이라고 말하였네. 〔이는〕 또한 같은 곳에서 말하듯 "그분은 그 이상 더 커지거나 더 작아질 수 없으신 까닭에 …"[94] 그러할 것이네. 또한 같은 곳에서 "또 달리 말해서, 하느님께서는 섭리의 합리적 근거를 따라 모든 것들에 관여하시고, 그들 모두의 구원을 위해서 모든 것들 안에 모든 것으로 존재하시면서도 그분은 온전히 당신 자신으로만, 그리고 당신의 동일성 안에 항상 머물러 계신다"[95]고 하였네. 또한 같은 곳에서 "하느님과 닮은 능력이란 그로 인해 생겨난 모든 피조물들이 다시금 그 창조주께로 되돌아가게끔 이끄는 것이다. 이들 닮은 것들은 〔우리에게〕 하느님과의 닮음을 일깨워 주고 또한 그렇듯 하느님의 모상과 그분과 닮은 것들을 향하여 매진하도록 한다. 그러나 그런 닮은 것들에게 하느님이 계신다고 착각해서는 안 되고, 인간은 그분을 그대로 닮은 〔완전한〕 모상이 아님을 명심해야 한다"[96]고 충고하고 있네. 또 같은 곳에서 "〔부정〕신학은 그분을 만물과 닮지 않으신 분이자 비교할 수 없으신 분으로 가르치며, 그로써 그분이 만물과 아예 다르심을 보여주고자 한다. 여기서 아주 놀라운 사실 하나는 '그분을 그대로 닮은 것은 하나도 없다'는 진술이다. 그 진술은 그럼에도 확실히 하느님과의 닮음에 대해

---

92) *Ibid.*, IX 454f.
93) *Ibid.*, IX 456f.
94) *Ibid.*, IX 458.
95) *Ibid.*, IX 460f.
96) *Ibid.*, IX 468f.

앞서 논했던 바를 거스르지 않으니, 왜냐하면 '하느님께는 닮음도 닮지 않음도 함께 하기' 때문이다. 다시 말해서 그분의 능력에 힘입어 생겨났기에 모든 것은 그분을 닮지만, 동시에 그분을 완전히 닮을 수 없기에 닮지 않음이 자리한다는 것"[97] 이라고 풀어쓰고 있네. 또한 같은 곳에서 "이는 다른 한편 결과적인 것이 그의 원인적 창시자에 비해 훨씬 아래에 놓여 있는데, 어쩌면 무한히 그러나 〔결코〕 무질서하지 않는 척도를 따라 그로부터 떨어져 있기 때문"[98] 이라고 덧붙여 설명하고 있네. 이 작품의 제 13장에서는 "그분은 마치 당신의 전권으로부터 모든 것이 생겨나듯 자신으로부터 창조하신다"[99] 고 하였네. 또 같은 곳에서 "그분은 당신으로부터 그들이 떨어져 나가는 것을 허락하시지 않는다"[100] …고 하였고, 또한 제 13장(같은 곳) 에서 "그분은 모든 시대와 시간과 관련하여 날(日) 에 앞서, 시대에 앞서 혹은 시간에 앞서 계시니, 비록 우리가 그분을 두고 시간과 날과 순간 및 시대와 더불어 아주 편리하게 말을 건넬 수 있을지라도, 그분은 그런 〔시간적〕 움직임을 따라 변화하거나 변동(變動) 하는 일 없이 그대로 머물러 계신다. 설령 그분이 항상 활동하신다고 하지만, 그분은 모든 시간과 날의 창조주로서 언제나 동일하게 머물러 계신다"[101] 고 설명

97) *Ibid.*, IX 471f.

98) *Ibid.*, IX 472.

99) *Ibid.*, X 483. 본문에서는 제 13장으로 소개하는데, 원문은 제 10장에서 발견됨. Hopkins는 제 12장으로 소개하면서 자신이 참조한 디오니시우스 작품(*Dionysiaca*) 과 다른 순서를 이루고 있다고 설명한다. 이는 니콜라우스가 활용한 디오니시우스의 작품 및 번역서(Cod. Cus 43) 와 다르다는 것을 뜻한다.

100) *Ibid.*, X 484.

101) *Ibid.*, X 485f. 〔역주〕 J. P. Migne 판(Patrologia Graeca 3) 에 따르면, 역시 제 10장 2절(p. 938) 에 소개되어 있는데, 참고로 그 라틴어 번역(by I. Balthasar Corderius) 은 다음과 같다. "〔Laudatur autem Deum ab antiquitate dierum, quia〕 ipse est omnium aevum et tempus, ante

하네. 또한 〔거기〕 제 13장에서 "우리는 그분을 가리켜 살아 움직이는 모든 존재의 생명이자 그 모든 생명의 원인(근원)이라고 고백하거나 혹은 존재 자체, 생명 자체, 그리고 신성 자체라고 그 원천적 의미를 따라 고백한다. 그리고 신적 차원에서 그런 근거를 따라 그분을 모든 원리들을 능가하시는 한 분(=하나)이라고 고백한다"[102] 고 적고 있네. 같은 책 제 15장에서도 "〔그 '하나'는〕 모든 무한함을 결정할 뿐더러 그런 모든 경계를 넘어서 자신을 확장시키니, 그 어떤 것에 의해서도 사로잡히거나 파악되지 않고, 〔오히려〕 동시적으로 모든 것들에게로 뻗어나간다"[103] 고 적고 있네. 또 같은 곳에서 "이 '하나'는 모든 것들의 원인이자 다수(多數)로부터 연상된 하나가 아니고, 오히려 〔그렇게 연상된〕 하나에 앞서 존재한다"[104] 고 하며, 또 같은 곳에서 "개별적인 모든 것들 하나하나뿐 아니라 다수를 정의한다"[105] 고 말하네. 또 같은 곳에서 "어쩌면 누군가가 모든 것들을 모조리 합하여 생각하는 경우와 같이 모든 것들이 '하나'로 존재하는 것과 같다"[106] 고

---

dies, ante aevum, ante tempus; et quidem tempus et dies et tempestivitas appellandus est ipse, ut Deum decet, tanquam qui omni motu et immutabilis et immobilis, et semper movetur, manens in seipso 〔, et tanquam auctor aevi et temporis et dierum〕"(〔날들의 고색창연을 감안하여 하느님을 찬미하라. 왜냐하면〕 그분은 모든 것들의 시대이자 시간이요, 날에 앞서, 시대에 앞서, 시간에 앞서 계신 분이요; 또한 시간과도 날과도 〔우리가 자주〕 호소하는 적절한 시기〔순간〕 자체와도 같으신 분이다. 그리하여 하느님을 가리켜 그 모든 변화 중에 계시면서도 변하거나 움직이지 않으시는 만큼 항상 활동하시면서 동시에 그 자체로 〔변함없이〕 머무신다고 한다. 〔나아가 그렇듯 시대와 시간과 날들의 근원이라고 부른다〕).

102) *Ibid.*, XI 520f.

103) *Ibid.*, XIII 538f.

104) *Ibid.*, XIII 541f.

105) *Ibid.*, XIII 542.

106) *Ibid.*, XIII 544.

설명하네. 또 같은 곳에서 "나아가 그것은 모든 것들의 〔근원적〕 하나 혹은 요소"[107] 라고 말하네. 또 같은 곳에서 "만일 그 '하나'를 소거한다면, 전체 역시 있을 수 없고, 물론 그 부분도 있을 수 없으며, 사물 가운데 그 어떤 것도 생각할 수 없다. 왜냐하면 그 '하나'는 자체로 앞서 모든 것들에 대해 한결같이 관여하고 포용하기 때문이다"[108] 라고 진술하네. 또 같은 곳에서 "그 '하나'는 모든 경계와 무한함에 선재한다는 등"[109] 을 소개하고 있네. 또 같은 곳에서 "존재하는 모든 것과 그 하나하나를 존재하도록 결정한다"[110] 고 설명하네. 마찬가지로 같은 곳에서 "하나를 초월하여 존재하는 것이 하나로 존재하는 그것을 결정한다"[111] 고 적고 있네.

(4)

그의 작품《신비신학(神秘神學)》의 결론부분에서 "〔하느님께서는〕 우리에게 혹은 이 세상 안에 존재하는 다른 어떤 이들에게 인식될 수 있는 것들 가운데 어떤 것이 아니시니, 지금 존재하지 않는 것들 가운데 어떤 것도 아니시며, 지금 존재하는 것들 가운데 어떤 것 또한 아니시다"[112] 라고 가르치네. 또 같은 곳에서 "그분께는 긍정도 부정도 단적으로 적용되지 않는다"[113] 고 가르치네.

---

107) *Ibid.*, XIII 545.
108) *Ibid.*
109) *Ibid.*, XIII 548f.
110) *Ibid.*, XIII 549.
111) *Ibid.*
112) Diony., *De myst. theol.* V 599f.
113) *Ibid.*, V 600f. 〔역주〕 이 진술 또한 앞서 각주 80번의 "대립하는 것들의 일치" 개념과 같은 맥락에서 이해할 만하다. 긍정과 부정의 범주를 넘어선 "초실체적 하나"에 대한 니콜라우스의 관점에 부응하는 진술이다.

(5)

끝으로 그의 《가이우스에게 보낸 서한》에서는 "만일 누군가가 하느님을 보고, 그가 본 것을 이해했다고 한다면, 그는 실상 그분을 뵈온 것이 아니라 다른 무엇을 본 것에 지나지 않는다. 왜냐하면 그분은… 인식되지 않으며, 초실체적인 분으로서 결코 〔현상적으로는〕 존재하지 않기 때문이요, 따라서 그분은 우리의 정신을 넘어서 인식되기 때문이다. … 그러므로 차라리 완전한 무지만이 〔이른바〕 인식되는 일체 너머에 존재하시는 그분에 대한 〔합당한〕 지식으로 여겨진다"[114]고 역설적으로 고백하고 있네.

114) Diony., *Ep. I ad C.* 604ff.

15

그 해석 1 : '알파'(앞섬)로서의 신

페르디난도: 저는 신학자(디오니시우스)의 이런 언표들이 신중하고 심오한 것들이라고 새겨듣습니다. 그래서 〔그것들은〕 인간에게 인정될 만한 방법으로는 형언하기 힘든 신성으로 (우리의) 알아봄(=통찰)을 이끌어주는 그런 가르침들이라고 새겨듣습니다.

니콜라우스: 자네는 어떤 식으로 "다른 것이 아닌 것"이 거론되고 있는지 알아채지 못했는가?

페르디난도: 그에 대해서는 〔아직〕 분명하게 알아듣지 못하고 있습니다.

니콜라우스: 〔하지만〕 자네는 그가 저 "첫째 원인"에 대해서 말하는 것을, 〔곧〕 "모든 것들 안에 모든 것으로 존재하는 것"을 한번은 이렇게 한번은 저렇게 밝히는 바를 확실히 기억하겠지.

페르디난도: 그런 것 같습니다. 하오나 당신의 도움으로 제가 그것

을 훨씬 더 분명하게 통찰할 수 있도록 이끌어주셨으면 하고 청합니다.

니콜라우스: 자네는 그가 그 원리 자체를 달리 '하나'라고 칭하는 거기서 그 다음 어떻게 초실체적 하나가 존재하는 하나하나를, 그리고 모든 수(數)를 결정하는지[115] 가르치는 것을 살펴보지 않았던가?

페르디난도: 〔물론〕 저는 그 점을 살펴보았으며 흡족하게 여기고 있습니다.

니콜라우스: 무엇 때문에 흡족하게 여기고 있는가?

페르디난도: 왜냐하면 어쩌면 '하나' 자체가 "다른 것이 아닌 것" 자체에 아주 근접하는 개념이며, 더 나아가 하나에 앞서 "초실체적 하나"가 있음이 이미 논의되었기 때문입니다. 그래서 그것은 하나로 존재하는 하나하나에 선재하는 '하나'요, 그래서 당신은 그 '하나'를 가리켜 "다른 것이 아닌 것" 자체로 보고 있습니다.

니콜라우스: 자네는 아주 잘 파악하고 있네. 그로부터 만일 '알파'[116]가 저 "다른 것이 아닌 것"에 대한 표지(標識)라고 여긴다면, 그만큼 알파는 논의된 것으로 여겨야 하겠지. 그러나 만일 그(디오니시우스)가 말했던 것처럼, '하나'가 한정과 무한정에 선재하면서 모든 무한정을 한정시킨다 하더라도, 〔그래서〕 모든 것들과 관계를 맺으면서 동시에 모든 것들과 마주하여 그 자신은 파악되지 않는 가운데 〔그때마다〕 하나하나와 모든 합체된 것을 정의하는 존재로 머물러 있

115) 참고 Diony., *De div. nom.* XIII 549f. 앞선 각주 110번의 인용문 비교!
116) 〔역주〕 이는 앞서 보았던 '처음'(*initium*)과 같은 의미를 지닌다. 참고 Diony., *De eccl.* I 1089f. 이에 이 글의 앞선 각주 48번의 인용문 비교!

다 하더라도, 도대체 알파는 다른 것으로 존재하는 하나하나를 거뜬히 정의하는 '하나'에 선재한다고 해야 할 것이네. 왜냐하면 그렇게 '하나'가 '하나'와 다른 것이 아닌 것이라고 여기는 만큼, 〔"다른 것이 아닌 것"인〕 알파의 소거와 함께 '하나' 또한 사라질 것이라고 보기 때문이네.

페르디난도: 옳습니다. 왜냐하면 그가 하나하나 너머에 존재하는 '하나'는 하나로 존재하는 자신을 어떻게 결정(決定)하는지 답변해야 한다면,[117] 그렇듯 하나하나에 초월한 '하나'는 우선 하나하나에 선재하는 하나라고 말해야 하겠기 때문입니다. 그리하여 〔결국 가장 앞서 선재하는〕 알파가 '하나'와 〔하나하나의〕 모든 존재들을 결정한다고 할 수 있겠지요. 왜냐하면 이때 '하나'는 〔기껏〕 그가 말하듯 그 모든 하나하나와 합체된 〔모든〕 것을 정의하는 존재로서 하나에 지나지 않기 때문입니다.

니콜라우스: 또한 신학자(디오니시우스)가 신께서는 '앞섬'을 지니신다고 지적하면서 〔우리의〕 정신을 어떻게 저 '앞섬'으로 이끄는지 자네는 이해할 수 있었겠지. 그리하여 신께서는 '앞섬'〔자체〕이시며 아주 탁월한 방식으로 존재하신다[118]고, 그리고 그런 만큼 알파는 저 '앞섬'에 앞서 살펴진다고, 왜냐하면 '앞섬'은 '앞섬' 외에 "다른 것이 아닌 것"이기에 말일세. 거기서 저 '앞섬'은 〔절대적 의미에서〕 오로지 선재하는 어떤 것으로서만 지적으로 파악되기에, 알파는 가장 탁월한 의미에서 '앞섬' 자체여야만 할 것이니, 이는 알파가 다른 어떤 것을 모두 앞질러 존재하기 때문이겠지. 그러나 나는 그 '앞섬'을 다른

117) 참고 Diony., *De div. nom.* XIII 541f. 앞선 각주 104~105번의 인용문 비교!

118) 참고 *Ibid.*, V 338f.

식으로 설명할 수 있다고〔도〕 보는데, 곧 그것이 선재하는 것으로서의 어떤 것이면서 또한 뒤늦게 존재하는 어떤 것이라 여김으로써 설명가능하다고 보네. 예컨대 신학자가 원했듯이 만일 보다 앞서 존재하는 것들 안에 〔이미〕 뒤늦게 발견되는 모든 것들이 탁월한 방식으로 혹은 훨씬 앞선 방식으로 내재하여 있다고 본다면, 우리는 의당 가장 탁월한 방식으로 알파 안에 존재하는 모든 것들을 확인하게 될 것이니, 이는 알파가 〔그렇듯 상대적 의미의〕 앞섬보다 앞질러 있기 때문이겠지.

페르디난도: 당신은 아주 잘 되새겨 주었습니다. 과연 〔그〕 신학자는 모든 시대에 앞선 그분(神)이야말로 “모든 시대 가운데 시대”라고 말했으며,119) 그로써 그는 모든 것들과 관련하여 그것을 가르치고자 했던 것으로 보입니다. 그런 가르침을 통해서 저는 신께서 보다 앞선 방식으로 ‘알파’라고 여기며, 그분 안에 존재하는 모든 것들이 바로 그분 자체라고 여깁니다. 그러나 〔우리가〕 뒤늦게 신을 다른 것 안에서 발견한다는 사실을 통해서 〔결국〕 그분이 모든 것들 안에 모든 것으로 존재하심을 확인하는 일이 가능하다고 봅니다. 만일 제가 모든 시대에 앞서 그분을 알게 된다면, 저는 실상 그분 안에 존재하는 시대가 곧 신임을 알아보는 것이니, 이는 시대에 앞서 존재하는 시대를 결국 그분의 원리 및 합리적 근거에 따라 알아보기 때문이겠지요. 만일 제가 어떤 시대 안에서 그분을 알게 된다면, 저는 〔그 순간〕 그분을 그 시대로 알아본 셈일 테지요. 다시 말해서 제가 앞서 신으로 알아본 것을 뒤늦게 시대로 알아보는 것이겠지요. 어쩌면 더 나아가 생각하건대, 제가 신 안에서 신으로 알아본 그 시대를 다시금 시대에 따른 시대로 직관하는 것이요. 이것이 뜻하는 바는 그분 안에서 보다

---

119) 참고 *Ibid.*, X 485, 495.

앞서 알아보았던 그분을 〔저희의 시간적 흐름을 따라〕 훨씬 나중에서야 비로소 알게 되었다는 것과 다르지 않을 것입니다. 왜냐하면 그분은 〔항상〕 앞서신 분이기에 말입니다. 그러나 만일 훨씬 나중에서야 저 "보다 앞서신 분"을 확인하게 된다면, 그런 확인 역시 그분 안에서 이루어지는 만큼, 그분을 가리켜 또한 "보다 나중 분"이라고 부를 수 있겠지요.

니콜라우스: 자네는 이제 "다른 것이 아닌 것"에 관하여 파악한 그것을 통해서 모든 것을 꿰뚫어 볼 수 있게 되었으니, 〔과연〕 저 '알파'라 칭하는 원리가 자네에게 빛을 밝혀주는 한, 그동안 자네에게 감추어졌던 것들을 자네가 직관하게 되었네. 그럼에도 나는 자네에게서 한 가지 답변을 더 듣고 싶네. 곧 〔그〕 신학자가 "하느님께서는 모든 시대와 시간과 날(日)과 순간으로서도 가장 적절하게 일컬어질 수 있다"[120]고 설명한 바를 어떻게 이해하는지에 대해서 말일세.

---

120) *Ibid.*, X 486.

16

그 해석 2 : '순간'으로서의 신

페르디난도: 저는 〔그〕 신학자의 직관에 힘입어 이해하고 있습니다. 왜냐하면 그는 시간적인 모든 것들이 시간 안에서 시간적 흐름(持續)을 따라 움직이지만, 시간 자체는 그러나 항상 변함없이 머물러 있다[121]고 보기 때문입니다. 그로 말미암아 시간 안에서 "다른 것

121) 〔역주〕 이 "항상 변함없이 머무름"(*manere semper immutabile*)에 상응하는 표현을 우리는 저 플라톤의 '영원'(*αἰών*)에 대한 정의(*definitio*) 속에서 발견한다. 곧 '영원'은 "'하나' 안에 머무름"(*μένειν ἐν ἑνί*)이라고 플라톤은 그의 *Timaios*(37d. 6) 안에서 가르치고 있으며, 이것이 우리가 이 지상세계에서 경험하는 '시간'의 '원형'(*paradeigma*)이라고 말한다. 이러한 관점의 토대는 실상 크세노파네스(Xenophanes)에게서 처음 발견되는데, 그는 자신이 '찾던' 신을 일컬어 "꾸준히 동일한 것에 머무르는 자"(M 36/DK 26: αἰεὶ δ' ἐν ταὐτῷ μίμνει)라고 했다. 이 '정의'에 대한 신플라톤주의자 플로티노스의 '해석'이 우리에게 많은 것을 시사한다고 본다. 예컨대 플로티노스는 그의 작품 *Enn.* III 7 안에서 — 특히 제 2장 35절을 통해서 — 플라톤의 "영원에 관한 정의"를 그대로 인용하면서 보다 상세히 설명하고자 시도한다. 그리고 같은 글에서 플로티노스는 다시금 — 제 6장 7절 이하에서 — '영원'을 "변함없이 '하나'를 맴도는 생명"이라 풀이하고, 나아가 그의 "상징적 원운동"을 따라 '영원'의 본질을 밝히고자 하였으니, 이른바 "끊임없이 '하나' 주위를 맴돌고, '하나'로부터 유래하

이 아닌 것"을 분명하게 이해하는 일이 밝혀질 것입니다. 왜냐하면

여, 〔다시금〕 '하나'에로 귀의(歸依) 하는" "역동적 머무름"을 우리에게 소개함으로써 저 '영원'은 마치 우리의 상상이 인위적으로 만들어 내거나 혹은 그 자체가 무료하거나 무생명적 연장(연속)의 의미를 띠지 않고, 오히려 "변화무쌍한 시간의 흐름" 앞에서 경험하는 "무의미성을 극복하는 중요한 계기"임을 주지시키고자 노력하였다.

달리 *Enn.* V 9, 2.28에서도 "'하나' 안에 머무른다"고 소개하는 플로티노스는 그로써 "시간과 함께 사라지지 않는 힘"(*Enn.* III 7, 2.32f.)으로 작용하는 세계초월성을 강조함으로써 "시간과는 또 다른 차원의 영원"을 생각하게끔 이끈다. 우리는 여기서 '하나' (Hen, ἕν)의 정체를 두고 좀 더 세밀하게 생각해야 할 필요가 있다고 본다. 플로티노스에 따르면, "절대적 존재로서의 하나"가 갖는 "내심 한결같이 머무르는 능력"은 '하나' 자체로부터 전적으로 드러나는 "다른 무엇", 곧 '정신'의 온전한 현현을 결정한다(이 같은 현현은 다시금 그 삼위일체적 실체의 가장 바깥에 자리하는 '영혼'을 통하여 '하나'에로 되돌아옴으로써 내적으로 통일된 구조를 보여주는 관점이 실상 플로티노스의 전반적 사상체계이다). 이에 반해 시간적 속성, 곧 "거듭 연장되는" 속성은 저 '정신적' 면모의 부분적 현현에 그치고 만다. 이러한 부분적 현현이 말해 주는 것은 결국 '하나'의 온전한 자기현시가 아니라, 오로지 '하나'를 따라 '차례차례' 부분적으로 드러나는 것임을 의미한다. 이때 그러나 실제 "외적인 부분적 현시"가 뜻하는 바는 그저 어떤 '결함'이나 '미아' (迷兒)로서의 단절된 의미가 아니라, 오히려 그 원천경험을 요구하는 동기로서 '하나' 안에 한결같이 머무는 '영원'에로 나아가게끔 고무시키는 의미를 띤다. 이는 '시간성'에 대한 긍정적 수용이기도 하다. 다만 '시간성'이 "온전한 의미" 혹은 "온전한 삶"을 실현시켜 주지는 않는다는 것을 지목하고 있다. 이와 유사하게 아우구스티누스 역시 이러한 부분적 참여로 "영원한 성부"(*pater aeternus*)를 대면하게 된다는 가능성과 동시에 "나 자신이 시간(들) 안에서〔만은〕 그분과 닮지 못할 뿐"(*Conf.* XI 29, 39)이라고 그 한계성을 밝혀주면서 다른 한편 우리 〔시간성을 극복할 수 있는〕 영혼을 통해, 곧 우리의 모상을 통해 하느님께로의 긍정적 참여를 권고하고 있다. 물론 플로티노스 역시 "영혼에게 저편의 머무름에서 유래하는 능력이 자리한다"(*Enn.* IV 3, 6.23f.)고 설명하듯 "온전한 자아실현"의 가능성을 인간 내면 — 외적 시공간의 한계를 넘어선 차원 — 에서 찾기를 권고한다.

〔시간은〕 '때' 안에서는 '때'로 존재하고, '날'(日) 안에서는 '날'로 존재하며, '달'(月) 안에서는 '달'로 존재하며, '해'(年) 안에서는 또한 '해'로 존재하기에 말입니다. 그래서 앞에서 이 모든 것이 확인되듯, 모든 것들 안에 모든 것으로 존재하는 그것처럼 시간적인 것들은 그 자체로 머물러 있는 시간과 같다고 봅니다. 그런데 비록 그 (시간적인) 모든 것들이 시간에 참여하는 한에서 시간 자체와 같다고 볼지라도, 그래서 시간이 그런 모든 것들에게 확장되듯 적용되고 분절됨 없이 그들 곁에 머무르면서 그들을 정의하고 한정시켜 표현한다 하더라도, 시간은 그 자체로 확고부동하게 머물러 있음에 조금도 변함이 없는 만큼 그 이상 커지거나 작아지지는 않는다고 봅니다. 설령 시간이 지루한 여정 안에서는 훨씬 길게 느껴지거나 한 달이 하루보다 훨씬 길다고 여겨질지 몰라도, 그러나 그러한 느낌은 실상 시간에 그때마다 많이 혹은 적게 참여하는 〔시간 외의〕 그 어떤 다른 것에 근거하여 이루어진 것에 지나지 않는다고 봅니다. 그에 반해 시간 자체는 나뉠 수 없는 방식으로 머물러 있고, 거기에 그 밖의 다른 사물들이 제각기 다양하게 참여한다고 봅니다.

니콜라우스: 내가 보기에 자네는 남김없이 다 말한 것 같지만, 그럼에도 자네는 〔그〕 신학자의 모든 가르침에 대해 〔좀더〕 신중하게 따져보아야 할 것 같네. 왜냐하면 그는 단 한마디조차 헛되이 가르치지 않기 때문이네. 그러니 그가 신을 가리켜 순간(瞬間)이라고 가장 적절히 고백할 수 있다[122]고 한 가르침에 주의를 기울여보게.

122) 〔역주〕 Diony., *De div. nom.* X 485f. 앞선 제 14장의 (3)에서 각주 101번의 원문을 참조. 여기서 '순간'이란 라틴어를 니콜라우스는 'momentum'으로, Migne 판 번역본은 'tempestivitas'(적절한 시기)로 적고 있는데, 그에 상응하는 그리스어 원어는 'καιρὸς'(때 : 벌어지는 사건내용이 함의된 시간이란 의미로서 흔히 χρόνος, 곧 연대기적 순서매김으로서의

페르디난도: 물론 그렇게 신학자는 말했습니다. 그러나 어째서 당신은 그 말에 신중을 기하도록 일깨우시는 것입니까?

니콜라우스: '순간'이란 시간의 실체라고 할 수 있겠지. 그것을 소거하면 시간이란 아예 남아나지 않으니 말일세. 그러므로 순간은 그 자체의 가장 단순한 비분절성과 불변성을 따라 저 '알파'에 참여하는 몫이 남달리 크다고 보네. 왜냐하면 그것이 〔시간의〕 실체를 이루는 근간으로 여겨지기 때문일세. 만일 그것이 '지속'(=시간적 흐름)으로 불린다면, 우리는 "영원에서 영원까지", "시간에서 시간까지", "달(月)에서 달까지", "날(日)에서 날까지", "시각에서 시각까지" 나아가 "순간에서 순간까지 흘러감"에 대해 매우 쉽게 규정할 수 있겠지. 이는 지속에 참여하는 그 밖의 다른 모든 것들에게도 유효한 설명일 것이네. 그래서 지속은 흘러가는 그 모든 것들과 다른 어떤 것이 아니요, 꾸준히 지속되는 '순간' 혹은 '지금'에 근거하여 최대한 말할 수 있겠지. 그러므로 지속은 비록 그에 참여하는 모든 것들에 앞서 있다고 할지라도, 그 모든 것들 안에 모든 것으로 존재한다고 해야겠지. 또한 그(지속)에 참여하는 여러 가지 다른 것들이 있기 때문에, 그것은 그때마다 〔그에〕 참여하는 것들과 다른 것이 아니라고 해야겠지. 바로 그런 방식으로 "다른 것이 아닌 것" 자체는 영원을 통해서 또는 좀더 분명히 말해 지속 혹은 순간을 통해서 〔모든 것들로부터〕 참여된다는 것이 밝혀지겠지.

시간〔*tempus*〕과 구별하여 사용한다)이다. 니콜라우스가 그렇게 '순간'으로 번역할 수 있었던 동기는 물론 Diony. 의 상기 작품 안에서 충분히 그 근거를 갖는다. 앞서 각주 101번의 또 다른 라틴어 번역문의 후술에도 엿볼 수 있듯이, 신을 "〔모든〕 시대와 시간, 그리고 날들의 원인적 창시자(*αἴτιον*)"로 정의하기 때문이다(같은 장 3절에서도 참조할 수 있다).

페르디난도: 제가 이해하기로 당신은 '순간'을 통하여 현재를 말씀하고 싶으신 것이군요.

니콜라우스: '지금', '순간', '현재'를 나는 모두 동일한 것으로 보고 싶네.

페르디난도: 저 역시 '현재'가 모든 다양하고 천차만별한 시간들에 대한 인식과 그들 존재의 원리라고 여깁니다. 왜냐하면 현재를 통해서 저는 과거지사와 미래지사를 인식하며, 또한 그렇듯 존재하는 것들이 그 자체(현재)를 통해서 존재한다고 보기 때문입니다.123) 이는 현재가 과거〔시간〕 안에서는 과거지사가 되며, 미래〔시간〕 안에서는 미래지사가 되고, 〔나아가〕 달(月) 안에서는 달이 되고, 날(日) 안에서는 날이 된다고 보며, 다른 모든 경우에도 그와 같다고 보기 때문입니다. 그래서 비록 현재가 "모든 것들 안에 모든 것으로" 존재하고 모든 것들과 관계를 맺고 있다 할지라도, 그러한 모든 것들에게서 〔현재는〕 파악될 수 없는 가운데 결코 다름없이 고스란히 머물러 있다고 해야 할 것입니다.

니콜라우스: 자네는 〔과연〕 완벽한 통찰력을 가졌으니, 저 알파가 "현재의 현재"라는 사실을 자네가 모를 리 없겠지. 그것은 저 알파가 현재에 앞서 존재하기 때문이요, 이는 〔매번〕 현재와 다르지 않은 현

123) 참고 Augustinus, *Conf.* XI 14, 17ff. 시간에 관한 철학적 물음으로서 우리가 되새길 만한 4대 고전(古典)으로서는 아우구스티누스의 상기 고백록 11권 외에 앞서 Platon, *Timaios*〔편〕, Aristoteles, *Physica* IV 10~14〔장〕, 그리고 Plotinos, *Enn.* III 7(시간과 영원에 관하여)을 꼽는다. 이에 현재 국내에 소개된 참고서로서 소광희, 《시간의 철학적 성찰》(문예, 2001) 및 역자의 졸저, 《시간과 영원 사이의 인간존재》(성바오로, 2002)를 참조할 수 있겠다.

재가 그 안에 품고 있어야 할 "다른 것이 아닌 것"을 전제하기 때문이겠지. 그러므로 현재가 시간의 실체라는 점을 인정한다면, 이제 알파가 그 〔시간의〕 실체의 실체라는 사실도 자네가 틀림없이 인식하겠지. 다른 한편 만일 현재를 소거시킨다면, 시간은 더 이상 〔현재에〕 지속하지 않는다고 말할 수 있겠지만, 반면 저 알파를 소거시킨다면, 현재도 시간도 그 밖의 그 어떤 것도 결코 남아날 수 없다고 말할 수 있겠지.

페르디난도: 예, 당신이 저에게 주지시키신 바를 잘 알아듣겠으며, 이제 〔그〕 신학자의 가르침이 모두 저 알파를 통하여 해명된다는 사실을 깨닫겠습니다. 더 나아가 많은 신학자들이 선을 가리켜 신과 "가장 처음 나누었던 것"이라 노래했다고 디오니시우스〔신학자〕 자신이 확언하고 있음에 매우 마음 흡족해합니다. 그로부터 저는 신의 모든 이름들이 실상 "나눌 수 없는 어떤 것의 나눔"을 상징한다고 봅니다. 다른 한편 알파를 소거할 경우 그러한 모든 이름들이 그 의미를 상실하고, 그 모두가 알파에게 참여하는 몫 역시 사라져버릴 것이기 때문에, 〔그〕 신학자의 견해에 따라 우선적으로 알파가 저 선 안에서 고려된다는 사실을 보게 되어 매우 기쁩니다. 왜냐하면 애써 수고하는 모든 존재가 선에 합리적 근거를 두고 노력하고 있다는 점에서 그 모든 것들을 존재하게끔 하는 저 알파를 가리켜 선 자체라고 불러도 손색이 없겠기 때문입니다. 그리하여 모세 역시 창조주께서는 선한 것들을 알아보시기에 모든 존재들의 창조활동을 전개하신다고 가르쳤습니다.[124] 만일 사물들의 〔존재〕 원리가 선이라면, 확실히 온갖

124) 《창세기(모세오경 1) 1:31》: "… 만드신 모든 것을 하느님께서 보시니 참 좋았다." 〔역주〕 도대체 존재하는 것은 모두 선에 근거한다는 원칙은 니콜라우스 시대에서나 오늘날 우리에게 있어서나 유익한 사고의 토대라고 여겨진다. 그것은 도덕적으로 "죄인 혹은 악인"으로서의 자신이 용서

사물들은 선한 만큼 존재한다고 해야 할 것입니다.

또한 그런 만큼 선은 아름다움과 다르지 않다고[125] 보아야 할 것이

받을 수 있는 근거일 수도 있다. 그에 기초하자면, 존재에로의 회복은 언제나 긍정적이며 희망적이다. 바로 그런 점에서 존재를 선으로, 존재의 결핍을 악으로 정의하는 의도와 의미가 재확인될 수 있다. 다시 말해 악은 결코 선과의 대등한 입장에서 대립이 아니라는 것이다. 이러한 관점은 이미 플라톤이 그토록 힘주어 강조하는 "선의 이데아"(*Politeia* 508e), '태양'과 같이 그 자체의 '밝음'과 '열'을 내뿜어, 그 앞에 존재하는 모든 것들을 성장하도록 하는 "창조적 초월자", 곧 '존재원천'에 대한 생각에서도 발견된다. 그래서 플라톤은 저 존재원천을 가리켜 "고상함과 능력을 가진 채, 존재하는 모든 것들의 '저 너머'에 자리한다" (*Ibid.*, 509b) 고 하였다. "저 너머"에 있으나 여전히 그 능력을 행사하는 선 자체는 목적하는 바가 있다. 곧 "존재하는 것들이 그를 최대한 닮을 수 있도록"(*Timaios* 29e. 2f.) 이끄는 것이다. 이러한 의도는 플로티노스에게서 더욱 뚜렷하게 소개된다. 왜냐하면 그의 근본사상인 '하나'가 바로 그것을 목적으로 삼기 때문이다. 아예 저 너머에 자리하는 존재원천(하나)의 충만함으로부터 넘쳐흘러 — 유출된 — 비로소 생겨난 이 세상의 모든 존재(자)들은 그들의 존재를 확고하게 실현하기 위해선 그들의 존재근거를 찾아 저 '원천'에로 되돌아와야 하겠기 때문이다. 이와 유사한 사상을 우리는 뒤이어 보게 되는데, 당장 여기 디오니시우스 역시 그의 *De div. nom.* (신명론) 제 4장 10절에서 "선함을 따라 흘러 넘치는 그때마다의 사랑에 의해 모든 것이 만들어진다"(*δι' ἀναθότητος ὑπερβολὴν πάντων ἐρᾷ πάντα ποιεῖ*) 고 진술하였고, 뒤에 보나벤투라는 *De itin. mentis indeum* VI 2에서 분명하게 "선함은 그 자체로 〔변함없이〕 분배된다"(Bonum dicitur diffusivum sui) 고 설명한 적이 있다. 코메니우스(J. A. Comenius) 역시 "하느님은 최고의 선이시며 〔그 선을 따라〕 통교하신다"(*Oculus fidei*, c. 50: Deus … est summe bonus et communicativus) 는 믿음을 근대에 전하고자 노력했고, 라이프니츠(Leibniz) 는 "하느님은 당신 스스로 선을 원하신다"(*Causa dei* § 33: Deus vult bona per se; 비교, 그의 또 다른 작품 *Thēodizee*, *Remargenes* § 7: L'abondance de la bontē de Dien … est la causa) 고 말하면서 한층 체계적이고 종합적인 안목에서 이를 해석하려고 노력하였다.

125) 참고 Diony., *De div. nom.* IV 185.

니, 디오니시우스 〔신학자〕 역시 선은 온갖 존재하는 사물들과 결코 무관하지 않고, 차라리 선은 알파(자체)와 관계가 깊다고 말했던 것이라 사려됩니다.126) 〔곧〕 선은 〔선의 존재를 실현하는〕 알파를 통하여 최선으로 드러난다는 뜻이겠지요. 왜냐하면 만일 알파(=존재의 시작) 자체가 어떤 사물 안에서 최선으로 드러난다면, 그것은 물론 그 자체이자 그렇듯 존재하는 만큼 또한 선이라고 말할 수 있을 테니 말입니다.

니콜라우스: 자네는 과연 알파의 도움으로 모든 것을 올바르게 통찰하고 있으니 제대로 이해하는 것이네. 하지만 자네는 또 다른 한편 〔저〕 신학자가 "하나는 말하자면 모든 것들의 요소"라고 가르치지만, 그럼에도 그의 《신비신학》 안에서 "신은 하나가 아니"라고 부정한 사실에 대해서〔도〕 이미 생각하였겠지?127)

---

126) 참조 Diony., *De eccl.* I 1089f. 이 글의 각주 49번을 참조. 특히 "Initium(=A) est … bonitatis essentia."

127) 참고 Diony., *De myst. theol.* V 599f.; 또한 *De div. nom.* XIII 545.

17
그 해석 3 : "초실체적 한 분 (하나)"으로서의 신

페르디난도: 물론 그가 그런 사실을 가르쳤다고 당신이 말씀하신 바와 마찬가지로 저도 고찰했습니다만, 그러나 그것을 통해 그가 무엇을 표현하려 했는지 설명해 주시길 청합니다.

니콜라우스: 그는 그것을 〔이렇게〕 가르치고 싶었으리라고 나는 이해하네. 〔우선〕 마치 '하나'를 소거(掃去)시킬 경우 개별적 존재 하나하나는 사라져버리는 것처럼 또한 그와 마찬가지로 요소를 소거시킬 경우 그런 요소로 이루어진 모든 것들이 아예 존재할 수 없듯이, 그렇듯 알파의 소거와 더불어 모든 사물들은 남김없이 사라져버린다고 말일세. 왜냐하면 알파는 그 스스로 요소가 요소로 이루어진 것들과 관계를 맺는 것보다도 훨씬 내밀하고도 철두철미하게 모든 것들과 관계를 맺기 때문이겠지.

페르디난도: 그러면 디낭의 철학자들과 그들의 견해를 대표하는 다비드[128]가 "신은 물질, 정신, 자연 나아가 가시적 세상과도 관계를

128) 벨기에의 디낭에서 활동한 철학자들과 다비드의 가르침에 대해 현재까지

맺기에 가시적 어떤 분"이라고 말했던 것이 최소한 오류는 아니라고 보아야 합니까?

니콜라우스: 〔철학자〕 다비드는 물질을 모든 육체적인 것들의 원천으로 또한 누스(*νοῦς*) 혹은 정신을 모든 영혼의 원천으로 또한 퓌시스(*φύσις*) 혹은 자연을 모든 변화하는 것들의 원천으로 생각하여 저들이 하나같이 원천으로 고려되는 점에서 서로 다르지 않다는 통찰을 가졌고, 그래서 그렇게 가르쳤네. 그러나 자네도 저 알파가 그런 것(개념)들을 정의하고, 또한 비록 그들(개념들)에 속하는 것이 결코 아님에도 그들 안에 내재하는 사실을 이미 보지 않았는가. 그렇다면 비록 〔디오니시우스〕 신학자가 '하나'를 짐짓 '요소'라고 가르친다고 하더라도, 그런 표현들 또는 그와 같은 표현형식들이 자네를 결코 동요시키지(혼란스럽게 하지) 못하도록 하게나. 오히려 언제라도 '알파' 자체에 나아가 앞서 성찰하였던 〔근본적〕 사실로 되돌아가 오류에 빠지지 않도록 하게나.

페르디난도: 당신은 정말 잘 정리하여 제게 정확하게 알려주시니, 그로써 〔저〕 신학자가 《가이우스에게 보낸 서한》 안에서 가르치는 내용이 저에게도 아주 고맙게 여겨질 따름입니다. 왜냐하면 그 가르침이 여기서 광채를 더하여 방금 당신이 설명하신 바와 정확히 일치하

알려진 것은 거의 없다. 13세기의 철학자 다비드에 대한 얼마 되지 않는 정보는 테리(G. Thery)의 연구서(*David de Dinant*. Bibliothe. Thomiste VI 1925)에 기초하지만, 거기에도 그 철학자의 작품은 실려 있지 않기에, 동시대의 철학자들인 알베르트 마뉴스와 토마스 아퀴나스와 같은 스콜라 철학자들의 논쟁 중에 얼핏 소개된 단편적 자료에 의존하고 있다. 그들에 따르면 다비드는 물질주의적 다신론(*materialistischer Pantheismus*)을 대표하던 철학자로서 물질(物質)이 유일한 존재원천이라 논하고 나아가 신과 동일시하였다고 한다(참고 P. Wilpert, p. 195).

고 그 내용에서 틀림이 없겠기 때문입니다.

니콜라우스: 무엇이 그렇단 말인가?

페르디난도: 그것은 그(신학자)가 "〔그래서〕 누군가가 하느님을 알아보면서 그가 그렇게 알아본 것을 〔하느님으로〕 알았다고 말한다면, 실상 그는 그분을 뵈온 것이 아니라, 다른 어떤 것을 보았을 뿐"[129]이라고 가르치신 바를 가리킵니다. 그래서 만일 디낭의 다비드가 신은 물질이자 정신이며 또한 자연이라 여겼다면, 그는 도대체 다른 어떤 것을 보았을 뿐, 〔진정〕 신을 뵈온 것이 아니라고 해야겠지요.

니콜라우스: 자네의 설명은 놀랍네, 페르디난도! 하지만 자네가 앞서 말한 사실 중에서 훨씬 더 심오한 그것을 기억해냈다면, 자네의 설명은 더욱 놀라웠을 것일세.

페르디난도: 대체 그것이 무엇입니까?

니콜라우스: 〔그것은〕 곧 우리가 생각하는 모든 것들은 〔신과〕 다른 어떤 것이란 점에서 신이 아니라고 신학자가 가르쳤던 경우일세. 그렇게 "다른 어떤 것"은 그저 다른 어떤 것으로 존재하겠지. 그러므로 우리가 신을 〔제대로〕 인식하려 한다면, 도대체 신께서는 결코 "다른

---

129) Diony., *Ep. I ad C.*, 606f. : 디틀린트 뒤프레(Dietlind Dupré)와 빌헬름 뒤프레(Wilhelm Dupré)는 부분적으로(뒷 문장만) 그리스어 원문을 소개하고 있는데, 원문을 모두 소개하면 아래와 같고, 이 책의 번역은 라틴어 번역본이 아니라 그리스어 원문을 따랐다. 예컨대, "Καὶ εἴ τις ἰδὼν θεὸν, συνῆκεν ὅ εἶδεν, οὐκ αὐτὸν ἑώρακεν, ἀλλά τι τῶν αὐτοῦ τῶν ὄντων καὶ γινωσκομένων"(PG 3, p. 1064).

것이 아닌 분"으로 존재하신다는 사실을 고려해야 할 것이네. 〔그래서〕 신께서는 다른 어떤 것을 통해서, 그리고 다른 어떤 분으로 표현되는 그런 분으로 생각될 수 없을 뿐더러 또한 다른 어떤 것을 통해서 〔당신 자신을 온통〕 표현하시는 그런 분으로도 생각될 수는 없을 것이네. 그리하여 설령 신께서 우리에게 보인다 할지라도, 그분은 반드시 〔세상의〕 그 어떤 것 너머에 또 그 어떤 것에 앞서 존재하시고, 우리의 정신을 초월하여 계신다고 말해야 하지 않겠나. 그러나 반대로 "다른 것이 아니신 분"으로서의 그분이 보일 수 없다면, 차라리 다른 어떤 것들 앞에서 '무'라고 말해야 하지 않겠나. 그리하여 아무튼 "다른 것이 아닌 것"〔개념〕이 우리를 원천으로 이끌어 우리의 생각과 그 밖의 다른 어떤 것 나아가 이 세상의 어떤 개별적 존재만이 아니라 그런 모든 것들을 초월하여 존재하고, 우리가 생각할 수 있는 그 모든 것에 앞서 선재한다는 사실을 깨닫게 해줄 것일세. 이런 사실을 〔저〕 신학자는 같은 곳(《가이우스에게 보낸 서한》)에서 밝혔는데, 그분에 대한 인식이 곧 우리에 의해 인식되는 〔이 세상의〕 모든 것들을 초월한 인식인 한해서, "다른 것이 아닌 것"에 대한 인식을 차라리 "완전한 무지"라고 말할 수 있겠다고 하였네.[130] 이 가르침이 이제 우리가 존경하는 〔저〕 신학자로부터 그렇듯 물려받은 것이요, 이는 그가 손수 가르쳤던 또 다른 가르침을 〔이해하기〕 위해서도 족히 앞

---

130) 참고 *Ibid.*, 607. : "Καὶ ἡ κατὰ τὸ κρεῖττον παντελὴς ἀγνωσία γνῶσίς ἐστι τοῦ ὑπὲρ πάντα τὰ γινωσκόμενα"(PG 3, p. 1064: "그래서 그것은 보다 긍정적인 의미에서 완전한 무지요, 모든 알려진 것들을 초월하여 얻어낸 지식의 일종이다"). 물론 디오니시우스는 직접적으로 "다른 것이 아닌 것"이란 개념을 거기서 사용하지는 않았다. 그러나 거기서 하느님에 대한 앎(*notitia*)을 가리켜 "super substantiam"(실체 너머) 및 "super mentem"(정신 너머)의 차원에서 이루어지는 "negatio cognitionis et essentiae"(인식 및 본질의 부정, 곧 개념적 인식 및 본질을 초월한 통찰)에 근거하여 니콜라우스는 그렇게 해석하는 셈이다.

서 고려되어야 할 것이네.

18
아리스토텔레스의 《실체에 대한 가르침》 비판 1 : 그 결함

페르디난도: 이제 만일 당신께서 허락하신다면, 저희가 이해하는 이 원리("다른 것이 아닌 것")를 바탕으로 일찍이 결코 무의미하지 않은 책을 저술한 저 위대한 소요학파의 선구자이자 논증의 대가인 아리스토텔레스에 대해 꼼꼼히 따져보고 싶습니다. 아리스토텔레스는 당신에게도 결코 낯선 철학자가 아니라고 믿기에 청하오니, 그 철학자가 그토록 애착을 갖고서 저희에게 무엇을 밝히려 애썼는지 설명해 주셨으면 합니다.

니콜라우스: 나는 그가 참된 것에 근접하는 어떤 지식을 발견하였다고 기꺼이 이해하고 싶네.

페르디난도: 그러면 그가 무엇을 발견하였습니까?

니콜라우스: 나는 그것을 솔직히 말해서 〔완전하게〕 이해하지는 못했네. 다만 그가 우리의 정신이 그 대상으로 삼는 무엇임(=본질)에 대해 꾸준히 찾아 묻겠지만, 결코 그것을 찾아내지 못할 것이라고 가

르쳤음을[131] 기억하네. 그렇듯 그는 그의 《제일철학(=형이상학)》 안에서 "〔우리에게〕 무엇보다도 가장 힘겹고 불확실한 질문이 있다면, 그것은 일찍이 피타고라스학파와 플라톤이 가르쳤던 것처럼 '하나'와 '존재'가 서로 다른 무언가가 아니면서 존재하는 모든 것들의 실체일지 아닐지 하는 물음이다. 달리 말해서 그것이 주체와 같은 어떤 것(존재의 근간)으로서 일찍이 엠페도클레스가 말한 '사랑'(우정: 결합관계)일지 혹은 어떤 이〔=헤라클레이토스〕가 말한 '불'일지 혹은 어떤 이〔탈레스〕가 말한 '물'일지 혹은 어떤 이〔아낙시메네스〕가 말한 '공기'일지 하는 물음이다"[132]라고 적고 있네. 같은 책의 또 다른 곳에서도 "일찌감치 물었고, 지금도 〔묻고 있으며〕, 그리고 앞으로도 항상 물으면서 끊임없이 의심스럽게 여겨지는 것은 유독 '존재'란 도대체 무엇이고, 그 실체가 무엇이냐는 것이다. 왜냐하면 어떤 이들은 그것이 하나로 존재한다고 말하고, 다른 어떤 이들은 여럿(다수)으로 존재한다고 말하기 때문"[133]이라 적고 있네.

페르디난도: 저 위대한 철학자의 말을 아마도 주의 깊게 생각해야 될 줄로 압니다. 그러므로 저희가 그 철학자의 논지(論旨)를 예리한 통찰력으로 파고들게끔 이끌어주기 바랍니다.

니콜라우스: 힘을 다해 애써 보겠네. 내가 보기에 그는 거기서 '하나'와 '존재'를 〔서로〕 다른 어떤 것으로서가 아니라, 존재하는 모든 것들의 실체(實體)로서 이해해야 할지 묻는 방식으로 그렇듯 "다른 것이 아닌 것"(=동일률)을 통해 사물의 실체에 대해 물었었다고 생각하네. 왜냐하면 그 역시 사물의 실체가 있는 그대로의 그것과 다른

---

131) 참고 Aristoteles, *Metaphysica* VII 1 〔1028b〕.
132) *Ibid.*, III 2 〔996a〕.
133) *Ibid.*, VII 1 〔1028b〕.

어떤 것이 아님을 이해하면서도 다른 한편 '존재' 혹은 '하나' 곁에서 혹은 '사랑' 내지 '공기'나 '물' 등 그런 (원천적인) 모든 것들에 대해 의심하였던 바는 과연 그런 것들 가운데 무엇이 존재하는 모든 것들의 실체일 수 있겠는지 하는 것이었네. 왜냐하면 그런 모든 것들이 저마다 다르게 존재하는 어떤 것으로 지각되었던 때문이네. 그리하여 그는 사물들의 실체가 존재할 것이라 가정하면서도 그것이 그런 식으로 다수는 아닐 것이라고 보았네. 그러나 모든 것들이 서로 다른 것처럼 〔그들 가운데〕 무엇이 〔진정〕 그것(실체)이라고 말해야 할지 의심스러웠던 것일세. 결국 그는 여러 가지 다양한 방식으로 명명된 그 모든 것들에게 공통적으로 일치하는 것을 물어나갔고, 나아가 과연 누가 제대로 그것을 명명했는지 탐구하였네. 그 결과 아무도 그것을 제대로 명명하지 못했던 것으로 그에게 비춰졌네. 왜냐하면 〔앞서 시도한 이들은〕 누구나 존재의 실체를 어쨌든 다른 어떤 것으로 혹은 다른 무엇으로 명명했고, 따라서 가장 단순하게 사물의 무엇임(본질)을 명명하지는 못했기 때문이네. 아무튼 그는 그 무엇임은 〔그 자체와〕 다른 어떤 것이라고 할 수는 없다고 본 셈이네. 그래서 그런 점에서 오류를 범하지는 않았지만, 그럼에도 그는 다른 사람들과 마찬가지로 거기서 〔연구를〕 멈춰버렸다고 생각하네. 왜냐하면 그것을 붙들고자 추구하는 온갖 이성적 방식은 〔우리가〕 그토록 갈망하며 다가서려는 〔참된〕 지식을 결코 충족시켜 주지 못한다고 내다본 때문이네.

페르디난도: 〔그럼에도〕 저는 당신이 앞서 가르쳤던 바가 그 철학자에게서도 있었다고 봅니다.

니콜라우스: 무엇이 그렇단 말인가?

페르디난도: 가시적인 것이 곧 실체이려니 생각하면서 알아내고자

힘쓰는 자는 그 실체를 가시적인 것들 사이에서 〔오로지〕 시각(視覺)을 통해 알아내려고 하기에, 결국 그 모든 가시적인 것들이 실상 그것 없이는 물을 수도, 발견될 수도 없는 〔비가시적〕 '빛'을 보다 앞서 지각해야 한다는 사실을 깨닫지 못할 것입니다.[134] 그러나 만일 그가

---

134) 〔역주〕 아리스토텔레스가 '빛'에 대한 예화를 들어 가르쳤는지 불분명하다. 오히려 "빛-예화"는 니콜라우스가 〔다른 작품에서도〕 자주 활용하는 예증의 하나인데, 페르디난도가 이해를 돕기 위해 여기서 소개하고 있다. 또한 시각(*visus*)과 관련된 인식활동에 대한 보다 자세한 설명을 우리는 제23장에서 다시 마주하게 될 것이다. "빛에 관한 비유"와 관련하여 E. Schadel, *op. cit.* 〔="Gott als Zusammenfall der Gegensätze?"〕, p. 140f. 〔뒤에 이 책의 역자해제 제3절 참조〕); Gustav Siewerth, *Andrés Philosophie des Lebendigen*, Salzburg 1959, 특히 pp. 51~54: "Lichtendes und leuchtendes Licht." 또한 Johann Amos Comenius의 "Quomodo SOL alia illuminando ipse lucidissimus manet, ita DEUS alia omnia perficiendo ipse omnium perfectissimus existitut"(*De Christianorum uno Deo, Patre, Filio, Spiritu Sancto*, Amsterdami 1659, p. 4)의 설명, 곧 "태양이 다른 모든 것들을 비추는 동시에 스스로는 가장 빛나는 것으로 머물 듯, 하느님은 다른 모든 것들을 완전하게 이끄시는 동시에 당신 자신은 가장 완전한 분으로 존재하신다"는 비유적 표현을 이와 관련하여 기억할 수 있겠다. 빛에 대한 원천적 범례(예증)는 물론 플라톤(*Politeia* 507d~509b)에게서 발견되며, 나아가 우리의 정신사 안에서 특히 "태양의 비유"와 관련된 역사를 살펴보는 데 있어 W. Beierwaltes, "Die Metaphysica des Lichts in der Philosophie Plotins." In: *Zeitschrift für philosophische Forschung* 15(1961), pp. 334~362; Otto Semmelroth, "Die Lehre des Ps. Dionysius Areopagita vom Aufstieg der Kreatur zum göttlichen Licht." In: *Scholastik* 29(1954), pp. 24~52; Klaus Hedwig, *Sphaera lucis*. Studien zur Intelligibilität des Seienden im Kontext der mittelalterlichen Lichtspekulation, Münster 1980; Johann Amos Comenius, *Weg des Lichtes-Via lucis*. Eingeleitet u. übersetzt v. Uwe Voigt, Hamburg 1997; Hans André, *Licht und Sein*. Betrachtungen über den ontologischen Offenbarungssinn des Lichtes und den Schöpfungssinn der Evolution, Regensburg 1963 등 참조.

'빛'을 중시했더라면, 그와 다른 어떤 것들 안에서 〔그것을〕 찾는 일을 단념했겠죠. 〔제가 보기에〕 정확히 그 철학자(아리스토텔레스)에게서도 이 같은 일이 일어났으니, 그것은 그가 정신을 좇아 사물들의 '본질'을 캐물음으로써 여기서 "다른 것이 아닌 것"이라 표지되는 그 '빛'이 그것 없이는 아예 아무것도 발견할 수 없는 그런 것으로 그에게 응시되었기 때문입니다. 〔그러나〕 그 이상으로 그는 그 '빛'이 "다른 것이 아닌 것"으로서 그가 〔애초부터〕 찾았던 그것과 다른 것이 아님에 대해서는 주의를 기울이지 못했습니다. 왜냐하면 정작 그는 "다른 것이 아닌 것"〔이란 개념〕을 통해서 다른 것을 물어나갔기에, 서로 다양하게 존재하는 것들과 〔구별된〕 다른 것에만 집착하였고, 그로 인하여 기껏 그가 찾는 것과는 거리가 먼 것을 발견하였기 때문입니다.

니콜라우스: 자네는 제대로 말했네. 왜냐하면 만일 그가 생각을 거듭하는 가운데 〔애초부터〕 찾고자 한 '원리'에 도달하기 위하여 그가 수단으로 삼았던 그 '빛' 자체가 곧 목적(목표)임을 예의주시 했었다면, 그는 분명히 잘못된 길을 걷지 않았을 것이고 그렇듯 엄청난 수고를 아꼈을 것이기 때문일세. 말하자면, 만일 그가 "나는 사물들의 본질이란 — 그것과 다른 것이라고 한다면, 도대체 어찌 그 사물의 본질이라고 할 수 있겠는가? 〔하고 반문하게 되듯〕 — 그와 다른 것일 수 없음을 아주 분명하게 인식한다"고 가르쳤었다면 말일세. 그랬더라면 〔그 사물과〕 다른 것은 결국 자신이 찾았던 것이 아니라는 사실을 알았을 테니까 말일세. 한편 만일 그것(본질)이 〔그 사물과〕 다른 것이어서는 아니 된다면, 서로 다른 다양한 모습들 안에는 저마다 "다른 것이 아닌 것"이 반드시 존재해야만 할 것일세. 다른 한편 그 "다른 것이 아닌 것"은 서로 다른 다양한 모습들 안에서 〔그때마다〕 다른 것으로 이해되어서는 아니 되기에, 분명 다른 식으로 명명될 수는 없겠지. 바로 그 점에서 "다른 것이 아닌 것"이라 칭하는 것이 정당하다고

보네. 나아가 이제 "다른 것이 아닌 것" 자체를 통해 '알파'(원천)가 표현되어도 좋다면, '알파'가 바로 그가 찾던 것이었겠지.

19
아리스토텔레스의 《논리학》 비판 2 : 그 한계

페르디난도: 그(아리스토텔레스)가 주의 깊게 통찰했었더라면 하고 당신은 설명하시는군요! 〔만일 그렇게 했었다면〕 그 자신뿐 아니라 저희 또한 큰 수고에서 벗어났을 것이니, 그것은 그가 이 신비에 대하여 매우 간단하고 명료하며 더 없이 정확한 말로 전해 주었을 것이기에 말입니다. 그로써 그가 그토록 최대한 노력을 기울여 연구하였음에도 결국 완전한 이해에 도달할 수 없었던 〔저〕 난해한 논리학이나 정의하기 곤란한 기교적 작업에 골몰하지 않았을 것이기에 말입니다. 또한 형상이나 이데아와 관련하여 그 숱한 난해함과 다양한 견해들 역시 그로써 일체 중지되고, 〔그의〕 인간적 지식은 가히 영예롭게 완성되었을 것이니 말입니다.

니콜라우스: 자네는 사람들이 대단히 명석한 이성을 천부적으로 소유한 사람이라고 말하는 저 출중한 철학자 아리스토텔레스에 대해 특별한 열정을 가지고 있는 것처럼 보이는군. 실상 그와 같은 열정은 모름지기 통찰력이 뛰어난 많은 철학자들에 대해서 일컬을 수 있을 것이네.[135] 왜냐하면 그것(=열정)은 어려움을 쉽게 해결하는 능력

으로서 정신의 직관을 따라 통찰하는 모든 것을 그때마다 의심할 수 없는 진리에로 이끌어주었었기 때문이네. 나에게도 〔이보다〕 더 신속하고 적절하게 〔진리를〕 전해 주거나 납득시킬 수는 없다고 여겨지니, 진리는 그 홀로 완전하고, 거기 어느 것 하나도 사람에 의해서 보태질 수 없기 때문일세. 왜냐하면 진리만이 원리에 대한 일별(一瞥)로 우리를 안내하고, 그로 인해 그것을 관상(=통찰)하는 사람이 기뻐하고 그에 가까이 다가서며 그렇듯 성숙해진다고 보기 때문이네. 그 외에 더 완전하고 절대적이며 충만한 가르침(전승)을 발견할 수는 없다고 나는 생각하네. 왜냐하면 "정신적 눈"[136]의 예리한 시선으로 알아보지 못한 채 그저 이성(논리적 사유형식)을 따라 따져나가는 모든 사람은 설령 그들이 참된 것에 접근하게 될지라도, 결코 최종적

---

135) 참고 Platon, *Symposion* 192e. : τοῦ ὅλου ··· τῇ ἐπιθυμίᾳ ··· ἔρως ὄνομα (〔부분이 아니라〕 전체〔=온전함〕를 얻고자 하는 ··· 간절한 욕구를 ··· 가리켜 우리는 '에로스'〔*Eros*〕, 곧 '열정'이라고 부르는 것). 이 같은 열정이 오늘날 학구열(學究熱)과 연계될 것이며, 이른바 "의문을 가지고 계속 살펴보려는 태도(*skepsis*)"를 낳는다고 본다. 그리하여 아리스토텔레스 역시 그의 *Physica* I 2 〔184b. 25f.〕에서 "의심한다는 것"(*skepsis*)은 "철학하는 (곧 지혜를 사랑하는) 마음을 갖는 것"이라고 말한다. ἔχει 〔γὰρ〕 φιλοσοφῖαν ἡ σκέψις. 앞선 각주 36번 참조.

136) 〔역주〕 "oculus mentis"(정신적 눈)란 표현은 니콜라우스에게서 "oculus sensibilis"(감각적 눈)와 대조적으로 자주 활용되는 개념이다. 후자의 관찰은 언제든 전자의 통찰로 발전해야 한다는 것이 니콜라우스의 입장이다. 이는 모방된 현실세계(*ver-similis mundus*)로부터 그 원형의 세계(*verus mundus*)로 나아가려는 플라톤적 움직임과 크게 다르지 않다. 참고로 그의 다른 작품 *De visione Dei* VI: "〔Sed〕 video non oculis carneis, qui hanc iconam inspiciunt, sed mentalibus et intellectualibus oculis veritatem faciei tuae invisibiliem, quae in umbra hic contracta significatur." 번역하자면, "〔그러나〕 나는 — 기껏 당신의 모상(形像)만을 관찰하는 — 육적인 눈으로가 아니라, 정신적이고 지적인 눈으로 — 여기 모순투성이의 그림자(形像) 안에 상징적으로 드러난 — 당신 얼굴의 〔더 이상〕 눈으로 볼 수 없는 참됨(참된 모습)을 보게 됩니다."

확실성에는 이를 수 없기 때문이네. 한편 최종적이고 모든 면에서 완성된 확실성은 바로 직관으로 얻어진다고 보네.

페르디난도: 당신이 앞서 말씀하신 모든 것이 그렇듯 확실하다고 봅니다. 과연 저 철학자 역시 그의 일생 동안 사물들의 실체를 파악하고자 그 길(방법)과 이성의 기술연마에 열심히 몰두하였지만, 만족할 만한 것은 하나도 발견하지 못했던 것으로 보입니다. 왜냐하면 인간의 이성(논리적 사유형식)은 그에 앞서 존재하는 것을 꿰뚫어볼 수 없기 때문이요, 따라서 그(자신)로부터 습득된 모든 기술이란 모든 사유형식으로〔는〕 알려지지 않은 것(원천)에 다가서는 노정을 꾸준히 뒤따르기에 여전히 부족하겠기 때문입니다. 〔그럼에도〕 저 철학자는 하나의 부정적 진술에 대하여 그 긍정적 진술이 서로 모순된다는 것을 가장 확실한 논리(=모순율)라 단정하고는 그 두 가지 상반된 진술이 동시에 성립하는 것으로 논의될 수는 없다고 믿었습니다.137) 나아가 그는 이것을 그렇듯 참된 결론을 내리도록 안내해 주는 그런 의미의 논리적 방법이라고 가르쳤습니다. 그러나 만일 누군가가 거기서 "다른 것이 도대체 무엇인가?" 하고 그에게 되물었었다면, 그는 어떻게든 참된 답변을 할 수 있었을 것입니다. 다시 말해 그것은 "다른 것 외에 다른 것이 아닌 것이다"라고 말입니다. 그 다음 이어서 또 그에게 질문이 제기되었었더라면, 예컨대 "왜 다른 것은 다른 것인지?" 하고 계속 물었었다면, 또한 그는 확실히 앞서 말했던 것과 마찬가지로 답할 수 있었을 것이니, 〔예컨대〕 "왜냐하면 그것은 다른 것 외에 다른 것이 아닌 것이기 때문"이라고 말했었겠죠. 그런 가운데 저 철학자는 결국 "다른 것"과 "다른 것이 아닌 것"이 모순처럼 여

137) 〔역주〕 참고로 Aristoteles, *Metaphysica* IV 3 〔1005b. 19~20〕: "동일한 것이 같은 관점에서 동일한 것에 귀속되면서 동시에 귀속되지 않는다는 것은 불가능하다."

겨지지만, 실은 결코 서로 모순되지 않음을 꿰뚫어 보았었을 것입니다. 그로 인해 자신의 길을 명확하게 하기 위해 내세웠던 그의 ‘제일원리’(=모순율)가 그런 이성(논리적 사유형식)을 넘어 정신(=직관)으로 통찰되는 진리에 다가서기에 충분치 않음을 지각했었을 것입니다.

니콜라우스: 자네가 한 말에 대해 나 역시 기꺼이 동의하면서도 그에 덧붙여 〔아리스토텔레스는〕 자기 자신에게 직접 진리를 알아보는 길을 또 다른 방식으로 방해했다고 보네. 왜냐하면 그는 우리가 앞서 논했던 저 “실체의 실체”라든지 “원리의 원리”가 더 이상 존재하지 않는다고 여겼기 때문이네. 이는 그와 같이 “모순의 모순”을 부인했어야 했기 때문이라고 보네. 그러나 누군가가 그에게 “모순들 곁에서 혹시 모순을 보지 않았는지” 하고 한번쯤 되물었었다면, 그는 진정으로 그것을 수긍했어야만 했을 것이네. 그리하여 다시금 누군가가 “모순들 곁에서 보게 되는 그것(모순)이 실상 앞서 존재했음을 이해한다면, 그래서 이른바 원인이 그로 인한 결과에 앞서 존재했었다고 말하듯 그렇게 이해한다면, 〔결과로서의〕 모순들은 〔그 원인으로서의〕 모순 없이는 알아볼 수 없는 것이 아닌지?” 하고 반문했었다면, 그는 결국 그 사실을 부인할 수 없었을 것이네. 왜냐하면 서로 모순된 것들 곁에서 경험하는 모순은 그렇듯 서로 모순으로 이끄는 〔원인으로서의〕 모순이 〔앞서〕 존재해야 함을 요구하듯, 그렇듯 서로 모순된 것들에 앞서 혹은 우리가 이른바 모순이라고 일컫는 그런 모든 모순들에 앞서 〔원천적〕 모순을 전제했어야 하기 때문이네. 이는 마치 디오니시우스 신학자가 신을 가리켜 “대립하는 것들의 대립”으로서 정녕 대립(=모순) 없이 알아보시는 분이라고 말한 것과도 같겠지. 왜냐하면 〔모든〕 대립하는 것들에 앞선 〔첫 번째〕 대립에는 아무것도 대립하지 않기에 말일세.[138] 비록 저 철학자가 그의 《제일철학》 혹은 《형이상학》 안에서 이 사실을 누락시켰을지라도, 숱하게 다른 논리

적 혹은 도덕적 진술 중에 〔그러한 사실은〕 모든 것들 가운데 가장 존엄한 사실로 칭송하여 적고 있다네. 다만 그런 진술이 현재의 〔우리의〕 통찰에 속하지 않기 때문에, 이것으로 아리스토텔레스에 대한 설명이 충분하다고 여기게나.

---

138) 〔역주〕 앞선 각주 14번 및 79번 참조. 또한 참고로 Nikolaus, *De visione Dei* 9 〔III 132〕: "Et repperi locum, in quo revelate reperieris, cinctum contradictoriorum coincidentia. Et ista est murus paradisi, in quo habitas; cuius portam custodit spiritus altissimus rationis, qui nisi vincatur, non patebit ingressus. *Ultra* igitur coincidentiam contradictoriorum videri poteris et nequaquam citra"(그래서 나는 당신〔하느님〕께서 친히 계시하신 대로 사람들이 찾을 수 있도록 〔허락〕하신 장소를 찾았는데, 그곳은 모순된 것들의 합일로 에둘러 있습니다. 그래서 그곳은 당신께서 머무르시는 천국의 성곽과도 같습니다. 그 성곽의 대문을 지고한 논리를 쫓는 영(靈)이 지키고 있으니, 이를 이겨내지 않으면 그 대문을 통과하지 못할 것입니다. 그러므로 당신은 모순된 것들의 합일 저 너머에서 〔비로소〕 당신을 볼 수 있도록 허락하시니, 이 세상에서는 결코 당신을 볼 수 없습니다). 이와 함께 Nikolaus, *Apologia*. 〔I 550〕: "*Super coincidentiam contradictoriorum* Deum esse declaravi"(〔그로써〕 모순적인 것들의 합일 너머에 하느님께서 존재하신다는 사실이 분명하게 드러났다). 또한 덧붙여 R. Haubst, "Die erkenntnistheoretische und mystische Bedeutung der 'Mauer der Koinzidenz.'" In: *Mitteilungen und Forschungsbeiträge der Cusanus-Gesellschaft* 18 (1989), pp. 167~196.

20

플라톤과 "다른 것이 아닌 것"

베드로 발부스 피사누스〔이하 '베드로'〕: 추기경님! 당신이 이미 페르디난도와 함께 저에게도 매우 고마운 많은 것에 대해 논의하신 것을 잘 들었습니다. 그런데 저로서는 저 위대한 신학자 디오니시우스의 작품들로부터 인용된 많은 가르침에 대해 놀라움을 금할 수 없습니다. 왜냐하면 제가 일찍부터 이 날까지 플라톤주의자의 한 사람인 프로클로스가 저 신적인 플라톤의 신학에 관하여 풀이했던 책을 그리스어에서 라틴어로 옮기는 동안, 그것들이 〔앞서 디오니시우스가 가르치는 것과〕 표현내용에서나 형식상의 어투에서나 거의 같은 것으로 발견되기 때문입니다. 그런 점에서 플라톤 신학에 관해서도 당신에게서 듣고 싶은 마음이 간절합니다.

니콜라우스: 베드로 형제여, 자네가 연구한 프로클로스는 시기적으로 디오니시우스 아레오파기타보다 뒤늦은 인물임이 확실하지 않은가! 그럼에도 물론 그가 디오니시우스의 작품들을 보았을지는 불확실하네.[139] 그러나 자네는 〔프로클로스의〕 어떤 발언들이 그(디오니시

139) 〔역주〕 여기서 니콜라우스는 상기 두 학자(프로클로스와 디오니시우스)

우스)의 가르침과 일치하는지 좀더 자세히 말해 주게나!

베드로: 디오니시우스가 "단순하게 존재하는 하나"에 비해 보다 뒤늦게 존재하는 하나하나에 대해서 언급했던 것처럼,[140] 프로클로스 역시 플라톤과 관련시켜 그렇게 말했습니다.

니콜라우스: 아마도 사물들의 '제일원리'에 관하여 모든 현자들은 동일하게 말해왔지만, 저마다 다른 방식으로 표현했다고 보네. 그런데 프로클로스가 극진히 찬양한 나머지 인간의 모습을 한 신으로까지 생각한 저 플라톤은 "보다 앞선 것"을 항상 고려하면서 사물들의 실체

의 활동연대에 대해 착각하고 있다(참조 P. Wilpert의 p. 202; Hopkins의 미주 126번). 프로클로스(Proklos, pp. 410~485)는 플로티노스-포르피리오스-빅토리노스-아우구스티누스 계열과는 다소 차이가 있는 신(新)플라톤주의에 속하는데, 그가 437년경 아카데미아 학장(*diadochus*)으로 취임함으로써 보다 강화된 — "발전되고 또 과장된" — 사상체계를 이루었다고 한다. 한편 신학자 디오니시우스는 비록 불분명하긴 하지만 — 그의 작품(특히 《지상교회의 위계》)에 등장하는 신경(*credo*) 형식에 비추어 보아 — 5세기 말엽에 활동했던 것으로 추정한다(Andrew Louth, *The Origins of the Christian Mystical Tradition* 〔from Plato to Denys〕 Oxford Univ. Press 1981 〔배성옥 역, 《서양 신비사상의 기원-플라톤에서 디오니시우스까지》(분도출판사, 2001), 특히 pp. 234~235〕). 그런데 니콜라우스의 그러한 시대적 착각은 초기 그리스도교 내에서 벌어진 오해가 계속 전수되었던 데에 원인이 있다. 예컨대 디오니시우스와 같은 이름이 《사도행전 17:34》에서 공교롭게도 "아레오파기타 법정 판사"로 소개되었는데, 그로써 무려 400년 이상의 시대적 간격이 있었음에도 불구하고 후대의 신학자 디오니시우스와 동일한 인물로 오랫동안 간주되었다. 더욱이 뒤늦게 두 사람을 구별하게 되었을 때에도 僞(*pseudo-*)라는 전칭을 통해 구별하는 관례로 그만 상기 신학자의 뛰어난 통찰 및 사상에도 불구하고 "사이비적 인물"로 취급되고 소홀히 여겨졌다고 해도 과언이 아니다(A. Louth, p. 231 참조).

140) 참고 Diony., *De div. nom.* XIII 541f.

가 "모든 명명할 수 있는 것들"에 앞서 존재함을 내다보도록 주지시켰네.[141] 그로써 그는 육체적이고 나눌 수 있는 사물은 그 스스로에 의해 애초부터 존재할 수 없고 또한 그의 덧없음과 흘러가버림으로 인해 자신을 보존할 수 없다고 이해하고는, 그런 사물에 앞선 영혼을 내다보았고, 나아가 그 영혼에 앞선 정신을, 다시금 그 정신에 앞선 '하나'를 직관하였던 것이네.[142]

한편 보다 뒤에 존재하는 것은 보다 앞서 존재하는 것에 참여함으로써 존재할 수 있겠지. 그러므로 모든 것들이 거기에 참여함으로써 지금 있는 그대로 존재한다고 여기는 〔저〕 '첫째'는 모든 것들이 정신에 참여함으로써 존재한다고 보지 않는 한, 정신보다 앞서 존재한다고 말해야겠지. 그러므로 정신은 설령 우리가 그의 언어를 사용할지라도, 보다 앞서 있지도 않으며, 보다 더 오래된 것도 아니라고 보네. 이런 근거에서 나는 플라톤이 사물들의 실체 혹은 원리를 두고 자신의 정신을 따라, 사도 〔바오로〕 역시 《로마서 1:19》 안에서 "하느님께서 친히 사람들에게 계시하셨다"고 가르치듯, 계시적 길을 방식 삼아 지각했다고 믿네. 그런 계시적 길을 나는 "빛의 닮음"을 통해 이해하는데, 이 때 "빛의 닮음"이란 빛이 그 자신을 통해 자기 자신을 〔우리의〕 시각에 심어놓는 것을 가리키네. 〔한편〕 가시적인 모든 사

---

141) 참고 Proklos, *In parm.* I 〔ed. Cousin, p. 617〕.

142) 〔역주〕 실상 이 "하나-정신-영혼"이란 "삼위일체적 도식"을 우리는 프로클로스보다도 오히려 약 200년 앞서 살았던 플로티노스(204/5～269/70)에게서 발견한다. 그런 점에서 직접적으로는 플로티노스의 사상 안에서 이 관점이 여실히 발견되는 만큼, 여기서 말하는 "플라톤 신학"은 플로티노스의 신-사상을 가리키는 것으로 생각된다(이에 참고로 앞선 "플로티노스의 삼위일체적 표현"에 관한 설명 및 멀게는 "삼원성-개념쌍"에 관한 설명 〔각주 9, 17～18, 20～21, 23, 31, 148번〕을 참조). 나아가 Plotin, *Seele-Geist-Eines* 〔*Enn.* IV 8, V 4, V 1, V 6 u. V 3 (griech.-deut.) übers. v. Richard Harder, neugearb. v. Rudolf Beutler u. Willy Theiler, eingel. u. hingewies. v. Klaus Kremer〕, Hamburg 1990 참조.

물들에 앞선, 그리고 그들을 초월한 빛 자체는 비가시적인 만큼, 그것은 스스로 자기 자신을 드러내는 방법을 제외하고는 달리 보일 수도 인식될 수도 없다고 보네. 이 같은 사실을 플라톤은 자신의 《편지》에서 간단한 형식을 빌려 소개하고 있는데, 예컨대 신은 정신을 한껏 차리고 꾸준히 당신을 찾는 자에게(만) 당신 자신을 드러낸다[143]고 하였고, 프로클로스는 이를 다시금 《파르메니데스 주석서》[144] 안에서 풀이하고 있네. 그리하여 그는 그 같은 사실이 참되다고 지지하고, 자신보다 나중에 존재하는 모든 것들을 스스로 통찰하는 가운데 자기 자신 안에서 영적으로 실현시키는 영혼에 대해서 소개하고 있네. 〔예컨대〕 생생한 거울 안에 모든 사물이 반영되듯, 그 모든 것들은 영혼의 생명에 참여하고, 〔그로써〕 영혼을 통하여 살아 움직이며 동시에 생생하게 자립한다고 보았네. 그래서 그러한 사물들이 영혼 안에 존재하기 때문에, 영혼은 〔더 완전하기 위한 존재욕구를 따라〕 자신의 닮음을 좇아 보다 앞선 것들에게로 계속 나아간다고 프로클로스는 그의 《〔플라톤의 신비〕신학 주석서》 안에서 소개하고 있네.

베드로: 당신이 〔방금〕 설명하신 그것이 앞서 "다른 것이 아닌 것"에 대해 가르쳤던 그것과 동일한 내용인지 밝혀주셨으면 합니다.

니콜라우스: 그것에 대해 꼼꼼히 생각한 자에게는 쉽게 밝혀질 것일세. 그(플라톤) 역시 말했듯이, 모든 것들의 원인(존재원천)에 모든 〔존재하는〕 것들이 참여해야만 하겠지. 그러므로 〔존재원천으로서〕 '하나'는 그가 말했다시피 그저 하나로(=개별적으로) 존재하는 그런 하나하나에 앞서 존재하며 동시에 그것은 그런 것(하나하나)의 원인

---

143) 참고 Platon, *Episole* VI 〔323d.〕.

144) 참고 Proklos, *In parm.* IV 924.

이란 점에서 그런 것과 다른 것이 아니겠지. 그 때문에 그는 존재하는 하나하나의 원인을 가리켜 "다른 것이 아닌 것"이라고 표현할 요량으로 결국 '하나'라고 칭한 것이겠지. 그러므로 그가 존재하는 하나하나의 원인을 하나라고 불렀던 것처럼, 존재하는 것들의 원인을 '존재'라 부르거나 실체의 실체(=근거)를 '실체'로, 또 그 밖의 모든 것들을 그와 같은 방식으로 부를 수 있겠지. 그러한 방식을 통하여 존재하고 또 일컬어지는 그 모든 것들이 그렇듯 우리가 존재한다고 말하고 또 지칭하는 바로 그것이요, 동시에 그들이 모두 그 원인과 관계를 맺고 있는 한, 현존하는 모든 것들 안에 그것(존재원천)이 존재하고, 우리가 존재한다고 말하고 또 지칭하는 그것으로서 다른 것이 아니라고 이해시킬 수 있겠네. 그러므로 자네는 모든 이름에, 그러니까 마치 〔개별적으로〕 존재하고 또 하나로 명명되는 그 모든 하나하나에 앞서 '하나'를 전제해야 하듯이, 이름 붙여 칭했던 이름 모두에 앞서 〔원천적인〕 한 가지가 있어야만 함을 이해할 것이네. 그러므로 그에게 있어서도 원인에 따라 생겨난 것과 원인 자체는 서로 "다른 것이 아닌 것"이라는 사실이 표명되는 만큼, 저 한 가지는 그런 원인에 속한다고 보아야 되겠지. 그러므로 모든 명명되는 것들 안에는 우리가 표지한 "다른 것이 아닌 것"이 존재한다고 보네.

베드로: 추기경님! 그 점에 대해서 의심할 수 없다고 저 역시 생각합니다. 하지만 제가 저 "다른 것이 아닌 것"에로 눈을 돌리는 순간, 도대체 그것이 무엇인지 〔제〕 머리로는 파악할 수가 없습니다.

니콜라우스: 과연 자네가 그것(다른 것이 아닌 것)을 〔모조리〕 파악해낼 수 있다고 한다면, 그것은 우리가 "모든 것들 안에 모든 것으로 존재하는 것"이라고 앞서 표지했던 모든 것들의 원리가 결코 아닐 것일세. 왜냐하면 〔플라톤이 가르쳤듯이〕 이미 인간이 활용하는 개념은

모두 개별적인 어떤 것에 대한 개념일 뿐이니 말일세. 진정 "다른 것이 아닌 것"은 개념에 선행(先行)한다네. 왜냐하면 과연 개념이란 개념 이외에 다른 것이 아닌 것이라고 풀이되기에 말일세.[145) 그래서 "다른 것이 아닌 것"을 〔비록〕 절대적 개념이라 일컫지만, 그것은 그 밖에 달리 파악되지 않는 한, 정신으로 그것이 무엇임을 이해하는 것일세.

베드로: 그러므로 "다른 것이 아닌 것"이란 그 어떤 것과도 다른 것이 아니라, 모든 것들 안에 모든 것으로 존재해야 하겠기에 저마다의 개념 안에 결코 전부 존재하지는 않겠지요?

니콜라우스: 물론이지. 모든 개념은 개념이라는 점에서 다른 것이 아니기에, 그때마다 개념적으로 파악되는 그 모든 개념들 안에 "다른

145) 〔역주〕 "왜냐하면 개념은 개념 이외에 다른 것이 아닌 것이기에 말일세"라는 이유문(종속문)은 — 이미 앞 장에서 여러 번 논의했던 바와 같이 — "다른 것이 아닌 것"에 의해 규명되는 만큼, "다른 것이 아닌 것"이 모든 개념들에 선행한다는 결론(주문)을 이끌어내는 데에 어려움이 없다. 한편 그럼에도 상기 문장은 "다른 것이 아닌 것"이 다른 모든 개념들 안에 그때마다 내재하면서 동시에 그들을 초월한다는 사실을 함의한다. 그로써 "다른 것이 아닌 것"은 우리가 지금 당장 표현하는 바로 그 개념이면서도 동시에 그 개념을 능가한다고 말해야 한다. 여기에는 플라톤이 본질을 감추는 듯한 "언어 및 개념"의 한계성을 지적한 경우에 비해 색다른 탁월함이 돋보인다. 다시 말해 니콜라우스의 경우는 "언어 및 개념"이 — 항상 본질에 뒤따르는 것인 한 — 말하고자 하는 그것(본질)을 한정시키지만 동시에 그것을 여전히 "다른 것이 아닌 것"으로 드러낼 수 있다고 고무시키기 때문이다. 이 같은 논증이 계속하여 뒤에 더욱 분명하게 밝혀질 것이다. 이는 동양의 선불교가 의미심장하게 전달하고자 하는 '묵언수행', "선(禪)-문답" 혹은 '참선'의 사구게(四句偈: 敎外別傳 不立文字 直指人心 見性成佛)가 다시금 '전수가능성'으로서의 언어(法)와 화합할 수 있는 근거로서 받아들여질 수 있음을 시사하는 것이 아닐까?

것이 아닌 것"이 자리하면서도 동시에 이 "다른 것이 아닌 것" 자체는 개념적으로 파악될 수 없는 개념으로서 의당 머물러 있을 것이네.

21

플라톤의 《신비신학》

베드로: 당신이 "땅은 땅 외에 다른 것이 아닌 것이다"라고 그것(= '~외에')으로 정의를 내리면서 가르치실 때, 그 '~외에'란 말마디는 확실히 저를 혼란스럽게 하오니, 그것을 〔자세히〕 설명해 주시길 청합니다.

니콜라우스: 분명 자네는 과연 이 땅에 대한 정의, 곧 "땅은 땅 외에 다른 것이 아닌 것이다"라는 정의가 참되고, 그와는 달리 "땅은 땅 외에 다른 것이다"라고 한다면 그르다고 보아야겠지.

베드로: 그렇다고 봅니다.

니콜라우스: 그렇다면 도대체 정의의 참됨은 어디에 달려 있다고 보는가?

베드로: 제가 보기에, 참된 정의에나 그릇된 정의에나 한결같이 '~외에'라는 말마디가 자리합니다만, 그럼에도 참됨이 한낱 그 말마

디에 의해서 좌우된다고는 보지 않으며, 차라리 "다른 것이 아닌 것"에 달려있다고 보아야 옳겠죠.

니콜라우스: 썩 잘 대답했네. 그것('~외에')이 물론 〔무엇을 참되게〕 정의를 내리는 것은 아니네. 그러므로 여기서 착각하지 말아야 하네.

베드로: 〔그렇지만〕 어떤 연유(緣由)에서 그 말마디가 보태졌습니까?

니콜라우스: 왜냐하면 그 말마디가 〔우리의〕 통찰을 유도(誘導)하기 때문이네. 예컨대 만일 내가 "다른 것이 아닌 것은 다른 것이 아닌 것 외에 다른 것이 아닌 것이다"라고 말한다면, 거기 '~외에'란 〔그 말마디 앞에 오는〕 다른 것이 아닌 것에 쉽사리 〔우리의〕 통찰을 유도하여, 이때 "다른 것이 아닌 것"(=정의하고자 하는 것)이 〔그 밖에〕 다른 것에 비해 앞서 있음을 주시하도록 할 것이네. 〔또〕 다른 한편 내가 만일 "다른 것은 다른 것 외에 다른 것이 아닌 것이다"라고 말할 경우, 그것은 나의 통찰을 〔그 말마디 뒤에 오는〕 "다른 것이 아닌 것"으로 유도하여, "다른 것은 다른 것으로서의 그것"임을 주시하도록 하겠지. 그러므로 내가 "땅은 땅 외에 다른 것이 아닌 것이다"라고 말할 경우, 〔그 말마디가〕 "다른 것이 아닌 것"으로 〔나의〕 통찰을 이끌어 결국 〔정의하고자 하는 땅이란〕 땅으로서의 땅을 생각하게 될 것이며, 나머지 다른 모든 경우에도 이 같은 방식으로 이해하게 되겠지.

베드로: 지당하신 말씀입니다. 이제 저는 "땅이란 무엇인가?" 하는 물음에 직면하여, 그 대답으로 "땅은 땅 외에 다른 것이 아닌 것이다"라고 말하는 가운데 〔저의〕 정신을 더욱 예리하게 증폭시킬 수 있게 되었습니다. 그로써 〔저의〕 정신은 "다른 것이 아닌 것"을 통해 표지된 모든 것들의 원리가 땅을 정의하고 있음을, 곧 땅 안에 있는 "다

른 것이 아닌 것"이 땅을 〔땅으로〕 존재하게 한다는 사실을 깨닫습니다. 그러므로 만일 누군가가 "왜 땅은 땅인가?" 하고 묻는다면, "왜냐하면 땅은 땅 외에 다른 것이 아닌 것이기 때문이다"라고 대답해야 할 것입니다. 그 까닭은 결국 그의 원리 혹은 그의 원인이 그(땅) 자체 안에서 그것으로 존재하게 하는 한, 땅은 땅으로 존재한다는 데에 있겠지요. 나아가 누군가가 "땅이 땅이라는 것을 도대체 어디서 알게 되었는가?" 하고 묻는다면, 그에 대한 대답으로 저희는 다음과 같이 합당하게 말할 수 있다고 봅니다. 곧 "땅에는 그 자체 안에 그러한 존재원인으로서의 '다른 것이 아닌 것'이 존재하는 까닭이다"라고 말입니다. 왜냐하면 실로 땅이 땅 외에 다른 어떤 것이 아님은 바로 저 "다른 것이 아닌 것"으로부터 근거를 삼듯이, 땅이 땅이라는 것 역시 저 "다른 것이 아닌 것"에 기인한다고 보기 때문입니다. 그와 같은 이치에서 "무엇으로부터 선이 선하다고 말하는지?" 하고 누군가가 묻는다면, 저희는 당장 그것이 "선과는 다른 어떤 것이 아닌 것으로부터 존재하는 이유에서"라고 답할 수 있을 것입니다. 왜냐하면 선은 선 이외에 다른 어떤 것으로부터 본질을 취하지 않는 한해서 선으로 존재한다고 보기에, 선 이외에 다른 어떤 것으로부터도 존재원인을 갖지 않는 것은 과연 필연적 사실이기 때문입니다. 그와 같이 또한 땅은 땅 외에 다른 것이 아닌 것이라는 이유에서 땅이라고 하는 무엇(=본질)을 취하고 있으며, 이러한 논증은 다른 모든 것들에게도 동일하게 적용된다고 봅니다. 이와 같은 방식으로 저는 "다른 것이 아닌 것"이라고 하는 저 원리를 앞세워 모든 것들을 따져볼 수 있다고 생각합니다. 그리하여 "다른 것이 아닌 것"으로써 가장 단순하고도 절대적으로 〔'알파'가〕 표지되겠으니, 그 까닭은 '알파'가 다른 어떤 것과 다른(=상대적인) 것이 아니기 때문입니다. 이제 〔후대의〕 많은 철학자들을 통해 덧붙여진 이름들, 예컨대 당신이 앞서 저로 하여금 알아보도록 선처하셨던 바로서 원인, 모범(元型), 형식, 이데아, 형상, 그 밖에도 이와 유사한 많은 것들이 모두 그것(알파)에 속한다고 봅니다.

니콜라우스: 베드로 형제여! 자네가 〔지금까지〕 근본적으로 따져보아, 모든 것들의 원리가 "다른 것이 아닌 것"으로 표지된다는 사실을 이해하듯, 그렇게 그것은 다른 어떤 〔개별적인〕 것과는 다른(=상대적인) 어떤 것이 아니라, 오히려 "모든 것들 안에 모든 것으로 존재하는 것"이라고 해야겠지. 그러나 이제 플라톤에게 눈길을 돌려보게나! 그의 의도는 〔다른 어디에 있다기보다는〕 모든 것들 안에 모든 것으로 내재하는 원리를 직시하도록 하려는 데 있었다고 보네. 그는 달리 참여할 수 있는 모든 것들, 예컨대 모습, 명칭, 정의, 합리적 근거(사고형식), 의견 등의 개념들이 '본질'을 깨닫는 데 결코 〔결정적〕 도움을 주지 못한다는 점을 알고 있었네.[146] 그 까닭은 사물의 존재성 및 본질[147]이 이런 모든 것들에 선행하기 때문이겠지. 그러므로 그는 그 밖의 다른 것들에 비해, 곧 〔존재가〕 불안정한 것들 및 변화무쌍

146) 〔역주〕 Platon, *Epistole* II 〔312a~313c〕; VII 〔340c~342b〕: 플라톤은 이 《편지》에서 "진리를 탐구하는 사람(철학자)"은 "전체로서의 실제(*πᾶν τὸ πράγμα*)가 무엇이고 어떻게 있는지, 나아가 그것이 우리에게 어떤 행동을 요구하는지, 〔그것을 얻기 위해〕 어떠한 노력과 연관되어 있는지"를 밝혀주어야만 한다고 학문적 태도를 가르친다. 이때 "전체로서의 실제"란 "직접적 체험" 안에서 바람직하게 파악될 수 있는 것이요, 따라서 "〔그 어떤 스승들처럼〕 나에게도 그에 대해 그 어떤 기술적(記述的) 가르침을 기대하지 말 것이며, 앞으로도 결코 그러한 일은 없을 것"이라고 플라톤은 힘주어 말하고 있다. 우리는 이 구절에 의거하여 플라톤이 단적으로 자신의 가르침을 무산(霧散)시켜버렸다고 생각할 필요는 없다. 오히려 그가 설명하고자 하는 "진리탐구의 길"은 "전체로서의 사실성"과의 꾸준한—끊임없는—'대화'를 통하여 실현될 수 있다는 전반적인 그의 입장에서 벗어나지 않는다고 보기 때문이다.

147) 〔역주〕 essentia와 quidditas의 우리말 번역에 대해서는 각주 169번과 멀게는 각주 40번 참조.

한 것들에 비해 훨씬 앞서 도대체 그 어떤 것들보다 선행하며, 존재하는 모든 것들과 관련하여 실체 중의 실체이자 본질 중의 본질로서 존재하고, 그래서 모든 것들 안에 모든 것으로 존재하는 것으로서 그 것을 이해했다고 보네. 그것은 과연 "다른 것이 아닌 것"으로 표지되는 바로 그런 것이라고 보네. 그 첫째 곁에서 그는 모든 것을 고려하게 되었고, 나아가 그로부터 모든 것들이 마치 샘(원천) 혹은 원인에서 솟아나듯 그의 영광(榮光)이 흘러나옴을 통찰하였다고 보네.

베드로: 플라톤은 그의 《(두 번째) 편지》에서 그에 관하여 쓰고 있습니다. 하지만 그에 덧붙여 "그러므로 저 첫째 왕(王)에게서 모든 것들이 존재하기 시작하여, 둘째 왕을 지나 마침내 셋째 왕에 이른다"[148] 라고 말하였습니다.

---

148) 〔역주〕 Platon, *Epistole* II. 312e: 실제 본문에는 "모든 것들의 〔첫째〕 왕을 가리켜 〔우리는〕 모든 것 〔안〕에 〔두루〕 존재한다 하고 그런 까닭에 '모든 것'이라고도 일컬으며, 모든 아름다운 것들의 '원인'이라고 부른다. 둘째〔왕〕는 그 다음 두 번째로 존재하는 것들과 관련하여, 셋째〔왕〕는 그 다음 세 번째로 존재하는 것들과 관련하여 그렇게 말한다"고 씌어 있다.

우리는 이 표현을 문자 그대로 이해하기에 많은 어려움을 갖는다. 그러나 바로 앞서 표현한(312d) "작은 구(球)"에 관한 일례를 생각할 때 — 이 예증은 역사적으로 기하학적 관점에서 나아가 천체의 모양(예컨대 Eudoxos von Knidos의 시도)과 결부시켜 해석하려는 숱한 시도가 플라톤학파 안에서 있었다고 전한다 — 어쩌면 뒤늦게 신플라톤주의자, 예컨대 플로티노스의 "삼위일체적 관점" 안에서의 "상징적 원 및 구"에 관한 해석을 따라 그 이해에 접근할 수 있는 가능성을 얻을지도 모른다. 다시 말해 플로티노스는 '영원'의 내적 활동성에 대해 *Enn.* III 7, 2. 1. ~6. 59 안에서 설명하는 가운데, 또한 *Enn.* VI 8, 18. 1~3 안에서 "저편 세계가 이미 활동적인 무한한 능력을 지님으로써 이 우주만물의 원천"이라는 점을 밝힐 때 그런 상징적 예를 소개하고 있다. "(저편 세계의) 내부에서 〔우리가 추구해야 할 것은〕 그 외부의 모든 사물들을 전체적으로 포괄하고 그들을 결정짓는 척도"라는 사실이다. 상기 작품에서 플로티노스는 또 다시 "상징적 원운동"으로 결론 삼아 말하고 있다. "그 중심을 가리켜 (우리가) 반경이니 원주니 하고 말할 수 없고, 오히려 반경과 원주의 '아버지'로 생각해야 하는데, 그것은 중심 자체의 단단한 힘에 의해 반경과 원주가 유래하기 때문이요, 그 중심 없이는 후자(반경과 원주)가 있을 수 없기 때문이다"(*Ibid.*, 18. 22~25). 여기서 명백하게 '중심'은 첫째 원리(하나), '반경'은 둘째 원리(정신), '원주'는 셋째 원리(영혼)로서 "하나의 원 내지 구"를 이룬다는 사실을 목격한다. 이러한 '하나'의 중심적 위치, 곧 근원으로서의 그 능력 및 활동성은 '정신'을 과연 그 내적 차별성에 근거하여 일정한 반경을 따라 드러나게 해주고, '영혼'으로 하여금 원 주위를 맴도는 가운데 언제나 그 중심을 가늠하도록 이끈다. 이로써 플로티노스는 저 플라톤의 세 왕(원리)에 관한 가르침을 자신의 삼위일체적 실체에 대한 해명으로 이해시키고자 노력했음을 엿보게 된다. 그리하여 저편 세계(이데아계)로부터 삼위일체적으로 모방된(닮음을 통해 되어 가는) 이 현실 세계의 이모저모를 밝히고자 하였음을 이해할 수 있을 것이요, 이와 관련된 사상은 지속적으로 중세에도 영향을 미친다. 예를 들어, 보나벤투라는 알비노스(Albinos)처럼 "삼위일체적 하느님의 모습"을 태양과 비유하고 (*Collationes in Hexaemeron* 21, 2), 태양의 존재적 위대함을 힘(*vigor*), 광채(*splendor*), 열(*calor*)의 세 가지로 표현하는데, 이 같은 생각은 라이프니츠가 말한 Puissance, Connoissance, Volonté와 일맥상통한다고 할 수 있겠다(Monadologie § 48).

특히 여기 이 글에서도 인용되는 프로클로스(Proklos, *In parm.* I 626)에게서 플라톤의 가르침은 플로티노스와 거의 동일하게 소개되고 있다. 예컨대 프로클로스의 《유클리드(*Euklid*) 주석서》에 대한 한 연구에 의하면, 그는 '이데아'-'정신'-'영혼' 사이의 (삼위일체적) 관계성에 대해 해명하고자 노력했다고 한다. "모든 것은… '정신' 안에 앞서 존재하기에, 그 모든 것을 자신 안에 감추고 나뉨 없이 전체를 파악하는 '점'(點)으로서의 이데아(*Idee*)를 따라 모든 것은 제 형상을 갖춘다"(W. Beierwaltes, *Proklos. Grundzüge seiner Metaphysica*, Frankf./M. [2]1979, p. 178f.). 나아가 프로클로스는 플라톤의 작품 《국가론》(*Politeia*)을 인용하여 다음과 같은 내용을 소개하고 있다. "원(운동)은 정신의 복사물이라 할 수 있으니, 이는 원의 일정한 모양이 한결같이 〔중심에〕 '머물러 있고', 자신의 생산적 힘이 그 중심으로부터 〔반경을 따라〕 '드러나며', 그 〔원주를 따라〕 모든 곳을 향한 앎(거리)이 일정하듯 '재고(再考) 된다'는 이유에서이

니콜라우스: 〔그로써〕 그는 사물들의 다양한 존재방식들을 생각했다고 보네. 물론 그는 그 모든 서로 다른 것들에 앞서 가장 단순한 〔존재〕원리를 직관하였네. 그리고 그에 힘입어 사람들이 서로 다른 사물을 그때마다 다르게 알아보는 중에도 저 사물 자체 안에 〔이미 원천적으로 존재하는〕 "다른 것이 아닌 것"을 알아보았다고 여기네. 그러한 합리적 시각에서 나 역시 땅은 땅이 아닌 것과 다르고, 또한 하늘과 불과 서로 다르다는 사실을 깨닫는 바이네. 〔그러나〕 만일 내가 땅(자체)을 직관함으로써 땅을 저 원리로 소급하여 생각한다면, 나는 거기서 그 땅을 "땅이 아닌 것"과 다른 것으로 보지 못할지니, 이는 땅을 저 원리와 하나로 생각하기 때문이겠지. 과연 저 원리는 개별적으로 존재하는 어떤 것들과 다른 것이 아니기에 그렇다고 생각하네. 그런 점에서 나는 앞선 (플라톤의) 경우보다 더 불완전한 방식으로가 아니라, 〔오히려〕 대단히 정확하고 진정으로 직관하게 되었다고 믿네. 왜냐하면 그만큼 그 어떤 사물이든 "다른 것이 아닌 것"으로 분명하게 확인할 때에 가장 정확하게 파악될 것이라고 믿기 때문이네. 그렇게 땅을 "다른 것이 아닌 것"을 따라 고려한다면, 가장 정확하게 땅을 직관할 수 있다고 여기네. 이는 또한 〔다른 것이 아닌 것이〕 그(직관대상)의 본질의 본질 및 모든 것들의 본질임을 확인하는 것이겠지. 그리하여 땅의 본질에 대한 직관이 〔그 외의 것과〕 다르다는 점에서 우리가 정신적으로 "물의 본질" 혹은 "불의 본질"과 구별하여 다르게 존재한다고 이해하고 있네. 물론 그런 〔다름을 동반한〕 본질은 이미 "다른 것이 아닌 것"에 뒤따라 고려되는 것이니, 그것은 〔저마다〕 다른 것들과 다른 것으로 존재하기 때문이겠지. 이러한 본질의 존재양식에 따른 다름(구별)은 오히려 〔존재론적 관점에 비해〕 부차적 혹은 정신적 분류라고 말해야 할 것일세. 그 밖에도 세 번째 존재양식에

다"(*Ibid.*, p. 173).

따른 구별이 있겠는데, 이는 '영혼'을 통하여 이것과 저것을 구별하는 방법으로서, 곧 마음으로 사물에 다가가서 그것 자체를 혹은 그의 본질을 감지(感知)하는 것이라고 보는데, 이에 관하여 아니 어쩌면 이를 좀더 발전시켜서 말하고 싶었던 것이 플라톤의 의도라고 나는 생각하네. 왜냐하면 플라톤은 이 숨겨진 신비를 말할 때, 가능한 한 간략하면서도 여운을 남기는 식으로 〔우리에게〕 호소하며 또한 그의 몇 되지 않은 말마디로 여러 가지 예리한 〔영혼의〕 천부적 재능을 고무시켰기 때문일세.

22

신과 그에 대한 우리의 인식

요한 안드레아 수도원장〔이하 '요한'〕: 추기경님! 저는 전부터 누차, 그리고 지금도 정신을 최대한 가다듬어 당신이 직관한 것을 저희에게 설명하는 바에 대해 귀 기울여 들었습니다. 〔곧〕 당신은 그것(직관한 것)을 '첫째'를 통해, 그러니까 모든 것들 안에 모든 것으로 현존하는 그것(첫째)을 통해 유도(誘導)하고 있는데, 그것(첫째)은 "다른 것이 아닌 것"이라 칭(稱)하는 것보다 〔더는〕 앞서 개념화할 수는 없다는 식으로 설명하고 있습니다. 그리고는 당신은 다시금 모든 칭할 수 있는 것들에 앞서 그 '첫째'가 직관적으로 파악된다고 주장하니, 그런 설명들은 〔미진한〕 저에게 참으로 모순된 것(들)처럼 들립니다.[149)]

---

149) 〔역주〕 '첫째'(*primum*)에 대해서는 이미 앞선 본문의 제 10, 13, 20, 21 장에서도 진술되었다. 또한 "모든 것들 안에 모든 것으로 존재함"에 관해서는 특히 앞선 제 6장을 참조. 특히 그 장의 여러 곳에서도 볼 수 있는 표현으로써 신을 가리켜 omnia in omnibus 〔모든 것들 안에 모든 것으로 존재한다〕라는 표현의 원천은 《1 코린토서 15:28》이다: "… ut sit Deus omnia in omnibus"(한편 우리말 공동번역 성서에는 "그때에는 하느님께서 만물을 완전히 지배하시게 될 것입니다"로 번역하고 있음!; 다른 한편 새 '성경〔2005〕'은 "모든 것들 안의 모든 것"으로 번역하며, 이 역서는 이에 준하였음!) — 요한이 제기한 모순은 '첫째'를 달리 "다른 것

니콜라우스: 요한 아빠스(수도원장님)! 당신은 내가 말한 바를 귀담아 들었군요. 그러나 나는 “다른 것이 아닌 것” 자체를 가리켜 모든 이름들을 초월한 명칭이라는 의미에서 그의 이름을 말하는 것은 아닙니다. 하지만 나는 “다른 것이 아닌 것”이 내가 그 ‘첫째’에 대해 개념화한 이름이란 것을 당신에게 밝힙니다. 나에게는 〔“다른 것이 아닌 것”이〕 그 어떤 것과도 다르지 않은 저 명명불가(名名不可) 한 것에 대한 나의 개념(이해) 을 표현하는 이름으로서 달리 보다 정확한 것이 떠오르지 않습니다.

요한: 다른 것이 그 자체에게는 다른 것이 아닌 것과 대립하는 것으로 보이기 때문에, 당신이 다른 모든 것들에 앞서, 그리고 다른 모든 것들을 초월하는 것이란 다른 것이 아니라는 사실이 도대체 어떤 방식으로 그러한지 저는 무척 어리둥절했었을 것입니다. 만일 플라톤이 《파르메니데스 편》 안에서 그와 거의 같은 내용을 말하지 않았었거나[150] 또 주석가 프로클로스 역시 이에 대한 의심을 풀고자 〔시도하지〕 않았었다면[151] 말입니다. 그래서 거기서 프로클로스와 마찬가지로 그렇게 플라톤은 ‘하나’(동일함) 와 “다른 것”(다름/다수) 을 설명하는 중에 ‘하나’는 “다른 것”과 다른 것일 수는 없다고 확언했긴 하지만, 당신은 저에게 당신이 이해하는 바를 저 “다른 것이 아닌 것”이란 개념을 통하여 〔좀더〕 분명하게 해주셔야 할 것입니다. 〔예컨대〕 “다른 것이 아닌 것” 자체는 명명되든지 명명될 수 없든지 아무튼 다른 어떤 것과 다른 것일 수 없음을 분명하게 내다보도록 설명해 주셔야 할 것입니다. 이는 “다른 것이 아닌 것” 자체가 모든 것들 안에 모든

이 아닌 것”이라고 칭했음에도, 어찌 저 ‘첫째’를 다시금 그 모든 칭할 수 있는 것들에 앞선 것이라고 말할 수 있는지 하는 것이다.

150) 참고 Platon, *Parmenides* 139b~140e. 앞선 각주 15번 참조.

151) 참고 Proklos, *In parm.* 1172.

것으로 존재한다는 말 그대로 그것이 모든 것들을 그렇듯 정의해야 한다는 사실과도 관련될 것입니다. 기실 저 아레오파기타의 디오니시우스 〔신학자〕 역시 사람들이 신을 가리켜 "다른 분"이라고도 일컫는다고 했으니,[152] 그것은 저 《파르메니데스 편》의 그 같은 내용을 부정하는 것처럼 보입니다.

니콜라우스: 내가 알기로, 플라톤은 일찍이 사물에 관한 정의를 통해 그 사물이 무엇인지 알아보는 것을 거부했다는 사실을[153] 당신은 기억합니까? 왜냐하면 이에 대해 물론 프로클로스 역시 풀이하길, 정

---

152) 참고 Diony., *De div. nom.* IX 469ff.: Ἐπειδὴ δὲ καὶ … ὑπὸ τῶν αὐτῶν λογίων διαπλάττεται. =Quoniam vero etiam magnum et parvum attribuitur omnium auctori, et idem et aliud, et simile et dissimile, et status et motus, agedum quoque haec divinorum nomunum simulacra, quatenus nobis patent, intueamur … idem quoque, ut in illo Scripturarum loco: *Tu autem idem ipse es* 〔참조: 《시편 102:27》〕; et *alius* ac diversus, ut cum multarum figurarum ac formarum ab eadem Scriptura fingitur) (*S. Dionysii areopagitae opera omnia quae exstant* 〔commentarii quibus illustrantur a Balthasaris Corderii〕, accurante et denuo recognoscente a J.-P. Migne, Patrologiae Graecae Tomus 3, Belgium 1968, p. 910). 디오니시우스의 상기 《신명론》 안에서 우리는 *Tu autem idem ipse es*; et alius ac diversus, ut cum multarum figurarum ac formarum ab eadem Scriptura fingitur ("시편 성경이 표현한 바에 따라서 '하느님 당신은 〔항상〕 같으신 분, 그럼에도 〔세상의〕 변화무쌍한 형태들 및 형상들과 함께 하시는 분이기에 또한 다르신 분 혹은 다채롭게 드러나시는 분'이라 일컫습니다")을 주목할 수 있을 것이다. 이때의 "다르신 분"은 물론 그 자신 외에 변화무쌍한 세상만물을 하나도 예외 없이 두루 주관하는 존재원천(창조주)의 위상을 감안하여 그렇게 묘사하고 있음을 알 수 있다. 그 어느 것 하나도 그분의 섭리에서 벗어난 것이 없는 만큼 그때마다 다채롭게 드러나시기에 신은 또한 변화무쌍하신(다른) 분이다.

153) 참고 Platon, *Epistole* VII 〔342b.〕. 이에 앞선 각주 146번 참조.

의를 통해서는 〔고작〕 사물의 본질 언저리(=주변)에나 접근할 수 있겠기에 말입니다.[154] 그렇지만 〔내 생각에는〕 "다른 것이 아닌 것"이 스스로를 정의하고 동시에 다른 모든 것들을 정의하는 한해서, 그 풀이는 적절치 않다고 봅니다. 왜냐하면 그것(다른 것이 아닌 것)이 도대체 그렇듯 뭇 사물의 본질을 정의한다 함은 마치 누군가가 직선을 긋거나 삼각형의 도형을 그려내듯 정의한다는 것이 아니라, 단지 삼각형이라 일컫는 그런 유사 형상(=도형)을 따라서 구상(構想)한다[155]는 것을 뜻하기 때문입니다. 그럼에도 플라톤의 견해와 디오니시우스의 가르침이 서로 모순되거나 서로 대립하는 것이 아님을 당신은 다음과 같은 사실을 통해서 알게 될 것입니다. 곧 디오니시우스〔신학자〕가 〔신을 가리켜〕 "다른 분"이라고 일컬었을 때, 이는 마치 우리가 공통적으로 〔참된〕 친구를 가리켜 "다른 나"라고 부르듯이, 과연 〔그런 별칭은 친구와 나의〕 구분(區分, 다름) 때문이 아니라, 오히려 〔그 둘 사이의〕 융화(融化, 하나됨) 때문에, 그리고 그 〔하나된〕 존재성을 고려한 것으로써, 그래서 그(디오니시우스)가 몸소 그렇게 또 달리 설명하듯, 모든 것들 안에 모든 것으로 존재함을 뜻하는 것이라고 봅니다. 플라톤 역시 결코 그와 다르지 않은 의도로 가르쳤다고 봅니다.

요한: 저는 이제 당신이 유독 참되고 본질적이라고 확언하시는 〔그 같은〕 정의란 앞서 플라톤이 소박하고 불투명하게 소개했던 그것(정

154) 이에 참고로 Proklos, *In parm.* VII 〔ed. Klibansky〕 p. 46.

155) constituere(완전하게 구상하다)는 용어는 뒤에 "제 23장. 알아보시는 분으로서의 신"에서도 'contuitus'(혜안을 통한 注視)와 연계된 의미를 띠며, 특히 《창세기》의 천지창조 때 소개된 하느님의 모습을 통해 다시 한 번 등장한다. "차라리 그분의 알아보심은 오히려 〔혜안을 따라〕 '완전하게 구상함'을 뜻하는 바, 일찍이 예언자 모세가 '하느님께서 빛이 좋다고 보심과 동시에 빛이 생겨났다'고 전하는 바와 같습니다."

의)[156] 이 아님을 확실히 알겠습니다. 또한 그러한 방식을 따라, 곧 점점 더 뚜렷하고 분명하며 또 쉽게 알아차리면 알아차릴수록 그렇게 모든 불명료함과 의심으로부터 보다 더 멀리 떨어져 나와 독자적으로 서게 되는 그런 방식으로, 점점 더 격렬하게 탄성(歎聲)이 솟구치며 한층 더 생각을 집중하게 됩니다. 그런 점에서 그 누구도 이렇듯 당신이 소개한 정의들이 더 이상은 참될 수 없을 만큼 참되다는 사실을, 또 그런 정의들을 통해서 아무튼 사물의 본질을 진실로 밝혀낼 수 있다는 사실을 결코 의심할 수 없을 듯합니다. 그런데 당신은 《복음서》에 대해서 무슨 말을 하시겠습니까? 거기서 "여인들로부터 잉태된 이들 가운데 가장 위대한 사람"으로 소개된 세례자 요한이 〔예수 외에는〕 아무도 일찍이 하느님을 뵌 적이 없고, 그래서 같은 《복음서》 안에서 '진리'라고 일컫는 그분이 "하느님의 아들"로 드러났다고 전하니 말입니다.[157]

---

156) Platon, *Politeia* (=*Staat*) VI 〔505a〕; *Menon* 71e~79e. 〔역주〕 니콜라우스가 "다른 것이 아닌 것"을 통하여 플라톤이 불분명하게 정의한 그것('하나')을 — 비록 플라톤이 이미 알고 있었으나, 더 이상 해명되지 않았던 까닭에, 그만 불명확하게 이해되었던 입장을 넘어서 — 훨씬 더 분명하게 밝혀주었다는 요한 아빠스의 이 확언(응답)은 우선 저 플라톤의 '하나'(단연코 긍정적인 것)가 분명 다른 것 가운데 하나가 아니어야 하지만, 그럼에도 오해의 소지가 있다는 점에서 새로이 "다른 것이 아닌 것" 개념으로 대체시켜 이해할 필요가 있다는 것을 의미할 수 있다. 그러나 다시금 "다른 것이 아닌 것"은 그 자체로 이미 부정(否定) 개념이라는 점에서 과연 긍정에 비해 부정이 "앞선 것"으로서, 곧 우월한 혹은 탁월한 것이라고 볼 수 있을지 하는 의문을 낳는다. 그러나 이 점에 대해서는 이제 바로 뒤에 소개된 제23장에서 해명될 것이다.

157) 참고 《마태 11:11》; 《요한 1:18》. 이 성경의 표현과 관련하여 요한 아빠스가 여기서 제기하고자 하는 물음은, 예수 그리스도에 대한 요한 세례자의 신앙고백으로서 "하느님의 아들"이라는 "언어적 표현"을 어떻게 바람직하게 이해할 수 있을까 하는 것이다. 그가 이 물음을 던지기에 앞서 "절로 탄성을 지를 만큼" 경이롭게 살펴진 "다른 것이 아닌 것"을 통한 '하

느님'에 대한 해명은 그럼에도 여전히 우리에게 감추어져 계신 "본래적인 하느님 당신"과 구별된다. 그렇다면 어떻게 요한 세례자는 "한 번도 뵈온 적이 없는 하느님"의 '아들'을 알아보고 또 고백할 수 있었을까? 이 점에 대해서는 이미 본문에서 지금까지 다루어지고 있는 내용을 통해서, 그리고 니콜라우스가 해명하는 의미를 따라서 세례자 요한의 신앙고백을 이해할 수 있을 것 같다. 예컨대 그렇듯 '하느님'을 가시적인 어떤 분으로 찬미하고 고백한다 하더라도, 그 진술중에 우리는 "그분이 언제든 그 모든 가시적인 것과 비가시적인 것 너머에 — 초월하여 —계시는 분"이라는 사실을 기억해야 한다. 동시에 그분 없이는 그 어떤 것도 알아볼 수 없는 까닭에 — 그분이 친히 허락하신 그 은총을 토대로 — 알아본 그것으로써 그분에 대한 앎에로 다가가는 과도기적 의미로 이해하는 것이 합당하다는 것이다. 여기서 우리는 긍정신학이 부정신학을 거쳐 보다 충만된 깨달음에로 나아갈 수 있는 계기를 엿보게 된다. 한편 여기 요한 수도원장의 문제의식은 또 달리 근본적으로 "인간의 의식작용(혹은 사유)으로 얻어진 의식내용 및 표현이 — 도대체 의식과 '다르게 존재하는' 사물〔실체〕과 다르다면 — 어떻게 참되다"고 말할 수 있을까 하는 문제의식과 결부되어 있다. 그리하여 훗날 "res cogitans와 res extensa"(참고 R. Descartes, *Meditationes de prima philosophia* III 1: Imagines … rerum corporalium omnes vel ex cogitatione mea delebo, vel certe, quia hoc fieri vix potest, illas ut inanes et falsas nihili pendam 〔=(나는) 육체적인 사물 일체 및 나의 생각으로부터 유래하는 모든 것 혹은 그로부터 능력을 발휘할 수 있기에 확실하게 여겨지는 그런 것들에 대해 더 이상 오류를 피하기 위해서 "없는 것"〔無〕으로 간주하기로 하였다〕)의 이분법적 세계관(존재론)으로부터 자연 제기되는 문제점을 앞서 가늠하는 것처럼 보인다. 니콜라우스는 뒤따르는 본문의 설명을 통해서도 확인할 수 있겠지만, 인식된 우리의 지각(혹은 의식)내용과 인식된 사물(혹은 대상)과 서로 구별되더라도, 결코 "다르지 않다"는 사실에로 우리를 이끈다. 여기서 니콜라우스는 도대체 '개념'을 가리켜 단순한 이성적 표현으로서만이 아니라, 사물과도 "다르지 않음"을 함께 내다보고 있다. 이는 물론 고대의 아리스토텔레스가 그의 《영혼론》 안에서 밝힌 사실과 아주 흡사하다. 예컨대 "생각이란 그 자체 안에서 영혼이 (대상을) 개념적으로 포착하고 가정해나갈 수 있는 무엇"(*De anima* III 4 〔429a. 23〕)이다. 그에 따르면, 이 생각(이성)은 사물 자체와 동일하지 않고, 그래서 사물의 질료적 부분과 거리를 두지만, 그럼에도 이 생각(이성)의 "거리를 두는 능력"은 사물을

니콜라우스: 나도 기꺼이 그와 같은 것을 말하겠으니, 곧 그분(=하느님)은 우리의 눈을 통해 알아보는 그 모든 방법과 비교하여 〔차라리〕 비가시적인 분입니다. 왜냐하면 설령 누군가가 그분(=하느님)을 뵈었다고 하더라도, 그가 뵈었다고 하는 그분을 더 이상 〔언어로〕 표현할 수 없을 것이기 때문입니다.158) 그것은 그분께서 가시적인 것

대상화하듯 그와 마주서게 할 뿐만 아니라, 나아가 그 대상적 사물을 포용하도록(*umfassend*) 이끈다. 여기서 "이성이 사물을 포용한다는 입장"은 무엇보다도 그의 이러한 포용력 있는 '이성' 개념이 "인식하는 주체"와 "인식되는 사물" 사이의 틈을 엮어주는 데에서 그 바람직한 의미를 취한다. 그것은 '주체'와 '사물'이 대립 내지 거리를 통해 갖는 이원화를 다시금 '하나'로 엮는 역할을 가리킨다. "가장 이성적인 것은 왜냐하면 아주 합당하게 대상사물을 가리키기 때문이다"(*Ibid.*, 〔429b. 3 f.〕). 여기서 "아주 합당한 의미에서의 대상사물"(*σφόδρα νοητον*)과 일치하는 이성은 그러므로 인식의 토대가 된다. 그래서 아리스토텔레스는 주저 없이 "애초부터 (인식활동의 주체로서) 적극적 이성과 (수동적) 인식 대상사물 사이에는 '어떤 공통적 사실(*τι κοινόν*)' 이 자리하는데"(*Ibid.*, 〔429b. 25〕), 이는 "질료적인 것을 제외하고는 관찰하는 사물 곁에서 이성적 인식주체가 인식되는 대상과 하나되기 때문"(*Ibid.*, 〔430a. 3f.〕)이라고 주장한다. 그리하여 관찰되는 사물이 '개념'으로 이성에 의해 포착될 때, 이 개념은 이성적인 것이며 동시에 사물에 속하는 것으로 간주되는 셈이다.

158) 〔역주〕 가깝게는 Dionysius의 *Ep, I ad C.*, p. 604ff. 〔앞선 제14장 (4) 인용문 참조〕에서 확인가능하나, 멀게는 바오로 사도의 서한에서 엿볼 수 있다. "자기가 무엇을 좀 안다고 생각하는 사람이 있다면, 그는 마땅히 알아야 할 것을 아직 알지 못하고 있는 것입니다. 그러나 하느님을 사랑하는 사람은 하느님께서도 그를 알아주십니다"(《1 코린토서 8:2》 이하). 이는 물론 '구약'의 전통 아래 깊이 자리하는 사상이다. 하느님께서는 그 어떤 인간과도 비교할 수 없다는 점도 알고 있다(《호세 11:9》). 그분은 "그 무엇과도 닮지 않았다"(《이사 40:18》). 그러므로 그분의 형상이란 따로 있을 수 없고, 생각할 수조차 없다(《신명 4:15~18》). 고대그리스에서도 유사한 사상이 발견된다. 이미 소크라테스 이전 시대의 철학자들은 〔불합리한〕 신화에 대해 날카롭게 비판했다. 예컨대 크세노파네스(Xenophanes)는 일찍이 이렇게 말하였다. "오로지 인간들 사이

들과 비가시적인 것들보다 선재(先在)하시기 때문입니다. 그렇지 않다면, 그분께서는 모든 가시적인 것을 능가하여 계시니, 어떻게 그분께서 가시적일 수 있겠습니까? 그것은 〔다만〕 그분 없이는 아무것도 인식되지 않는다는 사실을 고려하여 허용되었던 것이라고 봅니다. 그런 점에서 내가 그분을 두고 하늘이 아니면서도 동시에 하늘과 다르지 않으신 분이라고 알아본다면, 그래서 보편적으로 말해, 그분은 결코 다른 분도 아니요(=한결같으신 분이요), 또한 다른 것들과 (상대적으로 구별되는) 다른 분이 아니라고 이해한다면, 결국 나는 그분을 두고 마치 내가 당장 알아보았던 그분을 이내 알기라도 하듯 알아보는 것이 아닙니다. 그러한 알아봄은 내가 〔알아본〕 그것을 신께 연관시키는 그런 것으로서 〔여타의〕 가시적인 것들을 알아보는 것과는 달리, 오히려 "가시적인 것들 안에서의 비가시적인 알아봄"이라고 말

에서나 경험되는 온갖 치욕과 결함, 예컨대 훔치는 일, 파혼을 일삼는 일, 그리고 서로 속이는 일 등 그 모든 잡다한 것들을 호머와 헤시오도스가 신들에게 적용시켰다"(《단편 11》: H. Diels/W. Kranz, *Die Fragmente der Vorsokratiker* 1, Berlin [7]1954). 더 나아가 "만일 황소와 노새, 그리고 사자에게도 손이 있다면, 그래서 그들의 손으로 그림을 그리고 인간들처럼 작품을 만들어낼 수 있다면, 그렇듯 노새는 노새와 닮은 신을, 황소는 황소와 닮은 신을 그려내고 그들과 유사한 형체로 신들을 만들어 낼 것이다. … 에티오피아 사람들은 그들의 신들이 코가 납작하고 피부가 검다고 주장하고, 트라키아 사람들은 그들의 신들이 푸른 눈과 붉은 머리카락을 가졌다고 주장할 것이다"(《단편 15, 16》). 철학자 크세노파네스는 다음과 같이 신-개념을 정의하고 있다. "신은 유일할지니, 모든 신들과 인간들 가운데 가장 위대한 분으로서 죽어 가는 그 어떤 것과도 닮지 않고, 생각할 수 있는 그 어떤 것으로서도 파악되지 않을 것이다"(《단편 23》). 이와 같은 역사를 지닌 '감추어진' 혹은 '초월적인' 신에 대한 진술양식(긍정신학과 부정신학의 통합적인 한 양식)은 다시금 디오니시우스, 프로클로스 및 플로티노스에게 소급하여 보다 상세히 밝혀질 수 있을 것으로 보이며, 여기 니콜라우스에게서도 신-인식에서 짐짓 합리적이고 포괄적인 관점으로 수용되는 것처럼 여겨진다.

해야겠죠. 내가 아무도 신을 뵈온 적이 없다는 복음말씀을 참되다고 이해할 때, 그것은 신께서 모든 가시적인 것들과 비교하여 "다르지 않으신 분"으로서 〔동시에〕 모든 가시적인 것들을 초월하여 계신다는 사실을 고려하며 알아보기 때문입니다. 다른 한편 우리의 가시적인 알아봄을 능가하는 저 실재적 무한함, 곧 본질적인 모든 것들의 본질을 내가 더 이상 가시적인 어떤 것으로 여기지 않는다면, 그 까닭은 가시적인 어떤 것 혹은 〔가시적〕 대상으로 삼는 어떤 것이란 〔우리의 가시〕능력에 의해서 구별되는 어떤 것인 반면에, 다른 것과 (상대적으로) 다른 것일 수 없는 신의 경우에는 오히려 그런 대상적인 모든 것을 초월하여 계시기 때문입니다.

23

"알아보시는 분"으로서의 신

요한: 저는 신께서 보이지 않는 창조주시라는 사실에 전혀 놀라지 않습니다. 이는 저희가 이미 정신의 놀라운 업적들, 예컨대 도시의 건설, 선박의 건조(建造), 조각, 서적, 그림 등의 작품들을 무수히 창조해내면서도 동시에 도대체 그 정신에게 아직도 저희의 감각적 관찰로써 다가설 수 없는 경우와도 같습니다. 그와 같이 우리는 신을 그분의 창조물 안에서 알아보지만, 그럼에도 그분 자신은 비가시적으로 머물러 계신다고 확신하고 있습니다. 그렇게 하늘과 땅이 분명 신의 작품이지만, 일찍이 아무도 그것으로 그분 자신을 본 적은 결코 없습니다.

니콜라우스: 시각(視覺)은 비록 보는 〔다른〕 어떤 것(대상) 안에서 자신을 되새겨볼 수 있겠지만, 자기 자신을 〔직접〕 보지는 못합니다.[159] 다른 한편 〔시각 자체가 "그와 다른 것"으로부터 이해된다는 것은

159) 〔역주〕 이 '눈'(眼)의 감각적 관찰행위를 통하여 인간의 인식활동이 갖는 한계성을 — 예컨대 "가시적 빛"에 의존하여서만 바라볼 수 있다는 점에서 — 확인하면서, 동시에 그로부터 다시금 "새로운(정신적) 차원"에로 상승

(도약)해야 할 필요성을 깨닫는다. 물론 이 과정은 쉽게 이루어지지 않지만 불가능한 일은 아니다. 실상 플라톤이 '태양'의 비유(참고 *Politeia* 518b~c. ; *Phaidon* 99e)를 통하여 가르치려는 바는, 단순히 태양 빛이 너무 강렬한 나머지 우리의 시야(눈)가 근접할 수 없는 것처럼 '이데아계'에 대한 인식이 아예 불가능하다는 것이 아니라, 오히려 "감각적 시각"을 넘어 "정신적 시각"으로 고무시키려는 데 있다. 예컨대 그가 *Politeia* 518c에서 소개하듯 말이다. "내가 앞서 말한 〔태양의〕 비유는 그러므로 저마다의 내면에 자리하는 능력 및 신체기관과 더불어 '영혼 안에서' 다음과 같은 사실을 깨닫는 것을 암시한다. 마치 사람의 눈이 어떤 몸〔=물체〕 전체가 어둠에서 빛으로 나왔을 때 그것을 알아볼 수 있는 것처럼, 그렇게 영혼 전체가 '되어 가는 과정'에서 벗어나 '가장 빛나는 광채' 아래서 서게 될 때 비로소 그 〔영혼〕존재는 자신을 〔명확히〕 알 수 있겠는데, 이때 저 '가장 빛나는 광채'로서의 존재〔자체〕를 우리는 '선'이라 부른다."
동양의 선불교적 태도(교토학파의 게이지 니시타니의 경우) 역시 비록 "역설적(*paradoxical*) 표현"을 즐겨 쓰지만, 이와 유사한 관점을 따라서 이해할 수 있도록 도와준다. 예컨대 정신적 의미의 '유'(존재)란 감각적 의미의 '유'뿐만 아니라 그런 감각적 의미에서의 상대적 '무'를 초월해야—포괄해야—한다고 그들은 가르친다. "〔우리〕 눈의 본성은 사물을 보는 데 있다. 그럼에도 눈의 본성에는 본래적으로 '보지 못함'이 자리한다. 곧 자신을 보지 못한다는 것이다. 왜냐하면 만일 눈이 스스로를 보게 된다면, 자신 외에 다른 것은 볼 수 없기 때문이다. 다시 말해서 눈은 한편 눈이기를 포기해야 한다. 자기 자신을 바라보는 것을 포기함으로써 비로소 '바라봄'이 가능하게 된다. … 그러므로 이렇게 정의하는 것 또한 가능하다. 눈은 눈이 아니기 때문에 눈이다. 그렇듯 유(有)의 가능성은 무에 있다"(Keiji Nishitani, *Was ist Religion?* 〔Übers. v. Dora Fischer-Barnicol, Frankf./M. ^{2}1986〕, 243 이하; 정병조 역 《불교와 기독교의 대화총서 1권, 종교란 무엇인가?(종교와 절대무)》(대원정사).
그러나 여기서 니콜라우스의 '시각'에 대한 태도는 앞서 플라톤이나 니시타니의 입장과 같이 "정신적 바라봄(알아봄)의 의미"를 한편 함축하면서도 다른 한편 그들과 사뭇 다르다. 그것은 어쩌면 이데아에 한층 치중하는 플라톤의 입장과는 달리 감각세계와 정신세계를 다르지 않게끔 바라보려는 니콜라우스만의 독특한 개념("다른 것이 아닌 것") 때문이요, 동시에 감각과 정신을 하나의 자연(自然) 개념 안에서 포용하는 데 주력하는 선불교의 태도와는 달리 그 두 세계를 여전히 구별하려는 입장 때문에 그 여전히 불완전하듯이〕 시각들의 시각(혹은 시각 중의 시각)이 다른 것(들) 안에서 〔비춰지는〕 자신을 확인하는 것으로서는 탐탁하지 않습니다. 왜냐하면 그것은 〔이미 비춰지는〕 다른 것에 앞서 있기 때문입니다. 그러므로 다른 것(들)에 〔비춰지기에〕 앞서 인식하기 위해서는, 차라리 '알아봄' 자체 안에 "보는 자", "보이는 것(대상)", 그리고 "그 둘로부터 출현하는 알아보는 행위"가 서로 다름없이〔=하나로〕 존재해야 한다고 봅니다. 이로부터 신에게 theor〔e〕o(*θεωρέω*, 내가 본다)라는 그리스어 동사에서 비롯한 theos(*θεός*)가 명명되었다[160]고 이해하며, 이때의 '알아봄'은 다름에 앞서 있는 점에서 우리는 〔신의 알아보심을 그 자체 안에서〕 세 겹으로 해독하는 과정 말고는 달리 완전하게 이해할 수 없을 것입니다. 〔또한〕 달리 무한하고 끝없으신 그

러한 듯하다. 다른 것들과 다르지 않으면서도 동시에 다른 것들과는 〔상대적 구별을 넘어서 원천적으로 구별되는〕 또 다른 것으로서 "다른 것이 아닌 것"은 그렇게 내재와 초월 혹은 일치와 구별을 공유한다. 바로 여기서 이제 "구별과 동시에 하나됨의 원천"으로서 하느님의 삼위일체적 모습을 "다른 것이 아닌 것"이란 개념을 통해 이해시키는 일이 니콜라우스에게 과제로 다가온다. 그래야만 그 '원천'에 의해 이 세상은 "구별과 연관성(하나됨)"이 유효하게 이해될 것이라 보았기 때문이다. 그리하여 이하 계속 시도되는 해명의 초점은 신에게 맞춰져 있다.

160) 〔역주〕 참고로 빌퍼트는 이에 대해 그리스어로부터 비롯된 Θεός(*Gott*) 개념이 이미 "일반인들에게 널리 확장된 용어"로서의 어원적 근거를 두 작품(Fr. Boll, *Via contemplativa*, Heidelberg 1922, pp. 7, 26; Boesch, *Θεωρός*, Zürich Diss. Göttingen 1903, p. 1)에서 찾아볼 수 있다고 소개하며, 나아가 원천적으로는 알베르트(Albert Magnus)의 *De div. nom.*에 관한 주석서에서 니콜라우스가 인용하였다고 확신한다. "Habet autem Theos auput Graecos duos determinationes, quia determinatur a graeco verbo theorio i. e. video sive considero"(Cod. Cus. 96 fol. 216v~217r). 이에 니콜라우스는 "Theos idem quod Deus et dicitur a theoro"라고 덧붙여 풀이하였다는 것이다(P. Wilpert, p. 206). 참고로 악센트를 앞에 두면, 곧 θέος는 '알아봄'을 뜻한다.

분을 〔삼라만상 가운데〕 어떤 것 안에서 알아보는 것은 결국 다른 것으로부터 "다른 것이 아닌 것"을 알아보는 것에 불과하다고 봅니다. 그러므로 현자들은, 신께서는 당신 자신과 모든 것들을 한결같이, 그리고 형언할 수 없는 혜안으로 주시(注視)하신다고 말하였으니, 곧 신께서는 그 모든 알아봄의 알아봄(=알아봄의 원천)이시라는 뜻으로 이해됩니다.

요한: 당신이 이미 통찰한 것에 대해 지금까지 몸소 설명한 바를 그 누가 진실로 이해하지 못하겠습니까? 통찰력이 부족한 사람이나 다른 어떤 것에 앞서, 그리고 〔모든 것 안에〕 모든 것으로 존재하는 원리이신 신에게 〔당신의〕 알아봄이 부족하게(=제한적으로) 벌어지지 않음을 완강히 거부하겠지만, 그분께서는 그 모든 부족한 경우보다 훨씬 앞서 존재하시기에, 그분께 알아봄은 부족하게 벌어지지 않을 것입니다. 과연 그분께서 알아봄에 있어 제약을 받는 분이 아니라, 오히려 〔완전한〕 알아봄에 근거하여 theos(=神)라고 칭해졌다면, 당신이 앞서 설명한 그 방식대로 신께서는 가장 완전한 알아봄을 취하시고, 당신 자신만이 아니라 다른 모든 존재들을 완전하게 혹은 정의하듯 알아보신다고 말해야겠지요. 그러나 신에게 고유한 무엇이란 다른 모든 것들에 앞서 존재한다는 사실일 것입니다. 그러므로 그분의 시각, 곧 삼위일체의 신이라 일컫게끔 하는 그분의 시각은 어떤 경우에는 당신 자신을, 어떤 경우에는 다른 것들을 알아보듯이 〔따로따로〕 실현되는 것이 아니라 직관을 통하여, 곧 당신 자신을 알아봄과 동시에 다른 모든 것들을 꿰뚫어보심을 뜻할 것입니다. 이렇게 직관하는 것을 가리켜 "〔친히〕 정의한다"고 할 수 있겠지요. 왜냐하면 〔그분의〕 알아봄은 다른 어떤 것에 의해 동요되지 않기 때문입니다. 이는 마치 저희의 경우처럼 어떤 대상이 〔우리의〕 알아보는 능력을 동요시키는 경우와 전혀 다르며, 차라리 그분의 알아보심은 오히려

〔혜안을 따라〕 "완전하게 구상하심"을 뜻하는 바, 일찍이 예언자 모세가 "하느님께서 빛이 좋다고 알아보심과 동시에 빛이 생겨났다"[161] 고 전하는 바와 같습니다. 그러므로 과연 그분이 직관을 통하여 "다른 것이 아닌 것"을 꿰뚫어보심으로써 그분이 내면으로 알아보신 빛이 빛으로 존재하는 것과 다르지 않음을 이해하겠습니다. 이로써 저는 모든 존재하는 것들이 저 하나의 근거에 따라서 지금 있는 그대로와 다르지 않게 존재한다는 사실을 이해하니, 이는 "다른 것이 아니신 그분"의 직관이 그 자체와 〔조금도〕 다른 것이 아닌 것을 알아보기 때문이겠지요. 그럼에도 저로서는 아직 당신에게서 저 '선'에 대해 듣고 싶은 것이 남아 있습니다. 예컨대 예언자 모세가 "하느님께서는 그것이 선하다고 보시자 그대로 이루어졌다"[162] 고 전하는 말씀과 관련하여 듣고 싶습니다.

니콜라우스: 당신은 〔프로클로스의〕《파르메니데스에 관한 주석서》를 읽어보았을 것이고, 따라서 "신은 선이시자 유사한 의미에서 또한 '하나'이시다"[163] 라는 내용을 이미 읽었을 것인데, 프로클로스는 그 두 가지가 모든 것을 관통하기 때문에 선과 '하나'가 〔서로〕 같은 것임을 말하고 싶었으리라 생각합니다. 그래서 만일 신께서 모든 것들 안에 모든 것으로 존재하시기 때문에, 우리가 그분께 그 같은 호칭을 붙여야 한다면, 그로부터 우리는 그분께서 모든 사물들에게 그 중심으로 계신다고 확신할 수 있을 것입니다. 선은 한편 모든 것들 안에서 반사되어 드러납니다. 모든 존재하는 것들은 그분의 존재를 〔사랑하고〕 원하니, 이는 그분의 존재가 선하며, 선은 그 자체로 사랑스럽고 추구할 만큼 가치롭기 때문입니다. 그러므로 예언자 모세

161) 참고《창세기(모세오경 1) 1:4》.

162) 참고《창세기 1:10》 이하.

163) Proklos, *In parm.* VI 1064f.

가 이 우주 삼라만상의 창조과정을 신께서 친히 당신을 드러내는 계시적 구조와 연관시켜 진술하고자 하였을 때, 그분의 계시적 구조를 따라 창조된 모든 낱낱의 것들이 선하다 하고, 마침내 우주 삼라만상을 신의 위엄과 지혜의 완전한 계시라고 소개하였던 것이라 생각합니다. 그리하여 신께서 다른 어떤 것에 앞서 〔이미〕 당신 자신 안에서 선하게 알아보신 그것은 선하다는 이유에서 우주의 계시적 구조를 따라 실현된다고 이해합니다. 바로 여기서 신께서 다른 어떤 것에 앞서 선을 알아보셨다고 이해하기에, 그분 자신은 도대체 그 선과 결코 다른 분이 아니셨음을 이해하게 됩니다. 그런데 만일 누군가가 선만을 유일하게, 그래서 〔선과〕 다른 것이 아닌 것 자체를 다른 모든 것들에 앞서 직관할 수 있다면, 그는 "선하지 않은 것"에 앞서 계신 분으로서 유일하신 신을 제외하고는 아무도 선할 수 없다는 사실을 분명하게 통찰하게 될 것입니다. 그러나 모든 것(=사물)들은 다릅니다. 왜냐하면 그들은 서로 다르게 존재할 수 있기 때문입니다. 따라서 선 자체는 "다른 것이 아닌 것" 외에 달리 존재하지 않기 때문에, 그런 것(=다른 것)들에게서는 거의 입증되지 않을 것입니다. 이때 주의할 점이 있겠는데, 선을 원천적으로 따져보는 일이 유익하다는 것입니다. 그것은 원천적 의미에서의 선이라야 〔비로소〕 "선하지 않은 것"에 선행하기 때문입니다. 또한 "다른 것이 아닌 것"이 다른 〔모든〕 것들에 선행한다는 점에서 원천적 의미에서의 선과 통(通)한다고 봅니다. 그렇다면 우리가 원리라고 말하는 선이란 곧 "다른 것이 아닌 것"인 셈입니다. 그러나 물론 그럴(선이 곧 "다른 것이 아닌 것"이라고 할) 경우에라도 더욱 엄밀하게 말한다면 "다른 것이 아닌 것"이 자신만 아니라 선 또한 정의한다는 사실을 명심해야 할 것입니다.

요한: 잠깐만요! 선이 선하지 않은 것에 선행한다는 점에 대해서 한번쯤 재고했으면 합니다. 그것은 플라톤에 따르면, 오히려 '비존재

자'가 '존재자'에 선행해야 함을 가리키듯이,[164] 일반적으로 부정이 긍정에 선행하는 것으로 이해하니 말입니다.

---

164) 참고 Platon, *Symposion* 205b. 〔역주〕 플라톤은 상기 《향연》에서 "비존재자(*μὴ ὄν*, 무)에서 존재자(*ὄν*, 有)"를 만들어내는 시작행위(詩作行爲, ποίησις)에 대해서 예를 들어 말하고 있는데, 이 예는 거기서 중심적으로 다루고 있는 문제로서, 곧 '사랑'(*Eros*)이 보편적으로 항상 선을 추구하는 것이라고 해야 할 것인데, 왜 사람들에게서 저마다 좋아하는(사랑하는) 것이 서로 다른지 하는 의문을 당시 이해지평에 따라 해결해 나가는 과정중에 제시된 것이다. 이를 다시금 우리의 관점에서 재고하자면, 그 의미는 다음과 같다고 본다. 그와 같은 창작행위를 근거로 우리는 이른바 예술가(詩人)라고 칭한다. 그러나 반드시 시작행위가 아닌 또 다른 행위(예컨대 무대장치, 배우의 선정 및 지도 등)와 관련된 사람에게도 예술가라는 칭호를 부여한다. 그러한 호칭이 그럼에도 정당한 까닭은 비록 후자의 경우 본래적 의미의 창작행위는 아니라 하더라도, 그 행위에 부분적으로 참여하고 있다는 데에 있다. 그와 같이 사람들마다 "좋아(사랑)하는 대상"이 설령 천차만별하다 하더라도, 결국 그 모든 것들이 좋음(善)에 참여하는 한에서 그런 다양한 대상들을 가리켜 한결같이 "좋아하는 것"이라 칭할 수 있다. 그러므로 사랑의 다양한 대상들이란 다만 저 원천적 선(좋음)에 얼마만큼 참여하느냐 하는 정도의 차이를 따라서만 구별될 뿐, 그 본래적 가치(사랑할 만한 가치)는 늘 동일한 것으로서 말할 수 있으며, 그리하여 정작 가장 사랑할 만한 것으로서 선 자체를 누구나 추구한다고 말할 수 있다는 것이다. 그러나 여기 니콜라우스에게 '비존재자'와 '존재자' 사이의 선행(先行) 문제와 관련하여 의문을 제기한 요한 아빠스의 입장은 '사랑문제'가 아니다. 그럼에도 "원천적인 것"과 "참여하는 것들" 사이의 선행문제가 '비존재자'와 '존재자' 사이의 선행문제를 해결해 줄 수 있을 것이다. 물론 이때 우리가 오해의 늪에 빠지지 않기 위해서는 "존재와 존재자의 〔존재론적〕 차이"를 기억하는 것도 좋을 것 같다. 한편 "다른 것이 아닌 것"은 부정을 함의한 개념처럼 보이는 반면, "다른 것"이란 긍정을 함의한 개념처럼 여겨지는데, 어찌 부정(無)이 긍정(有)에 선행할 수 있다고 보는지 하는 의아스러움을 갖는다는 것이 요한의 의문처럼 보인다. 물론 그 의문의 해소는 "다른 것"은 내용적으로 긍정적인 것(보다 좋은 것)이 아니며, "다른 것이 아닌 것"은 내용적으로 부정적인 것(보다 나쁜 것)이 아니라는 사실에 있다.

니콜라우스: 만일 사람들이 플라톤의 견해를 따라서 '비존재자'가 '존재자'에 선행한다고 말한다면, 그 '비존재자'가 '존재자'보다 훨씬 좋다는 것이며,[165] 결국 부정이 긍정에 앞서 존재한다고 말해야 할 것입니다. 왜냐하면 선행하는 것이란 모두 더 좋은 것이기 때문에 말입니다. 그렇다면 과연 어떻게 "선하지 않음"(혹은 "좋지 못함")이 '선'(혹은 '좋음')보다 더 좋다고 말할 수 있단 말입니까? 이런 근거에서 나는 오히려 '선'이 "선하지 않음"에 선행한다고 이해하며, 나아가 신만이 홀로 선하시니, 이는 선보다 더 좋은 것이 존재하지 않기 때문입니다. 그럼에도 선은 "선하지 않음"과 구별된 어떤 것으로 이해되기에, 엄밀하게 말해서 신의 이름으로 소개될 수는 없다고 봅니다. 또한 신께서는 "선하신 분" 혹은 "선하지 않으신 분" 혹은 그 밖의 다른 명명할 수 있는 호칭을 통해 상대적으로 불릴 수 없는 한, 그와 같이 선은 그 밖의 다른 호칭들과 마찬가지로 신의 이름으로는 부적절하다고 봅니다. 바로 이 점에서 우리가 신께 "다른 것이 아니신 분"이란 호칭을 어쩌면 저 "선하신 분"이란 호칭보다 훨씬 더 정확한 의미로 받아들일 수 있다고 봅니다.

---

165) 참고 Proklos, *Theol. Plat.* 〔ed. Aem. Portus〕 II 4.

24

'영'(靈)으로서의 신

요한: 이제 저는 왜 진리의 스승〔이신 그리스도〕께서 "오로지 하느님만이 선하시다"[166]고 가르치셨는지 아주 분명하게 이해하겠습니다. 그럼에도 추기경님! 한 가지를 더 설명해 주시길 청합니다. 어떤 근거에서 같은 스승께서 신을 영(靈)이라고 가르치셨는지[167] 말입니다. 이후로는 저희가 더 이상 당신을 괴롭히지 않을 것입니다.

니콜라우스: 그분이 하느님을 가리켜 '영'이라고 부르셨던 것은, 신께서는 비육체적인 분이신 만큼, 〔우리의〕 몸처럼 장소에 제약을 받지 않으심을 두고 말씀하신 것으로 이해합니다. 왜냐하면 비육체적 존재는 육체적 존재에 선행하며, 비공간적 존재 또한 공간적 존재에 선행할 것이요, 비복합존재는 복합존재에 선행한다고 이해되기에 말입니다. 그러므로 복합적인 모든 존재 안에서 최소한 〔그보다 선행하는〕 단순한 존재 혹은 비복합존재를 생각할 수 있지 않겠습니까? 왜냐하면 복합존재는 그 자체로 자신의 앞선 원리가 비복합존재임을 시

166) 《마태 19:17》; 《마르 10:18》; 《루까 18:19》.
167) 참고 《요한 4:24》.

사하기 때문입니다. 그래서 만일 복합존재 안에서 합쳐진 것이 발견되고, 다시금 또 그 안에 결합된 무엇을 계속 찾아 나아간다면, 어떤 경우는 틀림없이 보다 많은 것들이 결합하여 있고, 또 어떤 경우는 보다 적은 것들이 결합하여 있음을 알게 될 것입니다. 그리하여 〔어떤 복합존재에게서든〕 계속적으로 비복합존재를 찾아볼 수 있을 것인데, 이것은 결합에 앞서 결합하려는 무엇(결합인자)이 존재한다고 보는 한 그렇습니다. 왜냐하면 복합적인 것은 결코 그 자체로 결합하는 것이 아니기 때문입니다. 따라서 결합하려는 무엇(결합인자)은 부분과 전체, 그런 것들의 총합 및 〔경험되는〕 모든 것들에 앞서 아직 결합하지 않은 것으로 존재해야 할 것이고, 그렇게 보다 앞선 방식으로 혹은 비복합적 방식으로 모든 것이 〔앞서〕 존재하였다고 이해됩니다. 그러므로 복합적인 것 안에서 최소한 〔그에 앞선〕 비복합적인 것 말고는 따로 발견되는 것이 없겠지요.

그와 같이 우리가 '정신'이라고 부르는 그것은 마치 복합적으로 이어진 직선에 앞선 비복합적 점(點)이라 이해됩니다. 곧 점이 드러날 무엇이라고 할 경우 그것은 선(線)을 통해서 마침내 드러난다고 여겨지니 말입니다. 그렇다면 그렇듯 드러난 것(線) 안에서 드러날 무엇(點)을 생각하는 일이 당연하지 않겠습니까? 또한 그와 같이 드러날 무엇은 "처음이자 중간이며 동시에 끝"을 의미하며, 이는 마치 선(線)에서 점(點)을, 운동에서 정지(靜止)를, 시간에서 순간(瞬間)을, 그래서 보편적으로 말하자면, 나누어질 수 있는 것에서 더 이상 나뉠 수 없는 것을 가리키는 것처럼 보입니다. 그러나 〔이때〕 나는 나뉠 수 있는 것 안에서 나뉠 수 없는 것을 생각할 때, 그것을 마치 부분이란 이른바 전체의 일부(一部)라는 관점에서 나뉠 수 없는 것이 나뉠 수 있는 것에 귀속하는 일부처럼 이해하지는 않습니다. 오히려 더 이상 나뉠 수 없는 것이 나뉠 수 있는 모든 것들에 앞서 선행하며 동시에 〔여전히〕 그런 나뉠 수 있는 부분들 및 전체에 앞서 선행한다고 이해하며, 또한 바로 그런 점에서 나뉠 수 없는 그것은 나뉠 수 있는 그것과 다르지 않다고 이해합니다. 내가 이 사실을 분명히 이해하지 못한다면, 아마도 그 어떤 것도 〔바르게〕 통찰할 수 없을 것입니다. 그러므로 더 나아가 그 사실 안에서(=나뉠 수 없는 것과 나뉘는 것 사이에서) 어떤 다름을 보기 때문에, 〔다름(구별)이 다르지 않음(동일성)을 전제해야 하듯〕 "다른 것이 아닌 것"을 〔먼저〕 생각하지 않고서는 그것을 이해할 수 없겠죠.168) 신께서는 그런 관점에서 〔곧 원천적 점(點)과 같은 입장에서〕 영들의 영이시며, "다른 것이 아니신 분"으로서의 당신 자신을 통하여 다른 모든 영들에 앞서 계신 분이라 이해됩니다. 만일 우리가 이를 〔임의로〕 소거시킨다면, 영도 육체도 또 그 밖의 일컬을 수 있는 그 모든 것도 존재할 수 없다고 봅니다. 그것은 마치 차가움이 그의 비가시적이면서도 구체적인 내용(질감)을 어떤 차가운 것(사물) 안에서 혹은 얼음 안에서 느끼게끔 하는 것처럼 〔사물과 정신을 결합시키는〕 일종의 영으로 소개될 수 있다고 보기 때문입니다. 그래서 만일 차가움을 느끼지 않는다면, 얼음 역시 무시될 것이라고 여기듯이 (왜냐하면 차갑게, 그리고 얼게 만드는 영이 소거된 상태에선 얼음 또한 없다고 보기 때문에), 복합존재 역시 만일 그것을 결합시키는 영이 〔더 이상〕 없는 상태에선 존재할 수 없다고 이해되기 때문입니다. 또한 그렇게 "존재를 현재화하는 영"의 활동을 중지시킨다면, 존재하는 것은 멈춰질 것이요, 또한 서로 식별하거나 구별하는 능력 또는 좀더 정확하게 표현해서 "다르지 않게 〔존재하도록〕 하는"169) 능력을 가진 저 영의 활동을 중지시킨다면, 모든 것들은 그와

168) 〔역주〕 각주 15번 참조(플라톤의 《파르메니데스 편》의 하나와 다수 혹은 같음과 다름).

169) 〔역주〕 "et cessante spiritu essentiante cessat ens, et cessante spiritu discernente sive discretiante aut, ut praecisius exprimam, non-aliante omnia pariter cessant." 우리는 이 문장에서 니콜라우스의 독특

더불어 사라질 것이라고 봅니다.

〔그리하여〕 모든 것들 안에 모든 것으로 작용하는 영은 저마다의 사물들이 존재하는 그대로 외에는 달리 존재하지 않게끔 작용하기에, 〔결국〕 "다른 것이 아닌 것"이라 일컬어진다고 봅니다. 저것(영)은 영들의 영을 가리킬진대, 모든 영이란 영 이외에 다른 것이 아니겠기[170] 때문입니다. 저것은 다만 영(적)으로 혹은 정신(적)으로가 아

한 언어활용, 곧 "명사의 동사적 변형" 형식을 보게 된다. 예컨대 'essentiante'와 "non-aliante"의 경우가 그러하다. 아마도 이는 통상적 개념이 간혹 다의적으로 이해되듯, 때로 섬세하게 되새겨야 할 의미를 분명하게 드러내지 못한다는 염려에서 의도적으로 시도된 경우라 여겨진다. 곧 여기서 'essentia'에 따른 동사적 변형(현재분사형)으로서 'essentians'를 생각한다면, 일찍이 본질의 '존재성'을 가리키는 'essentia'는 니콜라우스에게서 "본질을 꾸준히 유지시키는 존재행위"로 풀이되는 셈이다. 이로써 '영'(*spiritus*)의 활동은 본질의 '존재성'을 실현시키는 혹은 현실태로 일으켜 세우는(아리스토텔레스가 *De anima* II에서 "영혼은 몸의 현실태"라고 소개했던 바와 같이) 의미를 띤다. 그리하여 "존재하는 것(*ens*)"의 존폐(存廢)가 바로 '영'에 달려 있다고 니콜라우스는 가르친다. 이는 그러나 단순히 시간적으로 한정된 "현재적 실현"을 능가한다. 오히려 존재(*esse*) 및 본질(*quidditas*)과 관련을 맺는 영의 활동은 — 바로 앞서 점(點)의 예증을 통해서도 설명하듯이 — "존재유지의 중간점(작용인)"으로서만이 아니라, "원천적 시작점(형상인)"이자 또한 "궁극적 끝점(목적인)"으로서 유효하다. 그렇듯 '영'은 "다른 것이 아닌 것"의 또 다른 표현으로서 이해가능하다. 니콜라우스는 이를 보다 분명하게 하고자 다시금 "다르지 않도록 하는(*non-alians*)"이란 용어를 새롭게 응용한다. 이른바 'alienare'(他者가 되게 하다; 소외시키다; 소유권을 양도하다)는 통상적 개념보다 더욱 분명한 어조로 "다른 것이 아닌 것"의 영적 실현성(*actus*)을 그로써 부각시키려는 것처럼 보인다. 곧 "다른 것이 아닌 것"은 정신 혹은 영으로서 존재하는 모든 것들을 그 원천에 근거하여 서로로부터 "구별(식별)하면서도 동시에 결코 다르지 않도록 존재하고 인식하며 행위하게끔" 이끈다는 것이다.

170) 〔역주〕 가브리엘이 채택한 라틴어 본문은 "〔Ille spirituum …〕 non-aliud quam spiritus sit"이다. 하지만 여기서 non-aliud을 "다른 것이 아닌 것"

니라면 참되게 알려지지 않을 영입니다. 그 까닭은 오로지 이성적 피조물의 그런 영만이 — 이를 가리켜 정신이라고도 일컫는데 — 진리를 직관할 수 있기 때문입니다. 그러나 진리 자체를 통해서 통찰하는 영은 곧 진리의 영이니, 그 까닭은 만물이 그렇게 존재하게끔 참되이 작용하는 영이기 때문입니다. 그래서 우리의 정신이 저 영을 알아봄과 동시에 또한 저 영을 찬양하게 되니, 과연 그것은 영을 통하여, 그리고 진리를 통하여 그렇게 하는 셈입니다.

요한: 추기경님, 당신은 영으로 저를 이끄시어, "당신께서 영(입김)을 불어넣으시면, 모든 것이 창조되옵니다"[171] 하고 창조주를 소개했던 어느 예언자가 알아보듯, 제가 만물의 창조주를 영으로 알아보게 하셨습니다. 그러므로 이제 얼음을 원하는 자라면, 〔물(水)을〕 단단하게 만드는 영을 불어넣어 보내 주십사 하고 청해야 할 것이며, 그 밖에 다른 모든 원하는 것에 대해서도 그리해야 할 것입니다. 당신은 또한 저희의 영(정신)이 저 영의 모상임을 일깨워 주었습니다. 나아가 자신의 권능으로 만물을 관통하는 저 영이 그렇게 만물을 지배하고 관념들을 만들어내며 모두에게 〔자신과의〕 닮음을 허락한다는 것도 일깨워 주었습니다. 그러므로 저는 비로소 저 영이 — 신과 동일한 그 영이 사물들의 본질을 〔자신 외에〕 다른 어떤 것으로부터 이끌어내지 않는 것처럼 — 모든 사물들의 관념적인 닮음을 〔자신 외에〕 다른 어떤 것으로부터 이끌어내지 않고, 오히려 자기 자신으로부터

으로 번역한다면, 뒤따르는 quam의 번역은 난해하다. 따라서 non-aliud에서 '-'을 제거하여 "다른 어떤 것이 아니다"는 술어로 번역하든지 아니면 뒤따르는 quam spiritus를 모두 소거시켜버리든지 해야 할 것 같다. 따라서 가브리엘만이 아니라, 빌퍼트 역시 "nichts anderes als Geist"(영 외에 다른 것이 아니다)라 번역함으로써 술어형식을 택했다.

171) 《시편 104:30》.

혹은(=곧) "다른 것이 아닌 것"으로부터 이끌어내듯 〔모든 것을〕 창조하셨다고 고백합니다. 그러므로 신께서는 창조된 그 어떤 것과 비교하여 다른 분이 아니시듯, 저희의 정신 역시 그분의 정신을 통해 이해하는 어떤 것과 다른 것이 아님을 믿습니다. 아울러 저는 육체로부터 훨씬 더 멀찍이 떨어져 나와(=절대화된, 곧 신과 하나된) 정신을 통해서 〔이윽고〕 저 창조주로서의 영이 더욱 완전하게 빛을 비추고 더욱 확실한 관념을 일구어낸다는 사실을 알겠습니다. 한편 추기경님의 의도가 오로지 저희의 정신이 당신과 더불어 계속 매진하여 모든 것들 안에 모든 것으로 존재하는 "첫째(제일원리)"를 알아볼 수 있는 길로 들어서게끔 하는 데 있는 까닭에, 저는 다른 여타의 방법과는 달리 이 길을 통해 보다 빠르게 〔저 '첫째'에 대해〕 납득할 것이며, 당신을 이제부터 더 이상 〔무례한 질문으로〕 불편하게 해드리지 않을 것입니다. 왜냐하면 당신의 안내는 〔궁금했던〕 저희를 충분히 만족시켜 주셨고, 그로써 스스로만이 아니라 다른 모든 것들을 "정의하는 원리"에 대해서, 그리고 모든 이들로부터 찾아지며 항상 그래서 이후에도 〔줄곧〕 찾게 될 그 원리에 대해서 환히 밝혀주셨기 때문입니다. 저희는 당신께서 저희에게 "다른 것이 아닌 것"을 통하여 밝혀주신 이 길에 만족합니다. 그리하여 제가 〔여기 있는〕 모든 이들을 대신하여 당신께 변함없이 감사하는 마음을 지금 전하듯이, 저희 모두는 계속하여 저 시온에서 천신들 가운데 영원히 찬미 받으실 그분(=하느님)과 얼굴을 마주하게 될 그 날까지 감사드릴 것입니다.

■ 명제(20가지 命題)들

"존경하올 교구장 니콜라우스 추기경의 작품 《다른 것이 아닌 것》의 내용과 관련된 명제들"

제 1 명제

자기 자신과 〔다른〕 모든 것들을 정의하는 '정의'란 온 정신을 통해 찾아지는 바로 그것이다.

제 2 명제

"정의는 정의 외에 다른 것이 아닌 것이다"라는 사실이 가장 참되다는 것을 알아보는 자는 "다른 것이 아닌 것"이 곧 정의의 정의라는 사실 또한 알아본다.

제 3 명제

"다른 것이 아닌 것"이 다른 것이 아닌 것과 다른 것이 아닌 것임을 알아보는 자는 "다른 것이 아닌 것"이 정의의 정의임을 알아본다.

제 4 명제

"다른 것이 아닌 것"이 자기 자신과 다른 모든 정의될 '정의'를 정의한다는 사실을 알아보는 자는 "다른 것이 아닌 것" 자체가 저마다의 정의와 (그렇게) 정의된 것들을 〔서로〕 다르지 않게끔 함을 알아본다.

제 5 명제

원리가 원리 외에 다른 것이 아닌 것이라고 말할 수 있는 점에서 "다른 것이 아닌 것" 자체가 원리를 정의한다는 사실을 알아보는 자는

"다른 것이 아닌 것" 자체가 원리의 원리임을 알아보며, 그 자체가 그렇듯 중간의 중간이요, 끝(목적)의 끝(목적)이며, 이름의 이름이요, 존재의 존재이며, 비존재의 비존재임을 알아보고, 그 밖에 말할 수 있거나 인식될 수 있는 모든 것들만이 아니라 개별적인 것들에서도 그러하다.

제 6 명제

"다른 것이 아닌 것"은 다른 것이 아닌 것 외에 다른 것이 아닌 것이라는 사실을 근거로 "다른 것이 아닌 것"이 자기 자신을 정의한다는 점을 알아보고 또한 모든 것들 안에 모든 것으로 존재하며 개별적인 하나하나 안에 저마다 존재한다는 사실을 근거로 모든 것들만이 아니라 개별적인 하나하나에 이르기까지 정의한다는 점을 알아보는 자는 저 "다른 것이 아닌 것" 자체가 바로 그와 다른 것과는 "다른 것"으로 존재한다는 것을 알아보며, 또한 "다른 것이 아닌 것"이 그와 다른 것에 대립하지 않는다는 사실을 알아보니, 이는 그 무엇도 흉내낼 수 없는 신비이다.

제 7 명제

어떻게든 "다른 것이 아닌 것" 자체를 소거하는 자는 다른 〔어떤〕 것도 남아나지 않고, 심지어 무조차 고려되지 않는다는 사실을 알아볼 것이니, 이는 "다른 것이 아닌 것"이 곧 무의 무(=무를 낳는 원천적 무)이기 때문이다. 그리하여 그는 "다른 것이 아닌 것"이 모든 것들 안에 모든 것으로 존재하며, 무 안에 존재하는 무임을 분명히 알아본다.

제 8 명제

"다른 것이 아닌 것" 자체 없이는 인간의 인식에 그 어떤 것도 다가올 수 없으니, 이는 "다른 것이 아닌 것"이 곧 인식의 인식(=인식의 원천)이기 때문이다. 또한 "다른 것이 아닌 것"이 자기 자신을 인식하는 그런 의미에서의 인식과 결코 다르지 않더라도 곧 인식 자체는 아니다. 왜냐하면 인식은 훨씬 더 단순한 의미에서의 "다른 것이 아닌 것"이 아니라, 그저 인식 외에 다른 것이 아닌 것이기 때문이다. 한편 "다른 것이 아닌 것"은 말할 수 있는 그런 모든 것들과 관련하여 자기 자신을 결코 다르게 취하지 않는다.

제 9 명제

정신은 바라보는 그 무엇이든 "다른 것이 아닌 것"을 통하지 않고서는 아예 알아보지 못한다. 왜냐하면 만일 〔정신이 바라보는〕 어떤 것과는 〔원천적으로〕 다른 것으로서 "다른 것이 아닌 것"을 〔앞서〕 보지 못한다면, 그 어떤 것은 보이지 않겠기 때문이다. 그와 마찬가지로 만일 우리가 "다른 것이 아닌 것"이 존재하는 것의 〔원천적〕 존재임을 보지 못한다면, 존재하는 것은 결코 확인될 수 없으며, 이는 그 밖의 모든 것들에게도 유효하다. 그러므로 정신은 어떤 것을 모두 "다른 것이 아닌 것"을 통해서 알아보는 것이며, 그 밖의 다른 모든 것들 또한 그와 같이 설명될 수 있다. 달리 예컨대 우리가 진리를 통하여 진리를 알아본다고 말할 경우에도 "다른 것이 아닌 것"이 자리한다. 혹은 또 달리 합리적 근거를 합리적 근거를 통해서 알아보는 경우에도 "다른 것이 아닌 것"이 자리한다. 그러므로 어떤 것을 알아보기에 훨씬 앞서 "다른 것이 아닌 것"을 알아보게 된다. 그와 같은 방식으로 모든 것들은 저마다 이름과 본질, 그리고 그 밖의 다른 것들을 지니되, 그것은 모두 "다른 것이 아닌 것"으로부터 취한다는 사실을 알아보게 된다.

제 10 명제

한정된 것이 한정된 것 외에 다른 것이 아닌 것임을 알아보는 사람은 또한 무한한 것이 무한한 것 외에 다른 것이 아닌 것임을 알아보며, 나아가 가시적인 것과 비가시적인 것, 셈할 수 있는 것과 셈할 수 없는 것, 측정가능한 것과 측정 불가능한 것, 개념적인 것과 비개념적인 것, 상상가능한 것과 상상 불가능한 것, 이성적인 것과 비이성적인 것 등 그와 같은 모든 것들에 대해서도 동일한 방식으로 이해할 수 있다. 나아가 "다른 것이 아니신 분"으로 표지되는 신을 한정된 것을 따라서도 혹은 무한한 것을 따라서도 규정할 수 없다는 사실을 깨닫는 사람은 또한 측정가능한 잣대로나 더더욱 측정 불가능한 잣대로도 측정할 수 없고, 셈할 수 있는 수(數)의 척도로나 더더욱 셈할 수 없는 수의 척도로도 셈할 수 없으며, 그와 마찬가지로는 개념화할 수 없고, 상상할 수 없으며, 지적으로 파악할 수 없고, 명명할 수 있는 그 어떤 이름으로는 물론 명명할 수 없는 이름으로도 명명할 수 없다는 사실을 알아보니, 이는 비록 신께서 상기한 모든 방법들 가운데 그 어떤 것이든지 또한 〔달리〕 일컬을 수 있는 또 다른 방법들을 가운데 그 어떤 것이든지 그것들과 관련하여 다르게 취하지 않으실지라도 그러하다.

제 11 명제

"다른 것이 아닌 것"이 자기 자신을 정의하면서 〔다른〕 모든 것들을 정의하는 원리임을 알아보는 자는 '그것'(다른 것이 아닌 것)이 과연 모든 것들에 대해 가장 적절한 척도로서 위대한 것들 가운데 위대한 것이며, 미소한 것들 가운데 미소한 것이요, 닮은 것들 가운데 닮은 것이며, 아름다운 것들 가운데 아름다운 것이요, 참된 것들 가운데 참된 것이며, 살아 있는 것들 가운데 살아 있는 척도임을 알아보며, 그 밖의 다른 모든 것들에게도 그와 같은 방식으로 말할 수 있다.

제 12 명제

"다른 것이 아닌 것" 자체가 자기 자신과 〔다른〕 모든 것들의 정의〔하는 것〕이자 동시에 정의된 것임을 알아보는 자는 그가 바라보는 모든 것들 안에서 자기 자신을 정의하는 "다른 것이 아닌 것" 없이는 전혀 알아보지 못한다. 〔그가〕 도대체 무엇을 다른 것 안에서 자기 자신을 정의하는 "다른 것이 아닌 것" 없이 알아보겠는가? 〔예컨대〕 하늘 안에서 자기 자신을 정의하는 "다른 것이 아닌 것" 외에 다른 무엇을 알아보겠는가? 그 밖의 다른 모든 경우에도 마찬가지이다. 그러므로 창조된 모든 것은 자기 자신을 정의하는 창조주 혹은 빛 자체인 신의 자기현시이다. 이는 마치 자기 자신을 정의하는 정신의 외침(선포)과 같이 〔시-공간적으로〕 현재하는 이들에게는 생생한 언어를 통해서, 멀리 있는 이들에게는 파견된 전령이나 성경을 통해서 이루어진다. 정신의 〔외적〕 현시에는 자기 자신을 정의하는 정신 외에 다른 것은 없다. 이때 정신은 자기 자신을 가장 분명하게, 그리고 생생하게 표현할 것이니, 귀 기울여 듣는 자(=신앙인)들에게 적절한 언어를 통하여, 〔직접 들을 수 없을 만큼〕 멀리 있는 자들에게는 사절(전령)을 통해, 아주 멀리 있는 자들에게는 성경을 통해 드러낸다. 그렇듯 "다른 것이 아닌 것"은 정신의 정신으로서 가장 이른 창조물들에게는 보다 분명하게, 뒤늦은 창조물들에게는 보다 덜 분명하게 자기 자신을 현시한다.

제 13 명제

저 "다른 것이 아닌 것"과 다른 것이 아닌 "다른 것이 아닌 것"이 어떻게 영원한 것 안에서 영원한 영원의 영원으로, 그리고 어떻게 참된 것 안에서 참된 참됨의 참됨으로, 또한 어떻게 선한 것 안에서 선한 선함의 선함으로 또 그 밖의 나머지 경우에도 그와 마찬가지로 자기 자신을 비추는지 알아보는 자는 당신 자신을 정의하는 신께서 모든 것들 안에서 삼위일체적으로 당신 자신을 비추시는지 알아본다. 왜냐하면 저 삼위일체적인 "다른 것이 아닌 것"이 하나 안에서 하나된 하나됨의 하나됨으로, 존재하는 것 안에서 존재하는 존재의 존재로, 위대한 것 안에서 위대한 위대함(크기)의 위대함(크기)으로 또 양적인 것 안에서 양적인 양의 양으로, 그리고 그 밖의 나머지 경우에도 그와 마찬가지로 자기 자신을 비추기 때문이다.

제 14 명제

어떤 것 안에서 "다른 것이 아닌 것"이 "〔그와〕 다른 것"임을 알아보는 자는 긍정적 진술 안에서 부정적 진술이 긍정되고 있음을 알아본다. 〔그 모든〕 긍정과 부정에 앞선 신을 알아보는 자는 우리가 그분에 대해 소개한 긍정적 진술들 안에서 〔그렇듯〕 긍정적으로 받아들여진 부정의 의미로 신께서 존재하지 않으시고, 오히려 긍정의(=긍정적으로 받아들여진) 긍정의 의미로 존재하심을 알아본다.

제 15 명제

어떤 것 안에서 "다른 것이 아닌 것"이 "〔그와〕 다른 것"임을 알아보는 자는 따뜻한 것 안에서 "따뜻하지 않은 것"으로서 따뜻함을, 차가운 것 안에서 "차갑지 않은 것"으로서 차가움을, 형체를 띤 것 안에서 "형체를 띠지 않는 것"으로서 형체를, 만들어진 것 안에서 "만들어지지 않은 것"으로서 만듦을, 나뉠 수 있는 것 안에서 "나뉠 수 없는 것"으로서 나뉠 수 있음을, 복합적인 것 안에서 "비복합적인 것"으로서 복합을, 그리고 일반적으로 긍정적인 것 안에서 "긍정적이지 않은 것(=부정적인 것)"으로서 긍정을 알아보며, 또한 부정적인 것이 소거됨으로써 긍정이 부각되는 만큼 부정적인 것이 곧 긍정의 원리임을 알아본다. 그러므로 부정은 그 〔내적인〕 무엇으로 정신의 직관을 안내하는 반면 긍정은 이러저러한 〔외적인〕 무엇으로 안내한다.

제 16 명제

정신의 직관을 〔내적인 무엇으로서의〕 본질로 안내하는 부정이 어떻게 긍정보다 앞서 있는지 알아보는 자는 모든 이름들이 〔그저〕 이러저러한 무엇(현상)을 표지하고 있음을 알아본다. 왜냐하면 육체는 비육체적으로 존재하는 본질을 표지하지 못하고, 단지 이러저러한, 곧 육체적인 것〔만〕을 표지하기 때문이다. 그처럼 흙은 토양적인 것, 태양은 태양적인 것 등 그 밖의 모든 것들 역시 그와 같은 식으로 표지할 뿐이다. 그러므로 모든 이름은 그 어떤 감각적 표식(表式)에 의거하여 표지된 부록(=덧붙은 것)을 취한다. 이때 부록으로서의 표식들은 사물의 본질에 뒤따른다(=종속한다). 그러므로 그것들은 본질을 표지하지 않고, 〔그저〕 이러저러한 것(현상)을 표지할 뿐이다.

그러나 보다 앞서서 본질을 생각하는 정신은 어휘(말마디〔이름〕)가 그 무엇의 고유한 속성임을 부인하고, 오히려 그 본질을 알아본다.

제 17 명제

"다른 것이 아닌 것" 자체가 어떻게 그 현실태의 현실태요, 최대치의 최대치이며, 최소치의 최소치인지 정신은 알아본다. 또한 정신은 그 이상 더 순수할 수 없는, 곧 결코 가능성으로〔만〕 머물러 있지 않은, 보다 더 순수한 현실태를 통하여 이미 현실태에 도달한 순수 현실태를 알아본다. 그리하여 〔정신은〕 다르게 존재할 수 있는 그 모든 것들이 매번 다르게 존재할 수 있음과 그로써 〔다름을〕 많게 혹은 적게 수용하는 것들에게서는 그보다는 더 클 수 없는 최대한의 존재에 이르는 것이 결코 벌어지지 않음을 알아보며, 나아가 다른 것으로 존재할 수 있는 것들은 "다른 것이 아닌 것"에 결코 다가갈 수 없는 까닭에 매번 다른 것으로 존재하게 됨을 알아본다.

제 18 명제

"다른 것이 아닌 것"이 어떻게 다른 것의 다른 것이지만, 다른 것 자체가 아님을 알아보는 자는 다른 것들 사이에 존재하는 다른 것인 그런 다른 것의 다른 것을 알아본다. 그와 같이 동등한 것들 사이에 존재하는 동등한 것인 그런 동등한 것의 동등한 것(=동등성)을, 선한 것들 사이에 존재하는 선한 것인 그런 선한 것의 선한 것(=선성) 등 그 밖의 모든 것들에게서도 그렇게 알아본다. 더욱이 그는 다른 것의 다른 것인 "다른 것이 아닌 것"에 어떻게 다른 것이 그 자체로 참여하는 것이 아니라 — 왜냐하면 다른 것은 "다른 것이 아닌 것"과 따로 존재하지 않고, "다른 것이 아닌 것" 안에 존재하기 때문에 — 〔오히려〕 다른 것들과 따로 구별된 다른 것이 참여하는지 알아본다. 그와 같이 동등성(同等性)에 대해서, 선성에 대해서, 그리고 그 밖의 나머지에 대해서도 그렇게 말할 수 있다. 그러므로 선성이 "다른 것이 아닌 것"과 다른 것이 아닌 한해서 모든 선한 것들에 의해 참여하고, 또한 그 밖의 다른 경우에도 〔저마다〕 다르게 말할 수 있다. 그러므로 더 선하거나 혹은 더 동등하게 존재할 수 없는 그런 두 개의 동등한 크기의 선성이 혹은 두 개의 동등한 크기의 동등성이란 결코 존재한 적이 없다. 이와 유사한 그 밖의 경우에도 이와 같은 식으로 말할 수 있다. 왜냐하면 모든 다른 것은 다른 것과는 다른 것으로 존재해야만 하는 반면, "다른 것이 아닌 것"만은 모든 다른 것과 다른 것이 아닌 것이겠기 때문이다.

제 19 명제

신께서는 사유(思惟)하는 그 모든 존재와 다르지 않으시며 또한 사유된 그 모든 존재와도 다르지 않으심을 알아보는 자는 그분께서 정신에게 "사유하는 정신" 및 "사유된 것"과 — 이때 "사유된 것"은 정신에 의해 사유된(구별된) 것과 다른 것이 아닌 것이란 점에서 — 다르지 않음을 배려하신다는 사실을, 또한 정신이 사유할 때 〔사유한 것이〕 사유된 그것과 다르지 않음을 배려하신다는 사실을 알아본다. 그러므로 마치 지식이 인식된 그것과 다르지 않은 것처럼, 정신이 〔사유한 것이〕 사유된 것과 다르지 않은 그런 정신〔세계〕 안에서 "다른 것이 아닌 것" 자체는 감각의 경우보다 훨씬 더 분명하게 〔자신을〕 (내)비출 것이다. 왜냐하면 〔감각의 경우〕 시각(바라보는 것)은 보인 것(대상)과 다르지 않다고 하지만, 또한 청각(듣는 것)이 들린 것(대상)과 다르지 않다고 하지만, 여전히 불분명하기 때문이다.[172] 그러나 지성들은 그런 지적 통찰들 중에 "다른 것이 아닌 것" 자체가 훨씬 더 분명하게 (내)비추는 만큼, 보다 신속하고도 보다 명확하게 그와 거의 다르지 않은 사유되는 것(대상)들을 사유한다. 왜냐하면 마치 빛이 강하면 강할수록 빛을 내는 것들을 보다 더 신속하게 자신과 다르지 않게끔 만드는 것처럼, 사유한다는 것은 사유되는 것을 자신과 다르지 않게끔 만들기 때문이다. 한편 '(내)비춘다'는 것은 〔말 그대로〕 모든 것들 안에서 "다른 것이 아닌 것"이 자신을 드러내 보이는 것을 말하며, 이는 모든 것들이 모든 것들 안에서 자신을 정의하고자 애쓰는 중에 확인되는 만큼 그러하다. 마치 따뜻함이 모든 이러저러한 따뜻해질 것들을 찾아 〔따뜻하게 만들고자〕 애쓰는 것처럼, 따뜻함이 따뜻해질 것(물체)들과 다르지 않게 존재하려 하면서 그 모든 것들 안에서 자신을 정의하려고 하는 것처럼, 그렇게 정신은 모든 것들이 정신〔적〕으로 존재하도록 애쓰면서 그 모든 것들 안에서 자신을 정의하려고 한다. 상상이나 그 밖의 나머지 모든 것들도 그와 마찬가지로 이해된다.

---

172) 참고한 라틴어 원문은 이 문장과 앞선 문장 일부를 뒤집어 인쇄했기에, 그 일부를 바로 잡으면 다음과 같다(이탤릭체). Ipsum igitur …, *qui non aliud est ab intellecto, sicut scientia non aliud a scito, quam in sensibus. Visum enim non sic clare non est a viso et auditus ab audito.*

제 20 명제

우리의 정신이 "따뜻하지 않은 것"이 따뜻해지고 차가운 것이 따뜻해지는 것을 숙고해볼 때, "따뜻하지 않은 것"에는 통찰(사유)을 통해서 다가가며, "차가운 것"에는 감각을 통해서 다가갈 것인즉, 이때 또한 서로 구별되는 가능성을 통해 다가가는 만큼 거기에 '같음'(동일성)이 존재하지 않음을 알아본다. 또 다른 한편 "따뜻하지 않은 것"과 마찬가지로 "차갑지 않은 것"을 정신을 통해 알아보게 됨을 숙고해볼 때, 〔우리의 정신은〕 "따뜻하지 않은 것"이 따뜻해질 수 있고, "차갑지 않은 것"이 차가워질 수 있음을 알아보며, 동시에 차가운 것이 따뜻해질 수 있고, 따뜻한 것이 차가워질 수 있음을 알아보니, 정신은 어떻게 "따뜻하지 않은 것"과 "차갑지 않은 것"이 〔정신을 통해 파악되는 점에서〕 서로 같은지 알아본다. 곧 "따뜻하지 않은 것"은 비록 그것이 〔당장〕 따뜻함의 현실성을 갖추지 못할지라도, 바로 그 때문에 따뜻해질 수 있음을 보여준다. 마찬가지로 "차갑지 않은 것" 역시 비록 그것이 〔당장〕 차가움의 현실성을 갖추지 못할지라도, 바로 그 때문에 차가워질 수 있음을 보여준다. 그리하여 따뜻함이 현실적으로 존재하는 동안, 차가움은 가능성으로 머물러 있고, 반면에 차가움이 현실적으로 존재하는 동안, 따뜻함은 가능성으로 머물러 있는 셈이다. 그러나 가능성은 그것이 현실적으로 존재하지 않는 동안, 가만히 있지 않고 그의 목적 혹은 완전성을 추구할 것인즉, 그렇지 않으면 가능성은 헛된 것이 되기 때문이다. 그러므로 그 무엇도 헛된 것이 아니라면, 가능성 역시 헛된 것이 되지 않을 것이다. 그러나 가능성은 〔제 능력만으로〕 자기 자신을 현실적으로 넘겨줄 수 없기 때문에 — 왜냐하면 그것은 일종의 모순처럼 보이기 때문에 — 가능성을 현실적으로 움직여줄 그런 운동자(運動者)를 필요로 한다. 그리하여 정신은 자연과 자연적인 운동, 그리고 자연 자체 안에서 〔자신을〕 이끌어주는 자연의 자연으로서 "다른 것이 아닌 것" 자체를 알아본다.[173]

173) 모나코 〔라틴어〕 사본은 "가장 좋으신 하느님께 찬미를!" 하고 〔덧붙여〕 끝맺고 있다. 〔역주〕 이 마지막 문장은 황급히 끝나는 느낌이 들지만, 앞서 제시된 '운동자'의 실체가 창조된 대자연 속에 꾸준히 작용하는 원천적 동인(動因)으로서 "다른 것이 아닌 것"임을 알아보게끔 한다. 이로써 "다른 것이 아닌 것"의 세계-내재적 의미가 다시 확인된 셈이다. 예컨대 창조된 대자연의 '가능성'을 가능성과 다른 것이 아닌 것으로 존재하도록 하면서도, 그 가능성의 의미가 그 내적 동인인 저 원천적 하나됨(다른 것이 아닌 것)을 향하여 부단히 움직이게끔 무한히 작용하는 힘으로서 또한 "다른 것이 아닌 것"이 고려된다는 뜻으로 이해된다.

NIKOLAUS VON KUES

PHILOSOPHISCH-THEOLOGISCHE SCHRIFTEN

Herausgegeben von Leo Gabriel Üebersetzt und kommentiert von Dietlind und Wilhelm Dupré

STUDIEN-UND JUBILAEUMSAUSGABE
LATEINISCH-DEUTSCH

BAND II

VERLAG HERDER WIEN

1

REVERENDISSIMI IN CHRISTO PATRIS ET DOMINI NICOLAI DE CUSA CARDINALIS SANCTI PETRI AD VINCULA LIBELLUS INCIPIT, QUI INSCRIBITUR DIRECTIO SPECULANTIS-INTERLOCUTORES SUNT CUM CARDINALE JOANNES ANDREAS VIGEVIUS ABBAS, PETRUS BALBUS PISANUS, FERDINANDUS MATIM PORTUGALLENSIS NATIONE.[1]

A b b a s: Tu nosti nos tres, qui studio dediti tecum colloqui admittimur, in altis versari; ego enim in Parmenide Proclique commentariis, Petrus vero in theologia Platonis eiusdem Procli, quam de graeca latinam facit, Ferdinandus autem Aristotelis perlustrat ingenium; tu vero, cum vacat, in Areopagita Dionysio theologo versaris. Gauderemus audire, an ne ad illa, quae per iam dictos tractantur, compendiosior tibi clariorque occurrat modus.

N i c o l a u s: Undique circa profunda mysteria occupamur, neque, ut credo, brevius quisquam faciliusque illa diceret, quam ii, quos lectitamus, licet mihi aliquando visum, sit illud per nos neglegi, quod propinquius nos duceret ad quaesitum.

P e t r u s: Hoc aperiri deposcimus.

F e r d i n a n d u s: Ita omnes veritate afficimur, quod ipsam undique reperibilem scientes illum habere magistrum optamus, qui ipsam nostrae mentis oculis anteponat. Tu autem te infatigabilem ostendis in eo etiam tuo declinante senio, et quando pulsatus de ipsa loqueris, videris iuvenescere. Dicito igitur tu illud, quod prae nobis ipse considerasti.

N: Dicam et tecum, Ferdinande, hoc pacto colloquar, quod omnia,

1) Cod. Mon. fol. 132r auf der vorhergehenden Seite (fol. 131v) heisst es: Tetralogus Cusae de li non-aliud, cuius meminit in tractatu de venatione sapientiae campo tertio.

quae a me audies, nisi compellaris ratione, ut levia abicias.

F: Sic philosophi, praeceptores mei, agendum esse docuerunt.

N: Abs te igitur in primis quaero: quid est quod nos apprime facit scire?

F: Definitio.

N: Recte respondes; nam oratio seu ratio est definitio. Sed unde dicitur definitio?

F: A definiendo, quia omnia definit.

N: Bene sane. Si igitur omnia definit definitio, et se ipsam igitur definit?

F: Utique, cum nihil excludat.

N: Vides igitur definitionem omnia definientem esse non aliud quam definitum?

F: Video, cum sui ipsius sit definitio. Sed quaenam sit illa, non video.

N: Clarissime tibi ipsam expressi. Et hoc est id, quod dixi nos negligere in venationis cursu quaesitum praetereuntes.

F: Quando expressisti?

N: Iam statim, quando dixi definitionem omnia definientem esse non aliud quam definitum.

F: Nondum te capio.

N: Pauca, quae dixi, facile rimantur, in quibus reperies non-aliud; quodsi toto nisu mentis aciem ad li non-aliud convertis, mecum ipsum definitionem se et omnia definientem videbis.

F: Instrue nos, quonam modo id fiat; nam magnum est quod affirmas et nondum credibile.

N: Responde igitur mihi: quid est non-aliud? Estne aliud quam non aliud?

F: Nequaquam aliud.

N: Igitur non-aliud.

F: Hoc certum est.

N: Definias igitur non-aliud!

F: Video equidem bene, quomodo non-aliud est non aliud quam non aliud. Et hoc negabit nemo.

N: Verum dicis. Nonne nunc certissime vides non-aliud se ipsum definire, cum per aliud definiri non possit?

F: Video certe, sed nondum constat ipsum omnia definire.

N: Nihil cognitu facilius. Quid enim responderes, si quis te quid est aliud interrogaret? Nonne diceres: non aliud quam aliud? Sic, quid caelum, responderes: non aliud quam caelum.

F: Utique veraciter sic respondere possem de omnibus, quae a me definiri expeterentur.

N: Cum igitur nihil maneat dubii, quin hic definiendi modus, quo non-aliud se et omnia definit, praecisissimus sit atque verissimus, non restat nisi circa ipsum attente immorari et quae humanitus sciri possunt reperire.

F: Mira dicis et promittis. Cuperem quidem in primis audire, si quis palam hoc expresserit ex omnibus contemplativis.

N: Licet nullum legerim, prae ceteris tamen Dionysius propinquius videtur accessisse. Nam in omnibus, quae varie exprimit, non-aliud ipse dilucidat. Quando vero ad finem Mysticae pervenit theologiae, creatorem affirmat neque quicquam nominabile, neque aliud quid esse.[2] Sic tamen hoc dicit, quod non videatur ibi magni aliquid propalare, quamvis intendenti non-aliud secretum expresserit undique per ipsum aliter explicatum.

2) Dionysius Areopagita, a.a.O., *De myst. theol.* V, p.599f.

2

F: Cum cuncti primum principium Deum appellent, videris tu quidem ipsum per li non-aliud velle significari. Primum enim ipsum fateri oportet, quod et se ipsum et omnia definit; nam cum primo non sit prius, sitque ab omnibus posterioribus absolutum, utique non nisi per semet ipsum definitur. Principiatum vero cum a se nihil, sed, quidquid est, habeat a principio, proprincipium est ratio essendi eius seu definitio.

N: Bene me capis, Ferdinande. Nam etsi primo principio multa attribuantur nomina, quorum nullum ei adaequatum esse potest, cum sit etiam nominum omnium sicut et rerum principium, et nihil principiati, [et][3)] omnia antecedat, per unum tamen significandi modum mentis acie praecisius videtur, quam per alium. Neque hactenus equidem comperi quodcumque significatum humanum visum rectius in primum dirigere. Nam omne significatum, quod in aliquid aliud sive in aliud ipsum terminatur, quemadmodum alia omnia sunt ab ipso non-aliud, utique non dirigunt in principium.

F: Video quae dicis sane sic se habere. Nam aliud, terminus visionis, principium videntis esse non potest. Aliud enim cum sit non aliud quam aliud, utique non-aliud praesupponit, sine quo non foret aliud. Omne igitur significatum aliud a significato ipsius non-aliud in alio quam in principio terminatur; hoc certe verum perspicio.

N: Optime! Cum nos autem alter alteri suam non possumus revelare visionem nisi per vocabulorum significatum, praecisius utique li non-aliud non occurrit, licet non sit nomen Dei, quod est ante omne nomen in caelo et terra nominabile, sicut via peregrinantem ad civitatem dirigens non est nomen civitatis.

---

3) Konjektur.

F: Sic est, ut dicis, et hoc clare conspicio, quando Deum esse non aliud quam Deum video et aliquid non aliud quam aliquid et nihil non aliud quam nihil et non-ens non aliud quam non-ens et ita de omnibus, quae qualitercumque dici possunt. Per hoc enim video non-aliud talia omnia antecedere, quia ipsa definit, et ipsa alia esse, cum non-aliud antecedat.

N: Placet mihi mentis tuae promptitudo et vivacitas, quia et bene capis et cito, quae volo. Ex his igitur nunc plane vides de li non-aliud significatum non solum ut viam nobis servire ad principium, sed innominabile nomen Dei propinquius figurare, ut in ipso tamquam in pretiosiori aenigmate relucescat inquirentibus.

3

F: Quamvis appareat te per li non-aliud videre principium essendi et cognoscendi, tamen, nisi id ipsum mihi clarius ostendas, non percipio.

N: Dicunt theologi Deum nobis in lucis aenigmate clarius relucere,[4] quia per sensibilia scandimus ad intelligibilia. Lux profecto ipsa, quae Deus, ante aliam est lucem qualitercumnque nominabilem et ante aliud simpliciter. Id vero, quod ante aliud videtur, non est aliud. Lux igitur illa, cum sit ipsum non-aliud et non lux nominabilis, in sensibili lucet lumine. Sed sensibilis lux visui comparata sensibili ita sese habere aliqualiter concipitur, sicut lux, quae non-aliud, ad omnia quae mente videri queunt. Visum autem sensibilem absque luce sensibili nihil videre experimur et visibilem colorem non esse nisi sensibilis lucis terminationem sive definitionem, ut iris ostendit. Et ita sensibilis lux principium est essendi et visibile sensibile cognoscendi. Ita quidem conicimus principium essendi esse et principium cognoscendi.

F: Clara manuductio et grata! Nam sic se habet in auditu sensibili. Sonus enim est principium essendi audibilis et cognoscendi. Deus igitur per non-aliud significatus essendi [et] cognoscendi omnibus principium est. Quem si quis subtrahit, nihil manet neque in re, neque in cognitione. Quemadmodum luce subtracta iris aut visibile nec est nec videtur, et sublato sono nec est audibile nec auditur, sic subtracto non-aliud neque est nec cognoscitur quicquam. Ista mihi sic se habere certissime teneo.

N: Utique bene tenes, sed advertas, quaeso; dum aliquid vides, puta lapidem quemquiam, licet non consideres, non tamen nisi per lucem ipsum vides. Et ita dum aliquid audis, non nisi per sonum audis, quamvis non attendas. Prioriter igitur essendi cognoscendique principium sese offert

---

4) Dionysius, a.a.O., *De div. nom.* IV, p.145; 162ff.

tamquam sine quo frustra ad videndum intenderes seu audiendum. Ceterum quia ad aliud, quod videre cupis audireve, est intentio, in principii consideratione non defigeris, quamquam id principium, medium et finis est quaesiti. Eodem modo in non-aliud adverte. Nam cum omne, quod quidem est, sit non aliud quam id ipsum, hoc utique non habet aliunde; a non-alio igitur habet. Non igitur aut est aut cognoscitur esse id, quod est, nisi per non-aliud, quae quidem est eius causa, adaequatissima ratio scilicet sive definitio, quae sese prioriter offert, quia principium, medium et finis per mentem quaesiti; sed nequaquam iuxta esse consideratur, quando quidem id, quod quaeritur, quaeratur ut aliud. Nam proprie non quaeritur principium, quod quaesitum semper antecedit, et sine quo quaesitum minime quaeri potest. Quaerit autem omnis quaerens attrectare principium, si id, ut Paulus ait, valeret.[5] Quod quoniam fieri nequit, veluti in sese est, ante aliud quaerens ipsum, cum ipse sit aliud, ipsum sane quaerit in alio, sicut lux, quae in se est per hominis visum invisibilis, ut in solaris lucis exprimitur puritate, videri quaeritur in visibili. Neque enim opus est lucem quaeri, quae se ipsam [ostendit in visibili, cum sit][6] alioquin incomprehensibilis; oporteret enim lucem luce quaeri. Lux igitur in visibili, ubi percipiatur, exquiritur, ut sic saltem attrectabiliter videatur.

---

5) Vgl. Apg. 17, 27.

6) Konjektur P. Wilpert in "Directio speculantis seu de non aliud," ed. Baur-Wilpert, Leipzig 1944, p.8.

4

F: Circa non-aliud immorandum admonuisti; ob maxima igitur tua promissa abire nequaquam festinabo. Dic ergo: quid tu per non-aliud intelligis?

N: Id, quod ipsum intelligo, per alia aliter exprimi nequit; nam omnis post ipsum foret alia expositio et minus ipso profecto. Id enim, quod per ipsum mens conatur videre, cum omnia, quae aut dici aut cogitari possunt, antecedat, quonam modo aliter dicetur? Omnes enim theologi Deum viderunt quid maius esse quam concipi posset, et idcirco supersubstantialem,[7] supra omne nomen et consimilia de ipso affirmarunt, neque aliud per super, aliud per sine, aliud per in, aliud per non et per ante nobis in Deo expresserunt; nam idem est ipsum esse substantiam supersubstantialem, et substantiam sine substantia, et substantiam insubstantialem, et substantiam non-substantialem, et substantiam ante substantiam. Qualitercumque autem dixeris, cum id ipsum, quod dicis, non aliud sit quam idem ipsum, patet non-aliud simplicius et prius esse per aliudque ineloquibile atque inexpressibile.

F: Visne dicere non-aliud affirmationem esse vel negationem vel eius generis tale?

N: Nequaquam, sed ante omnia talia; et istud est, quod per oppositorum coincidentiam annis multis quaesivi, ut libelli multi, quos de hac speculatione conscripsi, ostendunt.

F: Ponitne non-aliud aliquid, aut aufert aliquid?

N: Videtur ante omnem positionem atque ablationem.

F: Neque igitur est substantia, neque ens, neque unum, neque aliud quodcumque.

---

7) Dionysius, a.a.O., *De div. nom.* I, p.7 und I, p.36 u. a.

N: Sic equidem video.

F: Eo pacto neque non-ens, nec nihil.

N: Et hoc utique sic video.

F: Sequor te, pater, quantum valeo, mihique videtur certissimum non-aliud nec affirmatione negationeve aut alio quolibet modo comprehendi, sed mirum in modum ad aeternum ipsum videtur aspirare.[8)]

N: Stabile, firmum, aeternum multum de non-aliud videntur participare, cum alteritatem aut mutationem non-aliud nequapuam possit accipere. Cum tamen aeternum sit non aliud quam aeternum, erit sane aeternum aliud quidem quam non-aliud, et ideo ipsum ante aeternum et ante saecula perspicio supra omnem esse comprehensionem.

F: Ita quidem necesse est omnem quemcumque tecum perspicientem dicere, quando ad omnium, quae dici possunt, intendit antecedens. Verum equidem miror, quomodo unum et ens et verum et bonum post ipsum existant.

N: Quamvis unum propinquum admodum ad non-aliud videatur, quando quidem omne aut unum dicatur aut aliud, ita quod unum quasi non-aliud appareat; nihilominus tamen unum, cum nihil aliud quam unum sit, aliud est ab ipso non-aliud. Igitur non-aliud est simplicius uno, cum ab ipso non-aliud habeat, quod sit unum et non e converso. Enimvero quidam theologi unum pro non-aliud accipientes ipsum unum ante contradictionem perspexerunt, quemadmodum in Platonis Parmenide[9)] legitur atque [in] Areopagita Dionysio.[10)] Tamen, cum unum sit aliud a non uno, nequaquam dirigit in primum omnium principium, quod sive ab alio sive a nihilo aliud esse non potest, quod item nulli est contrarium, ut inferius videbis.

Eodem modo de ente considera. Nam etsi in ipso non-aliud clare videatur elucere, cum eorum, quae sunt, aliud ab aliquo minime videatur tamen ipsum non-aliud praecedit; sic de vero, quod quidem similiter de nullo ente negatur, et bono, licet nihil boni expers reperiatur. Sumuntur quoque ob id omnia haec pro apertis Dei nominibus, tametsi praecisionem non attingant. Non tamen proprie dicuntur illa post non-aliud esse; si enim forent post non-aliud, quomodo eorum quodlibet esset non aliud quam id, quod est? Sic igitur non-aliud ante ista videtur et alia, quod

---

8) In der HS am Rand: accedere aliter aspirare.

9) Plato, *Parmenides* 137c～160b.

10) Dionysius, a.a.O., *Dediv. nom.* XIII, p.540ff.

post ipsum non sunt, sed per ipsum. Recte igitur tu quidem miratus es de his, quae non-aliud antecedit, si post ipsum sunt et quonam modo id possibile.

F: Si recte te capio, ita non-aliud videtur ante omnia, quod ex his, quae post ipsum videntur, nullis abesse possit, si quidem etiam sint contradictoria.

N: Ita utique verum perspicio.

5

F: Oro te, pater, patere me loqui ea, quae equidem sic in non-aliud ductus intueor ut, si me errantem senseris, more corrigas tuo.

N: Eloquere, Ferdinande.

F: Non-aliud seorsum ante omne aliud intuens ipsum sic video, quod in eo quidquid videri potest intueor. Nam neque esse nec cognosci extra ipsum quidquam possibile; aliud etiam ipsum ab esse et cognosci id nequit effugere. Esse enim intelligereve quippiam extra non-aliud ne[11)] fingere quidem mihi est possibile; adeo ut, si ipsum quoque nihil et ignorare videre absque non-aliud coner, videre frustra et incassum coner. Quomodo enim nihil nihil visibile nisi per non-aliud, ut sit non aliud quam nihil? Pari modo de ignorare et ceteris omnibus. Omne enim, quod est, in tantum est, in quantum non-aliud est; et omne, quod intelligitur, in tantum intelligitur, in quantum non-aliud esse intelligitur; et omne, quod videtur verum, usque adeo videtur verum, in quantum non-aliud cernitur. Et summatim quidquid videtur aliud, in tantum aliud videtur, in quantum non aliud. Sicut igitur sublato non-aliud nec manet, nec cognoscitur quidquam sic in ipso quidem omnia et sunt et cognoscuntur et videntur. Ipsum enim non-aliud adaequatissima ratio est discretioque et mensura omnium, quae sunt, ut sint et quae non sunt, ut non sint; et quae possunt esse, ut esse possint; et quae sic sunt, ut sic sint et quae moventur, ut moveantur et quae stant, ut stent et quae vivunt, ut vivant et quae intelligunt, ut intelligant, et eiusmodi omnia. Ita enim necessarium esse video in eo, quod video ipsum non-aliud se definire ideoque et omnia, quae nominari possunt.

N: Recte in Deum aciem iecisti per non-aliud significatum, ut in

11) Cod. Mon.: sed ne.

principio, causa seu ratione, quae non est alia nec diversa, cuncta humaniter visibilia conspiceres, quantum tibi nunc qui conceditur. Tantum autem conceditur, quantum ipsum non-aliud, scilicet rerum ratio, tuae se rationi seu menti revelat sive visibilem exhibet, sed hoc nunc medio per non-aliud, quia sese definit, revelavit clarius quam antea. Nam quo pacto mihi se visibilem praestiterit, in libellis pluribus legere potuisti; nunc autem in hoc aenigmate significati ipsius non-aliud per rationem potissimum illam, quia se definit, fecundius et clarius, adeo ut sperare queam ipsum sese nobis aliquando sine aenigmate revelaturum.

F: Licet in praemissis, quaecumque videri per nos possunt, omnia complicentur, ut tamen acrius excitemur, certa dubia tangamus, ut per illorum evacuationem pronior fiat visio exercitata.

N: Placet, ut ita facias.

F: In primis quaerit scientiae avidus, ubi sumi debeat ratio, quod Deus trinus et unus est per li non-aliud significatus, cum non-aliud numerum omnem antecedat.

N: Ex his, quae dicta sunt, unica ratione omnia videntur, quam tu quidem vidisti esse, quia principium per non-aliud significatum se ipsum definit. In explicatam igitur eius defnitionem intueamur, quod videlicet non-aliud est non aliud quam non-aliud; idem triniter repetitum si est primi definitio, ut vides, ipsum perfecto est unitrinum et non alia ratione, quam quia se ipsum definit; non enim foret primum, si se ipsum minime definiret. Se autem quando definit, trinum ostendit. Ex perfectione igitur vides resultare trinitatem, quam tamen, quoniam ante aliud vides, nec numerare potes nec numerum esse affirmare, cum haec trinitas non sit aliud quam unitas, et unitas non sit aliud quam trinitas, quia tam trinitas quam unitas non sunt aliud quam simplex principium per non-aliud significatum.

F: Optime perfectionis primi necessitatem video, quia se definit, exigere, ut sit unitrinum ante aliud tamen et numerum, cum ea, quae ipsum primum praesupponunt, ad eius nihil conferant perfectionem. Sed cum alias et saepe hanc divinam fecunditatem nisus sis aliquo modo, maxime quidem in Docta ignorantia, explare per alios terminos, satis erit, si istis nunc pauca addideris.[12)]

N: Trinitatis secretum, Dei utique dono fide receptum, quamvis omnem sensum longe exsuperet atque antecedat, hoc medio, quo in praesentia Deum indagamus, non aliter nec praecisius quam superius audisti, declarari

12) *De docta ignorantia I*, 10; Schriften Bd. I, p.222ff.

potest. Sed qui Patrem, et Filium et Spiritum sanctum Trinitatem nominant, minus praecise quidem appropinquant, congrue tamen nominibus illis utuntur propter scripturarum convenientiam. Qui vero unitatem, aequalitatem et nexum Trinitatem nuncupant propius accederent, si termini illi sacris in litteris reperirentur inserti; sunt enim ii, in quibus non-aliud clare relucescit; nam in unitate, quae indistinctionem a se dicit et ab alio distinctionem, profecto non-aliud cernitur. Ita et in aequalitate sese manifestat et nexu consideranti. Adhuc simplicius ii termini, hoc, id et idem, lucidius praecisiusque non-aliud imitantur, sed minus sunt in usu. Sic itaque patet in non-aliud et non-aliud atque non-aliud, licet minime usitatum sit, unitrinum principium clarissime revelari supra omnem tamen nostram apprehensionem atque capacitatem. Quando enim primum principium ipsum se definit per non-aliud significatum, in eo definitivo motu de non-alio non-aliud oritur atque de non-alio et non-alio exorto in non-alio concluditur definitio, quae contemplans clarius, quam dici possit, intuebitur.

6

F: Haec de hoc quidem sufficiant. Nunc ut in alio non-aliud ostendas, porro perge.

N: Non-aliud neque est aliud, nec ab alio aliud, nec est in alio aliud non alia aliqua ratione, quam quia non-aliud quod nullo modo esse aliud potest, quasi sibi desit aliquid, sicut alii. Aliud enim, quia aliud est ab aliquo, eo caret, a quo aliud. Non-aliud autem, quia a nullo aliud est, non caret aliquo, nec extra ipsum quidam esse potest. Unde sicut non potest sine ipso neque dici quidquam nec cogitari, quod er ipsum non dicatur aut cogitetur, sine quo non esse, non discerni aliquid possibile est, cum talia omnia antecedat: tunc ipsum in se antecedenter et absolute non aliud quam ipsum videtur et in alio cernitur non aliud quam ipsum aliud. Puta si dixero Deum nihil visibilium esse quoniam eorum causa est et creator, et dixero ipsum in caelo esse non aliud quam caelum. Quomodo enim caelum non aliud quam caelum foret, si non-aliud in ipso foret aliud quam caelum? Caelum autem cum an non-caelo aliud sit, idcirco aliud est; Deus vero, qui non-aliud est, non est caelum, quod aliud, licet nec in ipso sit aliud, nec ab ipso aliud, sicut lux non est color; quamvis nec in ipso nec ab ipso aliud sit. Oportet te attentum esse, quomodo omnia, quae dici aut cogitari possunt, ideo non sunt primum per non-aliud significatum, quia ea omnia a suis oppositis alia sunt. Deus autem, quia non aliud est ab alio, non est aliud, quamvis non aliud et aliud videantur opponi; sed non opponitur aliud ipsi, a quo habet quod est aliud, ut praediximus. Nunc vides, quomodo recte theologi affirmarunt Deum in omnibus omnia, licet omnium nihil.[13)]

F: Nemo est, qui quidem mentem applicans haec tecum non videat.

---

13) Dionysius, a.a.O., *De div. nom.* I, p.405.

Ex quo constat unicuique Deum innominabilem omnia nominare infinitum omnia finire, interminum omnia terminare et de omnibus eodem modo.

N: Recte. Nam cum ipso non-aliud cessante omnia, quae sunt quaeque non sunt, necessario cessent, clare perspicitur, quomodo in ipso omnia anterioriter ipsum sunt et ipsum in omnibus omnia. Cum igitur in alio ipsum intueor aliudque in ipso ipsum prioriter quomodo per ipsum sine alio aliquo omnia id sunt, quod quidem sunt, video. Non enim creat caelum ex alio, sed per caelum, quod in ipso ipsum est; sicut si ipsum intellectualem spiritum diceremus seu lucem et in ipso intellectu rationem omnium esse ipsum consideraremus; tunc enim ratio, cur caelum caelum et non aliud, prioriter in ipso est, per quam constitutum est caelum, sive quae in caelo est caelum. Sensibile igitur caelum non est id, quod est, ab alio aut quid aliud a caelo, sed ab ipso non-aliud ab aliquo, quod vides ante nomen, quia omnia in omnibus est nominibus et omnium nullum. Nam eadem ratione, qua rationem illam caelum nominarem, eadem ratione ipsam terram nominarem atque aquam et pari de singulis modo. Et si rationem caeli non video caelum nominandam, quasi causa causati non habeat nomen, sic ipsum eadem ratione nullo video nominabilem. Non video igitur innominabilem quasi nomine privatum, verum ante nomen.

7

F: Intelligo et ita etiam verum cerno. Si enim cessaret causa, cessaret effectus; et ideo cessante ipso non-aliud cessaret omne aliud et omne nominabile et ita etiam ipsum nihil, cum nihil nominetur; ostende mihi, quaeso, ut id ipsum perspiciam.

N: Certum est quod si cessaret frigus, cessaret et glacies, quae iam Romae videtur multiplicata; verum propterea aqua prior glacie non cessaret; cessante vero ente cessaret et glacies et aqua, ita quod actu non esset; et tamen materia seu possibilitas essendi aquam non cessaret. Quae quidem possibilitas essendi aquam una dici possibilitas potest. Cessante vero uno et glacies et aqua et essendi aquam cessaret possibilitas. At non cessaret omne intelligibile, quod posset ad essendi aquam possibilitatem necessitari per omnipotentiam, puta ipsum intelligibile nihil vel chaos non cessaret, quod quidem ab ab aqua distantius est, quam ipsa essendi aquam possibilitas, quae, quamvis remotissima confusissimaque, omnipotentiae tamen necessitatur oboedire. Vigor autem omnipotentiae in ipsum non cessaret per unius cessationem. Verum si ipsum non-aliud cessaret, statim omnia cessarent, quae ipsum non-aliud antecedit. Atque ita non entium solummodo actus cessaret ac potentia, sed et non-ens et nihil entium, quae non-aliud antecedit.

F: Satis dubio fecisti. Nunc nihil video, quod est non-aliud quam nihil non-aliud ante se habere, a quo distat ultra actu esse et esse potentia. Videtur enim mente quam confusissimum chaos, quod infinita dumtaxat virtute, quae non-aliud est, ut determinetur, potest astringi.

N: Dixisti virtutem ac tu infinitam esse non-aliud. Quomodo id vides?

F: Virtutem unitam et minus aliam video fortiorem. Quae igitur penitus non-aliud, illa erit infinita.

N: Optime et rationabiliter in primis dicis; rationabiliter in quam sicut enim sensibilis visio quantumcumque acuta absque omni sensatione seu sensibili motu esse nequit, ita et mentalis non est absque omni rationali. Et quamvis recto intuitu te videam uti, scire tamen opto, an ipsum non-aliud sic per mentem videatur in omnibus, quod non possit non videri.

F: Ad principium se et quae dici queunt omnia definiens recurro videoque, quomodo videre est non aliud quam videre, et video equidem, quod ipsum non-aliud tam per videre quam non videre conspicio. Si igitur mens sine ipso non-aliud nec videre potest nec non videre, non igitur ipsum non-aliud potest non videri, sicut non potest non sciri, quod per scientiam scitur atque ignorantiam. In alio ipsum non-aliud cernitur, quia, cum aliud videtur, aliud videtur et non aliud.

N: Bene ais. Sed quomodo vides aliud, si in alio non vides aut in non-alio?

F: Quoniam positio ipsius non-aliud omnium est positio et eius sublatio omnium sublatio, ideo aliud nec extra non-aliud est nec videtur.

N: Si in non-alio aliud vides, utique non vides ipsum ibi esse esse aliud, sed non-aliud, cum in non alio esse aliud sit impossibile.

F: Aliud in non-alio videre me idcirco aio, quia extra ipsum nequit videri. Sed si me quid sit aliud in non-alio interrogares, dicerem esse non-aliud.

N: Recte.

8

F: De quidditate aliquid attingere expedit.

N: Attingam. Non haesitas, ut opinor, ipsius non-aliud quidditatem non-aliud ipsum esse; ideo Dei sive ipsius non-aliud quidditas ab aliqua quidditate non est alia, sed in omni alia quidditate ipsum non-aliud est ipsa non alia. Alia igitur a quidditate ipsius aliud idcirco accidunt ei, quia aliud, quod sine alio non-aliud foret. Alia igitur illa ad ipsius aliud quidditatem consequenter se habentia quidditatis ipsius [non][14)]-aliud splendores sunt, qui in nihil umbra occumbunt. Quidditas igitur, quae non-aliud, quidditatis ipsius aliud quidditas est, quae quidem quidditatis est prioris relucentia. Suntque alia, quae illi accidunt, in quibus quidditas illa, cui accidunt, lucet.

Quidditas, quam mente ante quantitatem video, cum sine quanto imaginari non possit, in imaginatione varias recipit imagines, quae sine varia quantitate esse non queunt; et licet de quidditatis essentia quantitas non sit, quam mens quidem supra imaginationem contemplatur, cumque quidditas illa, quam mens videt, non alia a quidditate sit, quam imaginatio imaginatur, quantitas tamen sic est consequenter ad imaginis quidditatem, quod sine ipsa esse nequit imago. Sic de magnitudine dico, quae mente supra imaginationem videtur ante imaginariam quantitatem. Sed in imaginatione cernitur quantitas. Quanto est autem absolutior eius imaginatio a grossa et umbrosa quantitate subtiliorque atque simplicior, tanto in ea magnitudinis quidditas simplicius et certius et imaginaria verior relucescit. Non enim quantitas aliquid est ad magnitudinis quidditatem, quasi ex eo constituatur, neccessarium, cum maxima simplicitas sive indivisibilitas magna sit absque quantitate. Sed si debet imaginari

14) Konjektur.

magnitudo sive imaginabiliter apparere, statim quantitas est necessaria, tamquam sine qua hoc non sit possibile.

Quantitas igitur est relucentia magnitudinis in sua imagine imaginabiliter, verum in intelligentia certius relucet. Magnum enim intellectum et scientiam magnam dicimus; ibi autem intellectualiter relucet magnitudo, separatim scilicet et absolute ante corpoream quantitatem. Sed supra omnem intellectum verissime cernitur, scilicet supra et ante omnem modum cognitivum. Et ita incomprehensibiliter comprehenditur, incognoscibiliterque cognoscitur, sicut invisibiliter videtur. Quae quoniam supra hominis cognitionem est cognitio, non nisi negative in humaniter cognitis attrectatur.

Nam non dubitamus, quin imaginabilis magnitudo non aliud quam imaginabilis sit, et sic intelligibilis non aliud quam intelligibilis, et ita magnitudinem illam videmus, quae in imaginabili imaginabilis et intelligibilis est in intelligibili, non illam, quae non-aliud ipsum [est][15] et ante aliud, qua non existente neque intelligibilis foret. Imaginabilis enim magnitudo magnitudinem praesupponit, quae est ante imaginabilem contractionem, et intelligibilis eam, quae ante contractionem intelligibilem, quae sic et sic relucet in specula et aenigmate, ut, quae est ante aliud et modum et omne effabile et cognoscibile, cognoscatur, qualis est illa Dei, cuius non est ullus finis, magnitudo, quae nullis cognoscibilibus terminis comprehenditur. Ita universaliter quidditas, quae est ipsum non-aliud, sese et rerum omnes definit quidditates, sicut est dictum de magnitudinis quidditate. Quemadmodum igitur non-aliud non est multiplicabile, quia est ante numerum, eodem modo et quidditas, quae non-aliud, licet aliis in rebus aliisque in modis alia sit.

F: Aperuisti mihi oculos, ut videre incipiam, quomodo se habeat veritas quidditatis et in aenigmate quidditatis magnitudinis me ad gratissimam utique visionem perduxisti.

N: Bene nunc quidem clareque mente vides ipsum non-aliud in omni cognitione praesupponi et cognosci, neque quod cognoscitur ab ipso aliud esse, sed esse ipsum incognitum, quod in cognito cognite relucescit, sicut solis claritas sensibiliter invisibilis in iridis coloribus visibilibus visibiliter relucet varie in varia nube.

15) Cod. Mon.: esse.

9

F: Dic, rogo te, aliqua de universo, ut te sequens ad Dei melius subintrem visionem.

N: Dicam. Dum corporeis caelum oculis video terramque et quae in iis sunt, et illa, quae vidi, ut universum imaginer, colligo, intellectualiter conspicio quodlibet universi suo in loco et congruenti ordine ac pace, pulchrum contemplor mundum et cum ratione omnia fabrefacta, quam in omnibus comperio relucere tam in iis, quae tantum sunt, quam in iis, quae sunt simul et vivunt, in iisque, quae pariter sunt, vivunt et intelligunt, in primis quidem obscurius, vivacius in secundis et clarius, in tertiis vero lucidissime et in singulis modis varie in variis. Deinde ad ipsam me rerum rationem converto, quae mundum praecedit et per quam mundum video constitutum, et illam incomprehensibilem invenio. Non enim haesito ipsam mundi rationem, per quam omnia rationabiliter facta sunt, omnem cognitionem praesupponere et in creatis ipsam omnibus elucere, cum nihil sit factum absque ratione; ipsam tamen minime comprehendo. Nam si ipsam comprehenderem, profecto cur mundus sic est et non aliter scirem, cur sol sol, luna luna, terra terra et quodvis id, quod est et nec aliud, nec maius, nec minus; quippe si statim haec scirem, non ego essem creatura et portio universi, quia ratio mea esset ars universi creativa ita et suiipsius creatrix. Quare ipsum non-aliud comprehendo, quando quidem universi rationem non esse comprehensibilem video, cum antecedat omne comprehensibile, ipsam igitur incomprehensibilem, quod in comprehensibilibus [in][16] com-prehensibiliter relucet, perspicio.

F: Difficile comprehenditur, quod esse praecedit.

N: Forma dat esse et cognosci. Ideo quod non est formatum, quia

16) Konjektur.

praecedit aut sequitur, non comprehenditur, sicut Deus et et hyle et nihil et talia.

Quando illa visu mentis attingimus, supra vel cirta comprehensionem attingimus; sed sine verbo visionem communicare non valentes sine li esse, quod non est, explicare non possumus, quia aliter audientes non comprehenderent. Unde hae mentis visiones, sicut sunt supra comprehensionem, sic etiam supra expressionem. Et locutiones de ipsis sunt impropriae, praecisione carentes, sicut cum dicimus materiam esse materiam, hyle esse hyle, nihil esse nihil et huiusmodi. Oportet igitur speculantem facere, uti facit videns per vitrum rubeum nivem, qui nivem videt et apparentiam rubedinis non nivi, sed vitro attribuit, ita facit mens per formam videns informatum.

F: Quo pacto hoc verum videbo, quod theologi dicunt omnia Dei creata voluntate?

N: Voluntas Dei est non-aliud, nam velle determinat; quo autem voluntas perfectior, eo rationabilior atque ordinatior. Voluntas igitur, quae ante aliud non-aliud cernitur, non est alia a ratione, neque sapientia, nec alio quolibet nominabili. Si voluntatem igitur esse ipsum non-aliud vides, ipsam esse rationem, sapientiam, ordinem vides, a quibus non est aliud; et sic illa vides voluntate omnia determinari, causari, ordinari, firmari, stabiliri et conservari, et in universo relucere, sicut Traiani in sua columna, voluntatem, in qua sapientia est atque potentia. Nam cum posteris gloriam suam ostendere Traianus vellet, quae non nisi in aenigmate ostendi sensibili potuit sensibilibus, quibus gloriae suae praesentiam exhibere fuit impossibile, hoc fecit in columna, quae sua dicitur, quia sua voluntate id est columna quod est, et non est ipsa columna aliud ab eius voluntate, licet columna nequaquam sit voluntas, sed quidquid est columna, hoc habet ab ipsa voluntate, quae ipsam definit et terminat. Sed in voluntate sapientia cernitur ordoque, quae relucet in sculpturis rerum bellicarum peractis cum felicitate; in pretiositate quoque operis, quod ab impotente perfici non potuisset, Traiani potentia relucet.

Eo te iuvabis aenigmate, ut videas regem regum, qui per non-aliud significatur, ad gloriae suae ostensionem voluntate, in qua est sapientia et potentia, universum et quamlibet eius partem creasse, quae etiam triniter relucet in omnibus, essentialiter scilicet, intelligibiliter et desiderabiliter, ut in anima nostra experimur. Nam ibi relucet ut principium essendi, a quo anima habet esse, et ut principium cognoscendi, a quo cognoscere, et ut principium desiderandi, a quo habet et velle, et suum unitrinum in his principium speculando ad eius ascenditur gloriam.

F: Optime ista sic esse contemplor et video voluntatem, quae non-aliud, creatricem ab omnibus desiderari et nominari bonitatem.

Nam quid desiderant omnia, quae sunt — non aliud utique quam esse; quid quae vivunt — non aliud quam vivere; et quae intellint — non aliud quam intelligere. Hoc igitur quodlibet desiderat, quod ab ipso est non-aliud. Non-aliud vero cum ab aliquo non sit aliud, ab omnibus summopere desideratur tamquam principium essendi, medium conservandi et quiescendi finis.

N: Recte in ipsum non-aliud intendis, in quo omnia elucescunt.

10

F: Quidam theologorum creaturam aiebant non aliud quam Dei participationem.[17] Circa hoc te audire percupio.

N: Primum tu vides quidem ipsum non-aliud innominabile, quia nullum nomen ad ipsum attingit, cum omnia praecedat. Omne nomen tamen id est, quod est, ipsius participatione; nominatur igitur minime nominabile. Sic in omnibus imparticipabile participatur. Sunt sane quae obscure non-aliud participant, quia confuse atque generaliter; sunt quae magis specifice; sunt quae specialissime, sicut animae vitam aliqua membra obscure, aliqua clarius, aliqua vero specialissime participant. Potentiae item animae aliae clarius, aliae obscurius participant intelligentiam. Creaturae quoque, quae minus ab aliis aliae sunt, veluti purae intelligentiae, de ipso plus participant. At quae magis ab aliis aliae sunt, ut puta corporales, quae sese uno non compatiuntur loco, de natura eius, quae non aliud est ab aliquo, minus participant.

F: Video ita se habere quae dixisti. Sed adhuc, quaeso, adicere ne pigriteris, quonam id modo verum videtur, quod rerum essentiae incorruptibiles sunt.

N: Primum non haesitas tu quidem ipsum non-aliud esse incorruptibile. Si enim corrumperetur, in aliud corrumperetur; posito autem aliud et non-aliud ponitur; non est igitur corruptibile.

Deinde certum est ipsum non-aliud se et omnia definire. Omnes igitur rerum essentiae nisi ipsius non-aliud non sunt. Ex quo ipsum non-aliud igitur in ipsis est, ipsae essentiae quomodo non-aliud perdurante corrumperentur? Sicut enim ipsum non-aliud essentias praecedit et omne nominabile, ita mutabilitatem ac fluxibilitatem, quae in alterabili materia

17) Dionysius, a.a.O., *De cael hier*. IV, 802f. Vgl. auch *De div. nom*. V, 329ff.

radicatur, praecedunt essentiae. Non-aliud quidem non est essentia, sed, quia in essentiis essentia, essentia dicitur essentiarum.

Dicebat Apostolus: "Quae videntur, temporalia sunt, quae [non] videntur, aeterna."[18] Materialia enim sunt, quae sensu quocumque sentiuntur, et secundum materiae naturam fluxibilia atque instabilia. Quae vero non videntur sensibiliter et tamen sunt, temporaliter quidem esse non videntur, verum sunt aeterna. Dum essentiamin alio, ut in Socrate vides humanitatem, ipsam in alio aliam vides, ideoque propter hoc in Socrate corruptibili per accidens esse corruptibilem. Sin eam ab alio videas separatam et in non-alio, nempe secundum ipsius naturam, in quo illam vides, ipsam vides incorruptibilem.

F: Videris essentiam illam, quam non-aliud praecedit et aliud sequitur, ideam sive speciem dicere.

N: Sic rerum exemplaria ante res et post Deum vidit Plato[19] namque rem ratio rei antecedit, cum per ipsam fiat. Varietas autem rerum varias dicit rationes, quas oportet post fontem esse, a quo secundum ipsum emanant. Sed quia non-aliud ante res est, quod adaequatissima causa est, cur quodlibet id est, quod est, non-aliud autem multiplicabile non est: idcirco rerum ratio, quae aliud praecedit, et numerum praecedit et pluralitatem et innumerabiliter secundum res ipsam participantes numeratur.

F: Videris dicere rerum essentias non esse, verum unam esse, quam rationem asseveras.

N: Nosti tu quidem unum, essentiam, ideam, formam, exemplar sive speciem non-aliud ista non attingere. Quando igitur in res intueor ipsarum essentias videns, cum res quidem per ipsas sint, per intellectum eas ipsas prioriter contemplando alias et alias assevero. Quando ipsas vero supra intellectum ante aliud video, non video alias aliasque essentias, sed non aliud [quam][20] essentiarum, [quas][21] in rebus contemplabar, simplicem rationem; et ipsam non-aliud aut essentiarum essentiam appello, cum sit quidquid omniin essentiis cernitur.

F: Essentiae igitur esse essentiam dicis, quod [eam] ob rem Aristoteles non admisit, ne in infinitum transitus fieret numquamque deveniretur ad

---

18) 2Kor. 4, 18.

19) Vgl. Plato, *Timaios* 28aff.

20) Cod. Mon.: nominis.

21) Cod. Mon.: quam.

primum et scientia omnis interiret.

N: Recte dicebat Aristoteles[22] in infinitum non posse pertransiri, prout quantitas mente concipitur, ideoque ipsum excludit. Sed uti est ante quantitatem atque omne aliud et in omnibus omnia, eiusmodi non refutavit infinitum, sed ad ipsum cuncta deduxit ut de primo motore, quem virtutis repperit infinitae; et hanc participari in omnibus virtutem vidit.[23] quod equidem infinitum non-aliud dico. Unde non-aliud formarum est forma sive formae forma et speciei species et termini terminus et de omnibus eodem modo sine eo, quod sic ulterius in infinitum sit progressus, cum iam ad infinitum omnia definiens sit perventum.

---

22) Aristoteles, *Analytica posteriora* I, 22, 83b.

23) Aristoteles, *Metaphysica* XII, 7~8, 1081aff. u.a.

11

F: Velis, optime pater, aliquo aenigmate me ducere ad dictorum visionem, ut melius quid velis intuear.

N: Perlibenter. Videsne hunc lapillum carbunculum, quem rustici rubinum nuncupant, hac ipsa tertia noctis hora, tempore et loco obscurissimo, nec opus candela esse, quia in eo lux est? Quae dum se ipsam vult exserere, medio lapilli hoc facit, quia in se esset sensui invisibilis. Non enim occurreret sensui ideoque nequaquam sentiretur, cum nisi obvium sibi sensus non cognoscat. Illa igitur lux, quae fulgescit in lapillo, ad lucem, quae in oculo est, id defert, quod de lapillo illo visibile est.

Considere autem quomodo carbunculorum alius plus, alius minus fulget, et perfectior is est, qui fulgidior et maior quantitate, minor autem fulgore ille quidem ignobilior; fulgoris igitur intensitatem eius pretiositatis mensuram perspicio non autem corporis molem, nisi secundum ipsam fulgoris etiam intensitas sit micantior. Non ergo molis quantitatem de carbunculi essentia video, quia et parvus lapillus carbunculus est, sicut et magnus. Ante magnum igitur corpus et parvum carbunculi substantiam cerno. Ita de colore, figura et ceteris eius accidentiis. Unde omnia, quae visu, tactu, imaginatione de carbunculo attingo, carbunculi non sunt essentia, sed quae ei accidunt cetera, in quibus, ut sensibilis sit, ipsa enitescit, quia sine illis nequit esse sensibilis.

Illa igitur, quae accidens praecedit, substantia ab accidentibus nihil habet. Sed accidentia habent ab, ipsa omnia, quoniam eius sunt accidentia seu substantialis lucis eius umbra vel imago. Lux igitur illa substantialis carbunculi in clarioris fulgore splendentiae se clarius ostendit ut in similitudine propinquiori. Carbunculi autem hoc est rubini color, rubens scilicet, non nisi lucis terminus est substantialis, non autem substantia, sed est similitudo substantiae, quia extrinsecum est sive sensibilis. Lux igitur substantialis, quae praecedit colorem et omne accidens, quod quidem sensu et imaginatione potest apprehendi, intimior et penitior carbunculo est et sensui ipsi invisibilis, per intellectum autem, qui ipsam anterioriter separat, cernitur; ipse sane illam carbunculi substantiam videt non aliud quam carbunculi esse substantiam; et ideo ipsam etiam ab omni substantia non carbunculi aliam videt. Et hoc in aliis atque aliis operationibus experitur, quae substantiae carbunculi virtutem sequuntur et non alterius rei cuiuscumque. Quia igitur sic aliam substantialem invisibilem carbunculi lucem videt, aliam substantialem invisibilem magnetis substantiam, solis aliam, aliam leonis et ita de omnibus, substantialem lucem in visibilibus omnibus aliam et aliam videt, et ante omne sensibile intelligibilem, cum substantia, quae prior accidente videtur, non nisi intellectu videatur, qui solum videt intelligibile.

Acutius deinde mente introspiciens in universum ipsium et eius singulas partes is videt, quod sicut carbunculi substantia a sua quantitate non est alia colore, duritie et reliquis, quando quidem eius sunt accidentia et ipsa in ipsis est omnia quaecumque illa sunt, quamquam non est ipsa nec quantitas illa nec qualitas nec accidentium aliud, sed in ipsis ipsa, quae alia sunt atque alia, quoniam aliud accidens quantitas est, aliud qualitas et pari de omnibus modo (ita necessarium video, quod, cum alia carbunuli substantia sit, alia magnetis, alia hominis, alia solis, tunc in ipsis omnibus aliis aliisque substantiis non-aliud ipsum antecedere necesse est), quod quidem ab omnibus, quae sunt, non sit aliud, sed omnia in omnibus sit, omne id scilicet, quod in quocumque subsistit. Quemadmodum Ioannes Evangelista Deum lucem dicit ante aliud, scilicet tenebras, quia ipsum asserit lucem, in qua ullae non sunt tenebrae.[24] Si lucem igitur id, quod ipsum est non-aliud, dixeris, erunt creaturae tenebrae aliud. Sic mens cernit ultra intelligibilem substantialem lucem singulorum lucis principium non-aliud, quia non aliud a singulis est substantiis.

---

24) 1 Joh. 1, 5.

12

F: Intelligere te equidem videor mihi; ut tamen experiar, dicito: Nonne tu admittis parvum hunc carbunculum esse alium ab illo grandiori?

N: Cur non admittam?

F: At cum ambo sint carbunculi, substantia utique unius ab alterius substantia alia non videtur; unde sunt ergo ab invicem alia?

N: Tu quidem in substantiam absolutam intueris, quae in aliis alia esse non potest per ipsam substantificatis, at quae, ut sensibilis fiat substantia, materiam requirit substantificabilem, sine qua non posset substantificari. Quomodo enim substantificari posset absque sensibiliter essendi possibilitate? Idcirco cum ab illo alius sit iste carbunculus, ex essendi possibilitate, in uno alia quam in altero, hoc evenire necesse est. Cum igitur materia sensibilis ad sensibilem substantiam necessaria sit, erit substantialis materia in sensibilibus, ex quo secundum substantialem hanc materiam, quae alia in alio est carbunculo, substantialiter duo carbunculi differunt. At vero secundum intelligibilem substantiam, quae essendi forma possibilis sensibilisque substantiae intelligitur, alii et alii duo non sunt carbunculi.

F: Erit igitur carbuncularis id est rubinalis substantia non alia a qualibet cuiusvis carbunculi substantia, cuius quidem extrema ei accidentia, ut sensibilis et materialis est, ipsam consequuntur.

N: Optime intelligis. Nam in diversis carbunculis est substantia, quae non est alia a quacumque cuiuslibet carbunculi substantia, licet neutrius substantia sit ob substantialis possibilitatis ipsorum et accidentium consequenter advenientium varietatem. Prima igitur substantia, quam intellectus videt separatam, est substantia seu forma specifica. Alia vero, quae sensibilis dicitur, est per primam et materiam specificabilem specificata.

F: Clarissima haec sunt. Sed nonne sic ipsum non-aliud se habere ad alias et alias intelligibiles substantias vides?

N: Praecise.

F: Non erit igitur unum universum quasi unus iste carbunculus?

N: Quam ob rem hoc?

F: Quia eius substantia a qualibet ipsius partis substantia alia non foret, puta eius substantia non foret alia a carbunculi vel hominis substantia, sicut nec hominis substantia a substantia manus eius, licet non sit manus, quae alia est substantia.

N: Quid tum?

F: Absurdum profecto! Nam ipsum non-aliud substantia foret universi et ita ipsum universum foret, quod tamen video impossibile quando ipsum ante universum et aliud conspicio. Universum vero illud utique aliud video.

N: Non aberras nec devias, Ferdinande. Nam cum omnia ad Deum seu non-aliud ordinentur et nequaquam ad aliud post ipsum, non est considerandum universum quasi finis universorum; tunc enim Deus esset universum. Sed cum ad suum sint principium ordinata universa — per ordinem enim a Deo universa esse se ostendunt — ad ipsum igitur ut ordinis in omnibus ordinem sunt ordinata. Omnia enim ordinat, ut ipsum non-aliud sive ordinis ordo in ordinatorum ad ipsum perfectione perfectius relucescat.

13

F: Colligendo quae iam intellexi ita in pluribus carbunculis aliquid cernit intellectus, quod eiusdem ipsos speciei efficit; et licet ipsis hoc insit omnibus ut specificans, anterioriter tamen ipsum tale ante pluralitatem illam carbunculorum intuetur ipsius non-aliud similitudinem, quia carbunculum quemlibet esse carbunculum facit, et carbunculi cuiuslibet[25] est internum substantiale principium, quo subtracto carbunculus non manebit. Hoc igitur specificum principium specificat carbunculi possibilitatem essendi specificabilem ipsique possibilitati esse tribuit actuale, quando quidem posse esse carbunculi facit actu suo ac tu esse carbunculum quando confusam essendi possibilitatem per specificum actum determinatam et specificatam experimur. Et tunc illud, quod prius intellectualiter absolutum vidisti, in singulo carbunculo possibilitatis actum vides, quoniam ac tu est carbunculus veluti si quis glaciem respiciens consideret fuisse prius fluidum rivulum, quem nunc concretam et stabilitam glaciem videt.

Ille causam inspiciens reperiet, quomodo frigus, quod intellectualiter separatum videt, essendi quaedam species est, quae in concretam et stabilem glaciem omnium rivulorum materiam crustavit et perstrinxit congelabilem, ut quilibet rivulus ob ipsius causae suae actualis praesentiam actu glacies sit, quamdiu per ipsam, quominus effluat, continetur. Et licet a frigidis non reperiatur frigus separatum, intuetur tamen intellectus ut frigidorum causam ipsum ante frigida et frigefactum actu per frigus frigidabile cernit in frigidis, indeque ita glaciem ortam aut inveniri aut pruinam aut grandinem aut secundum frigidabilium varietatem eius generis reliqua. Sed quoniam materia frigidabilis calefactibilis quoque est, ideo

25) Cod. Clm. fuegt hinzu: carbunculi.

in sese frigus alioquin incorruptibile propter materiam, sine qua nequaquam actu repetitur, dum ipsa per caliditatem utpote calefactibilis alteratur, per accidens in corruptionem cadit. Sic mihi videris ipse dixisse.

Quomodo etiam consequenter se habent ad specificas substantias accidentia intelligo. Sicut alia sunt, quae unam quam aliam glaciem consequuntur, alia item, quae nivem, pruinam, grandinem, cristallum et alium quemvis lapidem. Satis et his naturae operibus apertis et patulis profundiora quoque reperio non aliter se habere, quam ipse breviter perstrinxisti, formas videlicet specificas et substantificas separatas per intellectum conspici ac in specificatis rebus substantificatisque modo praemisso attingi. De sensibilibus autem substantiis ad intelligibiles me per similitudinem erigo.

N: Video te meum quidem conceptum in exemplo naturae aptissimo dilucide explanasse et gaudeo; omnia enim eo pacto considerando perspicies. Nam quod parvo calore cristallum non dissolvatur, ut glacies, propter congelantis victoriam frigoris super aquae congelatae fluxibilitatem, plane ostendit, ubi materiae fluxibilitatem omnem forma in actu ponit, veluti in caelo, illius corruptionem non sequi. Ex quo impossibilem esse intelligentiis corruptionem, quae in sensibilibus est, patet, quod sunt a materia separatae, quae apta est alterari.

Unde cum in intelligente intellectum calor, ut calefiat, non immutet, sicut in sentiente, ubi sensum immutat, facit, evidens est intellectum materialem non esse aut alterabilem, quia sensibilia, quorum propria immutatio est, non sensibiliter in eo, sed intellectualiter sunt; dumque acriter attente intellectum ante sensum esse consideras et idcirco nullo attingibilem sensu, omnia quaecumque in sensu sunt anterioriter in intellectu reperies. Anterioriter autem, hoc est insensibiliter, dico; sicut in intellectu frigus est ac frigidum in sensu, frigus in intellectu ad sensibile frigus anterioriter est. Non enim sentitur, sed intelligitur frigus, cum frigidum ipsum sentiatur; sicut nec calor sentitur, sed calidum, ita nec aqua, sed aqueum, neque ignis, sed igneum in sensibilium regione reperitur. Quod similiter de compositis omnibus est dicendum, quoniam omne sensibilis mundi tale simplex, quod est de regione intelligibilium, antecedit. Aliaque et alia intelligibilia non-aliud ipsum, simplicium intelligibilium simplicitas, praecurrit; quam ob rem non aliud nequaquam in se, sed in simplici simpliciter, composite vero intelligitur in composito, quae quidem sunt, ut sic dixerim, non-aliata eius, et a quibus scilicet ipsum non-aliud aliud non est. Video igitur, quomodo eorum, quae in regione sensibilium reperiuntur, quicquam sentitur, simplex eius, quod quidem intelligitur, antecedit. Nec minus omnia, quae in intelligibilium reperiuntur regione, principium, quod non-aliud nominamus, antecurrit. Intellectuale quippe frigus eius praevenit causa, quae ipsum non aliud quam frigus esse definit.

Sicut ergo intellectus per intellectuale frigus omnia sensibiliter frigida intelligit sine mutatione sui sive frigefactione, ita ipsum non-aliud per se ipsum sive non-aliud omnia intellectualiter existentia facit non alia quam id esse, quod sunt, sine sui vel mutatione vel alteritate. Et sicut frigidum sensibile intellectuale non est frigus, licet aliud ab ipso frigus nequaquam sit, sic frigus intellectuale principium non est primum, etsi primum principium, quod est non-aliud, ab ipso non sit aliud.

14

F: Prime equidem et clarissime ita haec esse perspicio, quemadmodum ais, elicioque in intellectualibus non-aliud valde relucere principium, quoniam, etsi ipsa non sunt sensibilia, tamen a sensibilibus non sunt alia. Frigus enim a frigido non est aliud, ut dixisti, quoniam summoto frigore nec frigidum erit, neque esse intelligetur; sic intellectus se habet ad sensum. Similiter ideo agens omne simile producere video, quia omne id, quod est, ab ipso non-aliud habet; quapropter calor calefacere et frigefacere frigus nititur, et de omnibus eodem modo. Sed haec nunc ita sufficiant. Quaeso vero, ut iuxta tua promissa ab hoc me principio in magnum illum theologum Dionysium aliosque quam brevissime introducas.

N: Obsequar tibi, quam fieri poterit brevissime, ut poscis. Dionysius, theologorum maximus, impossibile esse praesupponit ad spiritualium intelligentiam praeterquam sensibilium formarum ductu hominem ascendere, ut visibilem scilicet pulchritudinem invisibilis decoris imaginem putet. Hinc sensibilia intelligibilium similitudines seu imagines dicit, Deum autem principium asserit intelligibilia omnia praecedere, quem scire se dicit nihil omnium esse, quae sciri possunt aut concipi. Ideo hoc solum de ipso credit posse sciri, quem esse inquit omnium esse, quod scilicet omnem intellectum antecedit.

F: Dic eius, nisi tibi grave est, verba.

N: Alii aliter eius verba latine reddiderunt; ceterum ego ex fratris Ambrosii Camaldulensium generalis, novissimi interpretis, translatione, quae mihi proposito videbuntur inservire, ex ordine subiungam.

(1)

Ex capitulo primo Caelestis Hierarchiae: "Impossibile est hominem ad intelligentiam spiritualium ascendere, nisi formis et similitudinibus sensibilium ducatur, ut scilicet visibilem pulchritudinem invisibilis decoris imaginem putet."[26] Ex capitulo secundo: "Cum simplex divinarum rerum substantia in se ipsa et incognita sit nobis et intelligentiam fugiat nostram. …"[27] Ex eodem: "Dum ipsam esse aliquid negamus ex hiis, quae sunt, verum profecto loquimur, etsi modum, quo illa indefinita est, quippe supersubstantialem et incomprehensibilem atque ineffabilem prorsus ignoramus."[28] Caelestis hierarchiae capitulo quarto: "Igitur omnia quaeque subsistunt providentiae ratione reguntur ex summa illa omnium auctore deitate manantis. Alioquin essent profecto nulla, nisi substantiae rerum atque principio communicarent. Itaque inanimata omnia hoc ipsum quod sunt ab ipso suscipiunt, quippe esse omnium est ipsa divinitas, quae modum totius essentiae superat."[29] Eodem capitulo: "Secretum ipsum Dei (quodcumque tandem illud est) nemo unquam vidit, neque videbit."[30] Eiusdem capitulo tertio decimo: "Admonebatur ergo theologus ex his, quae cernebat, ut secundum omnem substantialem eminentiam cunctis visibilibus invisibilibusque virtutibus absque ulla comparatione Deus excelsior sit."[31]

(2)

De ecclesiastica hierarchia capitulo primo: "Ut vere et proprie dixerim: unum quidem est, quod appetunt omnes, qui unius speciem praeferunt, sed non uno modo eius, quod idem atque unum est, participes fiunt, verum ut cuique pro merito sortem divina et aequissima libra distribuit."[32] Eodem capitulo: "Initium est fons vitae, bonitatis essentia, unica rerum omnium causa, beatissima Trinitas, ex qua sola bonitatis causa, quae sunt omnia,

26) Dionysius, a.a.O., *De cael. hier.* I, p.735f.

27) *Ibid.*, II, p.745.

28) *Ibid.*, II, p.758.

29) *Ibid.*, IV, p.801.

30) *Ibid.*, IV, p.809.

31) *Ibid.*, XIII, p.962.

32) Diony., *De eccl.* I 1084f.

ut et essent et bene essent, acceperunt; hinc transcendenti omnia divinae beatitudini trinae atque uni, cui soli vere esse inest modo nobis quidem incognito, sed sibi plane perspecto et noto, voluntas quidem est rationalis salus humanae omnis caelestisque substantiae."[33)]

(3)

De divinis nominibus capitulo primo: "Sicut enim spiritualia carnales percipere et inspicere nequeunt, et qui figmentis et figuris inhaerent ad simplicia figurisque vacua non aspirant, quique secundum corporum lineamenta formantur incorporearum rerum informitatem nec tactui nec figuris obnoxiam nequaquam attingunt eadem ratione veritatis supereminet substantiis omnibus supersubstantialis infinitas, sensusque excellit omnes unitas sensu eminentior, ac mentibus omnibus inexcogitabile est unum illud mente superius, ineffabileque est verbis omnibus bonum, quod superat verbum."[34)] Eodem: "Ipsa de se in sacris tradit litteris, quod sit omnium causa, initium et substantia et vita."[35)] Eodem: "Invenies omnem, ferme dixerim, theologorum laudationem ad beneficos divinitatis progressus exponendos atque laudandos divina effingere nomina. Quocirca in omnibus ferme sanctis libris advertimus divinitatem sancte praedicari ut singularem quidem atque unicam ob simplicitatem atque unitatem excellentis illius individui, ex quo veluti unifica virtute in unum evadimus dividuisque nostris alteritatibus supra mundanum modum conglobatis in divinam monadem atque unionem Deum imitantem colligimur etc."[36)] Eodem: "In quo termini omnes omnium scientiarum plus quam ineffabiliter praesubsistunt, neque intelligere, neque eloqui possumus, neque omnino quomodolibet intueri, quod sit exceptus omnibus et excellenter ignotus."[37)] Eodem: "Si enim scientiae omnes rerum substantium sunt atque in substantiis desinunt, quae substantiam excedit omnem, scientia quoque omni superior sit necesse est.··· Cum percipiat et comprehendat atque anticipet omnia, ipse tamen omnino incomprehensibilis manet."[38)] Eodem:

---

33) *Ibid*., I 1089f.

34) Dionsius, a.a.O., *De div. nom*. I, p.9ff.

35) *Ibid*., I, p.19.

36) *Ibid*., I, p.22ff.

37) *Ibid*., I, p.33.

38) *Ibid*., I, p.34.

"Ipsaque iuxta scripturae fidem sit omnia in omnibus; verissime laudatur ut substantiae indultrix et consummatrix continensque custodia et domicilium et ad se ipsam convertens atque ista coniuncte, incircumscripte, excellenter."[39] Eodem libro capitulo secundo: "Ineffabile quoque multis vocibus praedicatur, ignoratio, quod per cuncta intelligitur, omnium positio, omnium ablatio, quod positionem omnem ablationemque transcendit. Divina sola participatione noscuntur."[40] Eodem[41]: "Neque pars neque totum est, et pars est et totum, ut quae omne et partem et totum in se ipsa comprehenditur, et excellenter habeat, antequam habeat. Perfecta est quidem in imperfectis utpote perfectionis princeps; porro inter perfectos imperfecta est quippe perfectionem excellentia temporeque transcendens."[42] In eodem: "Mensura est rerum et saeculum et supra saeculum et ante saeculum."[43] In eodem: "Nec unum est neque unius particeps longeque ab his unum est super unum illud, quod in substantiis est."[44] Eodem libro de divinis nominibus capitulo quarto: "Theologi peculiariter bonitatem summae deitati ex omnibus applicant ipsam, ut reor, substantiam divinam appellantes."[45] Eodem: "Unum quod est, inter ea, quae sunt, connumeratur. Porro numerus substantiae particeps est. Unum vero illud supersubstantiale et unum, quod est et omnem numerum determinat."[46] Eodem: "Cum neque augeri neque minui possit substantia, quae bonum etc."[47] Eodem: "Ex illo namque bono lux est et imago bonitatis. Idcirco lucis appellatione laudatur bonum veluti in imagine expressa primitiva forma."[48] Eodem: "Illuminat quae lucem admittunt omnia et creat atque vivificat continetque et perficit mensuraque substantium est et saeculum et numerus et ordo etc."[49] Nota exemplum

39) *Ibid.*, I, p.49f.

40) *Ibid.*, II, p.77ff.

41) Konjektur; Cod. Mon.: in Epistola Hierothei; sinngemäß ändern sich die beiden folgenden eodem.

42) *Ibid.*, II, p.106f.

43) *Ibid.*, II, p.108.

44) *Ibid.*, II, p.115.

45) *Ibid.*, IV, p.145f.

46) *Ibid.*, IV, p.149f.

47) *Ibid.*, IV, p.159f.

48) *Ibid.*, IV, p.162.

de sole. Eodem: "Ut intelligibilis lux bonus ipse dicitur, qui omnem supercaelestem spiritum spirituali impleat luce omnemque ignorantiam pellat erroremque abigat ex animabus, quibus sese insinuaverit, omnibus etc."[50] Eodem: "Lux igitur intelligibilis dicitur bonum illud omnem superans lucem ut principalis radius et exuberans effusio luminis."[51] Eodem: "Bonum istud ut pulchrum quoque a theologis sanctis praedicatur."[52] Eodem: "Ut pulchri omnis principalem pulchritudinem excellentissime inse ipso ante tempora habens.…"[53] Eodem: "Idem pulchrum esse quod bonum perspicuum est."[54] Eodem: "Neque est aliquid in substantiis rerum, quod pulchri et boni non sit aliquatenus particeps, et istud item dicere disserendo praesumimus id quoque, quod non est, pulchri et boni particeps esse. Tunc enim etc."[55] Eodem: "Ut perstringam breviter: omnia, quae sunt, ex pulchro et bono sunt; et quae non sunt, omnia supersubstantialiter in pulchro sunt et bono, estque ipsum initium omnium et finis etc."[56] Eodem capitulo octavo: "Neque est, sed iis, quae sunt, esse ipse est, neque ea, quae sunt, solum, verum ipsum quoque eorum esse ex eo est, qui est ante saecula. Ipse enim est saeculum saeculorum, qui ante saecula est."[57] Eodem capitulo octavo: "Resumentes itaque dicamus: ut iis, quae sunt omnibus et saeculis esse ab eo est, qui ante est, et omne quidem saeculum et tempus ab eo est."[58] Eodem: "Omnia ipsi participant et a nullo existente discedit."[59] Eodem: "Si quid quomodolibet est, in ipso, qui ante est, et est et cogitatur atque servatur ceterisque ipsius partici pationibus praefertur."[60] Eodem: "Deus ante habet, ut ante sit et eminentissime sit excellenterque ipsum esse habeat.

49) *Ibid.*, IV, p.163.

50) *Ibid.*, IV, p.172f.

51) *Ibid.*, IV, p.174f.

52) *Ibid.*, IV, p.178.

53) *Ibid.*, IV, p.182f.

54) *Ibid.*, IV, p.185.

55) *Ibid.*, IV, p.185.

56) *Ibid.*, IV, p.198.

57) *Ibid.*, V, p.334f.

58) *Ibid.*, V, p.335.

59) *Ibid.*, V, p.336.

60) *Ibid.*, V, p.336f.

Omnia ipsum in se ipso esse praestituit atque ipso esse omne quod quomodolibet est, ut subsisteret, fecit; denique et rerum principia omnia esse ipsius participatione et sunt et principia sunt et prius sunt, postea principia sunt. Et si velis vitam ipsam viventium ut viventium initium dicere et similium ut similium similitudinem etc."[61] Eodem: "Haec esse ipsius invenies participare primum atque esse ipso primo manere, deinde huius aut illius esse principia essentiaeque participando et esse et participari. Si autem ista participatione essentiae sunt, multo magis, quae ipsorum participia sunt."[62] Eodem: "Bonitas prima participationum celebratur."[63] [Eodem]: "Neque in aliquo subsistentium est neque aliquid est horum."[64] Eodem capitulo nono: "Ipsi nihil contrarium."[65] Eodem capitulo decimo: "Qui invenitur ex omnibus, incomprehensibilem et investigabilem theologi dicunt."[66] Eodem capitulo: "Divina oportet non intelligamus humano more, sed toti integre a nobis ipsis excedentes atque prorsus in Deum transeuntes."[67] Eodem capitulo: "Non habet Deus peculiarem scientiam sui, aliam vero communem omnia comprehendentem. Ipsa enim se omnium causa cognoscens qua tandem ratione, quae ab se sunt et quorum est causa, ignorabit?"[68] Eodem capitulo: "In omnibus Deus cognoscitur, et seorsum ab omnibus et per scientiam et ignorationem cognoscitur Deus."[69] Eodem capitulo: "In omnibus omnia est et in nihilo nihil."[70] Eodem capitulo undecimo: "Virtus est Deus et omnis virtutis auctor."[71] Eodem capitulo: "Infinite potens divina distributio in omnia, quae sunt, se intendit, et nihil est in rebus, quod non sit virtuti alicui percipiendae idoneum."[72] Eodem capitulo: "Quod enim omnino nulla

61) *Ibid.*, V, p.338ff.

62) *Ibid.*, V, p.341f.

63) *Ibid.*, V, p.342.

64) *Ibid.*, V, p.336.

65) *Ibid.*, VI, p.376f.

66) *Ibid.*, VII, p.383.

67) *Ibid.*, VII, p.385f.

68) *Ibid.*, VII, p.400f.

69) *Ibid.*, VII, p.404.

70) *Ibid.*, VII, p.405.

71) *Ibid.*, VIII, p.417f.

72) *Ibid.*, VIII, p.421.

virtute subnititur, neque est, neque aliquid est, neque est penitus ipsius ulla positio."[73] Eodem capitulo: "Quique quae sunt omnia excellenter et ante tempora habeat supersubstantiali virtute sua, qui his, quae sunt omnibus, ut esse possint et hoc sint, excellentis virtutis copia et exuberanti profusione largitur."[74] Eodem libro capitulo duodecimo: "Magnus quidem appellatur Deus iuxta propriam ipsius magnitudinem, quae magnis omnibus suimet consortium tradit et extrinsecus super omnem magnitudinem funditur et supra expanditur, omnem continens locum, omnem transcendens numerum, omnem transiliens infinitatem."[75] Eodem: "Magnitudo haec et infinita est et quantitate caret et numero."[76] Eodem: "Parvum vero sive tenue dicitur, quod molem omnem excedit atque distantiam, quod absque impedimento ad omnia pergit, quamquam certe omnium causa pusillum est: nusquam enim inpusilli speciem incommunicabilem."[77] Eodem: "Hoc pusillum quantitate caret et qualitate tenetur nulla, infinitum est et indeterminatum, comprehendens omnia et ipsum comprehensibile nulli."[78] Eodem: "Quod augeri minuique non possit.…"[79] Eodem: "Porro alterum dicitur, quia omnibus providentiae ratione Deus adest et omnia in omnibus pro omnium salute fit, in se ipso et sua identitate manens."[80] Eodem: "Divinae similitudinis virtus, per quam quae producuntur omnia ad auctorem convertuntur. Haec quidem Deo similia dicenda sunt et ad divinam imaginem et similitudinem ficta. Non autem illis similis dicendus est Deus, quia neque homo est suae imagini similis."[81] Eodem: "Ipsa theologia ipsum dissimilem praedicat et omnibus incompactum, ut ab omnibus alterum, et, quod est profecto mirabilius, nihil simile esse ait. Et certe non adversatur hoc divinae similitudini, quippe eadem Deo et similia et dissimilia sunt; similia, quia ipsum pro viribus imitantur, quem ad liquidum imitari possibile non est."[82]

---

73) *Ibid.*, VIII, p.428.

74) *Ibid.*, VIII, p.433.

75) *Ibid.*, IX, p.452.

76) *Ibid.*, IX, p.454.

77) *Ibid.*, IX, p.454f.

78) *Ibid.*, IX, p.456f.

79) *Ibid.*, IX, p.458.

80) *Ibid.*, IX, p.460f.

81) *Ibid.*, IX, p.468f.

Eodem: "Hoc autem, quia causalia auctore suo multum inferiora sunt et infinitis inconfusisque mensuris ab eo absunt."[83] Eodem capitulo tertio decimo: "Ex se velut ex omnipotente radice cuncta producens …"[84] Eodem: "Neque sinens ea ab se cadere.…"[85] Eodem capitulo tertia decimo: "Ipse omniumet saeculum et tempus et ante dies et ante saeculum ac tempus, quamvis et tempus et diem et momentum et saeculum eum convenientissime appellare possimus, et qui per omnem motum incommutabilis atque immobilis sit, cumque semper moveatur, in se ipso manet ut saeculi et temporis et dierum auctor."[86] Eodem capitulo tertia decimo: "Vitam omnium quae vivunt et ipsius vitae causam ipsum esse ipsamque vitam et ipsam deitatem diximus principaliter quidem et divine et secundum causam unum principia cuncta excellens."[87] Eodem capitulo quinto decimo: "Omnem terminat infinitatem et supra omnem expanditur finem atque a nullo capitur seu comprehenditur; sed pertingit ad omnia simul."[88] Eodem: "Neque est unum illud, omnium causa, unum ex pluribus, sed ante unum etc."[89] Eodem: "Uniusque omnis ac multitudinis definitivum."[90] Eodem: "Si omnibus omnia coniuncta quis ponat, erunt omnia toto unum."[91] Eodem: "Est unum omnium veluti elementum."[92] Eodem: "Si unum tollas, neque totum erit, neque pars aliqua, neque aliud quidquam in rebus. Omnia enim in se ipso unum uniformiter antea cepit atque complecitur."[93] Eodem: "Unum ante finem atque infinitatem etc."[94] Eodem: "Omnia quae sunt ipsumque esse determinat."[95] Eodem: "Quod supra ipsum unum est, ipsum quod unum est determinat."[96]

---

82) *Ibid.*, IX, p.471f.

83) *Ibid.*, IX, p.472.

84) *Ibid.*, X, p.483.

85) *Ibid.*, X, p.484.

86) *Ibid.*, X, p.485f.

87) *Ibid.*, XI, p.520f.

88) *Ibid.*, XIII, p.538f.

89) *Ibid.*, XIII, p.541f.

90) *Ibid.*, XIII, p.542.

91) *Ibid.*, XIII, p.544.

92) *Ibid.*, XIII, p.545.

93) *Ibid.*, XIII, p.545.

94) *Ibid.*, XIII, p.548f.

(4)

Circa finem Mysticae theologiae: "Neque aliud aliquid ex iis, quae nobis aut alteri cuiquam in mundo est cognitum, nequealiquid eorum, quae non sunt, neque eorum, quae sunt, est."[97] In eadem: "Neque est ulla eius positio, neque ablatio."[98]

(5)

In epistola ad Gaium: "Si aliquis videns Deum intellexerit quod vidit, non ipsum vidit, sed aliquid; … non cognosci, neque esse est super-substantialiter, et super mentem cognoscitur. … Perfecta ignorantia cognitio est eius, qui est super omnia, quae cognoscuntur."[99]

95) *Ibid.*, XIII, p.549.

96) *Ibid.*, XIII, p.549.

97) Dionysius., a.a.O., *De myst. theol.* V, p.599f.

98) *Ibid.*, V, p.600f.

99) Dionysius, a.a.O., *Ep. I ad C.*, p. 604ff. Cod. Mon.: explicunt allegationes, sequitur capitulum xv.

15

F: Haec theologi ponderosa et profunda esse dicta perspicio et talia, quae in ineffabilem divinitatem modo, quo quidem homini conceditur, visum dirigunt.

N: Advertistine, quomodo de ipso non-aliud loquitur?

F: Non adhuc clare percepi.

N: Tu saltem ipsum de prima causa loqui considerasti, quam in omnibus omnia nunc sic, nunc alio modo ostendit.

F: Sic videtur. Sed duc me, quaeso, ut id ipsum clarius tecum inspiciam.

N: Nonne, ubi ipsum principium unum nominat, considerasti quomodo post hoc dicit unum supersubstantiale unum quod est, et omnem numerum determinare?[100)]

F: Consideravi et placuit.

N: Quare placuit?

F: Quia licet ipsum unum propinque ad ipsum non-aliud accedat, adhuc tamen fatetur ante unum esse supersubstantiale unum. Et hoc utique est unum ante ipsum unum, quod est unum. Et hoc tu quidem ipsum non-aliud vides.

N: Optime cepisti! Unde si A foret significatum de li non-aliud, tunc A id, de quo loquitur, foret. Si autem, ut ait, unum est ante finem et infinitatem omnem terminans infinitatem, ad omnia simul pertingens et ab omnibus incomprehensibile manens uniusque et omnis multitudinis definitivum, utique A ipsum unum definiens ipsum unum sane, quod est aliud, antecedit. Nam cum unum sit non aliud quam unum, tunc A subtracto unum desineret.

F: Recte! Nam cum dicat quomodo unum, quod supra unum est, ipsum,

---

100) Dionysius, a.a.O., *De div. nom.*, XIII, p.549f.

quod unum est, determinat,[101] hoc utique unum supra unum prius dixit unum ante unum. Determinat igitur A unum et omnia, cum, ut dicit, ipsum unum omnis unius et multitudinis sit definitivum.

N: Potuisti etiam videre, quomodo theologus ad ipsum ante mentem convertit dicens Deum habere ante,[102] ut ante sit et sit eminentissime, tamen A ante ante conspicitur, cum ante sit non aliud quam ante. Unde cum ante non nisi ante aliquid, quod praecedit, intelligatur, utique A est eminentissime ipsum ante, cum aliud omne praecedat. Ante autem dici de alio potest, ut aliud, quod praecedit, et aliud, quod sequitur, sit. Igitur si, ut theologus vult, in anteriori omnia eminenter sunt seu anterioriter quae reperiuntur in posteriori, in A utique eminentissime omnia cernimus, cum ante ipsum ante sit.

F: Optime rememoras. Adverti enim, quomodo dicit theologus ipsum, qui est ante saecula,[103] esse saeculorum saeculum et ita ipsum de omnibus velle arbitror dicere. Per hoc igitur, quod Deum anterioriter ipsum A video, omnia in ipso ipsum video; per hoc vero, quod Deum posterioriter cerno in alio, ipsum in omnibus omnia esse cerno. Si ipsum ante saecula perspicio, in ipso saeculum Deum esse perspicio; nempe ante saeculum videtur saeculum in suo principio seu ratione. Si video ipsum in saeculo, ipsum saeculum video. Quod enim ante vidi Deum, post video saeculum; nam saeculum, quod in Deo Deum vidi, in saecula saeculum intueor, quod quidem non est aliud, quam cum in ipso priori posterius ipsum videtur, tunc enim est ipsum prius; quodsi in ipso posteriori prius ipsum cernitur, tunc ipsum posterius est.

N: Omnia penetras per ea, quae de ipso non-aliud concepisti, et, quantum tibi lucis ipsum A principium praestitit, intueris ad ea, quae tibi alioquin erant abscondita. Sed mihi adhuc unum dicito, quomodo apprehendis theologum asserere Deum convenientissime saeculum et tempus et diem et momentum posse nuncupari?[104]

---

101) *Ibid.*, XIII, p.541f.

102) *Ibid.*, V, p.338f.

103) *Ibid.*, X, pp.485, 495.

104) *Ibid.*, X, p.486.

16

F: Intelligo iuxta theologi visionem. Vidit enim in tempore omnia temporalia temporaliter moveri, tempus tamen ipsum manere semper immutabile. Unde in tempore ipsum non-aliud valde intelligere elucescit. In hora enim est hora, dies in die, mensis in mense, in anno annus, et ut ante haec omnia cernitur, in ipso ipsum sunt sicut ipsum in omnibus omnia. Et quamvis ipsum in omnibus, quae tempore participant, omnia sit et ad omnia pergat et maneat cum omnibus inseparabiliter eaque definiat et terminet, non minus tamen apud se ipsum stabile manet et immobile neque augetur neque minuitur, licet maius esse tempus maiori induratione videatur, ut in mense maius quam die, quod non nisi ex alio venit, quod de ipso plus minusve participat. Aliter igitur et aliter eo manente imparticipabili varie participatur.

N: Ut equidem video, nihil te latet, sed ut ad cuncta theologi verba mentem applices opus est. Nihil enim frustra dicit. Momentum enim ipsum Deum convenientissime dici posse ait.

F: Utique sic dicit. Sed cur hoc attendendum acriter mones?

N: Momentum est temporis substantia. Nam eo sublato nihil temporis manet. Momentum igitur valde admodum de A participat ob suam simplicissimam indivisibilitatem et inalterabilitatem; videtur enim ipsa substantialitas, quae si duratio nominaretur, tunc facillime cerneretur quomodo in aeternitate aeternitas est, in tempore tempus, mensis in mense, in die dies, in hora hora, momentum in momento et de omnibus durationem participantibus eodem modo. Et non est aliud ab omnibus, quae durant, ipsa duratio et maxime quidem a momento sive nunc, quod stabiliter durat. Igitur duratio in omnibus est omnia, licet ante omnia, quae ipsam participant. Unde quia alia sunt, quae ipsam participant, et a participantibus ipsa non est aliud: patet quomodo ipsum non-aliud per aeternitatem seu verius durationem et momentum participatur.

F: Puto te per momentum velle praesentiam dicere.

N: Idem esse nunc, momentum et praesentiam volo.

F: Clare iam video, quoniam praesentia est cognoscendi principium et essendi omnes temporum differentias atque varietates; per praesentiam enim praeterita cognosco et futura, et quidquid sunt per ipsam sunt, quippe praesentia in praeterito est praeterita in futuro autem est futura, in mense mensis, in die dies, et ita de omnibus. Et quamquam est omnia in omnibus et ad omnia pergens, est tamen omnibus incomprehensibilis stabiliter manens absque alteritate.

N: Perfecte subintrasti atque ideo etiam nequaquam te latet A praesentiam esse praesentiae. Nam ipsam antecedit praesentiam, cum praesentia, quae non aliud est quam praesentia, ipsum non-aliud quod in ipso est ipsum, praesupponat. Et quia praesentia est temporis substantia, recte quidem ipsum A substantiae vides esse substantiam. Sublata enim praesentia non permanent tempora, sed sublato A nec praesentiam, nec tempora, nec aliud quidquam possibile est manere.

F: Bene admonuisti, pater, et iam equidem clare video cuncta ipsius theologi dicta per ipsum A illuminari. Placetque plurimum, quod Dionysius ipse affirmat theologos bonitatem ipsius Dei primam celebrare participationem, ex quo video, quod omnia nomina divina imparticipabilis participationem significant.[105] Sed, cum omnia talia ipso A sublato cessent a significatione et participatione, quod A ipsum in omnibus participatur, habere me gaudeo et prioriter quidem secundum theologos in bonitate. Nam cum id, quod ab omnibus appetitur, sub boni ratione appetatur, recte A ipsum, sine quo omnia cessant, bonitas nominatur. Moyses creatorem ad omnia creandum motum inquit, quia ipsa vidit bona.[106] Si igitur rerum principium bonum est, omnia profecto in tantum sunt, in quantum bona sunt. Bonum sicut non est aliud a pulchro, ut ait Dionysius,[107] sic nec ab omni existenti; hoc autem habet ab ipso A. Idcirco in ipso optime relucescit. Si enim A ipsum optime splendescit in aliquo, id ipsum utique et est et dicitur bonum.

N: Perspicue cernis, quia medio ipsius A recte cuncta perlustras numquid

---

105) [역주] Dionysius, a.a.O., *De div. nom.* IV, p.185 [Gabriel 판은 각주번호가 바뀜].

106) 1. Mos.(첫 번째 모세오경=창세기) 1, 31.

107) *Ibid.*, XIII, p.545 und *De myst. theol.* V, p.599.

et id etiam considerasti, quomodo unum esse veluti omnium elementum theologus dicit, Deum tamen in Mystica theologia unum negat?[108)]

108) [역주] *De myst. theol.* V, p.599f(Gabriel 판에는 표기되어 있지 않음).

17

F: Consideravi, inquam, ipsum dixisse veluti ais, sed, quaeso, quid per hoc expresserit, dissere.

N: Dicere ipsum voluisse arbitror: sicut uno sublato cessant singula et quemadmodum elemento sublato desinunt elementata, ita ipso A summoto omnia pariter cessant. Habet enim se modo ad cuncta intimiore penitioreque, quam elementum ad elementata.

F: David igitur de Dynanto et philosophi illi, quos secutus is est, minime errarunt, qui quidem Deum hylen et noun et physin, et mundum visibilem Deum visibilem nuncuparunt.[109)]

N: David hylen corporum principium vocat, noun seu mentem principium animarum, physin vero seu naturam principium motuum et [illa][110)] non vidit differre inter se ut in principio, quocirca sic dixit. Tu autem iam ipsum A haec ipsa vidisti definire ipsaque in ipsis esse, etsi ipsorum sit nullum. Ideo haec et huiusmodi nihil te moveant, quod scilicet theologus unum veluti elementum dicat, sed semper ad ipsum A et praemissa recurrens non errabis.

F: Sancte me instruis informasque, idque etiam mihi admodum est gratum, quod ad Caium theologus scripsit. Est enim lucidum et ad ea, quae dixisti, conforme atque consentaneum.

N: Quidnam illud?

F: Quando aiebat theologus: "si quis Deum videns intellexerit quod

---

109) Vgl. Albertus Magnus, *Kommentar zu De divinis nominibus*; Cod. Cus. 96, fol. 88va dazu: Ludwig Baur, Cusanus-Texte III. Marginalien, Heidelberg 1941, p.99.

110) Cod. Mon.: illi.

vidit, non ipsum vidit, sed aliquid."[111] Unde si David de Dynanto Deum vidisset esse hylen aut noun aut physin, utique aliquid et non Deum vidisset.

N: Mirabilis es, Ferdinande; et mirabilior sane, si id in dictis etiam verbis, quod est altius, considerasti.

F: Quid istud est rogo.

N: Quando scilicet inquit: cum omnia, quae intelliguntur, sint aliquid, ideo non sunt Deus. Aliquid autem quid aliud est. Deus igitur, si intelligeretur, utique non esse aliud intelligeretur. Unde si non potest intelligi esse id, quod per aliud et aliquid significatur, nec aliquid intelligi potest, quod per aliquid non significetur: ideo Deus, si videretur, necesse est quod supra et ante quid aliud et supra intellectum videatur. Ast ante aliud nil nisi non-aliud videri potest. Habes igitur quononaliud in principium nos dirigit intellectum et aliud et aliquid et omne excellens et antecedens intelligibile. Haec ibidem theologus declarat, atque etiam, quomodo ipsius non-aliud cognitio perfecta dici potest ignorantia, quando quidem eius, qui est super omnia, quae cognoscuntur, est cognitio.[112] Haec nunc de nostro admirabili theologo sic dicta sint, sufficiunt enim proposito ad quaeque alia per ipsum taliter dicta.

111) Dionysius, a.a.O., *Ep. I ad C.*, p.606f.(그리스어 원문 제시는 생략했음 [각주 참조]).

112) *Ibid.*, p.607.

18

F: Nunc si otium tibi est, maximi illius Peripatetici et argutissimi Aristotelis quaedam hoc nostro principio scripta forte non indigna subintremus. Et quoniam ignotus penitus nequaquam tibi est, dic quaeso, quid nobis voluit ostendere tantae sollicitudinis philosophus?

N: Ea sane arbitror, quae circa veri notitiam adinvenit.

F: Quid igitur invenit?

N: Equidem, ut ingenue fatear, nescio; sed quidditatem, objectum intellectus, semper quaesitam, numquam repertam dicit.[113] Sic enim ait in prima philosophia: "Omnibus difficillimum est maximamque ambiguitatem habet, utrum, unum et ens, ut Pythagorici et Plato dicebat, non est aliud quidquam sed entium substantia, an non; an aliud quidem subiectum, ut Empedocles amicitiam ait, alius ignem, alius aquam, alius aerem."[114] Et alibi idem in eodem libro: "Tam olim quam nunc et semper quaeritur semperque dubitatur, quidnam ipsum ens sit, hoc est quaedam substantia est. Hoc enim quidam unum aiunt esse, quidam plura."[115]

F: Verba haec magni philosophi utique sunt aestimanda. Fac igitur, ut acuto visu hos philosophi sermones subintremus.

N: Tentabo pro virili [parte].[116] Equidem considero quomodo quaerit, utrum unum et ens non est aliud quicquam, sed entium substantia, qualiter per ipsum non-aliud rerum substantiam quaesivit. Vidit enim rerum substantiam non esse aliud quidquam et ideo de ente et de uno et de

---

113) Aristoteles, *Metaphysica* VII, 1, p.1028b.

114) *Ibid.*, III, p.996a [주의: aer(12열)=aaer].

115) *Ibid.*, VII, p.1028b.

116) Konjektur; vgl. L. Baur, a.a.O.

amicitia, de aere et aqua et omnibus dubitavit, an aliquid horum foret rerum substantia, quoniam illa omnia aliud aliquid esse perspiciebat. Esse igitur rerum substantiam praesupposuit et plures tales non esse. Dubitavit autem, sicut alii omnes, quaenam haec esset. Et cum omnibus quaerens concurrit, qui ipsam varie nominabant, sciscitans, an per aliquem esset bene nominata. Et demum illi visum est, quod illam bene nemo nominavit, quia, quicumque eam nominarunt, aliquid aliud sive quid aliud, non ipsam simplicissimam rerum nominarunt quidditatem, quam utique vidit non posse esse aliud aliquid. Et in hoc quidem non erravit, sed ibi, sicut alii homines, cessavit. Vidit enim, quod omnis rationalis venandi modus ad capiendum ipsam tantopere desideratam et sapidam scientiam minime sufficit.

F: Video philosopho id accidisse, quod praedixisti.

N: Quid illud?

F: Quia qui quaerit videre, quaenam visibilium sit substantia, cum visu illam inter visibilia quaerat, lucem se anterioriter percipere non attendit, sine qua nec posset quaerere nec reperire visibile. Quodsi ad illam attenderet, in aliquo alio quaerere desineret; nempe sic philosopho accidit, qui cum mente rerum quidditatem[quaereret],[117] lumen, quod per non-aliud significatur, illi sese obtulit, tamquam sine quo nequaquam reperiret. Ceterum ipse lumen ipsum non-aliud a quaesito non esse aliud non attendit. Quia vero per non-aliud aliud quaesivit, non nisi aliud ab aliis repperit, quocirca hinc quaerendo remotius nimis adinvenit.

N: Verum dicis. Nam si lumen ipsum, quod mente medium esse vidit ad quaesitum perveniendi principium, etiam ac finem esse attendisset, non deviasset profecto et tot labores abbreviasset. Si enim dixisset: clarissime utique video rerum quidditatem quid aliud esse non posse — quomodo enim foret rerum quidditas, si aliud foret? Aliud enim se ipsum quaesitum negat. Quodsi non aliud esse debet, ab omni sane alio non-aliud esse necesse est. Sed hoc, quod ab omni alio aliud esse non debet, certe aliter nominari non potest. Nou-aliud igitur recte nominabitur. Esto igitur quod A per non-aliud ipsum significetur, A profecto quaesitum erit.

---

117) Cod. Mon.: quaeretur.

19

F: Utinam, ut dicis, attendisset! Magno quidem se et nos labore liberasset, nempe secretum hoc facillimis, clarissimis ac paucissimis verbis tradidisset. Neque enim laboriosa logica nec difficili definiendi arte opus habuisset, quae, cum vir ille maximo labore investigasset, ad perfectum tamen perducere non evaluit. Cessassent quoque omnes circa species et ideas difficultates ac opinionum diversitates humanamque scientiam gloriose consummasset.

N: Ostendis eximiam erga philosophum utique diligendum affectionem, qui quidem ratione lucidissima dotatus videtur fuisse. Verum idem fortasse de omnibus speculativis dici philosophis posset. Difficilium enim haec est facilitas, quae ad veritatem speculantes direxissset omni visui mentis indubitabilem, qua meo quidem iudicio brevior nulla et artior vel tradi vel apprehendi potest, quae sola perfecta est, cui nihil addi per hominem est possibile. Visum enim ad principium dirigit, ut ibidem contemplans delicietur assidueque pascatur et excrescat. Neque ulla alia reperibilis est perfecta, absoluta et completa traditio. Omnia enim, quae oculi mentis acie non videntur, sed ratione investi tametsi verum admodum appropinquare videantur, nondum tamen ad ultimam certitudinem pervenerunt. Ultima autem et omni ex parte cumulata certitudo visio est.

F: Cuncta, quae dicis, sic profecto se habent. Videtur sane philosophus ille omni suo tempore viam seu venandi rerum substantiam artem ex ratione elicere studuisse ac nullam, quae sufficeret, adinvenisse. Nam nec ipsa etiam ratio ad id, quod rationem antecedit, pertingit, minusque omnes a ratione productae artes possunt viam praebere ad id, quod omni rationi est incognitum. Philosophus ille certissimum credidit negativae affirmativam contradicere, quodque simul de eodem utpote repugnantia dici non possent. Hoc autem dixit rationis via id ipsum sic verum concludentis.

Quodsi quis ab eo quaesivisset, quid est aliud, utique vere respondere potuisset: non aliud quam aliud est. Et consequenter si quaerens adiecisset: quare aliud est aliud? sane quidem, ut prius, dicere valuisset: quia non aliud quam aliud est; et ita non-aliud et aliud neque sibi ut repugnantia vidisset contradicere. Atque illud, quod primum principium nominat pro viae ostensione perspexisset non sufficere ad veritatem, quae supra rationem mente contemplatur.

N: Tua equidem dicta laudo addoque, quod alio etiam modo ad veritatem intuendam viam sibi ipse praeclusit; aiebat enim substantiae non esse substantiam nec principii principium, ut supra tetigimus; nam sic etiam contradicitonis negasset esse contradictionem. At si quispiam eum interrogasset, numquid in contradicentibus contradictionem vidisset, veraciter se videre respondisset. Deinde interrogatus, si id, quod in contradicentibus vidit, anterioriter sicut causam ante effectum videret, nonne tunc contradictionem videret absque contradictione, hoc certe sic se habere negare nequivisset. Sicut enim in contradicentibus contradictionem esse contradicentium contradictionem vidit, ita ante contradicentia contradictionem ante dictam vidisset contradictionem, sicut Dionysius theologus Deum oppositorum vidit oppositionem sine oppositione. Oppositioni enim ante opposita nihil opponitur. Verum etsi philosophus ille in prima seu mentali philosophia defecerit, multa tamen in rationali ac morali omni laude dignissima conscripsit. Quae quoniam praesentis speculationis non sunt, haec de Aristotele dixisse sufficiat.

20

P e t r u s B a l b u s P i s a n u s: Audivi te, pater, cum Ferdinando multa et mihi quidem gratissima contulisse, sed maxime ex Dionysii maximi theologi libellis recitata sum admiratus. Cum enim Proclum illum Platonicum in libro de Platonis divini theologia de Graeco verterem his diebus in Latinum, ea ipsa quasi eodem quoque expressionis tenere am modo repperi, quam ob rem de Platonica etiam te audire theologia aliquid cupio.

N: Proclum tuum, Petre, Dionysio Areopagita tempore posteriorem fuisse certum est. An autem Dionysii scripta viderit, est incertum. Sed tu particularius narrato, quo in dicto consentiant.

P: Sicut Dionysius inquit unum, quod est posterius uno simpliciter,[118)] ita et Proclus Platonem referens asserit.

N: Forte sapientes idem omnes dicere voluerunt de primo rerum principio, sed varie id ipsum varii expresserunt. Plato autem, quem tantopere Proclus extollit, tamquam Deus quidem fuerit humanatus, ad anterius semper respiciens conatus est rerum videre substantiam ante omne nominabile.[119)] Unde cum rem corporalem divisibilemque ex se subsistere non posse perspiceret nec se ipsam propter debilitatem et fluxibilitatem suam conservare, ante illam animam, ante animam vero intellectum vidit atque ante intellectum unum.

Posterius autem prioris participatione subsistit. Primum igitur, cuius participatione omnia id sunt, quod sunt, ante intellectum videtur, cum omnia intellectu nequaquam participent. Intellectus igitur anterius sive senius se ipso, ut verbis eius utamur, non attingit. Ex quo Platonem reor

---

118) Dionysius, a.a.O., *De div. nam.* XIII, p.541f.

119) Vgl. Proclus, *In Parm.* I, ed. Cousin, p. ined. 617.

rerum substantiam seu principium in mente sua revelationis via percepisse modo, quo apostolus ad Romanos dicit.[120] Deum se illis revelasse, quam equidem revelationem in lucis similitudine capio, quae sese per semet ipsam visui ingerit. Et aliter non videtur, neque cognoscitur, quam ipsa se revelat, cum sit invisibilis, quia est ante et supra omne visibile. Haec Plato in epistolis sic se habere perbreviter exprimit Deum ipsum dicens vigilantissime et constanter quaerenti se Deum manifestare, quae Proclus quoque in Parmenidis commentariis resumit.[121] Cum haec igitur vera supponat, animam inquit, quae quidem omnia posteriora se ipsam contemplans in se animaliter complicat, ut vivo in specula cuncta inspicere, quae eius partivitam et per ipsam vivunt vitaliterque subsistunt. Et quia illa in ipsa sunt, ipsa in sui similitudine sursum ascendit ad priora, quemadmodum haec Proclus in eius recitat theologia.

P: Declara id, quaeso, quod dixisti, ipsum idem dicere scilicet, quod tu de non-aliud praemisisti.

N: Faciliter consideranti id ipsum clarescet. Namque, ut ipse ait, omnium causam ab omnibus oportet participari. Ideo ipsum unum, quod dicit esse ante unum, quod est unum, ab eo non est aliud, cum eius sit causa; quare causam ipsius unius, quod est, ideo unum nominat, ut non-aliud exprimat. Unde sicut nominat unius, quod est, causam unum, sic entis causam ens nuncupat et substantiae substantiam et de omnibus eodem modo. Per quod intelligi datur, omnia, quae sunt et nominantur, id, quod sunt et nominantur, habere ab omni[um][122] causa, quae in existentibus omnibus est id, quod sunt et nominantur, et non aliud. Vides igitur omnia nomina, quae nominatorum nomina dicit, antecedere, sicut unum ante unum, quod est et nominatur unum; ideo causae attribuit, ut causam a causato non esse aliud designetur. In omnibus igitur nominibus non-aliud est, quod significatur.

P: Video, pater, haec dubio carere; sed dum ad li non-aliud me converto, non possum equidem, quid sit, mente concipere.

N: Si quidem posses id concipere, haud utique [esset] omnium principium, quod in omnibus omnia significaret. Omnis enim humanus conceptus unius alicuius conceptus est. Verum ante conceptum non-aliud est, quando quidem conceptus non aliud quam conceptus est. Vocetur

---

120) Rom. 1, 19 [Gabriel 판의 invsibilis(7열)를 invisibilis로 교정했음].

121) Plato, *6. Brief* 323d, vgl. Proclus, a.a.O., IV, 924.

122) Konjektur.

igitur ipsum non-aliud conceptus absolutus, qui videtur quidem mente, ceterum non concipitur.

P: Ipsum ergo non-aliud, cum ab aliquo non sit aliud, sed in omnibus omnia, nonne omni in conceptu omnia est?

N: Utique. Ideo cum omnis conceptus non aliud quam conceptus sit, in omni conceptu non-aliud est, quodcumque concipitur, manente sane conceptu, qui ipsum non-aliud est, inconceptibili.

21

P: Me certe li quam turbat, quando ipse definiendo dicis: terra non est aliud quam terra. Id igitur, ut explanares, vellem.

N: Plane tu quidem vides veram esse hanc terrae definitionem, qua dicitur terra non aliud quam terra est, hanc vero falsam: terra est aliud quam terra.

P: Video.

N: Veritas definitionis igitur unde dependet?

P: Adverto plane, quomodo tam in vera quam falsa definitione est quam; ideo nequeo ab ipso quam dicere veritatem dependere, sed ab ipso non-aliud potius.

N: Optime. Quam igitur non definit; non ergo te perturbet.

P: Quam ob causam apponitur?

N: Quia dirigit visum. Nam cum non-aliud dico non aliud quam non aliud, li quam in non-aliud visum simpliciter dirigit, uti ante aliud est. Quando autem dico alud est non aliud quam aliud, visum dirigit in non-aliud, ut est in alio aliud. Et cum dico terra non aliud quam terra est, dirigit obtutum in non-aliud, ut est in terra terra, et pari de omnibus modo.

P: Optime sane. Nam nunc video ad quaestionem, quid est terra? responsum hoc: terram non aliud esse quam terram, mentis aciem explicare, qua mens quidem videt principium omnium per non-aliud significatum terram definire, quod est non-aliud in terra terram esse. Quodsi quaereretur, cur terra est terra? responderi debet, quia non aliud quam terra. Ideo enim terra est terra quia ipsius principium seu causa in ipsa ipsa est. Et sic si quaeratur: unde habet terra, quod terra est? dici sane debet: ab ipso suo principio seu non-aliud id habere. Ab eo enim, a quo habet, ut non aliud quam terra sit, habet, quod est terra. Quocirca si quaeratur: a quo habet bonum, quod est bonum? responderi potest a non alio a bono. Nam cum bonum ab alio a bono non habeat, quod sit bonum, necesse profecto est, quod id habeat a non alio a bono. Sic terra habet, quod est terra, a non alio a terra; et ita de singulis. Hoc modo prioriter omnia in principio, quod non-aliud, video. Et per non-aliud simplicissime et absolute significatur, quia A ab aliquo non est non-aliud. Ideo causa, exemplar, forma, idea, species et eiusmodi nomina ei per philosophos attribuuntur, quemadmodum ante me videre fecisti.

N: Subintrasti, Petre, videsque omnium principium per non aliud significari, ideo non aliud ab aliquo atque in omnibus omnia. Sed tu nunc ad Platonem revertere, cuius utique erat intendo principium, quod omnia est, in omnibus intueri. Unde ille omnia, quae habere se aliter possunt, ut est figura, nomen, definitio ratioque et opinio et talia, quidditatem nequaquam videbat ostendere,[123] cum rerum essentia et quidditas haec omnia praecedat. Anterioriter igitur vidit ad illa, quae alia, instabilia et variabilia, ipsum, quod quidem aliud praecedit, omnium substantiarum substantiam et quidditatum esse quidditatem, quae cum in omnibus omnia sit, illa ipsum est, quod per non-aliud significatur. Apud ipsum igitur primum ipsum omnia et ab ipso vidit omnia ut a fonte seu causa et eius gratia emanare.

P: Haec aperte de se ipso Plato in epistolis scribit, verum adicit illud, quo omnia prime apud regem primum sunt et apud secundum secunde, tertie vero apud tertium.[124]

N: Diversos modos essendi rerum vidit. Nam omnia ante aliud ipsum principium intuitus est simplicissimum, in quo quodlibet, quod in alio aliter, in ipso quidem non-aliud cernitur. Quando enim de terra, quam rationis obtutu esse quid aliud a non terra video seu caelo sive igne, me ad intuendum ipsam in principio trasfero ibi ipsam a non-terra aliam non video, quia ipsam principium, quod ab aliquo non aliud est, video; non quod ipsam imperfectiori modo quam prius intuear, sed praecisissimo modo atque verissimo. Tunc enim quodlibet videtur praecisissime, quando non-aliud cernitur. Qui enim sic terram videt, quod non-aliud ipsam videt, praecisissime intuetur. Et hoc est quidditatis ipsius et omnium quidditatem cernere. Namque alia est terrae quidditatis visio, quae intellectu a quidditate aquae aut ignis videtur esse alia, et illa non-aliud sequitur, quia ab aliis

123) Plato, *7. Brief* 342b.

124) Plato, *2. Brief* 312c, vgl. Proclus, *In Parm.* I, 626.

alia est, et hic essendi quidditatis secundus seu intellectualis est modus. At tertius essendi est modus, quemadmodum per animam hoc ab illo discernentem animaliter attingitur, prout res seu rei quidditas sentitur, quod quidem fortassis dicere voluit Plato aut altius quiddam. Suum enim hoc arcanum et secretum quam breviter et timide Plato patefecit et in paucis suis verbis acutissima multorum ingenia excitavit.

22

I o a n n e s A n d r e a s A b b a s: Audivi te, pater, et antea saepe et nunc maxime mentis tuae visionem nobis referentem, quodque illam in ipsum primum, quod quidem omnia in omnibus est, dirigis, quo prius quidquam concipi non potest, quod non-aliud nominas; et tamen ipsum asseris primum videri ante omne nominabile; quae mihi profecto videntur esse contraria.

N: Pater abba, bene tenes audita; sed ipsum non-aliud non dico equidem illius nomen, cuius est super omne nomen nuncupatio. Sed de ipso primo conceptus mei nomen per ipsum non-aliud tibi patefacio. Neque mihi praecisius occurrit conceptum meum ex primens nomen de innominabili, quod quidem a nullo aliud est.

A: Equidem mirarer, quonam modo ipsum, quod tu vides ante et supra omne aliud, non sit aliud, cum aliud ipsi non-aliud videatur opponi, nisi paene idem Plato quoque diceret in Parmenide et commentator Proclus hoc dubium enodaret.[125] Etsi ibi de uno et altero tam Plato, quam Proclus disserant dicentes impossibile unum ab altero alterum esse, tu autem praecisiori expressione tui conceptus per ipsum non-aliud clare me facis intueri non-aliud ipsum ab alio aliud esse non posse quocumque nominabili aut innominabili, cum omnia ipsum non-aliud ita definiat, ut omnia in omnibus sit. Verum Dionysius ille Areopagita dicebat etiam Deum alterum dici, quod quidem negatur in Parmenide.[126]

N: Meministi, puto, Platonem negare quid rei definitionem[127]

---

125) Plato, *Parm.* 139b～140 und Proclus, *Ibid.*, 1172.

126) Dionysius, a.a.O., *De div. nom.* IX, 469.

127) Plato, *7. Brief* 342b; vgl. Proclus, *In Parm.* VII (ed. Klip.), p.46.

attingere, quia quidditati circumponitur, uti etiam Proclus explanat. Unde non fit ita, cum ipsum non-aliud se atque omnia definit. Non enim sic ipsum principium quidditativum definit, quasi qui lineis circumpositis triangularem determinat seu definit superficiem, sed quasi superficiem, quae trigonus dicitur, constituat. Sed quod Plato et Dionysius sibi non repugnent atque adversentur, ipse quidem ex hoc vides. Dionysius enim ipsum alterum asserit, veluti communiter dicimus: amicus alter ego, non sane propter separationem, sed agglutinationem et ad essentiam ut sic dixerim talem, quod in omnibus omnia sit, ut ipse declarat. Nec aliud intendit Plato.

A: Video certe hanc, quam asseris definitionem solum veram et quidditativam, non esse illam, quam Plato mancam et defectuosam dicit,[128)] et vehementer demiror, dum magis adverto, quomodo hic modus, quanto notior quidem clarior et facilior, tanto ab omni obscuritate ac dubio est remotior atque absolutior. Quocirca cum dubitare nemo queat, quin hae tuae definitiones adeo sint verae, quod veriores esse non possint, in ipsis utique rerum quidditas veraciter elucescit. Sed quid ad evangelium dices, ubi legitur Joannem Baptistam, quo inter natos mulierum nemo est maior, asserere, quod Deum nemo vidit umquam,[129)] quodque hoc filius Dei, qui veritas in eodem nominatur evangelio, revelavit.

N: Id ipsum sane aio, ipsum scilicet omni visionis modo invisibilem. Nam etsi quis assereret se ipsum vidisse, is utique nequiret exprimere, quid vidisset. Nam qui est ante visibile et invisibile, quo pacto est visibilis, nisi quia excellit omne visibile, quod sine ipso nihil cernitur? Unde quando ipsum nec caelum, nec a caelo aliud esse video et universaliter nec esse aliud, nec ab alio aliud esse, non video ipsum quasi sciens, quid videam. Videre enim illud, quod equidem ad Deum refero, non est videre visibile, sed est videre in visibili invisibile. Sicut cum hoc esse verum video, quod nemo scilicet Deum vidit, tunc sane Deum video super omne visibile non-aliud ab omni visibili. Actualem autem illam infinitatem omnem excedentem visionem, omnium quidditatum quidditatem, nequaquam visibilem video, cum visibile quidem seu obiectum aliud sit a potentia, Deus autem, qui ab aliquo aliud esse non potest, omne obiectum excedat.

---

128) Plato, *Staat* VI, 505a.

129) Mt. 11, 11; Joh. 1, 18.

23

A: Non est mirandum Deum creatorem esse invisibilem, quippe cum mira intellectus opera in civitatum aedificiis, navibus, artibus, libris, picturis aliisque innumeris videamus, intellectum tamen sensu visus non attingimus. Deum itaque in creaturis suis cernimus, quamvis nobis maneat invisibilis. Sic quidem opera Dei sunt caeli et terra, quem nemo umquam vidit.

N: Visus se ipse non videt, licet in alio, quod videt, se videre attingat. Sed is visus, qui est visuum visus, suum cernere in alio non attingit, cum ante aliud sit. Cum igitur ante aliud cernat, in ipsa visione non est aliud videns, aliud visibile et aliud videre ab ipsis procedens. Quare patet Deum, qui theos quod est a theoro seu video dicitur, visionem illam ante aliud esse, quam non possimus perfectam nisi trinam videre, quodque ipsum videre infinitum et interminatum in alio est videre non-aliud ab aliquo. Se igitur et omnia unico et inenarrabili contuitu sapientes Deum videre aiunt, quia est visionum visio.

A: Quis non videret hoc verum, quod tu te iam videre ostendisti? Nemo profecto negat nisi mentis carens acumine Deum, qui principium ante aliud et omnia est, non esse privatum visu, qui quidem est ante privationem quidem est ante privationem omnem; quodsi visu privatus non est, sed a visu theos nominatur, perfectissimam habet visionem Deus se ipsam et omnia perficientem seu definientem eo modo, quo tu proxime explicuisti. Quod autem Deus habet, hoc ante aliud est. Visus ergo, qui et theos unitrinus, non alia sane visione sese et alia alia videt, sed ea visione, qua se, simul et omnia intuetur. Hoc videre definire est. Neque enim videre ab alio motum habet, sicut in nobis obiectum potentiam movet, sed illius videre constituere est, quemadmodum inquit Moyses Deum vidisse lucem bonam et factam esse.[130] Lux igitur non aliud quam lux est, quae per visum, qui non-aliud est, lux visa est. Ex quo omnia una video ratione non aliud quam id, quod sunt, esse, quia scilicet visus, qui non-aliud est, non aliud a se ipso vidit. Sed reliquum est ut te de bono audiam, quod Moyses praemittit inquiens: Vidit Deus, quod esset bonum, et mox creavit.[131)]

N: Legisti tu quidem in Parmenidis commentariis Deum bonum dici similiter et unum,[132)] quae idem esse, quia illa omnia penetrant, probat. Ac si diceret quia Deus est omnia in omnibus, hoc ei est attribuendum nomen, quod quidem omnibus centraliter adesse cernimus. Bonum autem relucet in omnibus. Omnia suum esse diligunt, quia bonum, cum de se ipso amabile sit bonum atque diligibile. Quando igitur Moyses universi voluit describere constitutionem, in quo Deus se manifestaret, ad huius constitutionem singula creata bona dicit, ut universum esset gloriae et sapientiae Dei perfecta revelatio. Id igitur, quod ante aliud in se bonum vidit, in universi constitutionem, quia bonum, pervenit. Deus vero cum ante aliud videret bonum, ab illo utique aliud ipse non fuit. Quodsi quis bonum solum, ut est ipsum non-aliud, posset intueri ante omne aliud, profecto is intueretur, quod nemo bonus nisi solus Deus, qui est ante non-bonum. Omnia quipped alia, quia aliud esse aliter possent. Idcirco de ipsis bonum ipsum, quod quidem, quia non-aliud aliter esse nequit, minime verificatur. At vero attende, quomodo principio bonum convenit, quia non-bonum praecedit, et non-aliud praecedit aliud et principio convenit: et bonum, quod de principio dicitur, non-aliud est; praecisius tamen non-aliud, cum sese bonumque definiat.

A: Attende an ita sit, quod bonum non-bonum antecedit, cum secundum Platonem non-ens praecedat ens et affirmationem generaliter negativa.[133)]

N: Cum dicitur non-ens praecedere ens, hoc non-ens ente quidem melius est secundum ipsum Platonem[134)] ita etiam negativa, quae affirmativam praecedit. Ideo enim praecedit, quia melior. Verum non-bonum bono non est melius, quocirca secundum hoc bonum antecedit, et solus Deus bonum est, cum bono nihil sit melius. Bonum vero, quia aliud videtur a non-bono, non est praecisum nomen Dei. Et ideo negatur

---

130) 1. Mos. [=Gen.] 1, 4.

131) 1. Mos. [=Gen.] 1, 10 u. a.

132) Proclus, *In Parm.* (ed. Cousin op. ined. a.a.O.) VI, 1064f.

133) Plato, *Symp.* 205b.

134) Proclus, *Theol. Plat.* (ed. Aem. Portus), II, 4.

a Deo, sicut etiam alia omnia nomina, cum Deus nec a bono, nec a non-bono aliud sit, neque denique ab omni nominabili. Quare significatum li non-praecisius in Deum quam bonum dirigit.

24

A: Video nunc planissime, cur magister veritatis aiebat solum Deum bonum.[135] Sed tu, pater, unum adhuc, quaeso, adice, quam ob causam idem magister Deum spiritum dicat, et tibi molesti esse desinemus.[136]

N: Spiritum quidem esse Deum inquit, quia, sicuti corpus, loco non clauditur, cum incorporeus sit. Incorporeum enim ante corporeum, illocale ante locale, incompositum est ante compositum. Quid enim omni in composito nisi simplex dumtaxat cernitur seu incompositum? Compositum enim de se suum principium incompositum dicit. Nam si in composito compositum videretur et in illo composito item compositum, unum utique magis compositum esse et aliud minus oporteret. Ad incompositum tandem deveniretur cum ante compositum sit componens. Nihil enim compositum se ipsum composuit. Erit ergo componens incompositum quod ante partem et ante totum est et ante universum et ante omne, in quo anterioriter seu incomposite omnia sunt. Non igitur in composito nisi incompositum dumtaxat videtur.

Sic mens ante compositam lineam incompositum punctum contemplatur. Punctus enim signum est, linea vero signatum. Quid autem videtur in signato nisi signum, quippe signum est signati signum? Ideo principium, medium et finis signati est signum, seu lineae est punctus, seu motus est quies, sive temporis est momentum et universaliter divisibilis indivisibile. Non video autem indivisibile in divisibili quasi eius partem, quia pars totius pars est, sed ipsum indivisibile ante partem et totum video in divisibili et ipsum non aliud ab ipso video. Si enim ipsum non cernerem, nihil penitus cernerem. Ultra ergo cum aliud in ipso video, non nisi

135) Mt. 19, 17; Mk. 10, 18; Lk. 18, 19.

136) Joh. 4, 24.

non-aliud video. Deus igitur est spirituum spiritus, qui per ipsum non-aliud cernitur ante omnem spiritum. Quo sublato nec spiritus, nec corpus, nec quidquam potest manere nominabile. Sicut frigiditas propter suam invisibilitatem activitatemque, quae in frigido seu glacie sentitur, dici spiritus potest, qua sublata esse glacies desinit (subtracto enim spiritu congelante seu glaciente cessat et glacies) sic cessante spiritu connectente in compositis compositum cessat, et cessante spiritu essentiante cessat ens, et cessante spiritu discernente sive discretiante aut, ut praecisius exprimam, non-aliante omnia pariter cessant.

Spiritus enim, qui omnia in omnibus operatur, per quem quodlibet est non aliud quam est, per non-aliud nomiatur. Ille spirituum spiritus est, cum omnis spiritus non-aliud quam spiritus est; ille spiritus non nisi in spiritu seu mente in veritate conspicitur. Solus enim ille rationalis creaturae spiritus, quae mens dicitur, veritatem potest intueri. In ipsa autem veritate videt spiritum, qui est spiritus veritatis, qui quidem omnia veraciter efficit id esse, quod sunt. Et sicut ipsum videt, ita etiam ipsum adorat, in spiritu scilicet et veritate.

A: Duxisti me, pater, in spiritum, quem omnium creatorem video, ut propheta vidit, qui ad creatorem dixit: Emitte spiritum tuum et creabuntur,[137] ac si desiderans glaciem emitti spiritum peteret spirantem glaciationem, ita ultra de omni desiderato; atque ut mentem spiritum videam illius imaginem spiritus. Et enim spiritus ille, qui de sua virtute ad omnia pergit, omnia scrutatur et creat omnium notiones atque similitudines. Creat, inquam, quoniam rerum similitudines notionales ex alio aliquo non facit, sicut nec spiritus, qui Deus, rerum quidditates facit ex alio, sed ex se aut non-alio. Ideo sicut ab aliquo creabili non est aliud, ita nec mens est aliud ab aliquo per ipsam intelligibili. Bene etiam in una video mente a corpore magis absoluta perfectius spiritum relucescere creatorem et praecisiores creare notiones. Sed quoniam tui propositi non est nisi nos tecum rapere et ducere ad visionis primi viam, quod omnia in omnibus est, quia in via alius alio citius currit, ut comprehendat, idcirco te deinceps sinam amplius conquiescere. Sufficit enim nobis directio tua, qua nos nisus es dirigere ad ipsum principium, quod sese et omnia definit hactenus ab omnibus quaesitum semperque quaerendum in posterum; contentamur sane de via, quam tu nobis per ipsum non-aliud revelasti. Et ego tibi pro omnibus immortales gratias ago agemusque semper, quod usque facie

---

137) Ps [시편]. 104, 30.

ad faciem Deum deorum in Sion semper bendictum videbimus.[138]

138) Cod. Mon.: Finis. Laus Deo.

PROPOSITIONES EIUSDEM REVERENDISSIMI PATRIS DOMINI NICOLAI CARDINALIS DE VIRTUTE IPSIUS NON-ALIUD

I.: Definitio, quae se et omnia definit, ea est, quae per omnem mentem quaeritur.

II.: Quisquis videt verissimum esse, quod definitio est non aliud quam definitio, is etiam videt ipsum non-aliud definitionis esse definitionem.

III.: Qui videt, quod non-aliud est non aliud quam non-aliud, videt non-aliud definitionis esse definitionem.

IV.: Qui videt ipsum non-aliud definire se et definitionem omnia definientem, is ipsum non-aliud videt non esse aliud ab omni definitione et ab omni definito.

V.: Qui videt ipsum non-aliud principium definire, cum principium sit non aliud quam principium, ipsum non-aliud videt principium esse principii, sic ipsum quoque videt medium medii et finem finis et nomen nominis et ens entis et non-ens non-entis atque ita de omnibus ac singulis, quae dici possunt aut cogitari.

VI.: Qui videt, quomodo ex eo, quod non-aliud se ipsum definit, ipsum non-aliud est non aliud ipsius non-aliud, et quomodo ex eo etiam, quod omnia definit et singula, est in omnibus omnia et in singulis singula, ille quidem videt ipsum non-aliud esse aliud ipsius aliud et videt non-aliud ipsi aliud non opponi, quod est secretum, cuius non est simile.

VII.: Qui videt, quomodo subtracto ipso non-aliud non remanet nec aliud, nec nihil, cum non aliud sit nihil ipsius nihil; ille sane videt ipsum non-aliud in omnibus omnia esse et nihil in nihilo.

VIII.: Non est possibile quidquam in hominis cogitationem posse venire absque ipso non-aliud, cum sit cogitationum cogitatio. Et licet ipsum non-aliud non sit aliud a cogitatione de se ipso cogitante, non est tamen ipsa cogitatio, cum cogitatio non sit non-aliud simpliciter, sed non aliud quam cogitatio; neque ipsum non-aliud aliter se habet in omnibus, quae dici possunt.

IX.: Quidquid mens videt sine ipso non-aliud non videt. Non enim videret aliud, si non-aliud non foret ipsius aliud aliud. Sic nec ens cerneret, si non-aliud non foret ipsius entis ens et ita de omnibus, quae dici queunt.

Ita videt mens omne aliud per aliud, quod non-aliud, quare sic etiam alia omnia. Aliam enim videt veritatem per veritatem, quae non-aliud; aliam rationem per rationem, quae non-aliud. Igitur quodlibet aliud prioriter non-aliud videt. Et eodem modo videt omnia et nomen et quidditatem et alia quaecumque habent ab ipso non-aliud habere.

X.: Qui videt finitum non aliud quam finitum, et infinitum non aliud quam infinitum, pari modo de visibili et invisibili, de numerabili quoque et innumerabili, mensurabili et immensurabili, conceptibili et inconceptibili, imaginabili et inimaginabili, intelligibili et inintelligibili et ceteris talibus: ille videt Deum per non-aliud significatum nec finito nec infinito finibilem, nec mensura mensurabili nec immensurabili mensurabilem, nec numero numerabili nec innumerabili numerabilem, ita nec conceptibilem, nec imaginabilem, nec intelligibilem, nec nominabilem nomine nominabili nec nomine innominabili, licet a nullo omnium illorum et aliorum, quae dici possunt, nec in ipsis aliud sit.

XI.: Qui videt, quomodo ipsum non-aliud se definiendo omnia definit, ille videt, quoniam ipsum est omnium adaequatissima mensura, maiorum maior, minorum minor, aequalium aequalis, pulchrorum pulchra, verorum vera et vivorum viva mensura, et de omnibus eodem modo.

XII.: Qui videt, quoniam ipsum non-aliud sui et omnium est definitio et definitum, ille in omnibus, quae videt, non nisi non-aliud videt se ipsum definiens. Nam quid videt in aliud nisi non-aliud sese definiens? Quid aliud in caelo quam non-aliud se ipsum definiens? Et de omnibus eodum modo. Creatura igitur est ipsius creatoris sese definientis seu lucis, quae Deus est, se ipsam manifestantis ostensio, quasi mentis se ipsam definientis propalatio, qua praesentibus fit per vivam orationem et remotis per nuntium aut scripturam. In quibus ostensionibus mentis non est aliud nisi mens sese definiens, se clarissime et vivaciter per propriam orationem audientibus manifestants, remotis per legatam orationem, remotissimis per scripturam. Ita ipsum non-aliud mens mentis se in primis quidem creaturis clarius, in aliis vero occultius ostendit.

XIII.: Qui videt, quomodo li non-aliud, quod est ipsius non-aliud non aliud, relucet in aeterno, ubi est aeternae aeternitatis aeternitas, et in vero, ubi verae veritatis est veritas, et in bono, ubi bonae bonitatis est bonitas, et ita in reliquis, ille in omnibus Deum videt se ipsum definientem unitriniter relucere. Nam unitrinum non-aliud in uno est unius unitatis unitas et in ente entis entitatis entitas et in magnitudine magnae magnitudinis magniet in quanto quantae quantitatis quantitas et ita de ceteris.

XIV.: Qui videt in alio non-aliud aliud, is videt in affirmatione negationem affimari. Et qui Deum videt ante affirmationem et negationem, ille Deum videt in affirmationibus, quae de ipso per nos fiunt, non esse negativam, quae affirmatur, sed affirmationis affirmationem.

XV.: Qui videt in alio non-aliud aliud, ille videt in calefacto non-calefactum calefactum et in frigefacto non-frigefactum frigefactum factum et in formato non-formatum formatum et in facto non-factum et in divisibili indivisibile divisibile et in composito incompositum compositum et generaliter in affimato non-affirmatum affirmatum, et videt negativam tale principium affirmationis, quod ea sublata, sublata est affirmatio. Negationes igitur dirigunt visum mentis in quid, affimationes autem in tale quid.

XVI.: Qui videt, quomodo negationes, quae mentis visum in quidditatem dirigunt, sunt priores affirmationibus, ille videt omne nomen significare tale quid. Nam corpus non significat quidditatem, quae incorporalis est, sed talem scilicet corpoream; sic terra terrestrem et sol solarem et ita de omnibus. Nomina igitur omnia ex aliquo sensibili signo impositionem habent significativam, quae signa sequuntur rerum quidditatem. Non igitur ipsam, sed talem significant. Mens autem ipsam anterioriter contemplans vocabulum negat esse proprium ipsius, quam videt quidditatem.

XVII.: Videt mens, quomodo ipsum non-aliud est actus ipsius actus et ipsius maximi maximum et ipsius minimi minimum. Et ideo videt actum purum, qui purior esse non potest, numquam fuisse in potentia; nam per puriorem actum in actum devenisset. Quare videt omnia, quae alia esse possent, semper posse alia esse et ideo in recipientibus magis seu maius numquam deveniri ad actu maximum, quo maius esse nequit, et quae aliud esse possunt, quia numquam ad ipsum non-aliud attingunt, semper posesse aliud.

XVIII.: Qui videt, quomodo non-aliud, quod est aliud ipsius aliud, non est ipsum aliud, ille videt aliud ipsius aliud, quod est aliud aliorum. Sic aequalis videt aequale, quod aequalium est aequale et bonum ipsius boni, quod est bonum bonorum et ita de omnibus. Ille sane videt, quomodo non-aliud, quod est aliud ipsius aliud, non participatur per ipsum aliud, quia ab ipso non est aliud, sed in ipso ipsum, sed aliud ab aliis participatur. Sic de aequali et bono et ceteris. Bonum igitur, a quo non-aliud non est aliud, ab omnibus aliis, bonis participatur, et in aliis aliter. Numquam igitur erunt duo aeque bona aut aeque aequalia, quae meliora esse non possint aut aequaliora; de similibus eodem modo. Oportet enim omne aliud ab alio esse aliud, cum solum non-aliud sit non aliud ab omni alio.

XIX.: Qui videt Deum non esse aliud nec ab omni eo, quod intelligit, nec ab omni eo, quod intelligitur, ille videt Deum dare intellectui quod est non aliud quam intellectus intelligens et intelligibili, quod est non aliud quam intelligibile ab intellectu, et quod intellectus intelligens non sit aliud ab intellecto. Ipsum igitur non-aliud clarius relucet in intellectu, qui non aliud est ab enim non sic clare non aliud est a viso et auditus ab audito. intellecto, sicut scientia non aliud a scito, quam in sensibus. Visus[139] Intelligentiae autem, in quibus clarius ipsum non-aliud relucet, citius et clarius intelligibilia, a quibus minus sunt alia, intelligunt. Hoc est enim intelligere, scilicet intelligibilia a se non alia facere, sicut lumen illuminabilia citius non alia a se facit, quando est intensius. Relucere autem videtur ipsum non-aliud in omnibus, quando constat, quod omnia se in omnibus nituntur definire. Sicut calor omnia nititur calida talia facere, ut ipse sit non aliud ab ipsis et se in omnibus definiat, sic intellectus, ut omnia sint intellectus et se in omnibus definiat; ita et imaginatio et omnia cetera.

XX.: Quando mens considerat non-calidum calefieri et frigidum calefieri, per intellectum attingit non-calidum, per sensum frigidum, et videt non esse idem, quando per diversas potentias attingit. Et dum considerat non-frigidum per mentem videri, sicut non-calidum, ac quod non-calidum potest calefieri et non-frigidum frigefieri, et quod frigidum potest calefieri et calidum frigefieri, videt quomodo idem est non-calidum et non-frigidum. Et dicitur non-calidum, quia, licet non sit actu calidum, potest tamen calefieri; et sic dicitur non-frigidum, quia, licet non actu frigidum, potest tamen frigefieri. Ideo cum actu est calidum, ad huc manet potentia frigidum, et cum actu est frigidum, manet potentia calidum. Potentia autem non quiescit, nisi sit actu, cum sit finis et perfectio eius, alias frustra foret potentia. Ideo non foret potentia, cum nihil sit frustra. Quia autem potentia se ipsam non producit in actum — hoc enim repugnat —, ideo est motor necessarius, qui potentiam ad actum moveat. Ita videt mens nam et naturalem motum et ipsum non-aliud naturae naturam in se ipsa relucentem.[140]

139) Gabriel 판의 오류(앞 열과 뒷 열이 뒤바뀐 채 인쇄) — 해당 번역문 각주를 참고바람!

140) Cod. Mon.: Finis propositionum. Laus Deo optimo!

《다른 것이 아닌 것》을 읽기에 앞서

1. 니콜라우스의 생애와 작품

1401년 모젤 강(독일 라인강 지류) 유역의 쿠스(Kues)에서 선주(船主)로 활동하던 아버지 요한(John Cryftz 혹은 Chrypffs / Johann Krebs)과 어머니 카타리나(Katharina) 사이에서 태어났다. 이 출생지명에 의해 학창시절 이탈리아에서 사귄 한 친구로부터 '쿠사누스'라는 별칭을 얻게 된다.[1] 1416년 하이델베르크대학에 입학, 교양과정인 자유학예(*artes liberales*, 문법, 수사학, 논리학; 대수학, 기하학, 음악, 천문학)를 이수하고 2년 뒤 파두아에서 교회법을 공부하여 1423년 교회법 박사학위(*Doctor decretorum*)를 받았다. 잠시(1424년) 로마에 머

---

1) 참고 Kurt Flasch, *Nicolaus Cusanus* 〔Beck'sche Reihe 562〕, München 2001, p. 11. 이 책에선 이미 보았듯이 별명이 아니라 본명(니콜라우스)으로 통일시켜 부르기로 한다.

물다가 독일로 되돌아가 쾰른대학에서 철학과 신학을 배우면서 알트리히의 성 안드레아 성당 부속학원장을 겸하였다. 1427년 트리어에 있는 성 강골프 본당 산하에서 일하다가 1428년 루뱅(Löwen) 대학으로부터 — 1425년 처음 문을 연 이 대학으로부터 니콜라우스는 나중에(1435년) 또 한번 — 교수직을 제안 받지만 사양하고, 당시 교구장 오토(Otto von Ziegenheim) 대주교의 비서로 활동했다. 그 이듬해 트리어 교구 교구장직을 계승한 울리히(Ulrich von Manderscheid) 대주교가 새롭게 주도한 바젤 공의회(1431년에 개회)의 신앙위원회 위원으로 참가하면서 당시 지역마다 다채로운 신앙고백 형식의 일치문제에 관심을 갖게 되었다.[2] 그 공의회가 어렵게 진행되는 동안에도 1433년 그는《공동체의 친밀성》(*De usu communionis*),《과반수》(*De maioritate*),《권위》(*De auctoritate*), 그리고《교회일치》(*De concordantia catholica* I~III) 등 여러 작품을 집필하면서 한편으론 교회가 지켜온 전통적 가르침을 보다 폭넓게 수용할 수 있게끔 그 합리적 근거를 모색하였다.

1436년《전례력 수정》(*De correctio kalendarii*)을 집필할 무렵 안타깝게도 바젤 공의회는 결렬되고 이듬해 — 페라라에서 개최되길 계획했다가 마침내 1438년 — 플로렌스에서 교황 에우제니오(Eugenius IV 세)에 의해 새로운 공의회가 개최되었는데, 그리스 지역교회에서 파견된 사절단이 수적(數的)으로 불리함을 느끼고 개회하자마자 되돌아갔다. 분명하진 않지만 이즈음에 니콜라우스가 사제로 수품(受品)된 것으로 보인다. 다시 말해 교황 에우제니오의 명을 받고 전체교회

2) 이 공의회는 그 이후 그로 하여금 전 생애에 걸쳐 고심했던 "교회의 일치" 문제를 직접 체험하게 해주었던 첫 사건으로서 중요하게 평가된다. 이에 참고로 정달용, "니콜라우스 쿠사누스의 '神-論'(*De docta ignorantia* 제1권과 *De non-aliud*를 중심으로)," 《중세철학》 제7호(분도출판사, 2001) (pp. 3~31), p. 7.

의 일치를 위해 콘스탄티노플로 떠나기 직전에 사제가 된 것 같다. 그 같은 상황은 니콜라우스의 일생에 어떤 특별한 소명이 주어졌는지 짐작케 한다. 당시 신앙고백의 불일치를 보였던 지역교회의 상황은 물론 권력쟁취에 양보를 모르는 지역국가간의 정치적 상황은 전체교회의 일치에 대단히 불리하게 작용하고 있었다. 니콜라우스는 그 이후 약 십 년간 여러 공의회를 참관하면서 교황과 지역교회(특히 동방정교회) 나아가 지역국가들 사이에 이견을 좁히고 서로 화해할 수 있도록 노력하였다.

일찍이 1054년 동서방교회의 분열 이후 콘스탄티노플 지역에는 이미 터키인들의 지배를 통하여 서방(로마 가톨릭)교회와는 격리된 채 이슬람교 및 인도교 등 여러 페르시아 종교 및 종파와 그들의 신학이 확산되어 있었다. 그 영향으로 동방정교회 안에서 성자(예수 그리스도)의 인성(人性) 및 신성의 결합에 관한 문제는 제기되지 않았으니, 이는 페르시아의 지역교회가 인간과 로고스(*Logos*)의 일원론적 신비(神秘)사상을 별 의문 없이 받아들였고, 더욱이 그들에게 로고스 개념은 성부와 성자의 관계를 설명하는 데 유익하다고 보았던 까닭이다. 그러나 이제 세계 공의회를 통하여 니콜라우스에게 새로운 과제가 주어졌으니, 그것은 안티오키아 지역교회를 중심으로 제기된 "그리스도 안에서 신인성(神人性)의 일치" 문제와 이집트 지역교회에서 특히 거론된 "하느님 아들의 탄생과 풍요의 여신 이시스(Isis)의 출산" 문제, 그리고 서방교회 안에서 꾸준히 제기되어 오던 "진리의 복사물로서 만물의 가치"에 관한 문제가 어떻게 모순 없이 이해될 수 있을지 하는 것이었다. 앞선 문제점들은 한결같이 교회 내에 전수된 신앙유산과 교회 밖에서 통용되고 누적되어 온 경험적 가치들 사이의 중재(일치)를 필요로 하였다. 단적으로 말하자면, 서로 대립하는 견해들(*contralia*) 사이에서 합일점(*coincidentia*)을 모색하는 일이 그 관건이었다. 물론 이러한 문제가 오랜 정신사 안에 문득문득 제기되어 그때마다 큰 논란을 불러일으켰던 만큼, 쉽사리 해결될 수 있는 것은 아니었다. 그러나 그는 이에 대한 집요한 탐구로 마침내 1440년 그의 야심작인 《박학한 무지》(*De docta ignorantia* I~III)[3] 집필을 완성함으로써 남다른 해결책을 제시하기에 이르렀지만, 그 이후에도 또 다른 논증들을 보태어 그 이해를 도우려는 집념은 계속되는 저술활동으로 채워나갔다. 예컨대 1441~1444년에 《가늠에 관하여》(*De coniecturis*), 1445년에 《감추어진 하느님》(*De Deo abscondito*), 《하느님을 찾아》(*De quaerendo Deum*), 《하느님의 자녀됨》(*De filiatione Dei*), 1445~1446년에 수학(數學)에 관한 그의 첫 작품 《성부께서 베푸신 빛》(*De dato patris luminum*), 1446년에 《최후의 날들에 대한 추정》(*Coniectura de ultimis diebus*), 1447년에 《창조》(*De genesi*), 1449년에 《박학한 무지에 대한 변론》(*Apologia doctae ignorantiae*) 등을 통하여 그는 이 세상을 올바르게 이해하기 위해선 그에 앞서 무엇보다도 반드시 고려해야만 하는 제일원리(第一原理)를 통찰하는 데 있음을 강조하였다.

특히 그의 대표적 작품인 《박학한 무지》 안에서 그는 "대립하는 것들(혹은 모순적인 것들)의 합일"(*coincidentia oppositorum/contradictoriorum*) 개념에 관한 특별한 체험에 대하여 직접 밝히고 있다. 이 체험이 일어난 정확한 시기는 1437년, 곧 그의 나이 36세에 콘스탄티노플에서 타종교인들과 대담(對談)을 마치고 로마로 되돌아오던 때라고 한다. 예컨대 상기 작품에서 스스로 고백하길, "그리스로부터 되돌아오는 깊은 바다 한가운데에서 … 나는 '저 위로부터 온 은총을 통하여' … 이런 통찰을 얻게 되었으니, 이는 곧 '뭇 인간에 의해 알 수 있는 … 진리를 훨씬 능가하여 차라리 박학한 무지 안에서나 납득할 수 없

---

3) 여기서는 직역하여 "박학한 무지"라고 번역했지만, 그 작품의 내용과 의미하는 바를 고려할 때 "무지의 지"도 바람직한 해석이다. 이에 참고로 정달용, 위의 책, p. 9.

는 방식으로 납득할 수 없는 바를 알아듣는 것'과 같았다"[4] 하고 술회한다. 덧붙여 그는 "우리의 … 정신을 통한 모든 수고가 이제 이 심오한 신비에 함께 함으로써 모든 대립하는 것들이 합일하게 되는 단순함으로 〔나의 정신은 한순간〕 솟아오르는 듯하였다"[5] 고 전한다.

1448년에는 빈꼴리에 위치한 '성 베드로' 본당을 맡으며 추기경 칭호를 받았다. 1450년에는 브릭센 교구의 교구장 주교로 임명되었으며, 이 무렵에 그는 《지혜에 대한 문외한》(*Idiota de sapientia* I~II) 과 《정신에 대한 문외한》(*Idiota de mente*), 그리고 《저울〔통계〕 실험에

---

4) Nikolaus, *De doct. ign.* III(권) § 263: "In mari me ex Graecia redeunte … superno dono … ad hoc ductus sum, ut incomprehensibilia incomprehensibiliter amplecter in docta ignorantia per transcensum veritatum … humaniter scibilium." 또한 참고로 Nikolaus von Kues, *Vis Creativa* (Grundlagen eines modernen Menschenbildes), Eine lateinische Auswahl, eingeleit., erläut. u. hersg. v. Harald Schwaetzer 〔Aschendorffs Lesehefte〕, Aschendorff 2001, p. 14; 권기철, "니콜라우스 쿠사누스의 철학과 신론," 《이성과 신앙》 제 21호(수원가톨릭대학, 2001. 4) (pp. 217~253), pp. 221~222 참조.

5) *Ibid.*, § 264: "Debet autem in his profundis omnis nostri …ingenii conatus esse, ut ad illam se elevet simplicitatem, ubi contradictoria coincidunt." 이 체험이 그의 신앙적 표현(고백)에 따라 "신의 은총"이 분명하지만, 그것은 동시에 니콜라우스 자신의 열정적 사색에 따른 응답(결실)이라는 점에서도 "대립하는 것들의 합일" 개념의 원천적 연구는 선대의 "어떤 한 사상가(*Heymeric de Campo*)에 의한 영향"으로 간단하게 소급될 수는 없을 것 같다(이에 특히 E. Schadel, "Gott als Zusammenfall der Gegensätze?" 〔주 49번〕 참조). 또한 이는 비록 "신비적 개념"이라고 소개하지만, 그럼에도 결코 "우리의 통찰"이 그에 근접하지 못하는 어떤 것으로만 이해되지는 않음을 시사한다. 왜냐하면 "만일 알려질 수 없는 무엇"이라면, 우리는 그에 대해 최소한의 단서 — 예컨대 "형언할 수 없는 무엇"이라는 표현 — 조차 가질 수 없었을 것이기 때문이다. 이렇듯 앞선 "정신적 분별(分別)은 무엇을 의미할까?" 하는 물음이 우리가 니콜라우스와 함께 다시금 해결해야 할 과제처럼 여겨진다.

대한 문외한》(*Idiota de staticis experimentis*) 등 3편의 일반인을 위한 작품 및 《산술적 보충설명》(*De arithmiticis complementis*)과 《원의 구적법(求積法)》(*De circuli quadratura*) 등 2편의 수학-기하학과 관련된 작품을 저술하였다. 뒷 작품은 7년 뒤에 다시금 《원의 구적법에 관한 대화》(*Dialogus de circuli quadratura*)와 《세속국가의 원-구적법》(*De caesarea circuli quadratura*)을 통해서 훨씬 더 폭넓게 통찰된다. 1450~1455년 동안 그는 또한 줄곧 교황사절(*Delegatus apostolicus*)을 겸하면서 독일과 뵈멘, 영국과 프랑스 사이의 지역분쟁을 해결하는 데 공헌하였고, 한 여자 수도원장(Verena v. Stuben)을 파문시키는 업무를 대리하기도 하였다. 1453년에 콘스탄티노플이 터키인들에 의해 점령되고 동로마제국이 멸망할 당시 그는 《신앙이 주는 평화》(*De pace fidei*), 《신의 알아봄》(*De visioni Dei*), 《신학적 보충》(*Complementum theologicum*), 《수학적 보충설명》(*De mathematicis complementis*)을 저술하였다. 특히 《신앙이 주는 평화》란 작품은 17명의 여러 종교대표자들과의 대담내용을 소개하고 있는데, 거기서 그는 이미 보편적으로 인정받고 있는 로고스(개념)를 활용하여 그의 일생에 걸쳐 큰 관심을 가졌던 저 "대립하는 것들의 합일" 개념을 어떻게 하느님 안에서 발견하고 또 인간 이성으로 타당하게 이해할 수 있는지 밝히고자 애썼다. 예컨대 그는 "대립의 합일" 개념을 영적(靈的) 체험을 통해 일별하였다고 말하지만, 다른 한편 그와 유사한 의미를 디오니시우스(Dionysius A.)에게서 발견할 수 있으며, 나아가 이미 플라톤의 신비신학 안에서도 엿볼 수 있음을 확인시켜 준다. 우리는 그의 그 같은 세심한 배려를 여기 《다른 것이 아닌 것》 안에서도 목격하게 된다. 그리고 그것은 그가 온 생애를 통하여 변함없이 지대한 관심을 가졌던 "다양한 종교들의 합일" 문제와도 깊은 관련을 맺고 있음을 어렵지 않게 엿볼 수 있다.

그 밖에 우리는 그에게서 피타고라스학파의 수(數)의 논리, 플라톤주의의 “삼위일체론적 철학”(예컨대 플로티노스 및 프로클로스), 엑하르트(Meister Eckhart)의 ‘신비직관’, 그리고 유명론(唯名論)적 관점을 통해 새롭게 다져진 언어관, 예컨대 ‘개념’을 통한 접근방식을 자주 발견할 수 있겠는데, 이는 니콜라우스를 시대적으로나 정신적으로나 중세의 신학 및 철학을 종합적으로 통찰한 인물 가운데 한 사람으로 평가하는 데 손색이 없게끔 한다. 그럼에도 사람들은 또 달리 니콜라우스의 철학이 고대 및 중세 사상가들의 관점에서 벗어나 “근대적 시각(視覺)”에 여명(黎明)을 밝혔다고들 평가하려 한다. 그 근거는 아마도 그가 착안하고 있는 다중적이면서 동시에 하나되는 관점, 곧 진리인식에서 양방향(상승 및 하강도식)이 모두 유효하다고 보는 그의 접근방식(입장)에서 찾을 수 있을 것 같다. 예컨대 그에게서 진리인식은 인간이 알아듣는 한에서 유효한 만큼 언제든 인간의 정신(*mens*)을 통해 확정(確定)된다. 물론 초월적 신의 지혜(*summa intelligentia*) 역시 자기계시의 차원에서 인간과 무관하게 그 참됨을 드러낼 것이다. 그러나 사실상 니콜라우스에게서 전자와 후자는 서로 다른 출발점을 갖더라도 서로 일치할 수 있으며 또 일치를 요구한다. 왜냐하면 인간이 알아들을 수 없는 신의 계시란 자칫 맹신이 될 수 있고, 신의 자기계시 없이 인간정신이 홀로 새긴 것은 환상이 될 수 있기 때문이다. 순수 인간의 정신만을 논하는 것이나 순수 신의 지혜만을 논하는 것은 실상 니콜라우스에게 무의미한 것처럼 보인다. 존재하는 한에서 인간은 그의 존재원천으로서 신을 앞서 전제해야 하고, 계시되는 한에서 신은 그의 창조물로서 세상 및 인간을 필요로 한다. 그럼에도 인간과 신 사이의 관계는 영원히 보장된 것이 아니다. 이미 결정된 신의 섭리에 문제가 있어서가 아니라 아직 결정 못한 인간의 불신앙에 문제가 있다.

물론 니콜라우스가 시도한 해명의 긴 여정 안에서 인간정신에만 초점을 맞출 경우 그 정신에게 진리를 확정하는 능력이 부각될 수 있다. 인간정신에 대한 그 같은 평가는 과연 인간 홀로 진리를 찾아 나서도 좋다는 생각을 진작시키면서 다른 한편 신의 계시에 대한 응답(신앙)을 점차 부자유스럽게 느끼고 마침내 그로부터 해방을 바라게 할 수 있다.[6] 신의 계시가 아직 이질적(異質的)으로 혹은 낯선 것으로 여겨지는 한, 자유의 주체로서 홀로서기를 단행하는 자아(自我)는 타자로 규정되는 신과 세계에 대해 계속 거부의사를 밝힐 것이기 때문이다. 그렇게 근대의 입장은 "인간 홀로 가능한 길(이성의 자율성)"을 선택하였고 "타자로서의 신과 세상으로부터 말 건넴(신앙 및 감각)"에 무의미하게 혹은 심지어 '적대적으로' 여긴 것처럼 보인다.[7]

1458년 에우제니오 교황에 이어 비오(Pius II세) 교황이 로마교회의 대표자로 선출되었을 무렵 그는 선임자와 마찬가지로 그 후임자를 변함없이 보필하였으며, 자신의 집필활동도 게을리 하지 않고 계속하였다. 1458년에 그는 《수학의 완전성》(*De mathematica perfectione*)과 《확대경》(*De beryllo*)을, 1459년에는 《일반적 개혁》(*Reformatio generalis*), 《수학의 황금률》(*Aurea propositio in mathematicis*), 《동등성》(*De aequalitate*), 《원칙론》(*De principio*)을 저술하였다. 비록 순수 신앙진리와 관련된 학문연구에 깊은 열정을 가지고 살던 성직자였지만, 그는 주교(1453년 임명)로 활동했던 브릭센 교구에서 공작(公爵) 지그문트(Sigmund von Tirol)와의 정치적 분쟁에 휘말려 죽을 고비를 넘겼다. 그 와중에도 연구활동은 중단되지 않았으니, 앞서 소개한 작품 외에 1460년 (부르넥크에서) 감금생활중에도 그는 《가능성에 관한

---

6) 이에 참고로 정달용, 앞의 책, p. 4.

7) 이에 멀리는 Erwin Schadel, Kants '*Tantalischer Schmertz*'. Versuch einer konstruktiven Kritizismus-Kritik in ontotriadischer Perspektive Schriften zur Triadik und Ontodynamik Bd. 13), Frankf./M.-Berlin-Bern-New York-Paris, Wien 1998, 특히 "Ideengeschichtliche Vorbemerkungen. Antitrinitarischer Sozinianismus als Motiv der Aufklärungsphilosophie (§§ 1～7)", pp. 31～108 참조.

세 사람의 대화》(*Trialogus de possest*)를, 1460~1461년에는 《코란 탐구》(*Cribratio Alchorani*)를, 그리고 그 이듬해 1462년에는 《다른 것이 아닌 것》(*Non-aliud*) — 이 작품의 보다 자세한 제목으로는 《통찰의 참된 진로(進路) 혹은 저 "다른 것이 아닌 것"에 관하여》(*Directio speculantis seu de li non-aliud*)[8] — 을 저술하였으며, 그 이후에도 연

---

8) 이 작품의 제목이자 전체내용을 대변하는 중심개념 'non-aliud'는 그 자체로 풍부한 의미를 지니고 있는 만큼 보다 적절한 번역이 필요했다. 이에 앞서 시도된 다양한 우리말 번역을 참고하였는데, 예컨대 '비타자'(非他者) (①), "다르지 않음"(②) 혹은 "다르지 않은 것"(③), 그리고 "다른 것이 아닌 것"(④) 가운데 선택하게 되었다.
① '비타자'로서의 번역에는 무엇보다도 그 말마디가 유독 시사하는 "즉자적(卽自的) 존재(*An-sich-sein*)"의 의미가 돋보인다. 그 용어는 "타자적 존재"(혹은 대자적 존재, *Für-sich-sein*)가 갖는 상대적 특성의 초월이 강조된다. 그래서 이 번역에는 〔타자와는〕 "완전히-다른-존재성"(*Ganz-anders-sein*)이 두드러지게 언급되고 있다(권기철, 앞의 책, p. 243). 그러나 바로 그로 인해 이 '비타자'란 개념은 모든 존재하는 타자에 대해 '초월성'만이 아니라 그 '내재성'을 동시에 함축해야 하는 니콜라우스의 'non-aliud' 개념 이해에 다소 장애가 될 수 있다고 보았다. 예컨대 "어떤 제약도 없는 순수한 동일성"으로서 모든 〔서로에게 낯선〕 타자들 사이에서 전혀 "낯설지 않은" 까닭에 모든 타자 안에 깊숙이 '내재'해야 하고, 그런 의미에서 "각개의 존재자와도 그 밖의 어떤 존재자와도 다르지 않다"(권기철, 앞의 책, pp. 244~245)고 어렵게 해석해낸 'non-aliud'의 "절대적 동일성"(*Absolut-Identität*)으로서의 중요한 의미가(권기철, 앞의 책, p. 249) 그로 인해 "비가시적 신을 가시화하고자 하는 탁월한 수수께끼"(권기철, 앞의 책, p. 253)로 끝맺을 수 있는 여운 때문에 보류시켰다.
② "다르지 않음"은 앞서 보았던 '~것'이란 존재적 규정(한정)이 'non-aliud'의 "초실체적 의미"를 상쇄할 것 같은 우려에서 이를 피하고자 한때 시도되었던 번역이다. 그러나 이 번역은 비록 실체성을 갖춘 모든 존재를 "초월하면서 동시에 언제든 자유롭게 고려될 수 있는" (곧 순수 술어적 형식으로서의) 장점을 가짐에도 불구하고, 그 '추상적' 어미활용으로 'non-aliud' 개념에 대한 더 깊은 오해(예컨대 "관념 가운데 하나"로만 간주할 수 있는 오해)를 낳을 수 있기에 유보시켰다. 그럼에도 여전히 "술어적 형식"

구를 계속하였다. 그리하여 같은 해 신의 이름과 관련된 《지혜의 사냥》(*De venatione sapientiae*)을 저술했고, 1463년에는 《구(球) 운동》(*De ludo globi* I~II)과 《개요》(*Compendium*)를, 그리고 예상치 못했던 죽음을 맞이한 1464년에 《직관의 절정》(*De apice theoriae*)을 마지막으로 남겨 놓은 셈이 되었다.

1461년 발병으로 한동안(오르비에토에서) 요양한 뒤 몸이 호전되어 1464년 8월 11일 교황 비오(2세)의 명을 따라 터키 십자군 원정을 준비하고자 베네치아로 여행하던 중 움부리엔 지역의 산악도시 토디

으로 해석될 필요가 있을 경우(예컨대 'non aliud') 기억될 것이다.

③ "다르지 않은 것"은 '비타자'와 유사하게 그 자체로 "다른 것"을 암묵적으로 내포할 뿐 명시적으로 드러내지 못한다는 점에서 "다른 것"과 대립시킬 경우 '초월성'에 집착하는 인상을 심어주는 까닭에 피했다.

④ "다른 것이 아닌 것"으로서의 번역은 말마디(라틴어)를 있는 그대로 좇았다는 점에서 여느 번역에 비해 선택가능성을 높인다. 그것은 "다른 (어떤) 것(*aliud*)이 〔더 이상〕 아니(*non*)"라는 것이다. 여기에도 앞선 개념(비타자)처럼 절대-초월적 의미(비-실체; 비-일자; 비-존재자; 비-비존재자; 비-무)가 강하게 소개되고 있다(정달용, 앞의 책, p. 24). 그럼에도 뒤에 다시금 '~것'으로 끝맺는 까닭은 아마도 'non-aliud'가 단순히 "긍정의 부정"이 아니라, 도대체 존재하는 것 일체를 부정함으로써 오히려 "부정의 부정으로" 강조된 긍정의 존재성을 말해야 하기 때문이요, 이는 "우리가 '신은 하나다'라고 말할 때 … 〔동시에〕 '신은 하나가 아니다'라는 사실을 언제나 염두에 두어야 한다. 그리고 그럼에도 불구하고 그것을 넘어서서 '신은 하나다'라는 사실을 언제나 염두에 두어야"(정달용, 앞의 책, p. 27) 함을 내포한다. 결국 '~것'으로서의 'non-aliud'는 비록 모든 존재하는 것을 '넘어선'(*super*) 것임에도 불구하고, 그렇게 존재하는 모든 개개의 것과 또한 "다른 것이 아닌 것"을 가리킨다. 더욱이 "다른 것이 아닌 것"이란 번역이 니콜라우스의 부정신학적 사상을 뚜렷하게 부각시킨 점에서도 유익하다고 판단되었다. 나아가 이 번역어로써 의도하는 바는 'non-aliud'의 '동일성'이 단지 'aliud'와 마주하여 "aliud가 아닌 것"으로서의 초월적 동일성만이 아니라 동시에 'aliud' 안에 내재함으로써 'aliud'를 "그 자체와 다른 것이 아닌 aliud"로 존재하게끔 하는 의미에서 원천적-내재적 동일성을 전해줄 수 있다는 사실이다.

(Todi)에서 갑자기 숨을 거두었다(사흘 후 교황 비오 또한 앙코나에서 서거한다). 그의 시신은 그가 첫 본당을 맡았던 빈꼴리의 성 베드로 쇠사슬 성당에 안치되었다가, 그의 심장은 나중에 그가 생전(1458년)에 고향 쿠스에 봉헌했던 성 니콜라우스 병원의 부속 소성당으로 이전되었다.

그의 사상적 풍요로움은 비단 방대한 저술활동만이 아니라 정작 그 연구내용에서 단지 신학만이 아니라 천문학과 수학 등 다양한 학문분야에 뛰어난 기지(機智)를 발휘하였다는 데 있다. 그래서 그는 "코페르니쿠스보다 훨씬 이전에 … 지구의 운동과 무한한 우주에 관한 '천문학' 이론을 제시했고 … 〔이를〕 케플러도 되풀이하여 언급한 바 있다"[9]고 사람들은 평가한다. 그 밖에도 수학과 관련하여 무한수(無限數) 및 무한한 반경의 원(圓)에 대한 독특한 상상력을 따라 일찍이 고대에 사상가들이 생각했던 것처럼, 무한성(ἄπειρον)의 의미가 무가치한 것이 아니라[10] 실로 완전한 존재가치를 실현하는 근거로서 필

---

9) H. J. Störig, *Kleine Weltgeschichte der Philosophie* 〔V-6〕 Stuttgart-Berlin-Köln-Mainz [11]1970 〔임석진 역, 《세계철학사》(분도출판사, 1978)〕, p. 36.

10) 참고, 아낙시만드로스(Anaximandros)가 모든 존재하는 것들의 시원(始原)을 가리켜 "영원하고(ἀίδιον) 쇠진하지 않으며(ἀνήρω) 무한한(ἄπειρον) 본성"이라고 보면서도 동시에 그것은 "정의되지 않는다"(οὐ διορίζων)는 사상〔이와 관련된 그의 단편은 J. Mansfeld, *Die Vorsokratiker*, Stuttgart 1987, p. 70, Nr. 10. ; 김내균, 《소크라테스 이전의 그리스 철학》(교보문고, 1996), p. 71 이하 참조〕으로부터 '무한성'의 의미는 한편으로는 "신적(神的) 완전함"을 가리키는 개념 중의 하나로, 다른 한편으로는 '불가지론적'(不可知論的) 관점에서 부정확하고, 무규정적 개념 중의 하나로 풀이되었다(Platon, *Philebos* 24a. 1～25a. 5 ; *Timaios* 53b. 1～8 ; Aristoteles, *Physica* III 5 〔204a. 8～24〕; Plotinos, *Enn.* III 7, 6. 26 ; Hegel, *Enzyklopädie* 1830, § 93f. 참고). 우리는 이때 이를 모순 없이 이해하기 위하여 무엇보다도 "양적 무한성"과 "질적 무한성"을 구별하는 일이 필요할 것 같다. 전자는 외적 크기를 따지는 점에서 비확정적이고 또 언제라도 해

연적으로 고려되어야 한다는 입장을 옹호하고 발전시켰다. 물론 이러한 "무한성의 포괄적 의미"에 대한 연구는 플라톤의 사상을 후대에 재해석한 (신)플라톤주의자, 특히 누구보다도 플로티노스(204/5~269/70)의 "하나(*Hen*) 및 삼위일체적 존재론" 안에서도 뚜렷이 발견된다. 비록 플로티노스에 관한 직접적 소개는 니콜라우스의 작품에서 발견하기 어렵지만, 그와 맥락을 같이하는 프로클로스를 통한 동일한 주제 '하나' 및 "삼위일체적 존재론"과 연결되어 있음을 어렵지 않게 확인할 수 있다.[11] 니콜라우스의 이 같은 다양한 분야에 대한 관심은 전통적으로 전수된 교회 내외의 초월적 신관(神觀), 곧 '부정신학' 및 '신비신학'을 통해 다져진 직관적 의미만이 아니라 그와 동시에 세계 내재적 신관, 곧 '자연' 및 '역사'를 통해 확보된 구체적이고 경험적인 정보와 관찰 또한 충분히 고려할 만한 가치가 있음을 함의한다. 그 같은 태도는 분명 모든 것을 예외 없이 섭리하는 신-이해를 위해서, 곧 서로 대립적으로 심지어 모순적으로 여겨지는 그 모든 것들 곁에

체되어버릴 수 있는 가능성에 의해 '부정적' 의미를 띠는 반면에, 후자는 원천적 풍요로움과 충만한 생명력을 함축하는 점에서 '긍정적' 의미로 평가된다. 니콜라우스 역시 이 작품("다른 것이 아닌 것")을 통해 신적 존재원천의 풍요로움에 자리하는 "질적 무한성"을 이해하도록 이끌고 있다면, "근원적 제일자에게서 모든 대립들이 해소된다고 보고 또 모든 多(여러 가지 것)를 제일자에서 이끌어낸다고 하는 것 … 을 우리는 플라톤, 플로티노스, 에리우게나, 쿠사누스 및 헤겔 등에서 다시 발견한다"는 히르쉬베르거(J. Hirschberger)의 평가가 과장된 것이 아니다〔참고, 강성위 역, 《서양철학사 상권》(이문, 1983), p. 59〕.

11) 플로티노스에 대한 직접적 언급(예컨대 *De beryllo* 24 〔III 46〕)은 거의 발견하기 어렵지만, 그의 사상만은 신플라톤주의적 관점에서 어렵지 않게 포착된다. 이에 이 번역에서도 '각주'를 통하여 그와 관련된 개념 및 유래를 욕심내어 더듬어 보았다. 그 밖에도 참고로 정달용, 앞의 책, pp. 10~16. 이 글에서 역자는 니콜라우스의 신에 대한 사상이 크게 플라톤 및 신플라톤주의 철학과 디오니시우스의 부정신학으로부터 영향받고 있음에 대해 간략히 소개하고 있다.

서도 한결같이 이해할 수 있는 최고의 원리를 해명하는 일에 요구되었다고 본다.

2. 《다른 것이 아닌 것》을 통한 신-이해[12] — 부정신학(否定神學) 혹은 "박학한 무지"

오래 전부터 우리는 절대자(神)에 대해 말해왔다. 이른바 영원불멸성, 성성(聖性), 완전성, 선성 개념으로 대변되어 온 신은 이성의 질서(*ordo rationis*)를 따라 최초의 원인(*prima causa*)으로 혹은 대자연의 질서(*ordo naturae*)를 따라 최상의 존재(*summum ens*)로 일컬어왔다. 이때 이 같은 절대자에 대한 진술은 우리의 이해지평(인식 및 표현)과 맞물려 있다는 점에서 항상 양면성을 갖는다. 예컨대 우리의 절대자에 대한 진술은 언제든 세계-내-존재와의 관계(내재성)를 고려해야 할 뿐 아니라, 동시에 그런 모든 존재 너머(저편)에 우선하는 그의 초월성을 소개해야 한다. 그렇게 내재성과 초월성 양자를 따라 절대자에 대해 동시에 논하는 일은 그러나 여전히 우리에게 당혹스럽다. 신이 그의 초월성으로 우리에게 "대상의 차원에서 일종의 무(*ein gegenständliches Nichts*)"[13]로 간주되는 점에서 당장 신의 세계-내재적 존재규명은 어려움에 봉착하기 때문이다. 그로써 우리의 세상-경험

12) 이 주제는 역자의 선행연구 논문, "니콜라우스와 플로티노스의 절대자 개념 비교연구," 《중세철학》(제 10호/2004), pp. 159~205에서 이미 다루었기에 그 일부 내용(pp. 160~180)을 실어 이해를 돕도록 하였다.

13) H. Krings, E. Simons, "Gott," In: *Handbuch philosophischer Grundbegriffe* 3, München 1973, p. 615.

적 입장에서 더 이상 "신은 〔이렇게 혹은 저렇게〕 존재한다"고 간단히 말할 수 없도록 하여 결국 우리는 절대자-개념을 인간의 역사 저편으로 넘겨버리고는 '형이상학적'이라 칭한다.[14] 그러나 절대자가 정녕 모든 것의 원인이요 질서요 최상의 존재로서 이미, 그리고 꾸준히 역사 및 세계에 관여하고 있음을 인정해야 한다면, 그가 역사 및 세계와 맺는 현실적 관계 역시 같은 언어로 설명되어야 한다. 니콜라우스는 이에 '하나의' 언어로 절대자의 형이상학적 측면과 현실-경험적 측면을 동시에 설명해내려고 시도한다. 그의 태도는 오랜 철학적 전통과의 연계성 안에서, 특히 신플라톤주의의 절대자-개념과의 연계성 안에서 결실을 맺는 것처럼 보인다.[15] 그럼에도 니콜라우스는 《다른

---

14) "역사 바깥에 존재하는 신"에 대한 경험, 곧 초월자-경험은 필연적으로 역사 및 세계-내-존재에 대한 경험으로부터 비롯하지만, 그럼에도 신(초월자)이 언제든 그 어떤 "사물화된 존재"(*etwas Verdingliches*)가 아니라는 점에서 형이상학적 지평이 요구된다고 강조한다(참고 H. Krings, E. Simons, *op. cit.* 〔주 13〕, p. 617). 이에 또한 참고로 W. Schulz, *Der Gott der neuzeitlichen Metaphysik*, Pfullingen 〔1957〕 [12]1992. 이정복 옮김, 《근대형이상학에서 철학자의 신》(사랑의 학교, 1995), 특히 p. 52. "Die Transzendenz ist das der endlichen Subjektivität mit innerer Notwendigkeit zugehörende Andere ihrer selbst(초월성은 〔인간이 그의〕 내적 필연성으로 결국 유한한 주체에 속한다는 의식〔意識〕의 타자적 의미를 띤다)." 이는 오로지 사유하는 주체의 "사유를 통해서 사유의 한계(=사유될 수 없는 것)를 경험하는" 데에 초월자-경험이 자리하며, 그러한 반성적 사유행위에 "형이상학의 법칙"이 있음을 시사한다. 멀게는 Aristoteles, *Metaphysica* VI 1 〔1026a. 25~31〕; XI 7〔1063b. 35~1064b. 14〕. 조대호(역해), 《아리스토텔레스의 형이상학 〔주요 본문에 대한 해설번역주석〕》(문예출판사, 2004), pp. 75~81, 84 이하 참조.

15) 그런 의미에서 니콜라우스를 한편 "신플라톤주의자 가운데 한 사람" 혹은 "Plotin의 사상을 부활시킨" 철학자로 평가하기도 한다(참고 K. Flasch, *Nikolaus von Kues*. Geschichte einer Entwicklung, Frankf. /M. 1998 〔Sonderausgabe 2001〕, p. 47). 물론 그가 플로티노스의 이름을 언급한 적은 있으나 그의 사상을 직접적으로 소개한 적은 없다. 그럼에도 그와 아

것이 아닌 것》(*De non-aliud*) 안에서 전통적인 '하나'(*unum*) 개념에 대하여 비판하는 일도 잊지 않는다.[16] 그로써 니콜라우스의 절대자(神)-개념이 전통적 입장을 넘어서고자 했다고 말할 수 있을 것이다. 나아가 그것은 새로운 시대(*Neuzeit*, 近代)에 여명을 밝히는 시도였을지도 모른다. 인간은 전통에만 안주할 수 없다. 전통적 가르침 자체가 거부되는 것이 아니라, 자연 구태의연하게 비춰지는 전통적 해석만을 반복할 수 없다는 것이다. 그것은 오히려 새 시대에도 여전히 유효한 원리로 고려되어야 할 합리성을 찾아내는 이성 고유의 몫이기도 하다. 이성은 제 근거와 처지를 그때마다 보다 합리적으로 해명할 것을 스스로 요구한다. 니콜라우스의 절대자에 대한 새로운 접근은 그러한 인간 이성의 고유한 입장과 맞물려 있다고 할 수 있겠다.

니콜라우스는《다른 것이 아닌 것》안에서 절대자에 대한 이성적 해명을 다음 세 가지 관점에서 주목하고 있다. ① 우리에게 절대자가 '무'로 여겨지는 실상(實狀)에 대해 설명하는 일과, ② 단순히 인간의 세계-내-경험을 부정(否定)하는 것이 아니라, 그러한 부정을 통해 훨씬 고양된 긍정에로 나아가려는 의도로 '부정신학'(*negativa theolgia*)

주 유사한 관점들을 적지 않게 발견한다. 이 번역서의 각주는 그런 부분에 대해서도 살펴보려 했다.

16) 예컨대, 일반적으로 "경험하는 하나(*unum*)보다 훨씬 단순할(*simplicius*)"(c. 23) 뿐만 아니라, 이미 플라톤의 *Parmenides*(137c~165e)와 디오니시우스의 *de div. nom.* (XIII 540ff.)에서 논의되었듯이, 그러니까 "물론 여러 학자들이 '하나'를 '다른 것이 아닌 것'처럼 여기어, 모순율에 앞서 고려하도록 하였다네. … 그러나 '하나'가 '다른 것이 아닌 것'에서 비롯한 어떤 것이기 때문에, 첫 번째 원천을 그대로 보여주지 못한다고 보네"(c. 4). '하나'는 달리 하나가 아닌 것(*non-unum*)과 대립할 수 있다는 점에서 여전히 결함이 있다고 본 것이다. 그에 반해 첫 번째 원천에는 "아예 대립하는 것이 자리하지 않기"(c. 19) 때문이다(이에 참고로 K. Flasch, *op. cit.* 〔주 15〕, p. 563). 물론 이는 플로티노스의 '하나'의 의미에 대한 비판이기보다는 그 표현형식의 오해가능성에 대한 비판으로 보인다.

을 재고함으로써 인간의 경험적인 긍정-부정 사이의 대립(對立)을 지양(止揚)하는 또 다른 이해능력을 확인시키는 일, 그리고 ③ 절대자에 대한 접근을 가능케 하는 직관적(直觀的) 이해방식을 찾아내어, 그것이 앞선 두 가지 사태를 모두 포괄하는 보다 설득력 있는 길임을 밝히는 일이다.

1) 작품 《다른 것이 아닌 것》(*De non-aliud*)의 개요

니콜라우스는 이 작품을 1461/1462년 겨울(혹은 초봄)에 완성하였고 2년 뒤에 죽음을 맞았다. 예견된 죽음은 아니지만, 말년에 씌어진 이 작품은 다른 작품들과 비교하여 완성도가 높은 작품으로 평가된다. 더욱이 작품내용 면에서 그런 평가는 옳다고 본다. 왜냐하면 이 작품과 관련하여 니콜라우스는 이미 계획적으로 여러 사람(Johannes A. V. Abbas; Petrus B. P.; Ferdinandus M. P.)에게 다양한 고증자료들의 연구(Platon, Aristoteles, Proklos 및 Dionysius)를 앞서 지시했고,[17] 그런 준비된 연구와 비교검토를 통하여 작품의 내용을 보다 풍부하고도 체계적으로 엮어냈기 때문이다.

이들 중 가장 나이가 많은 연장자로서 이 작품 안에서 대담을 개회한 요한 안드레아 수도원장은 1458년부터 니콜라우스 추기경을 오랜 동안 보필했던 비서였다. 그는 일찍이 또 다른 쿠사누스의 작품 《가능성에 관한 세 사람의 대화》(*Trialogus de possest*)에도 등장하는 인물

---

17) 이러한 준비는 실상 오랜 시간을 통해 이루어졌던 것 같다. 예를 들어, 프로클로스의 《플라톤 〔신비〕신학에 관한 주해》를 니콜라우스는 이미 1437년 페라라(Ferrar) 공의회 참석중(*Byzanz*)에 입수하였고, 처음 암브로시우스(✝ 1439)에게 위임했으나 끝내지 못하여 마침내 1461/1462년 발부스에게서 그 완역본을 얻는다(참고, K. Flasch, *op. cit.* 〔주 15〕, p. 94).

인 만큼 이 같은 대화에 익숙한 사람이었다.[18] 두 번째 대담자 베드로 발부스는 학문연구에 종사하던 전문학자로서 상기 작품에서 언급하듯, 당시 프로클로스의 《플라톤 신비신학 주석서》를 그리스어에서 라틴어로 번역하고 있었는데, 이 사람은 뒤에 이 《다른 것이 아닌 것》이 발표될 즈음에(1462년 1월 18일) 교황 비오(2세)에 의해 주교로 임명되었다고 전한다.[19] 마지막 세 번째 대담자 페르디난도 마팀은 리사본의 교회법학자이자 니콜라우스 추기경의 주치의로서 추기경의 죽음을 판정하고 증언한 사람으로 (토디 묘비에) 기록될 만큼 니콜라우스와 가까운 사람이다. 그는 — 앞서 요한 안드레아는 고대의 플라톤 사상(신비신학)을 연구하여 진술하고, 베드로 발부스는 플라톤주의자 프로클로스의 사상을 연구하여 대변하는 한편 — 아리스토텔레스의 사상을 연구하여 소개한다. 그래서 그를 "아리스토텔레스 및 토미즘적 전승"을 "추종하는 자"라고도 전한다.[20]

이 작품은 모두 24개의 장(章)으로 구성되어 있지만, 내용상 크게 두 부분(1~13; 14~24장)으로 구분된다. 첫 부분에서 "다른 것이 아닌 것"(*non-aliud*)의 개념정의(*definitio*)와 함께 그 개념이 포괄하는 특성이 소개된다. 예컨대 "다른 것이 아닌 것"이란 정의적 차원에서 "그 밖의 다른 모든 것들만이 아니라 또한 자기 자신을 정의한다"는 점에서 도대체 모든 인식의 원리(*principium*)요, 나아가 존재하는 것의 원리라고 설명한다(c. 1~3). 그런 다음 그는 "다른 것이 아닌 것" 개념

---

18) P. Wilpert, "Einführung" XX, in: Ernst Hoffmann(Hg.), *Schriften des Nikolaus von Cues* 〔Im Auftrage der Heidelberger Akademie der Wissenschaften Heft 12〕, *Vom Nichtanderen*(*De non aliud*), übers. v. P. Wilpert(Der philosoph. Bibl. Bd. 232), Hamburg 1952, 또한 *Ibid.*, p. 99 참조.

19) *Ibid.*, "Einführung" XIX. 주교임명 날짜는 불확실하다. 1450년이 신빙성이 크다.

20) *Ibid.*, p. 131.

이 함의하는 초월성(c. 4~5, 7, 11~12)과 세계-내재성(c. 6, 8~10)에 대해 설명하고, 첫 부분을 다시 정리 · 요약한다(c. 13).

이어 두 번째 부분에서는 대화에 참여한 사람들의 요청에 따라 니콜라우스가 이미 사적으로 연구하였던 디오니시우스의 다섯 작품들(《천상교회의 위계》, 《지상교회의 위계》, 《신의 이름》, 《신비신학》, 그리고 《가이우스에게 보낸 서한》)이 그때마다 각 작품의 주요 구절들의 인용을 통해 소개된다. 그로써 그는 디오니시우스의 하느님(절대자) 개념과 "다른 것이 아닌 것" 개념 사이의 유대를 밝힌다(c. 14). 그것은 인용 직후 그가 직접 정리해 주는 신에 대한 세 가지 특징으로 요약될 수 있다. 곧 ① 앞섬(알파)으로서의 신(c. 15), ② 순간(*momentum*)으로서의 신(c. 16), 그리고 ③ 초실체적 한 분(*supersubstantiale unum*)으로서의 신(c. 17)이 디오니시우스의 작품연구에 따른 니콜라우스의 결론이자 그로부터 수용한 "다른 것이 아닌 것"의 의미인 셈이다.

뒤이어서 다른 "전통 철학자들"에 대한 비판과 보충적 설명이 이어진다. 그것은 다른 참여자들 각자의 연구결과와 연계된 차원에서 이루어진 것이다. 예컨대 아리스토텔레스의 "실체에 대한 가르침" 및 그의 '논리학'의 결함과 그 한계에 대해 니콜라우스는 비판을 시도하고(c. 18~19), 다음으로 프로클로스의 해석을 토대로 플라톤의 신비신학 안에서 포착되는 "다른 것이 아닌 것"과의 유사성을 지적하면서 간단한 설명을 덧붙인다(c. 20~21).

그리고는 신-직관(直觀)에 대한 니콜라우스 자신의 입장을 '알아봄'(*visum*)이란 인식형식과 그 구조를 따라 삼차원적으로 설명함으로써 삼위일체적 신-개념에 대한 이해가능성을 확인시키고자 한다(c. 22). 그리고는 성경이 구세사적으로 전해온 바대로 "〔한 눈에〕 알아보시는 하느님"(c. 23), 그리고 "영(靈)이신 하느님"(c. 24)에 대한 의미를 자신의 신-개념과 연계된 관점에서 해석해줌으로써 끝으로 이 연구의 타당성을 재확인시킨다.

2) 니콜라우스의 신-이해를 위한 개념 모색

(1) "다른 것이 아닌 것"과 신-명명(名名)

① 정의의 정의로서 "다른 것이 아닌 것"

안다(*scire*)는 것은 언어형식(*oratio*)을 빌어 그 합리적 근거(*ratio*)를 밝히는 '정의'와 관계한다. 곧 앎은 정의에 달려 있다. 정의란 "정의할 것"(*definiendum*)과 "정의된 것"(*definitum*)이 서로 다르지 않음(*non-aliud*)에 있다. 이는 플라톤의 입장과 유사하다. 앎이란 "존재하는 것 그 자체가 그 밖의 다른 것들과 다르게 있음을 말해야 한다"[21]는 점에서 한정(限定)시키는 일(*de-finire*)이다. 그래서 정의는 마치 정의할 하늘과 〔언어로〕 한정된 하늘이 서로 "다르지 않은 것"으로 알아듣게끔 한다. 여기서 니콜라우스는 나아가 "〔서로〕 다르지 않음" 혹은 "다른 것이 아닌 것"에 주의를 집중할 것을 독려한다. "다른 것이 아닌 것"이란 모든 정의의 모체라는 사실을 알아보라는 것이다. 왜냐하면 "다른 것이 아닌 것"은 모든 정의에 관여하며, 한정으로서의 범주적 의미를 뛰어넘는 보다 탁월한 의미로 우리를 이끌기 때문이다. 다시 말해, 모든 정의는 "~이외에 다른 것이 아닌 것"(*non aliud quam*)[22]

---

21) *Sophistes* 257a1~3. Οὐκοῦν καὶ τὸ ὄν αὐτὸ τῶν ἄλλων ἕτερον εἶναι λεκτέον. Ἀνάνκη. 그럼에도 이 정의는 플라톤에게 언제나 유효한 것은 아니다. 왜냐하면 그는 *Epistole*(VII 341c~d)에서 "〔참된 것은〕 다른 많은 가르침처럼 결코 언어로 〔다〕 말할 수 없는 까닭에"(*ῥητὸν γὰρ οὐδαμῶς ἐστιν ὡς ἄλλα μαθήματα*), 그에 대한 "기술적(記述的) 가르침(*σύγγραμμα*)"에 대한 기대를 버리도록 권고하기 때문이다. 니콜라우스는 이 점을 뒤에 다시 논의한다. "실상 플라톤의 의도는 다른 어디에 있다기보다는 모든 존재들 안에 모두 내재하는 원천을 통찰하려는 데에 있었다고 생각하네. 그는 달리 이해될 수 있는 모든 것들, 예컨대 figura, nomen, definitio, ratio, opinio 등 그 모든 것들은 〔참된〕 본질을 깨닫는 데 결코 〔결정적〕 도움을 주지 못한다는 점을 이미 알아차렸다고 보네"(c. 21).

을 통하여 이루어지며, 그로써 한정된 존재는 한정된 것으로 풀어내고, 무한한 존재는 무한한 것으로 풀어냄으로써 우리의 이해를 보다 정확하게 이끈다. 더욱이 "다른 것이 아닌 것"이 그 자체 외에 다른 어떤 것으로 정의되지 않는다는 점에서 정의의 모체요, 정의의 정의(*definitio definitionis*)이다.

그 개념은 이제 신에게도 적용될 만하다. 예컨대 일찍이 "디오니시우스가 밝히듯, 창조주는 명명할 수 있는 그 무엇도 아니며 〔세상에〕 존재하는 것으로서 다른 〔어떤〕 것이 아니"[23]기에 말이다.

② "다른 것이 아닌 것"과 신-명명(이름)

그러나 디오니시우스의 앞선 인용이 고스란히 "다른 것이 아닌 것"의 개념을 신의 이름과 같은 것으로 생각하게 하지는 않는다. 니콜라우스는 이를 재확인시킨다. "나는 '다른 것이 아닌 것' 자체가 모든 이름들을 능가한 명칭으로서 그분의 이름과 같다고 말한 적은 없답니다. 하지만 나는 '다른 것이 아닌 것'을 통하여 당신(=요한)에게 저 첫째(개념)에 대한 나의 이해를 열어 보이고자 합니다."[24] "다른 것이 아닌 것"은 신의 이름이 아니다. 그럼에도 니콜라우스에게 그 개념은 신-이해에서 그동안의 다른 개념들에 비해 "훨씬 정확하고"(*praecisius*), "훨씬 가까운"(*propinquius*) (c. 2) 개념이다.

"다른 것이 아닌 것"이 신을 소개하는 다른 모든 이름들보다 탁월하다는 사실을 밝히는 일은 신의 초월성(超越性)과 관련된 전통적 표

---

22) 제 21장에서 특히 이 '~이외에'(*quam*)란 보조어의 활용의미가 좀더 분명하게 해명된다.

23) *De myst theol.* V 599f.: creatorem affirmat 〔Dionysius〕 neque quicquam nominabile, neque aliud quid esse (c. 1).

24) 〔sed〕 ipsum non-aliud non dico equidem illius nomen, cuius est super omne nomen nuncupatio. Sed de ipso primo conceptus mei nomen per ipsum non-aliud tibi patefacio (c. 22).

현들로부터 출발한다. 그러나 과거의 시도(개념들)에는 여전히 결함이 발견된다는 것이 니콜라우스의 입장인데, 이제 그 이유와 극복가능성에 대해 살펴보자.

(2) 초월적 신-명명의 결함과 극복가능성

① 초월적 신-명명의 불가능성

예컨대 ① 제일원리(*primum principium*)로 불리는 신은 "설령 여러 가지 이름으로 불려진다 해도, 그것은 그런 모든 이름들과 사물들의 원천이라는 점에서 (혹은 '앞서 있다는 점에서') 그들로부터 비롯한 어떤 것이 아니기에, 그러한 이름들 가운데 그 어떤 것과도 어울리지 않는다"(c. 2). ② "빛 자체"(*lux ipsa*)로서, 그리고 "모든 빛 가운데 빛"으로서 신은 감각적 빛과 정신적 빛 모두를 능가하는 빛으로서 그 자체는 〔다른 빛으로부터 조명되듯〕 명명될 수는 없다(c. 3). 그렇게 신은 그 이후(*post*)의 모든 것(개념)들로부터 한정(限定, 정의)될 수 없다는 것이 니콜라우스의 기본입장이다.[25] 따라서 원천은 그로부터 존재하는 다른 모든 것들과 구별된다는 존재론적 차이에 관한 통찰이 축(軸)을 이루는 셈이다. 차라리 신은 ③ "초-실체적인(*supersubstantialis*) 분"[26]이요, "파악할 수 있는 것보다 훨씬 크신 분"이라

25) 물론 그는 이를 플라톤(*Timaios* 28aff.)에게서 재확인하고 있다. Sic rerum exemplaria ante res et post Deum vidit Plato(c. 10). 그리하여 '하나', '존재', '이데아', '형상', '원형', '종' 등은 "신 다음에" 자리하는 것으로 이해한다(c. 10).

26) 니콜라우스는 이 개념 역시 디오니시우스(*De div. nom.* I 7; 36)에게서 빌려쓰고 있으며, 그로써 신은 실체(*substantia*)도 아니요, 존재(*ens*)도 아니며, 하나(*unum*)도 아니요, 그 밖의 "다른 어떤 것" (*aliud*)도 더더욱 아니다. 그것은 신이 "모든 시대에 앞서며", 우리가 이 세상에서 "파악할 수 있는 그 모든 것들 너머에(*super omnem esse comprehensionem*) 있음" (c. 4)을 강조한다.

고 알아듣는 것이 합당하며, 이에 선대의 신학자들도 "초(超, *super*), 무(無, *sine*), 부(否, *in*), 비(非, *non*), 선(先, *ante*)이란 말마디와 함께 신을 다른 모든 것들과 구별하여 표현하였다"(c. 4)고 하여 초월적 절대자를 직접적으로 명명하는 것에 어려움이 있다고 니콜라우스는 설명한다.

② 내재적 신-명명의 필요성

니콜라우스는 그러한 설명으로 다른 한편 아쉬움을 느끼는 우리의 기본적 〔인식론적〕 욕구를 새삼 일깨우려 한다. "인간에게서 감각적 형상들로부터 출발하지 않고서는 지적 깨달음에로 나아가는 일이 불가능하다"[27] (c. 14). 따라서 인간에게 체험되고 이해되는 신은 인간의 체험 및 이해능력을 살펴야 한다. 그로써 우리는 신을 "그분이 관여하는 방식을 따라서만 알아듣게 된다"[28] (c. 14). 여기에 이중적 의미가 포착된다. 신적 계시가 전적으로 신에게 달려 있지만, 다른 한편 그 계시는 인간의 이해지평과 맞물려 있다는 의미 말이다. 전자의 의미는 과연 그리스도교 구원역사 안에서 절대적인 신의 주권을 가리키지만, 후자의 의미 역시 구원의 실현조건으로 부각되고 있다. 달리

---

27) 이는 앞서 한 대화자(Fernandus)가 "그렇게 정신은 감각과 관련을 맺는다"(*sic intellectus se habet ad sensum*)라고 이성-감각의 관계를 재고한 것이다. 이는 일찍이 아리스토텔레스가 *De anima*(II 5 〔416b. 33f.〕)에서 밝히듯, "감각적 실체"가 감각하는 이에게 '주어진다'는 사실과 더불어 그렇듯 "주어진 것"이 다름 아닌 감각하는 자의 〔능동적〕 '사고'(인식)에 "실재적 내용"(*in-formation*)으로 자리하듯 서로 '동일하다'는 사실을 함의한다. 더 자세한 설명은 번역문의 각주 40번(109쪽 이하)을, 좀더 보충적으로는 각주 157번(뒷부분 177쪽)을 참조.

28) Dionysius, *De div. nom.* II 78f. : Ineffabile quoque multis vocibus praedicatur, ignoratio, quod per cuncta intelligitur, omnium positio, omnium ablatio, quod positionem omnem ablationemque transcendit. *Divina sola participatione noscuntur*(c. 14). 이탤릭체는 저자의 강조.

말해 인간에게 신-인식 및 이해가능성은 어떻게든 주어져야 한다는 것이다.[29] 이는 니콜라우스가 당시에 이미 타종교들과의 화해(일치)를 위해 다각적으로 시도할 수 있었던 동기로도 이해된다.[30] 보편적 교회에게 명명불가한, 곧 다른 모든 것들과 구별되는 신을 과거보다 분명하게 — 보다 설득력 있게 — 표현해야 한다는 요청이 새롭게 제기된 셈이다. 그런데 니콜라우스에게 새롭게 요청된 신-이해는 인식론적 태도에서 "우리의 이해지평"을 새롭게 정립하는 일과 무관하지 않다.[31]

③ 신-명명의 새로운 가능성

'이해지평'의 새로운 정립은 니콜라우스에게서 부정신학의 부정적 표현과 그 이면에 담긴 긍정적 의미(초월성)를 하나의 개념으로 포괄하려는 노력으로부터 시작된다. 그동안 '~아니다' 혹은 "~와 다르다"는 한정적 표현을 통해 그 너머 무한정으로 개시(開示)된 원천의 초

29) 참조 "… apostolus ad Romanos dicit Deum se illis revelasse … (c. 20). 참고로 《로마 1:19》. "하느님께서는 모든 사실을 〔사람들에게〕 계시하셨다."

30) 니콜라우스의 대표적 개념(*coincidentia oppositorum*)은 하나의 신에게서 서로 상반된 것처럼 경험되는 신앙진리를 모두 포괄하려는 데에 궁극적 의미를 갖는다. 그러나 그러한 의도는 그를 곤란하게 만들기도 하였다. 예컨대 "omnia cum Deo coincidunt"라는 니콜라우스의 말은 "함축적 범신론"으로 비판받기도 하였다. 당시 하이델베르크 신학교수 벤크(Johannes Wenck)는 그와 같은 생각을 이단(異端)으로 단죄하며, omnia deificat, omnia annihilat이라는 표어를 내놓기까지 하였다. 이에 참고로 E. Schadel, "Gott als Zusammenfall der Gegensätze? 〔주 49번〕, p. 138.

31) 이에 니콜라우스의 인간 이성을 가리키는 용어선택에 주목할 필요가 있다. 특히 de non-aliud에서 ratio(42회)와 intellectus(80회)를 함께 사용하지만, 문맥상 예컨대, 일상적 의미에서의 〔논리적〕 이성과 그가 의도하는 이성(지성)을 구별하여 활용한다. 이와 관련하여 또한 참조할 만한 연구서로서 K. Flasch, *op. cit.* 〔=주 15번〕, 특히 p. 111f.; Ders., *Nicolaus Cusanus*, München 2001, p. 24ff. 78f. 88ff.를 제안한다.

실체적 의미가 밝혀져야 한다면, 우선 그 표현형식의 제한적 활용을 넘어서 — 곧 제한적 활용을 다시금 제한하는 그래서 — 남김없이 포괄하는 개념을 찾아야 한다. 니콜라우스는 자신이 모색한 "다른 것이 아닌 것"의 개념이 그런 포괄적 의미를 띨 수 있다고 제안한다. 왜냐하면 이 개념이 〔자기 자신을 포함하여〕 모든 것들에 대한 정의에 관여하는 만큼, 그 외에 다른 것과의 외적 구별(차이)만이 아니라, 그 자신과의 내적 일치(동일성)를 동시에 드러내며, 그런 점에서 보다 탁월한 개념이요, 단순한 동어반복(同語反覆)의 형식을 넘어선다[32]고 내다보기 때문이다. 다시 말해 보다 확장된 의미가 없는 동어반복에 비해, "다른 것이 아닌 것"은 그로 인한 모든 '정의'를 더 이상 한정(限定)이라는 '닫혀진' 의미가 아니라 "열어 놓는" 의미로 확장시킨다. 이 같은 개방성은 그 개념이 정의의 원리라는 점에서 모든 존재 및 인식의 원리인 신을 가장 많이 닮아 있다는 이유에서도 유효하다.[33] 그 닮음은 무엇보다도 신의 "존재 실현을 위한 무한한 능력(*virtus actu infinita*)"[34] (c. 7)과 연결되어 있고, 따라서 "다른 것이 아닌 것"은 우리의 이해지평을 무한성을 향하여 개방시킨다. "모든 존재들이 그에 참여하는 … 그런 무한성을 나는 이제 '다른 것이 아닌 것'이라고 말하고자 하네."[35]

---

32) 참고 Nam nunc video ad quaestionem, quid est terra? responsum hoc: terram non aliud esse quam terram, mentis aciem explicare, qua mens quidem videt principium omnium per non- aliud significatum terram definire, quod est non-aliud in terra terram esse(c. 21).

33) '원천'으로서의 닮음에 관하여 니콜라우스는 '원천'이란 "찾고 있는 것의 시작과 중간과 끝(*principium, medium et finis quaesiti*)에 〔언제나〕 존재한다"는 원칙에서 고려한다(c. 3). 이는 물론 뒤에 "non-aliud est non aliud quam non-aliud" 정의에도 적용된다. "처음과 중간과 끝으로서의 원천"에 관한 통찰은 오랜 역사를 갖고 있다. 이에 관한 더 자세한 설명은 번역문의 각주 9번, 17번, 20번 참조.

34) 니콜라우스는 물론 이 개념을 아리스토텔레스에게서 차용한다.

(3) 니콜라우스의 신-명명 가능성에 대한 새로운 시도와 전통적 '부정신학'

니콜라우스에 이르기까지, 그리고 오늘날에도 여전히 신-인식 및 표현과 관련하여 유효한 방법으로서 부정신학이 전해진다. 필론(Philon) 혹은 니싸의 그레고리우스(Gregorius)에 뿌리를 두었다는[36] 이 부정신학에 대해 토마스 아퀴나스는 앞서 체계적으로 정리하여 전해 주고 있다.

(1) "신이 무엇이 아니라는 것을 우리가 신에 대해서 알고 있다는 사실은, 신-학에서는 신이 무엇인가를 아는 인식과 같다. 왜냐하면 마치 어떤 하나의 사실이 무엇이라는 인식을 따라 어떤 다른 사실과 구별하는 것처럼 또한 그것이 무엇이 아니다 라는 인식에 따라서도 구별되기 때문이다"(*Exp. super librum Boethii de trinitate* q. 2. a. 2. ad 2).

(2) "신의 실체를 고찰할 때 부정의 길(방식)이 주로 이용되어야 한다. 왜냐하면 우리의 이성이 도달하는 일체의 형식을 신의 실체는 측량할 수 없는 무한성에 의해 능가하기 때문이다. 그러므로 우리는 신의 실체를 그 실체가 무엇인가를 인식하는 방식으로 파악할 수는 없다. 그러나 우리는 신의 실체가 무엇이 아니다 라는 인식을 통하여 신의 실체에 대한 인식에로 나아간다. 따라서 우리는 우리의 이성에 의해서 신을 부정할 수 있으면 부정할수록 신에 대한 앎에 가깝게 접근하다. 왜냐하면 우리들은 하나의 사물과 다른 사물들의 차이를 잘 숙지할 때 그만큼 각각의 존재를 더욱 완전하게 인식하기 때문이며, 각각의 사물은 그 자

35) et hanc participari in omnibus virtutem vidit, quod equidem infinitum non-aliud dico(c. 10).

36) 참고 Andrew Louth, *The Origins of the Christian Mystical Tradition*. From Plato to Denys, Oxford 1981: 배성옥 옮김, 《서양 신비사상의 기원(플라톤에서 디오니시우스까지)》(분도출판사, 2001), p. 231.

신 안에 그 특유의 존재〔성〕, 즉 다른 모든 것과 구별되는 존재〔성〕를 지니고 있기 때문이다"(*Summa contra Gentiles* I c. 14).

(3) "부정의 길을 통해서 신에게로 나아가는 경우 우리는 신에게서 우선 신체적인 것을, 다음으로 피조물에게서 발견되는 것들을, 마지막으로 그의 '존재 자체'조차도 그것이 〔마치〕 피조물처럼 존재한다고 보는 한에서 부정한다. 그래서 〔결국〕 신은 무지의 그림자 안에 머물게 된다. … 이 무지가 신이 거처하는 어두움이다. … 부정신학은 긍정신학에 의해 덧붙여짐으로써 의미를 갖는다. 전자는 후자와 나란히 나아가는 것도 아니며 후자를 대신하는 것도 아니다. 전자는 후자의 어깨를 올라타고서 동일한 사물을 보다 효과적으로 인식하는 것이다. 부정신학은 다른 신학이 주장하는 것을 단순히 부정하기 위해서 부정하는 것이 아니다"(*Scriptum super libros Sententiarum* I d. 8. q. 1, a. 1, ad 4).

니콜라우스 역시 수용하는 이 방법은 처음부터 우리의 〔세계-내-존재〕 경험과의 유비(類比, *analogia*) 개념을 따라서, 곧 사물화될 수 없는 신의 존재를 그럼에도 사물을 통하여 — 소극적으로나마 최대한(*via negationis et eminentiae*) — 밝히고자 의도된 것이다. 이 같은 방식은 "세계-내-존재에 대한 경험(개념)을 매개로 동시에 그것을 제거하는 방식으로(*via remontionis*) 37) 다시금 본래적 실재(實在)에로 복

37) 참고 Thomas Aquinas, *S. th.* I 13, 1: "어떤 것이 우리에게 지성적으로 인식되느냐에 따라 그렇게 우리한테서 이름 붙여질 수 있다. 그러나 위에서 이미 제시된 바와 같이 하느님은 이 세상에서 그 본질을 통해 우리한테 보여질 수는 없지만, 근원과의 관계를 따라 피조물로부터의 탁월성과 제거의 방법으로 우리에게 인식될 수 있다"(박승찬, "하느님 명칭의 올바른 사용," 《신학과 사상》 〔32/여름, 가톨릭대학 2000, pp. 27~54〕 p. 31). 이에 니콜라우스는 신을 가리켜 "comprehensibiliter comprehenditur, incognoscibiliterque cognoscitur, sicut invisibiliter videtur"(c. 8) 라고 설명한다. 앞서 발췌된 토마스의 작품(인용문)은 또한 Hans Wandelfels, *Absolutes Nichts*. Zur Grundlegung des Dialogs zwischen Buddhismus

귀하고자 우리로 하여금 자기-무화(無化)"를 촉구한다. 이에 니콜라우스의 "박학한 무지" 개념은 그 같은 부정신학의 관점을 한층 고양시키고 있다.[38] 왜냐하면 니콜라우스의 "박학한 무지"는 무엇보다도 초월체험에 이르기 위해 우리가 세계-내-존재에 대한 경험으로부터 터득한 전제사항 및 대립적인 것들을 지양(止揚)하도록[39] 안내하기 때

---

und Christentum, Freiburg i. Br., 1976 〔=김승철 역, 《불교의 공과 하느님》(대원정사, 1993)에서 볼 수 있다〕.

38) 참조 특히 K. Flasch, *op. cit.* 〔=주 15번〕, p. 109: 〔니콜라우스에 따르면〕 "진리는 *absolutissima necessitas*인 반면, 우리의 이성은 그에 반해 그저 *possibilitas* (nicht *potentia*) 요, 일찍이 결코 *actus agens*가 아니다. … 참으로 우리가 아는 것은 그러므로 우리가 '있는 그대로' 알지 못한다는 것이다. … 이는 마치 그러한 '박학한 무지'가 결국 우리는 하느님을 알 수 없다는 확실성을 확보한 것처럼 들리지만, 그러나 이는 일방적 해석일 것이다. 〔왜냐하면〕 이 같은 우리의 인식에 대한 이른바 모순적 상황을 재고하는 중에 어떤 〔긍정적〕 경험을 하기 때문이다. 〔예컨대〕 우리는 그 와중에 진리에 한층 가까이 다가선다. 우리는 진리에 〔다〕 납득시킬 수 없는 방식으로 하나가 된다(incomprehensibiliter attingimus. *de docta ignr.* I c. 4)" 박학한 무지로써 우리는 "부분적 세상경험에 기초해서가 아니라, 오히려 인간인식의 〔결함이 있는〕 본모습에 대한 통찰을 통해" 신에게 접근한다 (*Ibid.*).

39) 니콜라우스의 모든 개념들은 그의 "대립적인 것들의 일치" (*Coincidentia oppositorum*) 개념과 직결되어 있기에, 언제든 이 중심개념을 함께 고려하지 않는다면 본래적 의미를 파악하기 어렵다. "Ohne Nachdenken über Koinzidenz bleiben seine Texte toter Stoff"(K. Flasch, *op. cit.* 〔=주 15번〕, p. 43) ; 정달용, "니콜라우스 쿠사누스의 '신-론'," 《중세철학》 7호〔분도출판사, 2001〕, pp. 3~31). 이 두 가지("박학한 무지"와 "대립하는 것들의 일치") 개념은 "쿠사누스의 전 사상(全思想), 즉 그의 철학적-신학적 전 사상을 꿰뚫고 있는 '기본사상'이다." 한편 니콜라우스에게서 Coincidentia(합일) 개념이 보다 합리적으로 설명하려는 시도를 그의 전 작품 안에서 엿볼 수 있다고 한다(참고 E. Schadel, *op. cit.* 〔=주 49번〕, p. 145f.). 예컨대 "Minima quantitas est maxime parva〔최소량은 곧 최대한의 소량이다(아래 각주 78번 참조)〕"(*de doc. ignor.* I 4, 11) 혹은

문이다.

물론 그 같은 태도는 "인간 이성" 자체보다도 신에 대한 신뢰가 전제된다. 비록 인간에게는 신을 인식하고 이해하는 능력이 주어졌지만, 여전히 그 주도권이 신에게 놓여 있음을 인간은 고백해야 하기 때문이다.[40] "하느님께서는 모든 것들 안에서 인식할 수 있으나 그분 자신은 그 모든 것들과 구별되기에, 그분은 지(知)를 통해서 동시에 무지를 통해서 알려지신다"[41] (c. 14). 바로 그런 의미에서 합리성을 추구하는 인간의 이성은 신을 알아보는 수단이긴 하지만, 그 자체로 신-인식의 온전한 척도는 아니라는 사실이 언제든 기억되어야 한다. 오히려 그 이성은 신에게 자신을 '내맡기는' 혹은 "열어 놓는" 의미에서 내면의 독해(讀解, *intel-lectus*)로 성숙해야 한다. 이제 니콜라우스에게는 그렇게 ― 이해지평의 확장을 위해 ― 고무된 인간 이성이 마침내 신과의 온전한 만남을 이루게 되는 저 '알아봄'(직관)에 대해 설명해야 할 일이 남아 있다.

"Videtur ··· excellentia lucis solaris negative, quia id quod videtur, non est sol, cum tanta sit lucis eius excellentia, quod videri nequeat〔햇빛의 찬란함은 그것이 보인다는 점에서 부정적으로 관찰된 것에 지나지 않는다. 왜냐하면 태양은 결코 보이지 않는 점에서 그의 빛의 찬란함이 아니기 때문이다〕"(*Dei ludo globi* 2 〔III 352〕).

40) 앞선 〔주 24번〕 참조. 나아가 "Quaerit autem omnis quaerens attrectare principium, si id, ut Paulus ait, valeret"(c. 3). 참고로 《사도행전 17: 27》. "사람들이 하느님을 더듬어 찾기만 하면 만날 수 있게 해주셨습니다. 사실 하느님께서는 누구에게나 가까이 계십니다."

41) Dionysius, *De div. nom.*, VII 404: In omnibus Deus cognoscitur, et seorsum ab omnibus et per scientiam et ignorantionem cogniscitur Deus.

(4) 직관(直觀) 형식을 쫓아 "다른 것이 아닌 것"으로 신을 이해하기

이 세상에 벌어진 모든 것이 "창조주(神)의 작품이면서도 일찍이 아무도 그것을 통하여 그분을 뵌 적이 없다"는 요한의 질문어린 견해에 대해 니콜라우스는 "시각(視覺)은 비록 바라보는 다른 어떤 것(대상) 안에서 자신을 되새겨볼 수 있겠지만, 자기 자신을 〔직접〕 알아보지는 못합니다"[42] 하고 인간 이성의 결함을 지적하듯 답변한다(c. 23). 그러나 신의 '알아봄'은 인간의 그것과 다르다. 그분의 알아봄은 "제한적으로 이루어지는 그 모든 경우에 훨씬 앞서(*ante privationem omnem*)" 이루어지기에, "어떤 경우에는 당신 자신을, 어떤 경우에는 다른 것을 알아보듯 〔따로따로〕 실현되는 것이 아니라, … 당신 자신을 알아봄과 동시에 다른 모든 것을 알아보심"을 뜻한다.

---

42) 이 '눈'의 감각적 관찰행위를 통하여 인간의 인식활동이 갖는 한계성 — 예컨대 "가시적 빛"에 의존하여서만 바라볼 수 있다는 점에서 — 을 확인하면서도, 동시에 그로부터 다시금 "새로운(정신적) 차원"에로 상승(도약)할 수 있는 계기를 기도한다. 물론 이 과정은 쉽게 이루어지지 않지만 불가능한 것은 아니다. 플라톤이 '태양'의 비유(참고 *Politeia* 518b~c. ; *Phaidon* 99e)를 통하여 가르치려는 바는, 단순히 태양 빛이 너무 강렬한 나머지 우리의 시야(눈)가 근접할 수 없는 것처럼 '이데아계'에 대한 인식이 아예 불가능하다는 것이 아니라, 오히려 "감각적 시각"을 넘어 "정신적 시각"으로 나아가려는 데 있다고 *Politeia*(518c)에서 소개하듯이 말이다.
그러나 여기서 니콜라우스의 '직관' 이해는 플라톤이나 니시타니의 태도에서 보는 바와 같이 "정신적 알아봄의 의미"를 한편 함축하면서도 다른 한편 그들과 사뭇 다르다. 그것은 어쩌면 "이데아에 보다 치중하는" 플라톤의 태도와는 달리 "감각세계와 정신세계"를 다르지 않게끔 알아보게 하는 "다른 것이 아닌 것" 때문이요, 다른 한편 "감각과 정신을 하나의 자연(自然) 개념 안에서 마감하는" 선불교의 태도와는 달리 그 두 세계를 여전히 구별하는 의미에서의 "다른 것이 아닌 것" 때문이다. 다른 것들과 다르지 않으면서도 동시에 다른 것들과는 또 다른 것으로서 "다른 것이 아닌 것"은 그렇게 내재와 초월 혹은 일치와 구별을 공유한다. 더 자세한 설명은 번역문의 각주 159번 참조.

이름하여 일별(一瞥)이다. 그분의 알아보심에는 이미 "보는 자와 보이는 것, 그리고 그 구별로부터 출현하는 알아보는 행위가 따로 존재하지 않는다."[43] 그런 이유에서 "신은 Deus(*θεός*)"요, "theos unitrinus"(c. 23)이다. 곧 삼위일체의 신(c. 5)의 모습이[44] 고스란히 이 알아봄의 구조 안에서 밝혀지는 셈이다. 신의 완전한 알아보심은 결국 인간 이성이 신에게로 나아가야 함을 함의한다. 그리고 그것은 이미 우리의 영(靈, *spiritus*)이 신을 닮아 있다는, 곧 "그의 모상(*imago*)"(c. 24)이라는 사실로부터 힘을 얻는다. "그러므로 〔신의 영은〕 창조된 그 모든 것들로부터 비롯된 (다른) 어떤 것이 아니시듯, 〔우리의〕 정신 역시 그 자체를 통해 이해할 수 있는 것들로부터 비롯한 (다른) 어떤 것이 아니다."[45] 이 사유행위는 앞서 감각적 활동(수용)을 통해 확보된 지식(=좁은 의미에서의 합리성)과 다르다. 그것은 제한적 혹은 조건적 사유와 구별된다. 감각 및 시공간을 통한 표현(상상)을 초월하도록 고무시키는 영(정신)의 이 같은 접근방식은[46] "사실상 양(量)이나 크기와 무관한"(c. 8) 본질(*quidditas*)을 알아보는 일과 연계되어 있다. 본질을 알아보는 직관(直觀)이란 곧 "가시적인

---

43) Cum igitur ante aliud cernat, in ipsa visione non est aliud videns, aliud visibile, et aliud videre ab ipsis procedens. … Se igitur et omnia unico et inenarrabili contuitu sapientes Deum videre aiunt, quia est visionem visio(c. 23). 이에 참고로 "하느님께서 빛이 좋다고 알아보심과 동시에 빛이 생겨났다"는 모세의 가르침(《창세기 1:6》)이 본문에 인용되고 있다.

44) 신의 삼위일체성을 설명하는 개념-쌍에 대한 니콜라우스의 활용(그의 전체 작품 안에서) 및 그 개념의 역사에 대한 추적은 본문의 각주 20번 참조.

45) Ideo 〔spiritus Dei〕 sicut ab aliquo creabili non est aliud, ita nec mens est aliud ab aliquo per ipsam intelligibili(c. 24).

46) Quando illa visu mentis attingimus, supra vel citra comprehensionem attingimus. … Unde hae mentis visiones, sicut sunt supra comprehensionem, sic etiam supra expressionem(c. 9).

것 안에서 비가시적 방식으로 알아보는 것(*in visibili invisibile videre*)"(c. 22) 이다.

그러한 직관을 보다 잘 소개하는 개념이 또한 "다른 것이 아닌 것"이라고 니콜라우스는 강조한다. 우리는 "다른 것이 아닌 것"을 통해 신에게 다가갈 수 있다. 그것은 우리의 〔조건적인〕 "셈 없이 셈하는"(c. 10) 방식과도 같으며 혹은 "모순의 모순으로서 〔정녕〕 모순 없이(*sine oppositione*)"(c. 19) 신을 알아듣는 "비개념적 개념(*inconceptibilis conceptus*)"(c. 20) 이라 말할 수 있다. 그 까닭은 "다른 것이 아닌 것" 역시 개념이지만, 또한 그런 모든 개념들에 앞서(*ante*) — 모든 개념을 초월하여 — 있기 때문이다.[47)]

그리하여 "다른 것이 아닌 것"은 신에 대해 그의 초월성과 내재성을 동시에 통찰하도록 우리를 안내한다. "모든 종류의 규정(긍정이나 부정)에 앞서고"(c. 4), "모든 긍정과 부정을 초월하는 분"(c. 22) 임에도 언제든 그런 모든 규정과 모든 긍정과 부정 안에 "다른 것이 아니신 분"으로 존재하시는 신을 이해시킨다. 그래서 차라리 신은 "대립하는 것들의 합일"(c. 4) 로서 우리의 "앎을 통해서 동시에 무지를 통해서 알려지는 분"이요, 한정을 넘어서 "모든 것들 안에 모든 것으로(*omnia in omnibus*) 존재하면서도 그 어떤 곳에도 존재하지 않는"(c. 15, 참고 c. 6), 그래서 "모든 것들에 대해 무(*omnium nihil*)"와도 같은 분이라고 말해도 무방하다.[48)]

---

47) Verum ante conceptum non-aliud est, quando quidem conceptus non aliud quam conceptus est. Vocetur igitur ipsum non-aliud conceptus absolutus … ceterum non concipitur (c. 20).

48) 니콜라우스는 이 표현을 디오니시우스(*de div. nom.* I 405; vgl. VII 405: In omnibus omnia est et in nihilo nihil) 로부터 직접 인용하고 있다. 그러나 그에 앞서 이와 유사한 표현이 이미 신플라톤주의자들에게서 발견된다. 소급하자면 먼저 포르피리오스에게서 발견된다. 예컨대, "신은 어디에나 존재하니, 아무 곳에도 존재하지 않기 때문이다(*ὁ θεὸς πανταχοῦ ὅτι*

3. 니콜라우스의 중심사상: "대립하는 것들의 합일" — 이 개념에 대한 역사적-체계적 접근[49]

1) 대립(對立)의 참된 의미 모색

우리가 살아가는 세계에는 대립이 비일비재하다. 예컨대 "생성과 소멸", "존재와 무"와 같은 거대한 철학적 주제로서의 대립, "남성과 여성", "노인과 젊은이", "부자와 빈자"와 같이 성별간, 세대간, 그리고 계층간의 대립 혹은 "남과 북"과 같은 지역적 혹은 "동과 서"와 같은 이데올로기적 측면에서의 대립만이 아니라 그 밖에 인종적, 국가적 나아가 종교적 대립이 분열과 다툼으로 치달았던 가슴 아픈 역사

οὐδαμοῦ)" (*Sententiae* c. 31). 물론 그 표현은 그에 앞서 스승 플로티노스가 가르친 바를 뒤따른 것이다. "저 〔원천적인〕 하나는 모든 것이며 동시에 〔개별적인 어떤 것으로서〕 하나가 아니다(τὸ ἓν πάντα καὶ οὐδὲ ἕν)" (*Enn.* V 2, 1. 1). 그 밖에 자세한 보충설명은 번역문의 각주 23번, 39번 참조.

49) 이 글은 현재(2004년) 독일 Otto-Friedrich(in Bamberg) 대학의 철학교수이자 대학소속 코메니우스 연구소(Bamberger Comenius Forschungsstelle) 소장으로 활동중인 샤델(Prof. Dr. Erwin Schadel)이 1999년에 발표한 논문 "Gott als Zusammenfall der Gegensätze? Historische und systematische Überlegungen zu Nikolaus von Kues." In: E. Schadel (Hgg.), *Aktive Gelassenheit* (Schriften zur Triadik und Ontodynamik Bd. 17), Frankf./M.-Berlin-Bern-New York-Paris-Wien 1999, pp. 127~150을 이 번역서의 취지에 맞춰 요약하였다. 따라서 혹시라도 오해되는 부분은 역자의 책임이 크다. 굳이 이 논문을 여기 소개하는 까닭은 이 논문이 니콜라우스의 통찰을 가장 잘 밝혀주는 것은 아니라 할지라도, 특히 "대립하는 것들의 일치" 개념과 관련하여 다른 해설서 및 주석서에 비해 역자의 시각에서, 그리고 동양적 사고방식(절대 무=절대 유)에서 보다 납득할 만한 설명방식을 취하고 있다는 데 있다.

를 가지고 있다. 그러나 거기에는 비극의 원인으로서의 대립이 있는가 하면, 달리 양자(兩者)를 고무시키며 서로의 완성을 위해 요구되는 대립이 있다고 본다.

일찍이 토마스는 그의 작품 《네 가지 대립명제》(*De quattuor oppositis*)를 통하여 아리스토텔레스의 "모순율에 대한 가르침"을 새로운 방식으로 설명하였다. 토마스는 이때 '모순율'(*contra-dictio*)을 상위명제로 제시하는데, 이는 그 밖의 다른 대립명제들 — 예컨대 서로간에 '중재'(仲裁)를 요구하는, 이른바 상관적(*konträr*) 대립, 상대적(*relativ*) 대립, 그리고 결여적(*privativ*) 대립들 — 안에서 상호 대립양상을 해소시키면서도 자신은 그런 중재를 요구하지 않는 의미에서 상위명제라고 일컫는다.50)

만일 이와 같은 상위명제로서의 '모순율'이 단지 논리적 관점에서만

---

50) Thomas Aquinas, *De quattuor oppositis*, c. 1. 〔Opuscula philosophia, Taurini-Romae 1954, p. 207〕: "Contradictio est oppositio cuius secundum se non est medium. … Aliae … oppositiones medium habent, quaedam minus; et secundum hoc magis et minus participant de ratione oppositionis contradictoriae(〔상위명제로서의〕 모순율은 자체적으로 존재할 뿐 다른 중재(혹은 중간점)가 거기에 상정되지 않는 대립이다. … 그 밖의 다른 … 대립명제들은 모두 중재를 최소한 요구하며, 보다 크고 작은 정도에 따라 저 〔상위명제로서의〕 모순적 대립명제의 논리에 참여한다)." 이와 관련하여 또한 Thomas Aquinas, *Los cuatros opuestos* 〔Trad. y anot. por Juan Cruz Cruz. In: Anuario filosofico 7(1974), pp. 11~46〕: Juan Cruz Cruz, Estructura, opposicion, relacion. *Ibid.*, pp. 49~72 참조; 멀리는 Caspar Nink, "Sein, Einheit und Gegensatz." In: *Scholastik* 17(1942), pp. 504~522: Romano Guardini, *Der Gegensatz. Versuche zu einer Philosophie des Lebendig-Konkreten*, Mainz [3]1985. 이에 Franz M. Sladeczek, "Zur Gegensatzlehre. Gedanken zu Guardinis Buch vom Gegensatz." In: *Scholastik* 3 (1928), pp. 244~249와 Karl Wucherer-Huldenfeld, "Die Gegensatzlehre Romano Guardinis." In: *Wissenschaft und Weltbild* 8(1955), pp. 288~301 참조.

이 아니라, 전체세계와 관련하여 존재론적(存在論的) 관점에서 해명된다면, 분명 미래를 새롭게 개진할 수 있는 특별한 전환점으로 삼을 수 있을 것이다. 왜냐하면 그로써 가뜩이나 "갈등과 다툼"이 수시로 벌어지는 현실세계의 대립국면에서 "이것 아니면 저것"이라는 양자 중 어느 한쪽만을 택하는 입장이 아니라, 오히려 그 각자 안에 내포된 긍정적 의미 내지 의도를 동시에 취할 수 있는, 그리하여 저 아리스토텔레스의 '중용'(*μεσότης*) — 기하학적 중간(中間)이 아니라 최적의 원리로서의 중화(中和)라는 — 개념이 전하는 의미처럼, 저마다의 고유한 상보적(相補的) 역동성을 따라서 "이것과 동시에 저것 또한" 충족(充足)시키는 선택에 이를 수 있다고 여겨지기 때문이다.

언제든 대립명제들이 보여주는 극단성에는 저마다의 여건 속에서 고려되는 세계관 및 가치관이 반영되어 있다. 예컨대 '하나'와 '다수' 사이의 대립문제 — 이는 최소한 공공연하게 쟁론화시켰던 플라톤(《파르메니데스 편》) 이래로 오늘날 포스트모더니즘 안에서 주목되는 중심문제로서 — 역시 그 대립 이면에 자리하는 두 개의 서로 다른 '세계관'(실재세계에 대한 이해)을 기억하는 것이 좋을 것 같다. 다시 말해 하나는 이른바 전통적 서양의 합리주의적 세계관에서의 해방을 극단적으로 추구하는 오늘날의 움직임(예컨대 脫-構造主義)이 그것이고, 다른 하나는 오래 전 동양의 자연합일적 사상을 따라 끊임없이 이어지는 움직임(예컨대 萬法歸一, 融會思想)이 그것이다. 전자는 〔'동일성', '전일'(全一) 혹은 '일치'란 개념을 일축함으로써〕 다원론(*Pluralismus*)을 추구하며, 후자는 〔'다양성', '차이', '상대성' 등의 개념을 일축함으로써〕 일원론(*Monismus*)을 추구하는 것처럼 서로에게 비춰지고 있다. 곧 전자는 "하나됨 없는 다원성"을, 후자는 "다양함 없는 획일성"을 주장하듯 서로에게 비춰진다. 그리하여 양자는 저마다 일방적 관점에서 어느 한 쪽에 고착(固着)된 인상을 심어준다. 그러나 우리가 실재 경험세계에서 마주하는 대립은 유동적(流動的)이지 않을까?

2) 니콜라우스의 '모순율' 이해—'합일원리'의 의미를 찾아

이제 여기서는 보다 구체적으로 니콜라우스의 '모순율'에 대한 보다 납득할 만한 설명을 살펴봄으로써 다양하게 경험되는 대립적 실재세계 안에서 인간의 자기이해 및 존재이해를 위한 '유동적' 합일점을 마련할 수 있을 것이라 기대해본다. 왜냐하면 그의 '합일'은 다름 아니라 "모순적인 것들의 합일"에 초점을 맞추고 있기 때문이다. 그의 '합일'은 극단적 대립과정을 거쳐 도달하는 절정(絶頂)이다. 물론 이 극단적 대립경험은 "서양 전통 형이상학 안에서 아주 의미심장한 주제 가운데 하나"[51]로서 이미 주지된 사실이었으니, 마치 동양의 '음양설'(陰陽說)과도 흡사하다.[52] 서양역사 안에서 이미 전(前)소크라테스 시대에, 예컨대 피타고라스, 헤라클레이토스 및 엠페도클레스에게서 '대립'에 대한 발견과 이해가 중요한 철학적 화두였다. 그러다가 플라톤과 아리스토텔레스에게 와서 보다 체계적으로 연구되었고, 마침내 신플라톤주의 안에서 "다름과 같음" 혹은 "차이와 동일성" 사이의 하나-됨(*Hen*, ἕν)에 대한 연구가 고조되었다.

니콜라우스는 자신이 새롭게 제시하는 "모순들의 합일"이란 개념을 통하여 고대 및 중세철학 안에서 그동안 다루어졌던 중심적 논제를 하나로 종합시키려고 했다. 이러한 시도는 또한 뒤이어 시작되는 근

---

51) Heinz Heimsoeth, *Die sechs großen Themen der abendländischen Metaphysik*, Darmstadt [7]1991, 특히 pp. 18~60.

52) 이에 참고로 Heinrich Simbriger, "Betrachtungen über Yang und Yin." In: *Antaios* 7(1966), pp. 126~148; 또한 그의 *Geheimnis der Mitte*. Aus dem geistigen Vermächtnis des alten China, Düsseldorf-Köln 1961 참조.

대철학의 기초를 놓는 중요한 발판이 되었다고 사람들은 말하는데, 왜냐하면 그의 '합일'개념이 다름 아닌 "인간의 자기이해"와 관련하여 과연 "이상적(理想的) 행위주체(主體)로서의 인간"을 고양시키는 아주 중요한 근거로 능히 발돋움할 수 있었기 때문이다. 물론 다른 한편 '근대철학'의 인간중심적 사고관이 어떻게 이른바 신중심적 사고관의 절정이라고 보는 스콜라철학의 완성적 시기에 활동하던 니콜라우스의 사상으로부터 발아(發芽)할 수 있었는지는 언뜻 이해하기 어려울 수도 있다. 한편 그럼에도 이러한 근대철학적 해석의 가능성은 니콜라우스의 '합일'개념이 이미 야누스의 얼굴처럼 이중적 의미를 띠고 있으며, 따라서 그 개념에 대한 정확한 이해는 사뭇 간단하지만은 않음을 짐작케 한다. 아무튼 분명한 사실은 니콜라우스가 그 '합일'개념과 관련된 중심논제로서 "양극단의 중재가능성"에 대해 고민했다는 점이다. 그는 "하나와 다수의 합일"(*unitatis et pluralitatis coincidentia*)[53]이라고 분명하게 피력하였다. 그럼에도 그것만으로는 아직 '합일'개념에 대한 니콜라우스의 정확한 의도를 말하기 어렵다(예컨대 거기서 '하나'는 무엇이고, '다수'는 무엇인가? 아직 밝혀지지 않았다). 그러므로 우리는 다시금 이 개념을 자세히 살펴보되, 그가 이 개념을 거의 모든 작품들 안에서 다의적으로 활용하는 만큼, 그의 작품 전반에 걸쳐 종합적으로 살펴보는 것이 바람직할 것 같다.

예컨대 《박학한 무지》의 네 번째 장(章) 안에서 우리는 니콜라우스가 부연설명 없이 나열한 여러 가지 대립명제들을, 곧 "가장 큰 것과 가장 작은 것"의 하나됨, "긍정과 부정"의 하나됨, "존재와 무(非-存在)"의 하나됨에 대한 간단한 예증들만을 발견한다. 이와 같이 〔언뜻 보아서는 서로 불일치하게 경험되는 극단적 대립들임에도 느닷없이 서

53) Nikolaus Cusanus, "Apologia doctae ignorantiae." In: *Philosophische-theologische Schriften*(Hg. v. Leo Gabriel) Bd. I, Wien 1964, pp. 519 ~591, 인용은 p. 550.

로간의 일치에 대해〕 보충설명 없이 나열한 점을 통해서 느낄 수 있듯이, 니콜라우스의 그 '합일'개념을 이해하기 위해서는 적지 않은 어려움을 헤쳐 나가야 할 것이다. 그도 그럴 것이 니콜라우스 연구에서 대가(大家)라고 손꼽는 (1992년에 임종한) 하웁스트에 따르면, "〔니콜라우스의〕 합일(원칙)개념은 … 오늘날에 와서도 아직 일의적(一義的) 의미를 보증하지 않는다"54)고 평가하기 때문이다. 빌퍼트의 수많은 연구 및 그 결과 역시 이와 관련된 우리의 어려움을 덜어주지는 못할텐데, 그 역시 니콜라우스의 "대립하는 것들의 합일" 개념을 연구한 후, "〔우리가 경험하기로〕 서로 대립하는 것들이 니콜라우스의 의도처럼 그 어떤 동일한 안목을 보여주지 못한다"55)고 결론지어 말하고 있기 때문이다.

그러나 이 "극단적 대립의 합일" 개념이해에서 보다 중요한 출발점은 니콜라우스 스스로 '모순'을 정의하고 그에 대해 풀어나가는 입장에서 찾아야 할 것 같다. 왜냐하면 적지 않은 오해 혹은 해석의 난점이 니콜라우스 자신보다는 오히려 우리가 이해하기 힘들다는 사실에 더 많이 기인한다고 보기 때문이다. 그러므로 이제 그의 "모순에 대한 정의 및 풀이"와 관련하여 우리가 겪는 이해의 어려움을 짚어보고, 그 해결점을 니콜라우스 자신의 풀이(시도)로부터 모색함으로써 새로이 그의 '합일'개념에 접근하는 것이 효과적일 것 같다.

그 대표적 사례로서 앞서 언급한 빌퍼트의 연구는 니콜라우스의 "대립의 합일" 개념이해에 한층 어려움을 더해 주는데, 그것은 니콜

---

54) Rudolf Haubst, *Das Bild des Einen und Dreieinen Gottes in der Welt nach Nikolaus von Kues*, Trier 1952, p. 4.

55) P. Wilpert, "Das Problem der 'coincidentia oppositorum' in der Philosophie des Nikolaus von Cues." In: Josef Koch(Hg.), *Humanismus, Mystik und Kunst in der Welt des Mittelalters*, Leiden-Köln 1953, pp. 39~55, 인용은 p. 40.

라우스가 약 25세의 나이로 쾰른에서 철학 및 신학을 공부하는 중에 알베르트 마뉴스를 뒤따르는 학파의 한 사람인 캄포(Heymeric de Campo)라는 스승 곁에서 비로소 그 '합일'(*co-in-cidentia*) 개념에 대한 확신을 얻었다고 하는 주석 때문에 그러하다. 그러나 여기서 이미 전통적으로 소개되었던 개념 중의 하나로서 이 '합일' 개념이해를 위해서는 앞서 아리스토텔레스로부터 다져진 신적(완전한) '삼원인성'(三原因性, *Trikausalität*)이 관건이라는 하웁스트의 연구가 좀더 진지하게 수용되어야 할 것 같다. 예컨대 "세 원인들이 하나로 합일한다"(*Tres causae* 〔*efficiens*, *formalis*, *finalis*〕 *coincidunt in unam*)[56]는 관점 말이다.

분명 세 겹으로(*triniter*) 합일하는 원인성을 신적 존재근거로서 제시하는 (아리스토텔레스의) 원천적 동기는 니콜라우스의 전체작품 안에서 어렵지 않게 발견된다. 특히 서로 다르게 현존하는 모든 존재하는 것들의 다양성(*pluralitas*)은 저 하나의 보편적 존재원천으로부터 비롯한다는 그의 "존재에 대한 분석"(*analogia entis*)이 마침내 "삼위일체성에 대한 분석"(*analogia Trinitatis*)과 결합하여 온전하게 전개되고 있음을 보게 된다.[57] 이에 대해 하웁스트 역시 분명하게 "한 분이자 동시에 세 분이신 하느님의 모습이 그렇듯 니콜라우스에 의해서 세상 안에" 표현될 수 있게 되었다고 해석하고 있다.[58]

다른 한편 어떤 이들은 니콜라우스가 새로운 이해도식을 — 이른바

---

56) R. Haubst, *Streitzüge in der cusanischen Theologie*, Münster 1991, pp. 117～122 u. p. 320f. 덧붙여 멀리는 Aristoteles, *Physica* II 7 〔198a. 24f.〕: ἔρχεται δὲ τὰ τρία εἰς τὸ ἕν πολλάκις("일찍이 저 삼원인성은 다수이지만, 하나로 — 한결같이 — 작용한다").

57) H. Beck, *Analogia Trinitatis-ein Schlüssel zu Strukturproblemen der heutigen Welt*. In: Salzburger Jahrbuch für Philosophie 25 (1980), pp. 87～99.

58) R. Haubst, *op. cit.* 〔＝각주 53번〕, p. 4.

"변증법적 이해도식"을 〔이것 역시 '아직' 온전한 해석은 아니라고 생각하며, 이에 대하여 뒤에 해명을 시도할 것이다〕 — 발견하였다고 평가한다. 여기서 굳이 '변증법'(*Dialektik*)이란 용어를 빌려쓰는 이유는 아마도, 니콜라우스가 《박학한 무지》 안에서 밝히듯, "대립적인 것들의 합일"이라는 순수 언어적(외적) 관찰에서 유래한 것 같다. 그러나 우리는 이 개념의 "내면적 의미 및 형성과정"을 보다 신중하게 살펴보아야 할 것인즉, 이 개념에 대한 영적 체험은 니콜라우스(36세)가 이미 콘스탄티노플에서 타종교인들과 대담을 마치고 막 로마로 되돌아오던 때로서 보다 이른 시기로부터 그 유래를 찾아야 한다.[59] 그렇다면 니콜라우스의 '합일'(원칙)개념은 일반 경험적 의미에서 다져진 "대립하는 것들의 일치"라는 표현을 능가하는 것으로 보인다. 이와 관련하여 플라쉬는 정확한 인용처를 밝히면서 세심한 주의를 기울여 해석을 시도한 적이 있는데, 그에 의하면 신(新)스콜라학파가 니콜라우스에 대해 주해할 때, 저 'contradictoria'를 '모순'(명제)이 아니라 단순히 '대립'(명제)으로 풀이함으로써 니콜라우스의 의도를 올바로 파악할 수 없게끔 조장했다는 것이다.[60] 물론 순수 "수사학적 측면"에서 플라쉬의 설명에 동의할 법도 하겠지만, 이러한 연구를 통해서도 결과적으로 니콜라우스의 실제적 '합일'개념의 진가를 확인하는 일은 뒤로 밀려나고, 오히려 플라쉬 역시 니콜라우스의 '합일'개념이 의미하는 "다의적 측면"에 대해서 언급한 바 있듯이,[61] 훨씬 더 복잡한 문제가

---

59) Nikolaus, *De doct. ign.* III(권) § 263 및 264. 앞선 각주 4~5번 참조.

60) 참고로 K. Flasch, *Die Metaphysik des Einen nach Nikolaus von Kues.* Problemgeschichtliche Stellung und systematische Bedeutung, Leiden 1973, pp. 153~232.

61) 참고로 *Ibid.*, pp. 219~232. 〔역주〕 우리는 여기서 대립의 폭넓은, 그리고 다양한 의미를 잊지 않음으로써 '모순' 역시 그러한 대립에 속하는 극단적 상황의 하나로 포괄하는 '합일'개념이 요구된다고 본다. 왜냐하면 계속 살펴보겠지만, 니콜라우스의 "대립하는 것들의 합일"이라는 개념이 하나의

뒤따를 수 있다.

물론 아직까지는 니콜라우스 자신이 '변증법적' 방법을 신중하게 고려한 사상가일지 아닐지는 결정할 수 없다. 그에 대한 니콜라우스 자신의 입장은 여전히 불명확하다. 그렇지만 저 "대립하는 것들의 합일" 개념 자체는 변증법적 특징을 띠는 것처럼 보인다. ① 그런 까닭에 이미 일반적으로 시도해온 변증법적 관점에서 한번쯤 그의 개념을 회고해볼 것이다. 그런 다음 ② 당시에 이미 잘 알려진(*exoterisch*, 공개된) "삼원인성에 따른 합일"의 관점에서 저 개념을 살펴볼 것이다. 이를 위해 그러나 신비주의적(혹은 *esoterisch*, 비의적〔秘義的〕) 방식이 아니라, 니콜라우스 자신이 택한 논증방식으로서 분석적(*analogisch*) 관점에 기초하여 '합일'개념을 추적할 것이다.

(1) 변증법적 해석, 그 애매모호함

니콜라우스의 '합일'개념에 대한 변증법적 해석가능성은 '모순율'에 대한 전통적 정의를 어떻게 해독(解讀)하느냐에 기초한다. 예컨대 "동일한 사물이 동일한 관점을 따라 한편으로 존재하면서 동시에 다른 한편으로 존재하지 않는 것은 불가능하다"[62]는 명제를 통하여 모순율을 말할 경우, 비록 이 명제가 아리스토텔레스에 의해 "가장 확실한 진리"[63]라고 일컬어졌지만, 관념론 안에서 이것은 어느덧 의문스럽고도 무의미한 것으로 취급되었다.

그에 대한 의문은 가장 먼저 헤겔에게서 발견될 수 있다. 이미 슈

"완전한 원칙", 혹은 "원칙의 원칙"이라는 점에서 예외적인 경우(모순)를 전혀 허용하지 않아야 하겠기 때문이다.

62) Aristoteles, *Metaphysica* IV 3 〔1005b. 19f.〕: τὸ γὰρ αὐτὸ ἅμα ὑπάρχειν τε καὶ μὴ ὑπάρχειν ἀδύνατον τῷ αὐτῷ καὶ κα τὰ τὸ αὐτὸ.

63) *Ibid.*, 〔1005b. 17f.〕.

탈막흐(Stallmach)가 파악했던 것처럼 헤겔이 니콜라우스의 '합일원리'를 비록 직접 인용하지 않았다 하더라도, 브루노(Giordano Bruno)와 하만(Johann Georg Hamann)을 통하여 그것을 알고 있었다는 사실에 동의할 것이다. 과연 헤겔은 스스로 그 원칙을 일컬어 "진리를 포괄하는 핵(*Kern*)"[64]이라 말하고는, 그의 《논리학》에서 또 달리 "사물들에 관하여 습관적 유연성, 곧 모순되지 않는 것만을 수용하려는 이해방식"[65]이 우리의 잘못된 타성이라고 꼬집어 비판하고 있다. 그로써 더 이상 이성적 논리 안에서 모순원리의 내면적 통찰이 이루어지지 않고 있다고 지적한다. 그리하여 헤겔은 "절대존재의 가장 순수한 정의"는 "존재와 비존재(無)의 합일" 혹은 (추상적으로 말하면) "동일성과 비동일성(差異)의 동일성"에 있다[66]고 결론을 맺으려 한다.

이와 같은 결론은 사실상 우리가 논리적으로 알아듣기에 불가능하지 않음은 물론 그로써 일면 우리의 삶 속에서 특별한 의미를 되새기게끔 한다. 예컨대 '존재'와 '무'가 단지 결과적으로만 관찰되는 것이 아니라, "상보적 역동성"을 따라 이미 서로 연관되어 있음을 주시한다면 (물론 그럼에도 그 연관성에 다리를 놓는 것은 그 어디에도 근거하지 않는다면), 그로써 "절대존재의 자기 상대화" 또는 "절대적 상대주의"가 이미 그 안에 내포되어 있다고 볼 수 있다. 좀더 자세히 말하자면, "결실을 이루지 못하는" '무'는 — 무화(無化)란 이미 그 자체로는 실현이 불가능하기에 — '존재'와 함께 이해되어야 하는 만큼 존재와 '동일

64) G. W. F. Hegel, *Berliner Schriften*: 1818~1831(Werke Bd. 1), Frankf./M. 1980, p. 330; 이에 Josef Stallmach, "Das Absolute und die Dialektik bei Cusanus im Vergleich zu Hegel." In: *Nicolò Cusano agli inizi del mondo moderno*. Atti del Congresso internazionale in occasione del V centenario della morte de Nicolò Cusano, Bressanone, 6~11 sett 1964, Firenze 1970, pp. 240~255, 인용은 p. 244.

65) G. W. F. Hegel, *Wissenschaft der Logik II*, Frankf./M. 1983, p. 55.

66) 참고 Hegel, *Wissenschaft der Logik I*, Frankf./M. 1983, p. 74.

성'을 누려야 하며, 그로써 원천적 "존재의 자기모순" 혹은 스스로 모순적 존재원천에 대해 고려해야 한다는 것이다. 이는 한편 베를링어가 파악한 "무와 신의 애매한 공존"(*Kontamination von Nichts und Gott*)[67]과 일맥상통한다(여기서 무가 인간의 인식행위에서 분명 "그것이 무엇인지" 질문하도록 고무시킨다고 보지만, 그럼에도 이미 "그 무엇"을 지향하는 점에서 또 다시 그것이 단지 '무'라고 말해버리고 말기에는 무척 곤란함을 안겨다 준다. 그로써 아직 해명되지 않은 '무엇'이 거기에 남아 있다는 셈이다).

그러므로 만일 우리가 변증법적 관점에서 "존재와 무가 함께 자리한다"고 말한다면, 우리는 이내 "근본적으로 더 이상 분명하게 인식할 수 있는 것은 하나도 없다"는 결론에 다다를 것이다. 왜냐하면 이 공존논리에 따르자면, 환상으로서의 진리와 진리로서의 환상을 동시에 말해야 할 것이기 때문이다. 도대체 철저히 무화되고 마는 존재, 환상적인 것으로 그치고 마는 진리(인식)가 인간의 실천적 행위를 위하여 과연 무엇을 남겨놓을 수 있을까? 구체적 사실들은 결국 그 모든 것을 포괄하는 변증법의 공존논리 안에 애매모호(曖昧模糊)하게 묻혀버리고 말 것이다. 그것은 서로를 분명하게 구별해낼 수 없는 "선과 악"의 오해로까지 확대될 위험에조차 노출되어 있다.[68]

---

67) Roudolph Berlinger, Die Weltnatur des Menschen. Morphopoietische Metaphysik, Würzburg-Amsterdam 1988, p. 107.

68) 참고로 F. W. J. Schelling, *Über das Wesen der menschlichen Freiheit*, Stuttgart 1991, p. 120: "… Daher dialektisch ganz richtig gesagt wird: Gut und Bös seien dasselbe, nur von verschiedenen Seiten gesehen, oder, das Böse sei an sich, d. h. in der Wurzel seiner Identität betrachtet, das Gute, wie das Gute dagegen, in seiner Entzweiung oder Nicht-Identität betrachtet, das Böse"(… 그로써 변증법적으로 아주 합당하게 일컬어지는 사실이란: 선과 악이 동일한 것이요, 오로지 바라보는 관점의 다양성 안에서만 구별된다는 것이다. 혹은 "악 역시 그 자체로 존재한다"는 것, 곧 그 동일성의 근거에서 '선'은 '선'으로 이해될 뿐이

구체적으로 예를 들자면, 헤겔이 "〔평화를 지향하는〕 국민 개개인이 전체로서의 국가와 합리적으로 결탁하여 전쟁을 선택하는 현실"에 대해 말했던 것처럼,[69] 또는 니체가 "최악(最惡)은 초인(超人)의 최선(最善)을 위하여 요청된다"고 말했던 것처럼,[70] 또는 헤르만 뤼베가 "자유는 폭력 없이— 테러리스트 없이 — 실현될 수 없다"고 말했던 것처럼[71] '모순논리'가 현실적으로 애매모호한 이치(?)로 부각되어 부조리하게 자행될 수 있다. 이러한 모순논리는 인간의 "심층심리학적인 면"에서도 한때 당연하듯 이해되었고, 또 계속 그렇듯 부조리하게 방치해버릴 위험이 있다. 일찍이 구스타브 융이 적나라하게 분석하였던 바와 같이[72] "자연본능적-여성적인 면"이 "정신적-남성적인 면"

요, 달리 자기 분립 안에서 혹은 비동일성의 근거에서는 '악'으로 이해된다는 것이리라).; 이에 덧붙여 M. Heidegger, *Nietzsche I*, Pfullingen 1961, p. 74: "So wagt 〔es〕 … der deutsche Idealismus, das Böse als zum Wesen des Seins gehörig zu denken(독일의 관념론은 그렇듯 과감히 몰아 부침으로써 악은 존재의 본질에 속한다고 생각했다)."; 더 멀리는 Ernst Erdös, "Kants Lehre vom Bösen auf dem Hintergrund des Manichäismus und der preußischen Reaktion." In: *Deutsche Zeitschrift für Philosophie* 40(1992), pp. 53~73.

69) 참고 Hegel, *Jenaer Schriften: 1801~1807*(Werke Bd. 2), Frankf./M. 1970, p. 481; 또한 모순적 경험으로서 인간의 "육정적 통각"에 대해 헤겔은 다른 곳에서 말하고 있다. 예컨대 그의 *Berliner Schriften: 1818~1831*(Werke Bd. 11), Frankf./M. 1980, p. 561.: "러시아 부인들은 만일 그들이 남편으로부터 매를 맞지 않는다면 불만을 토로하였는데, 이는 남편이 자신을 사랑하지 않는다고 여겼기 때문이다. 이것이 세계의 역사이며, 〔민중들 또한〕 채찍을 원한다."

70) 참고 Friedrich Nietzsche, *Also sprach Zarathustra*, 4 Teil: Vom höheren Menschen, 5 〔ed. K. Schlechta II 524〕; 덧붙여 Georges Goedet, "Zur Notwendigkeit des Bösen in Nietzsches Projekt vom Übermenschen." In: *Perspektiven der Philosophie* 7(1981), pp. 89~101.

71) 참고 H. Lübbe, "Freiheit und Terror." In: *Jahrbuch der Wittheit zu Bremen* 22(1978), pp. 115~127.

과 대립할 때 마침내 '마녀' 혹은 '창부'와 같이 취급되고 "악마적 요소"로 능욕되었던 경우처럼 말이다.

그러므로 누군가가 니콜라우스의 "대립의 합일"개념을 상기 변증법적 방식으로 해석을 단행한다면 분명 석연치 못한 점이 남아 있다. 그것은 니콜라우스 자신이 그러한 관념론적 변증법의 논리 속에서 자신의 '합일'개념을 이해하고 있지 않다는 점 때문일 것이다.

(2) 〔논리-〕분석적 해석

① 분석적 해석을 위한 단서

오히려 니콜라우스의 '합일'개념은 당시 그를 격렬히 비판하던 이들과의 논쟁중에 공공연하게 밝혀진 사실에 비추어 해석되는 것이 더 바람직할 것 같다. 예컨대 니콜라우스를 반대하던 벤크는 존재-형이상학적 관점에서 궁극적으로 고려한 '합일원칙'에 어쩌면 이단적 요소가 숨어 있을 수 있다고 비난하였다. 한마디로 니콜라우스의 "omnia cum Deo coincidunt"(모든 것들은 신과 하나다)라는 말은 마치 함축적 범신론(汎神論)과 같다고 비판하였다.[73]

---

72) 이에 참고로 E. Schadel, "Trinität als Archetyp? Ontologische Anmerkungen zu C. G. Jungs 'Versuch einer psychologischen Deutung des Trinitätsdogmas.'" In: *Symbolon* N. F. 10(1991), pp. 105~151, 특히 p. 127f.

73) 벤크는 당시 하이델베르크 신학교수로서 니콜라우스를 학문적으로 비판하면서 이단으로 몰아세우는 데 선봉에 섰다. 그는 자신의 논증에 무게를 더하기 위해 당시 Straßburger 교구장의 공식적 명제("만일 모든 것이 하느님이다 하고 누가 명시한다면, 그는 이단이다"〔Nikolaus, *Apologia doctae ignorantiae* I 564〕)도 인용하였다. 이에 참고로 Stephan Maier-Oeser, *Die Präsenz des Vergessenen*. Zur Rezeption der Philosophie des Nicolaus Cusanus vom 15. bis zum 18 Jahrhundert, Münster 1989, p. 21.

벤크는 니콜라우스의 불충분한 논리적 전개에 그 결점을 탓하면서,[74] 그가 (전통적 '모순율'을 일체 거부함으로써) 모든 (정당한) 학문의 기초마저 위험스럽게 만든다고 비난했다.[75] 그리고는 니콜라우스와 맞서서 "omnia deificat, omnia annihilat"(모든 것들을 신격화하는 것은 마침내 모든 것들을 무화시키는 것이다) 라고 단정하였다.[76]

이와 같은 격렬한 비난에 대해 니콜라우스는 가만히 듣고만 있지 않았고, 그는 그리하여 다시금 《박학한 무지에 관한 변론》을 통하여 자신의 반증을 제시하면서 꼭 다시금 고쳐 생각해야 할 점들을 정확하게 지적한다. 곧 그의 말이 벤크에게서 잘못 오해되었던 점, 특히 "하느님과 무" 사이에 존재하는 피조물이 '하느님'과 일체(一體) 라고 보아서는 안될 것이라는 점을 분명하게 재언하였다.[77] 그러나 무엇보다도 니콜라우스는 거기서 "여운을 남기는" 대전제 하나를 제시하였으니, 그것은 "무한한 단순성"을 함의하는, 이른바 "하느님께서는 셋으로 존재하시는 가운데 한 분이시고, 하나로 계시는 가운데 세 분이시다"[78] 라는 대전제를 가리킨다. 신적 단순성의 내면적 존재구조를 밝힐 수 있는 결정적 단서는 저 "하나와 셋의 합일"(*coincidentia unitatis et trinitatis*) 에 놓여 있다는 것이다. 그리고 그 의미가 여전히 벤크의 비판중에 정확하게 이해되지 못하였다는 것이다.

---

74) 참고로 Nikolaus, *Apologia* I 558: "Ad hunc errorem eum paucitas instructionis logicae induxit."

75) 참고 *Ibid.*, I 576: "Sequitur ex coincidentia … oppositorum … destructio seminis scientiarum."

76) 라틴어 인용문의 출처는 Maurice de Gandillac, *Nicolaus von Cues.* Studien zu seiner Philosophie und philosophischen Weltanschauung, Düsseldorf 1953, p. 214 (Anm.).

77) 참고 *Ibid.*: "Repperi … creaturam non esse Deum nec nihil."

78) *Ibid.*, I 566: "Infinita … simplicitas admittet ita Deum unum esse quod est trinus, ita trinum quod est unus."

② 니콜라우스 자신의 시도(예증)를 통한 '합일'개념의 분석적 접근

니콜라우스의 '합일' 개념이해를 위해 납득할 만한 사례로서 이제 다음의 세 가지 경우를 소개하고 싶다. 물론 그 모든 경우를 니콜라우스 자신이 활용했던 예증이라는 점을 잊지 않고서 말이다.

㉠ 직선과 곡선의 합일점 모색

곧 우리의 '정신'(*Intellectus, qui intus legit*)이 그 모든 한계를 넘어서 "원천적 상태(순간)"를 발견할 수 있게끔 도와준다. 과연 피상적 측면을 탈피하여 우리가 그 모든 "물량의 한정적 자기실현"을 넘어서 생각하게 된다면, 정신적 차원의 순수 무한성에 이를 수 있을 것이다. 다시 말해서 〈그림 1〉이 예시하는 "합일점의 상징적 의미"는 물량의 세계 안에서 벌어지는 "대립들 사이에서의 평준화"(*Nievellierung*)가 아니다. 그로써 물량의 세계에서 저마다의 별다른 특징을 상쇄시키고 마는 그런 "무분별한 의미"가 아니라, 오히려 그 반대로 "순수한(가장 정화된) 차원에서 저마다의 특징"을 회복하는 "분별하는 의미"를 여전히 띠는 것이라고 할 수 있다.[79]

---

79) 이에 참고로 P. Wilpert, *op. cit.* 〔주 18번〕, p. 54. 이와 관련하여 빌퍼트는 슈탈막흐의 견해에 동의하는 것으로 보여진다. 곧 니콜라우스의 수학적(기하학적) 상징이 수학적 가치를 따지기 위하여 활용된 것이 아니라, 오히려 "무한성에로 넘어가는 중재수단"으로 이해된다는 것이다 (〔역주〕 물론 이 점은 그의 작품《다른 것이 아닌 것》안에서도 발견된다. 최소한 "다른 것이 아닌 것"이 모든 수(數)에 선재한다고 강조하는 설명중에). 특히 우리의 "감각적 상상"의 단계를 넘어서 무한한 존재에로 도약할 수 있게끔 하는 토대를 마련한다는 것이다. 이에 J. Stallmach, "Zusammenfall der Gegensätze. Das Prinzip der Dialektik bei Nikolaus von Kues." In: *Mitteilungen und Forschungsbeträge der Cusanus-Gesellschaft* 1, 1961, pp. 52~75 참조. 덧붙여 '물량적인 것들에 앞선 원천에로의 도약'을 위해 소개하는 Augustinus, *De Trin.* V 1, 2: "Intelligamus Deum … sine quantitate magnum"(우리는 하느님을 … 물량적 크기와 상관없이 이

〈그림 1〉 De doct. ign. I〔권〕 c.13

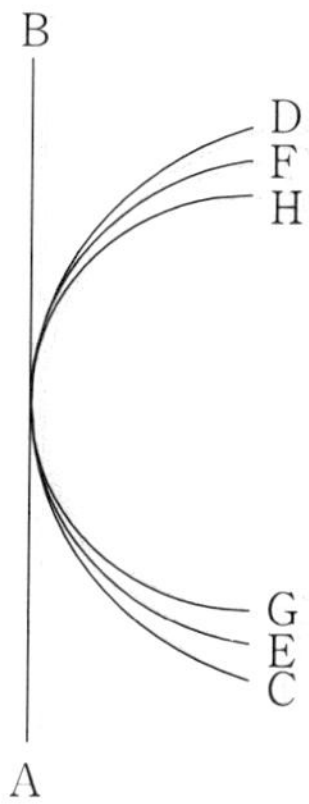

〈그림 1〉은 '직선'과 "〔원의〕 곡선"(들)의 '합일'(점)을 예시하고 있다. 거기서 '직선'(A-B) 역시 어떤 한 곡선과 정확히 일치할 수 있겠는데, 곧 그림에서 보는 바와 같이 곡선(G⌒H)이 왼쪽으로 〔원의〕 중심을 이동한다면, 다른 곡선(E⌒F)과 일치할 것이고, 더 왼쪽으로 중심을 이동하면, 다시금 다른 곡선(C⌒D)과 일치할 것이며, 나아가 왼쪽으로 원의 중심을 계속 밀어서 그에 상응하는 곡선을 그려낸다면 말이다. 니콜라우스의 표현을 빌자면, "최대의 크기를 갖는 원은 최소의 곡선형태에서 최대한 직선형태를 취한다. 그러므로 최소치(의 곡선)는 최대치(의 직선)와 일치한다."* 이는 그러나 간단히 상상되지 않을 것이다. 우리의 상상이 혹시 '물량적'인 것에 한정되어 있다면 말이다. 그러한 상상만으로는 유감스럽게도 니콜라우스의 '합일점'을 깨닫지 못할 것이다(이에 이 책의 각주 26~27번 참조). 그럼에도 이 그림이 예시하는 '교훈적' 의미는 아마도 우리의 상상이 그 어떤 물량적 이해방식에서 벗어나도록 — 그래서 원천적 이해지평으로 나아가도록 — 고무시킨다고 본다.

* Nikolaus, *De doct. ign.* I(권) 13, 35: "Circumferentia maximi circuli, qui maior esse non potest, est minime curva, quare maxime recta. Coincidit igitur cum maximo minimum"; 또한 *Ibid.*, I 4, 11: "Minima quantitas est maxime parva"(최소량이란 최대한의 소량이다).

해한다) 참조.

㉡ 일원론과 다원론의 합일점 모색

라이프니츠는 〈그림 2〉를 저 마니교적 이원론을 소개하는 데 활용하였다.[80] 이 도식을 통해서 우리가 관찰할 수 있는 것은, 아마도 '하나'(*unitas*)와 '다름'(*alteritas*) 혹은 '빛'(*lux*)과 '어둠'(*tenebrae*)이 형이상학적인, 곧 서로 화해할 수 없는 대립관계를 유지한다는 것이다(이 그림과 관련하여 우리는 오늘날의 '포스트모더니즘' 안에서 통일 혹은 일치에 대해 부자유스러움을 내세워, 그로부터 해방된—해체된—저마다의 다양성을 강조하는 점을 생각할 때, 그들이 오른쪽〔다름 및 다수〕에만 치우쳐 있음을 짐작할 수도 있다[81]).

그러나 이제 우리가 이 그림을 시계방향으로 90° 회전시켜 본다면, 그래서 '위'에다 '하나'를, '아래'에다 '다수'를 위치시킨다면, 이는 신플라톤주의의 (특히 플로티노스에게서 비롯된) '유출설'(*Emanations-theorie*)과 연관지어 이해할 수 있을 것이다. 곧 원천적 '하나'(*Hen*)의 빛이 계속 아래로 비춰지듯 흘러감으로써 다양한 존재의 형상이 드러나고, 마침내 최후의 밑바닥에서 그 빛의 밝기가 점차 약화되어 어둠 속에 감추어지는 도식을 생각할 수 있을 것이다. 이러한 도식을 따라서 분명해질 수 있는 점은 (빛을 통해 밝혀지듯) 존재하는 모든 가시적인 것들은 저 (빛 자체로서의) '하나'(존재원천)에 저마다 '참여'(*participatio*)함으로써 존재할 수 있다는 점이다. 이때 '다수'(다름)를

80) 참고 G. W. Leibniz, *Von der Allmacht und Allwissenheit Gottes und der Freiheit des Menschen* 〔Philosophische Schriften hg. v. Deutsche Akademie der Wissenschaft zu Berlin Bd. 1〕, Berlin 1971, pp. 537~546, 특히 p. 538. 이와 관련하여 또한 Augustinus, *De moribus Manich.* II 3, 5: "Duae naturae sunt, ut affirmatis, regnum lucis et regnum tenebrarum"(빛의 나라와 어둠의 나라를 단정짓기 위해서라도 〔마니교도에게는〕 두 가지 본성이 존재한다).

81) 이에 관해서는 뒤따르는 다음 단원의 "4) (포스트모더니즘과의) 대화제의"를 참조.

〈그림 2〉 De coniecturis I〔권〕 c.11

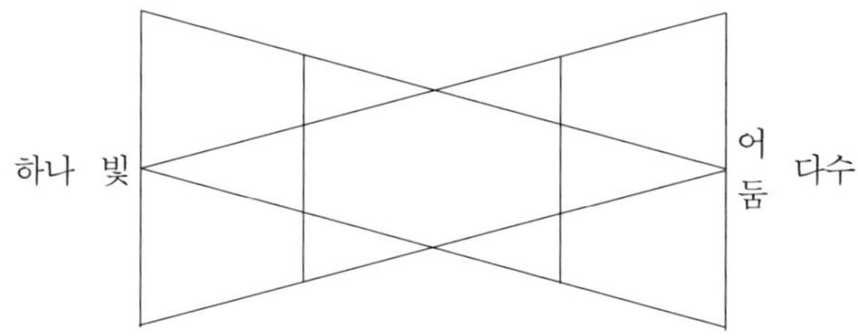

향하여 나아가는 과정은 그때마다의 가시적 존재자들이 서로로부터 구별되는 — 곧 저마다의 참여를 통해 확보하는 "하나와의 동일성"이 점차 상실되어 가는 — 것을 뜻한다. 다시 말해 모든 가시적 존재는 순수 존재(자체)가 아닌 것처럼 '무'와 조금이라도 어울려 있다는 것이요, 따라서 언제든 "사라질 수 있는 가능성"을 배태한다는 것이다. 그럼에도 이것이 '무' 자체와의 동일성을 말하는 것 또한 아닌 점에서 철저히 무화될 운명은 아니다.

여기서 또 하나의 다른 특별한 관점이 '다수'(다름)와 관련하여 필연적으로 고려될 수 있다고 보는데, 아마도 니콜라우스가 이 점에 깊은 관심을 가졌던 것으로 여겨진다. 그것은 충분히 우리로부터 제기될 수 있지만, 여전히 남아 있는 "난해한 물음"(*questio vexata*)이다. 예컨대 우리가 위의 도식을 '흘러감'의 자연스러운 전개형식으로 받아들이는 입장을 넘어서 (이미 플로티노스 연구가 프뤽텔이 그렇게 시도했던 것처럼) 그런 유출론에 대해 대뜸 이렇게 묻는다면, "왜 … 하나는 그저 하나로 머물러 있지 않는지? 왜 하나는 그의 초월성에서 이탈하여 다른 모든 존재하는 것들의 원천(*ἀρχὴ πάντων*)이 되는지?"[82] 하고

82) E. Früchtel, *Weltentwurf und Logos. Zur Metaphysik Plotins*, Frankf./M. 1970, p. 16.

묻는다면, "존재적 다수(다름)"의 본래적 의미에 접근할 수 있을 것이란 점이다.

사람들은 여기서 이 질문에 따른 궁금증을 그럼에도 '무디게' 만들어버릴 수 있다. 그래서 저 원천은 우리의 경험과 인식의 차원을 '넘어선' 것이라고 따돌려버릴 수도 있을 것이다. 그럼에도 우리는 우리의 경험과 인식의 차원 '안에서' 이미 "형언(形言)할 수 없는 것"에 대해 '형언하고' 있는 것처럼 — 그래서 최소한 "이루 형언할 수 없다!"고 말하는 순간에도 우리는 그것이 무엇을 '의미'하는지 생각할 수 있듯이 — 이해의 실마리가 남아 있다고 본다. 곧 우리가 그렇듯 최소한 진술하면서 전달하고 있듯이 "모순적 대립"을 실재 경험하고 있다면, 이미 "존재적 다수(다름)"는 벌어진 현실(現實)이다. 이는 '정신'을 중심주제로 따졌던 헤겔 역시 자신의 《논리학》 안에서 진지하게 고려하는 관점이기도 하다. 예컨대 그가 "순수한 빛" 혹은 "순수한 어둠"을 가리켜 "동일하게 존재하는 두 개의 텅 빈 개념"[83]이라고 소극적으로 정의하였던 것처럼 말이다. 그로써 그에게 "순수한 무규정성"(*Bestimmungslosigkeit*) 자체는 현실과 관련하여 의미롭지 못하기에, 오히려 '생산적'(*produktiv*)으로 자신을 드러내야 한다고 보았던 점에서 역사(歷史)는 여전히 소중한 개념이 된다.

그렇듯 저 원천적 무분별성에 — "존재와 무" 사이의 또 "빛과 어둠" 사이의 무경계성에 — 반하여 우리는 이미 물리적-경험적인 관찰에 대해 이야기하고 있다. 예컨대 만일 거기서 '빛'과 관련지어 더 설명하자면, "순수한 직사광선"이 프리즘을 통하여 확인할 수 있듯이, 모든 색채를 그 자체에 머금은 까닭에 그때마다 관여하는(만나는) 색채를 밝혀 드러내는 반면에, '어둠'은 그 어떤 색채와도 관여하지 못함을 이해한다.[84] 이를 존재적(存在的)으로 설명할 경우 "원천적으로

83) G. W. F. Hegel, *Wissenschaft der Logik I*, Frankf./M. 1983, p. 96.
84) 여기 프리즘 현상의 비유는 특히 H. Beck, *Natürliche Theologie*.

하나이자 신적 존재"만이 존재자를 존재하게끔 한다는 것이요, 반면에 〔상대적〕 '무'는 그런 능력이 배제되어 있다고 말할 수 있을 것이다. 그러나 다른 한편 존재론적(存在論的) 관점에서 〔절대적〕 '무'에 관하여 이야기할 경우 — 곧 저 원천적 무분별성의 관점에서 '존재와 무'가 하나라고 말하는 경우처럼 — 그 신적 존재(빛)가 우리에게 어둠(신비주의자들의 관점처럼)으로 드러난다면, 이는 그 신적 빛 자체가 우리에게 "도대체 규정될 수 없다"는 점에서 "무이듯 한" 존재라는 — 혹은 니콜라우스가 즐겨 쓰듯 "초실체적 실체"라는 — 뜻이지, 그와 달리 "존재가 아닌" 비존재 혹은 〔상대적인=반성된〕 '무' 나아가 '악'이라는 의미가 아니라는 것이다. 이는 마치 우리 눈에 정면으로 '태양'이 내리쬘 때, 더 이상 아무것도 볼 수 없고, 그래서 우리에게 태양 빛 자체는 그저 '어둡게' 보이는 것과 같다고 말할 수 있다.[85]

그러므로 만일 저 원천적 존재로서의 '하나'가 존재론적 해석 안에서 〔더 이상 상대적 무가 아니라〕 "무이듯 한 존재", 초실체적 실체라고 본다면, 이제 그것은 존재와 무(비존재) 사이에서 경험되는 그 모든 '다수'(다름)의 실체를 그 자체 안에 품고 있다고 보아야 옳을 것이다. 〔그래서 니콜라우스는 저 원천적 존재를 가리켜 "실체들의 실체"라고 일컫는다.〕 이제 그러면 "어떻게 저 절대적 '하나' 안에 '다수'(다름)의 실체가 파악될 수 있느냐?"는 물음이 남아 있다. '다수'는 물론 거기서 '하나' 곁에(*neben*) 혹은 그와 상대적으로(*gegen*) 이해되지 않고,

---

Grundriß philosophischer Gotterkenntnis, München-Salzburg ²1988, p. 179 이하 참조.

85) 참고 Nikolaus, *De ludo globi* 2 〔III 352〕(앞선 각주 38번 참조). 우리는 여기서 아리스토텔레스가 제시한 비유, 곧 "마치 박쥐가 대낮의 태양 빛에 구애받지 않고 활동하는 것처럼, 우리 영혼의 이성 역시 자연으로부터 알려진 그 모든 분명한 물리적 사실에 구애받지 않고 활동한다"(*Metaphysica* II 〔993b. 9~11〕)는 점을 상기할 만하다. 니콜라우스 역시 이 비유를 자신의 책 《박학한 무지》(I 1, 4)에서 소개하고 있다.

오히려 어쩌면 '하나'로부터(*aus*) 비롯함을 말해야 할 것이다. 왜냐하면 '다수'는 '하나'와의 대립적 차원에서가 아니라, 오히려 '하나'로 '말미암아' 존재하고 또 파악되기 때문이다. 니콜라우스 역시 이 점에 대해서 주목(注目)했다고 본다. 왜냐하면 그는 '다수'를 알아볼 때, 그것은 "다름없는 다름, 곧 같음으로 이해되는 다름"[86]을 통해서 알게 된다고 말하기 때문이다(여기서 '다름'은 그 자체로 파악되지 못하고, 언제나 '같음'을 전제함으로써 파악된다는 점을 이해할 수 있듯이 우리는 '다수'가 '하나'에 근거하여 파악된다는 사실을 목격하게 된다).

ⓒ '다수'(다름)와 '하나'의 합일점 모색

세 번째 예증으로서 '다름'을 "하나의 내재적 자기분별(自己分別)"을 위한 중재적 수단으로 이해하는 태도이다. 이를 위해 니콜라우스는 — 세 번째 "대립의 합일원칙"의 상징을 제시하는데 — 그의 책 《모든 가능성의 현실태》 안에서 어린아이들이 가지고 노는 장난감, 곧 '팽이'를 통해 설명하고 있다.[87] 팽이는 그것이 도는(움직이는) 중에만 가만히 설 수 있다(다시 말해서 운동과 정지의 합일이 팽이 곁에서 관찰된다). 이 "팽이-비유"는 일찍이 플라톤이 보았던 그대로[88] 앞서 "정지는 움직임과 다르다" 혹은 "움직임은 정지와 다르다"는 이해의 모순논리를 극복(克服)하는 일례로 제시되었다. 그로써 서로 모순적으로 보이는 모든 것들의 합일에 대한 가능성을 열어놓았던 셈이다. 이 같은 시도는 플라톤 이후 특히 플라톤주의자들 사이에서 "(상호 대립적 원리

---

86) Nikolaus, *De visione Dei* 17 〔III 171〕: "Pluralitas, quae in te Deo meo per me videtur, est *alteritas sine alteritate, quia est alteritas, quae [est] identitas.*"

87) 참고 Nikolaus, *De posset* 〔II 288～291〕.

88) 참고 Platon, *Politeia* 436a～437a. 이와 관련하여 Augustinus, *En. in psalm.* 92, 1: "Deus cum quiete operatur, et semper operatur et semper quietus est."

들이 모두 하나로 집약된) 존재원천의 중요한 상징"으로 소개되었다.

③ 분석적 '합일' 개념이해: 다수와 하나의 합일에서 존재의 삼위일체성에로의 접근 시도

㉠ 출발: '비추는' 빛과 '반사된' 빛깔

모든 것을 포괄하는 신적(神的) 차원에서의 '하나'는—니콜라우스는 그의 '합일원리'를 밝혀주는 상징들을 그때마다 예시했는데—이 세상에서 경험되는 현실적인 모든 대립 혹은 모순에 앞서(*ante*) 고려되어야 하기에 "모순 없는 모순" 혹은 "대립 없는 대립"이라고 말해야 한다.[89] 이러한 "원천적 대립"에 도달하기 위하여서는 그런 모든 장벽 너머에(*ultra*)로 나아가야 한다.[90]

---

89) Nikolaus, *De non-aliud* 19 〔II 532〕. 이와 유사한 표현으로 Johannes Scotus Eriugena의 "〔Deus〕 est … ipse similium similitudo et dissimilitudo dissimilium, oppositorum oppositio, contrariorum contrarietas"(《자연의 구분》(*De divisione naturae*): *Periphyseon Liber primus*, ed. I. P. Sheldon-Williams, Dublin 1968, p. 206). 이와 관련하여 Werner Beierwaltes, "Deus oppositio oppositorum. Nicolaus Cusanus, De visione Dei XIII." In: *Salzburger Jahrbuch für Philosophie* 8(1964), pp. 175~185 참조.

90) 참고 Nikolaus, *De visione Dei* 9 〔III 132〕: "Et repperi locum, in quo revelate reperieris, cinctum contradictoriorum coincidentia. Et ista est murus paradisi, in quo habitas; cuius portam custodit spiritus altissimus rationis, qui nisi vincatur, non paterbit ingressus. *Ultra igitur coincidentiam contradictoriorum* videri poteris et nequaquam citra". 이와 함께 Nikolaus, *Apologia.* 〔I 550〕: "*Super coincidentiam contradictoriorum* Deum esse declaravi." 또한 R. Haubst, "Die erkenntnistheoretische und mystische Bedeutung der 'Mauer der Koinzidenz'." In: *Mitteilungen und Forschungsbeiträge der Cusanus-Gesellschaft* 18(1989), pp. 167~196 참조.

본능적인 인간적 연약함이 그 모든 세상의 '장벽'을 넘어서 도약(跳躍)하도록 니콜라우스는 "빛의 상징"을 통하여 고무시키고 있다. 예컨대 여기 이 작품 《다른 것이 아닌 것》 안에서도 그는 "과연 감각적 빛 없이는 우리의 시각활동은 불가능하며, 무지개의 경우처럼 다채로운 빛깔이란 감각적 빛의 영역표시 및 정의 이외에 다른 것이 아니라고 우리는 경험하네. 따라서 감각적 빛은 모든 가시적-감각적인 것들과 관련된 '존재 및 인식의 원리'라고 말할 수 있겠지"91) 하고 그 가능성을 진단한다. 이 설명은 뒤에도 그가 계속 반복하여 말하듯, 빛깔들을 밝혀주는 "빛 자체"는 곧 하나요, 그것은 다른 여러 가지 빛깔들에 앞서(*ante*) 존재하며, 그로써 빛깔들을 드러나게끔 한다는 사실만이 아니라, 빛깔의 다채로움을 초월한 '하나'로서 그 안에 이미 다채로운 빛깔(색상)이 자리하고 있음을 분명하게 전해준다. 다시 말해서 저 '하나' 안에 빛깔들이 존재하며 동시에 존재하지 않는다는 것이다. 저 '하나'가 모든 색상을 내포한 점에서 '온 색'(=모든 색)이면서 동시에 그 모든 구체적 색상 하나하나와는 구별된 점에서 '무색'(無色)이라는 것이다.

그에 반해 경험되는 개별적 색상 하나하나는 저마다 '다르다.' 녹색은 청색과 다르고, 빨강은 노랑과 다르듯이 말이다. 그러나 "순수한 빛"의 빛깔에 대해서 말해야 한다면, 그것은 앞서 말하는 (개별적 빛깔의) '다름'을 따라서 구별할 수 없다. 오히려 그런 모든 색상들을 그때마다 서로로부터 구별하여 말하는 "다른 것"(*aliud*)과는 "다른 것"이라고 말해야 한다. 그 때문에 순수한 빛의 빛깔은 (개별적) 다름과 다르다는 점에서 곧 "다른 것이 아닌 것"(*non-aliud*)으로 표기된다. 이때 저 "순수한 빛의 빛깔"에는 원천으로서의 역동성이 조금도 사라지지 않는다. 왜냐하면 스스로 "다른 것이 아닌 것"을 드러내고 유지하

---

91) Nikolaus, *De non-aliud* 3 〔II 452〕.

는 "다른 것이 아닌 것" 자체이기 때문이다.[92] 이러한 분석적 작업을 통하여 니콜라우스는 그의 최대의 과제, 곧 대립하는 것들의 합일원리로서 신의 신비에 접근하고자 시도한다. 신은 모든 것을 〔가지런히〕 접으시면서(*complicare*) 동시에 펼치신다(*explicare*).[93]

ㄴ 존재의 삼위일체성 : '하나됨'-'동등성'-'연관성'

절대적인 "다른 것이 아닌 것"의 자기실현 과정 속에 자리하는 구조적 삼원성을 좀더 분명하게 밝히기 위해서 니콜라우스는 몸소 아주 흥미롭게도 "성부, 성자, 성령"이란 성경의 전통적 표현에로 소급하지 않고, 오히려 "하나됨, 동등성, 그리고 연관성"을 통하여 소개하

---

92) 참고 Gustav Siewerth, *Andrés Philosophie des Lebendigen*, Salzburg 1959, 특히 pp. 51~54: "Lichtendes und leuchtendes Licht." 이와 관련하여 Johann Amos Comenius의 "Quomodo SOL alia illuminando ipse lucidissimus manet, ita DEUS alia omnia perficiendo ipse omnium perfectissimus existitut"(*De Christianorum uno Deo, Patre, Filio, Spiritu Sancto*, Amsterdami 1659, p. 4)의 말, 곧 "태양이 다른 모든 것들을 비추는 동시에 스스로는 가장 빛나는 것으로 머물 듯, 하느님은 다른 모든 것들을 완전하게 이끄시는 동시에 당신 자신은 가장 완전하신 분으로 존재하신다"는 비유적 표현을 비교할 수 있겠다.

93) 참고 Nikolaus, *De doct. ign.* II(권) 3, 107: "Perfectum … omne imperfectum antecedit, ita quies motum, identitas diversitatem, aequalitas inaequalitatem, et ita de reliquis, quae cum unitate convertuntur, quae est aeternitas. Plura enim aeterna esse non possunt. Deus ergo est omnia *complicans* in hoc, quod omnia in eo, et omnia explicans in hoc, quod ipse in omnibus(완전함은 … 모든 불완전함에 선행하며, 그와 같이 고요함(정지)은 운동에 앞서며, 동일성은 차이에 앞서며, 동등성은 비동등성에 앞선다. 그와 마찬가지로 나머지 다른 것들에 대해서도 모두 다시금 '하나'란 영원성에로 복귀한다고 본다. 왜냐하면 영원히 분리된 다수(多數)란 있을 수 없기 때문이다. 그러므로 하느님은 모든 것들이 당신 안에 존재하게끔 접으시며 또한 모든 것들 안에 당신께서 존재하시게끔 펼치신다)."

고 있다.[94] 그로써 우리는 그가 "다른 것이 아닌 것"의 무경계적 자기현시성이 바로 "동일성의 실현과정", 혹은 "밖으로 드러내면서 동시에 안으로 감아드는 (무한한) 역량"[95]의 발현으로 혹은 "확장하는 단일과정"으로 이해하려는 의도를 짐작하게 된다.

여기서 하나의 특별한 '대립'을 경험하게 되는데, 그것은 예컨대 "순수 상대성"과 관련된 대립양상이다. "순수 상대적 대립"이란 정신적 영역에서 이해되는 것으로서, 니콜라우스는 이를 위해 하나의 길(방법)을 제시한다. 그것은 일찍이 저 "위대한 아우구스티누스 주교"에 의해 다져진 "기억과 통찰과 의지"에 따른 존재구조의 삼차원적 이해방식이라고 말이다.[96] 여기서 얻어낼 수 있는 전망은 인간의 다양

---

94) Nikolaus, *De non-aliud* 5 〔II 464〕. 니콜라우스는 여기서 모름지기 아우구스티누스의 《그리스도교 교양》(*De doctr. christ.* I 5, 5)을 염두에 두고 있는 것으로 보인다. 예컨대 아우구스티누스는 거기서, "In Patre unitas, in Filio aequalitas, in Spiritu Sancto unitatis aequalitatisque concordia. Et tria haec unum omnia propter Patrem, aequalia omnia propter Filium, connexa omnia propter Spiritum sanctum"(성부에게 하나가, 성자에게 〔닮음에 따른〕 동등성이, 그리고 성령께 하나와 동등성의 일치가 자리한다. 그래서 이 세 가지는 〔다시금〕 성부로 말미암아 모든 것이 하나되고, 성자로 말미암아 모든 것이 〔서로〕 닮아 있으며, 성령으로 말미암아 모든 것이 서로 연관되어 있음을 말해준다)라고 그와 유사한 개념을 활용하고 있기에 말이다. 이와 관련하여 또한 Jean Châtillon, "Unitas, aequalitas, concordia vel connexio. Recherches sur les origines de la théorie thomiste des appropriations(*S. th.* I qu. 33, art. 7~8)." In: *St. Thomas Aquinas, 1274~1974. Commemorative studies.* Vol. 1, Toronto 1974, pp. 337~379 참조.

95) Nikolaus, *Idiota de mente* 15 〔III 604〕: "Virtus … quae explicando implicat, minor fieri nequit."

96) Nikolaus, *De aequalitate* 〔III 386〕: "Cum magnus Augustinus dicat animam trinitatis imaginem habere memoriam, a qua abdita intelligentia generatur et procedet ex his voluntas, quomodo hoc videri debeat?"

한 경험영역들이 "하나의 원천적 사태"로부터 해명될 수 있다는 것이다. 다시 말해 하나의 원천적 사태가 〔첫째〕 해체되지 않는 '기억'(*memoria*) 안에서 하나로 머물러 있다가 〔둘째〕 '통찰'(*intelligentia*)의 다각적 자기분화의 과정을 거쳐 그때마다 분별되고, 마침내 그러한 두 가지 요소를 통해서, 곧 기억과 통찰이라는 내면적 자기활동에 이어 〔셋째〕 '의지'(*voluntas*)를 통해서 구체적 행위에로 옮겨진다는 것이다. 이 세 가지 "기억과 통찰과 의지"의 구조적 통합과정은 물론 우리의 경험세계에서 그때마다 그 원천을 재확인할 수 있게끔 함께 "하나의 원형"으로 되새겨진다고 말할 수 있겠다.

니콜라우스는 이 같은 사태의 전개구조를 의식하면서 "다른 것이 아닌 것" 안에 함의된 의미를 짚어나간다면, 저 창조적 존재근거의 절대적 자기실현 안에서 벌어지는 내면적 구조에 대해 깨달을 수 있다고 내다본다. 그로써 그는 "다른 것이 아닌 것"의 "순수한 자기관련성"을 가리켜 "삼위일체적 원리"(*principium unitrinum*)라고 일컫는다. 그리고는 "흘러넘치는 저 원천에 근거하여 그때마다 〔사태의〕 존재방식이 실현된다"[97]는 결론을 이끌어낸다. 그러므로 그때마다의 개별 존재자는 그 자체로 무한한 내적 "충만-존재"(*Sein-Überfluß*)의 한정된 외적 '발현'(유출, *Ausfluß*)의 한 모습으로서 이해될 수 있다. 그에 따라 "외적 다양함(다수)"의 실현가능성도 밝혀진다. 왜냐하면 "다양함이란 저 하나된 원천의 자기통찰에 힘입어 (시공간적으로) 그때마다 드러난 것으로서 그것은 〔원천의〕 존재성, 동등성, 그리고 연관성에서 비롯한 모상(*imago*)"[98]이기 때문이다.

---

97) Nikolaus, *De beryllo* 23 〔III 44〕: "Ad omnem essendi modum sufficit abunde primum principium unitrinum."

98) Nikolaus, *Idiota de mente* 6 〔III 528〕: "Explicat pluralitas virtutem unitatis mentis, quae virtus est imago entitatis, aequalitatis et connexionis."

이때 "기억의 통일성(하나)"은 저 원천의 '존재성'(*entitas*)과 같은 뜻이다.[99] 원천의 자기관련성으로서 기억은, 곧 "자기 자신에 대해 맺는 관계성"[100]은 분명 질서(비율)를 따르지만, 그것이 마치 우유적 존재 안에서 관찰되듯 어떤 '한정된' 자기관련성을 의미하는 것은 아니다. 오히려 그것은 '자기분배적'(*diffusivum sui*)이며, 그 자체의 순수 중재성을 따라—곧 다른 중재수단을 거치지 않고 스스로—"절대적 자기증여"로서 작용하며, 그로써 "자신을 정확히 닮는 비율"에 따라 그때마다의 존재자에게 부여할 뿐이다.[101]

한편 그렇듯 내면적으로 동등하길 궁리하는 '정신'의 능력은 언제나 저 "원천적 존재"로부터 비롯하고, 그렇게 그에 의존하는 한 결코 저 "원천적 존재"를 능가할 수 없다.[102] 그러므로 정신(통찰)은 존재(원천)에 귀속한다. 그럼에도 "표현되는 그 모든 하나됨(일치)"은 오로지 저 존재원천의 '닮음' 안에서—다른 말로 '말씀' 혹은 '지혜' 안에서[103] —포착된다. 그리하여 '하나됨'과 '닮음'은 그 내용에서 차별적

---

99) Nikolaus, *De doct. ign.* I(권) 5, 14: "Unitas absoluta est entitas."

100) 참고 Søren Kierkegaard, *Die Krankheit zum Tode*, Gütersloh 1982, p. 8: "Was ist Geist? Geist ist das Selbst. Aber was ist das Selbst? Das Selbst ist ein Verhältnis, das sich zu sich selbst verhält"('정신'이란 무엇인가? 정신이란 '자기 자신'이다. 그러면 '자기 자신'이란 무엇인가? 자기 자신이란 관계일진대, 곧 자신이 스스로와 맺는 관계를 일컫는다).

101) Nikolaus, *Compendium* 10 〔ed. B. Decker/K. Bormann, Hamburg 1982, p. 38〕: "Sola potentia, quae praecisam sui aequalitatem generat, maior esse nequit"; *Ibid.* 〔p. 40〕: "De se sui ipsius posse aequalitatem generare supremum potentiae est."

102) *Ibid.* 〔p. 40〕: "Aequale ⋯, cum non possit esse, nisi sit ipsius posse, erit prius omnibus, sicut posse, cuius est aequale."

103) Nikolaus, *Idiota de sapientia* 〔III 444〕: "Sapientia ⋯, quae est ipsa essendi aequalitas, verbum seu ratio rerum est. Est enim ut infinita intellectualis forma"; 또한 그의 *De beryllo* 24 〔III 46〕: "Theologi nostir dicunt intellectum illum divinum se intelligendo de se et sua

이지 않는 '동등함'을 따라 서로 분리되지 않고 — 마치 한 귀한 벗이 그의 동료부터 기꺼이 "또 다른 나"(*alter ego*) 라고 불려지듯 — 서로간의 생생한 교류를 실현한다. 그래서 우리는 흔히 "'하나됨'과 〔닮음에 따른〕 '동등성'으로부터 '사랑' 혹은 '친분관계'(연관성)가 생겨난다고 말한다. 왜냐하면 '하나됨'은 서로의 '동등성'과 다르지 않고, 서로의 '동등성'은 곧 '하나됨'과 다르지 않기 때문이다. 그러므로 우리가 '친분관계' 혹은 '사랑'을 말할 때, 한편 실현된 '하나됨'이 '동등성'의 참된 의미요, '하나됨'과 '동등성'의 참된 의미가 마침내 '사랑' 혹은 '친분관계'를 수반한다고 이해하는 것이다."[104]

그리하여 니콜라우스에게서 "셋이면서 동시에 한 분이신 신은 당신의 본래적 역량을 통하여 … 드러난다"[105]는 사실이 바로 "직관의 절

---

essentia et natura generare intelligibilem sui ipsius similitudinem adaequatissimam. Intellectus enim generat verbum, in quo est substantialiter, et ex hoc procedit delectatio, in qua est generantis et geniti consubstantialitas."

104) Nikolaus, *De pace fidei* 8 〔III 734〕: "Ex unitate et aequalitate procedit amor seu nexus. Unitas enim ab aequalitate et aequalitas ab unitate non sun separabiles. Nexus igitur seu amor sie se habet, quod posita unitate ponitur aequalitas, et posita unitate et aequalitate ponitur amor seu nexus."

105) Nikolaus, *De apice theoriae* 〔II 384〕: "Per posse ipsum Deus trinus et unus, cuius nomen omnipotens seu posse omnis potentiae, apud quem omnia possibilia et nihil impossibile … significatur." 만일 여기서 posse(가능하다) 혹은 possibilia(가능성)가 거론되고 있다면, 변증법적-관념론적인 도식이 도출될 (위험적) 요소는 자리한다. 왜냐하면 경험존재의 차원에서 볼 때 '가능성'은 물론 '실재성'(현실성)보다 우월한 측면을 지닌다고 볼 수 있기 때문이다. 어쩌면 그런 위험성 때문에 니콜라우스는 이와 같은 표현을 다소 미루었던 것처럼 보인다. 그리하여 단적으로 그는 특히 *De beryllo* 28 〔III 58〕 안에서 자신의 분명한 의도를 담은 질문을 던지고 있다. "Actus … nisi prior foret potentia, quomodo potentia veniret in actum(실재성, 그것이 가능성에 앞서 존재하지 않았

정”[106]으로 소개된다. 이때 신적 존재는 — 곧 성경이 계시하는 야훼(*sum qui sum*)는[107] — “세 겹으로 존재하는”(*triniter subsistere*)[108] 분으로서 그 동일성의 실현이 이해된다고 그는 파악했다. 그것은 세 겹의 존재구조를 띤 원천적 실체야말로 영원히 자기 자신을 새롭게 하며 아무런 구애를 받지 않고 자신 안에서 도약하는, 이른바 신적 완전성을 함축한다고 이해했기 때문이다. “신적 존재성 안에서 이해되는 ‘하나됨’이란 결코 제한된 방식으로 실현되지 않겠기에, 마치 전체가 부분들에 의해 혹은 보편적인 것이 특수한 어떤 것에 의해 이해되는 것과는 달리, 오히려 ‘하나됨 자체’가 곧 ‘근원적 의미에서의 셋’이다.”[109]

초월적 사태의 삼위일체적 구조에서 그 순수성(비매개적 관계성)을 강조하기 위해 니콜라우스는 “신은 ‘무’ 안에 있다”[110]고도 표현한다. 이 같은 역설적 표현은 신비주의적 경향을 강하게 드러낸다. 그러나

다면, 어떻게 가능성이 실재성 안으로 들어설 수 있단 말인가)?”

106) Nikolaus, *De apice theoriae* 〔II 378〕: “Apex theoriae est posse ipsum, posse omnis posse, sine quo nihil quicquam potest contemplari.”

107) 이와 관련하여 R. Berlinger, “Der Name Sein. Prolegomena zu Augustins Exodus-Metaphysik.” In: Berlinger, *Vermischte Schriften* Bd. 1, Amsterdam 1975, pp. 125~142.

108) Nikolaus, *De beryllo* 26 〔III 52〕: “Videt 〔intellectus essentiam rereum〕 … super imaginationem … triniter subsistere.” 이러한 “삼차원적 존재성”의 구조는 인간 주체에 의한 조작(환상)으로 손상되지 않는다. 니콜라우스는 이 사실을 특히 문법적 활용 안에서 쉽게 관찰할 수 있는 세 인칭, 예컨대 “나, 너, 그리고 그(*ego, tu, ille*)” — 이는 그의 다른 작품 *Cribratio Alkorani* II 10, 11에서 확인할 수 있다 — 대명사를 통하여 발견해낸다. 그로부터 그는 이슬람교도와의 논쟁중에 보편적으로 유효한 “삼위일체적 신증명”을 소개하는 논증으로 발전시킨다.

109) Nikolaus, *De doct. ign.* II(권) 7, 12: “In divinis unitas non est contracte in trinitate, ut totum in partibus seu universale in particularibus, sed ipsa unitas est trinitas.”

110) *Ibid.*, II 3, 110: “Deus est in nihilo.”

이 표현에서 잊지 말아야 할 점은 '무'가 여기서 신적 존재와 마주설 수 있는 그 어떤 "대립적인 것"이 결코 아니요, 신적 존재에 비해 형언할 수 없는 어떤 것이 아니라는 점이다. 니콜라우스는 그로써 다만 신이 "존재 및 인식의 원천"으로서 그 모든 것들에 앞서 존재하며,[111] 그렇게 인간이 경험할 수 있는 영역 너머에 존재한다는 점을 밝히고 싶었던 것 같다.

그리하여 니콜라우스의 결론을 미루어 짐작한다면, 우리가 이른바 "물 자체"(*Ding an sich*)라고 칭하는 그것은 〔그것이 존재하는 한〕 뭇 존재(物)의 존재방식을 초월하는 단순성 안에서 자신을 완성시키는[112] 저 존재원천의 삼위일체성과의 구조적 대면(對面) 중에 그 나름대로의 구체성이 관찰될 경우 비로소, 그리고 온전히 그 정체가 밝혀질 수 있다. 왜냐하면 "뭇 존재의 저마다의 존재방식을 비로소, 그리고 온전히 보장하는 것이 도대체 저 첫째(삼위일체적) 원천이기 때문이다."[113] 다시 말해서 다양하게 존재하는 '저마다의' 개별자(物)는 한결같이 세 가지 요소를 지닌다는 것이다. 그래서 니콜라우스는 뭇 존재를 가리켜 "존재성과 동등성과 연관성의 모상"(*imago entitatis, aequalitatis et connexionis*)이라고 소개하였다.[114]

"다른 것이 아닌 것"은 니콜라우스에게서 일찍부터 그 모든 인식의 척도로서 찾아졌던 "자신뿐만 아니라 다른 모든 것들을 정의내리는 정의(=근원적 정의)"[115]라 일컬어졌을 때, 이미 자연 및 이성과 관련

---

111) *Ibid.*: "〔Dei〕 esse unitatis non est per intellectum a rebus abstrahentem neque rebus unitum aut immersum."

112) 참고 Nikolaus, *De beryllo* 24 〔III 46〕: "In ipso principio perfectissime modo divino reperies trinitatem principium simplicissimum omnis creaturae unitrine."

113) *Ibid.*, 23 〔III 44〕.

114) Nikolaus, *Idiota de mente* 6 〔III 528〕.

115) Nikolaus, *De non-aliud*, prop. 1 〔III 556〕.

된 그 모든 창조(*creatio*)는 역사적으로 구현되기 '이전에' 저 원천적 존재의 내면적인 삼위일체적 구조 안에서 완전하게 구상되었고(*constituere*) 실행되었음을 함축하여 소개한다.116) 그 때문에 신앙인들은 "하느님께서는 저마다의 모든 사물들에 대해 (앞서) 정확하게 알고 계신다"117)고 고백할 수 있었다. 왜냐하면 그 어떤 개별적 피조물의 '존재이념(*Idee*)'도 하느님의 창조적 정신(지혜)으로부터 벗어나 있을 수는 없기 때문이다.118) 오히려 그분의 정신으로부터 마침내 그 '존재이념'이 직접적으로는 자연에, 반성적(간접적)으로는 인간의 정신 안에 반영된다.

ⓒ "다른 것이 아닌 것"의 자체 상보적 자기실현

그럼에도 신은 단순히 "이념의 세계"가 아니다. 그는 오히려 포괄적으로 말해서 "고무시키는 처음이자, 매번 실재적으로 작용하는 중재자요, 모든 것의 완성이라는 의미에서 궁극적 목적"이다.119) 이는

---

116) Nikolaus, *De aequalitate* 〔III 382〕: "Anima videt in aeternitate principium creationis aeternum per rationem suae notitiae omnia creabilia creare." 이와 관련하여 Thomas Aquinas, *S. th.* I qu. 46, a. 6: "Divinae personae secundum rationem suae processionis habent causalitatem respectu creationis rerum …. Processiones personarum sunt rationes productionis creaturarum."

117) Nikolaus, *Idiota de mente* 3 〔III 500〕: "Deus est cuiuscumque rei praecisio."

118) 참고 Augustinus, *De diversis quaestionibus* 83, qu. 46, 2: "Sunt ideae principales formae quaedam …, quae in divina intelligentia continentur"; Thomas Aquinas, *S. th.* I qu. 4, a. 2, ad 1: "Quae aunt diversa et opposita in seipsis, in Deo praeexisunt ut unum absque detrimento simplicitatis ipsius."

119) 참고 Nikolaus, *De non-aliud* 9 〔II 480〕: "Non-aliud … cum ab aliquo non sit aliud, ab omnibus summopere desideratur tamquam principium essendi, medium conservandi et quiescendi finis." 피타고

달리 말해 "형상인, 작용인, 그리고 목적인"의 통일성 안에서 이해될 수 있다.[120] 이미 주어진 자연에 대해서 이와 같은 삼원인적 원형, 예컨대 '물질'과 '형상', 그리고 "그 둘 사이의 결합"을 활용하여 오래 전부터 이해하여 왔다.[121] 그리고 그것은 또한 인간(人間) 이해에서도 예외는 아니었다. 일찌감치 아우구스티누스는 '기억'(원천적 감정), '통찰'(이성), 그리고 '의지'(행위)를 통하여 하나됨의 삶을 영위하는 존재로서 인간을 소개하였다.[122] 그렇게 이미 "삼위일체적 형상"이 만물에 관여한다는 것이 니콜라우스가 또한 세상을 이해하는 길이었다. 그가 특히 "다른 것이 아닌 것"(개념)을 세 번 반복하여 정의하는 중에도, 그리하여 "다른 것이 아닌 것"이 다른 것(들)과 구별되면서도 동시에 다른 것(들)과 또한 관련을 맺는다고 설명하는 중에도 우리는 그의 관점을 놓치지 않을 수 있다. "결실을 맺기까지 지치지 않는 풍요로움"[123]으로서 혹은 모든 존재의 '원천'(샘)으로서 "다른 것이 아닌 것"은 다시금 상징적 "원(圓)의 구조"를 따라 이해되기도 한다. 창조적이면서 언제나 한곳에 머무는 "원의 중심"과 얼마든지 다채롭게 확산 전개될 수 있는 "원의 반경", 그리고 그런 존재가능성을 포괄하는 '원주'가 동시에 "하나의 원"을 형성하듯이 말이다.[124] 그리

라스학파 이래로 고찰된 '삼원성'(*Ternar*)에 관해서는 R. Haubst, *op. cit.* 〔=주 54번〕, pp. 86~92 참조.

120) 참고 R. Haubst, *Ibid.*, pp. 86~98.

121) 물론 이와 관련하여 '삼원성'에 따른 관점의 문제역사를 우리는 R. Haubst, *Ibid.*, pp. 99~114에서 읽을 수 있을 것이다. 특히 플라톤 및 신플라톤주의자들의 관점에 따라서 '형상', '물질', 그리고 "그 두 가지의 결합"에 대한 예를 확인할 수 있을 것이며, 이는 우리가 보통 아리스토텔레스에게서 발견하는 개념들에 앞서 그 개념들의 또 다른 속성을 이해하게 해준다.

122) 참고 *Ibid.*, pp. 172~184; 또한 앞선 각주 96번 참조.

123) Nikolaus, *Complementum theologicum* 〔III 670〕: "fecunditas infinita."

124) *Ibid.*: "Ex centro simul et linea 〔곧 radio〕 procedit circumferentia

하여 우리가 경험하는 저마다 대립적인 개별존재(자)는—그것이 크거나 작든 아니면 남성이나 여성이든 혹은 정신이나 물질이든—그의 고유한 실체성을 저 원천적인 "다른 것이 아닌 것"으로부터 한결같이 제공받는다고 해야 할 것이다.

그러므로 사람들은 이렇게 말할 수 있을 것이다. 저마다의 존재(자)는—한편으로는 그들 개별적 존재들 사이에서 차별(差別)되고, 다른 한편으로는 시공간적 존재와 영원한 존재 모두를 총망라한 존재들 사이에서 차별되는 가운데[125]—신적 존재에 이미 '대면(對面)하여' 있다고 말이다. 왜냐하면 그 모든 것들은 나름대로 저 원천적인 신적 존재로부터 또 그를 통하여, 그리고 그 안에 존재할 것이기 때문이다. 한편 이 세상에서 특징적으로 경험되는 "상대적 대립"은 가히 상대적 의미만을 지닌다. "그 어떤 지속(持續)도 그것이 〔상대적으로〕 길든 짧든, 그 밖의 다른 것들과 마찬가지로 더 이상 영원을 소유하지 못한다. 오로지 영원의 순간 안에서만 모든 원들이 비롯하고 유지되고 움직인다."[126] 그렇게 신은 '초월적' 원운동으로 이해될 수

---

seu operatio(중심과 동시에 중심과 연계된 선〔=반경〕에서 원주 혹은 〔곡선을 그리는〕 작업이 진행된다)." 이와 함께 그의 *De doct. ign.* I(권) 21, 65 및 신플라톤주의자에 대한 소개로서 W. Beierwaltes, *Proklos.* Grundzüge seiner Metaphysik, Frankf./M. [2]1979, pp. 165~239를 참고 할 수 있겠다. 이 번역서도 각주를 통해 플로티노스의 글을 다양하게 인용하면서 이와 같은 니콜라우스의 신플라톤주의적 관점을 살펴보고자 하였다.

125) 참고로 특히 헤겔의 형이상학적 해석 안에서, 예컨대 "존재의 이론은 시간이란 종(種) 아래" 집약시키고, "시간과 영원에 대한 전통적 전개방식(?)을 변증법적으로 극복하고자 하였던 그의 관점 안에서는 엄밀한 의미에서의 '차별성'이 혼란스러워지고, 마침내 사라져버리고 만다"는 Oscar Daniel Brauer, *Dialektik der Zeit.* Untersuchungen zu Hegels Metaphysik der Weltgeschichte, Stuttgart 1982, 특히 p. 148과 144 참조; 멀리는 E. Schadel, Rezension in *Salzburger Jahrbuch für Philosophie* 30(1985), pp. 104~109 참조.

있고, 그의 활동적 내재성 혹은 원천적 중심으로서의 의미는 "모든 곳에 존재하면서도 동시에 그 어디에도 존재하지 않는다."127)

3) 회고: 어떻게 그 이후 "신으로부터의 이탈(해방)"이 철학사조가 되었을까

지금까지 간략히 살펴본 '존재론적' 관점에서 존재원천(神)의 구조를 토대로 우리의 정신사(精神史)를 회고할 때, 아주 커다란 오해가 자리했음을 분명하게 반성해볼 수 있을 것 같다. 예컨대 칸트와 같이 "삼위일체와 관련된 가르침으로부터는… 더 이상 실천적(實踐的)인 것은 하나도 얻어낼 수 없다"128)고 일소해버린 경우를 자주 발견하기 때문이다. 그러나 오히려 저 "삼위일체적 가르침" 안에는 그것 없이는 아예 "존재-경험적 측면에서의 실천적 가치 역시 성립할 수 없는 그 어떤 필수적 조건"(*conditio sine qua non für ontisch konsistente*

126) Nikolaus, *Complementum theologicum* 〔III 674〕. "Non habebit qualiscumque duratio sive longa sive brevis plus de aeternitate quam alia. In uno enim nunc aeternitatis omnes circuli susistunt et circumvolvuntur." 이와 관련하여 《사도행전 17: 38》을 참조할 수 있겠다. 예컨대 ἐν αὐτῷ γὰρ ζῶμεν καὶ κινούμεθα καὶ ἐσμέν("왜냐하면 그분 안에 우리는 살고 움직이며 또 존재하기 때문입니다").

127) Nikolaus, *De doct. ign.* II(권) 12, 162. "〔Mundi〕 circumferentia et centrum Deus est, que est undique et nullibi." 이와 관련하여 Dietrich Mahnke, *Unendliche Sphäre und Allmittelpunkt*. Beiträge zur Genealogie der mathematischen Mystik, Halle/ Saake 1937; Repr. Stuttgart-Bad Cannstatt 1966을 참조.

128) I. Kant, *Der Streit der Fakultäten* (1798) A 50. 이 글과 관련된 문제의 역사에 대한 고찰은 E. Schadel의 *Kants "Tantalischer Schmertz"* (Frankf./M.-Berlin-Bern-New York-Paris-Wien 1998)에 소개된 단원 "Antitrinitarischer Sozinianismus als Motiv der Aufklärungsphilosophie(*Ibid.*, pp. 31~108)" 참조.

Praxis) 이 제시되고 있으며, 실천적으로 어떻게 행동해야 할지 그 이유를 그로부터 확인하게 된다. 그 이유란 존재의 실현이 곧 존재의 이해에 달렸으며, 그런 이해의 초석이자 중심이며, 그 목표가 저 '존재원천'으로부터 확보될 수 있다는 데에 있다.

그렇게 존재실현의 중심에 자리 잡은 '존재원천'과의 하나됨(합일)은 강요된 획일성(*Einerleiheit*) 이 아니요, 화해할 수 없는 이원론적 갈라섬(*Zerrissenheit*) 또한 더더욱 아니다. 오히려 그것은 "그 모든 효과를 야기시키는 존재(*Sein*)"의 측면, "그 모든 앎을 위한 형상적 인식(*Erkenntnis*)"의 측면, 그리고 "그 모든 것들을 매듭짓는 의지(*Voll-endung*)"의 측면을 원천적 생명력에 힘입어 전체적으로 규합한다. 그것은 마치 원의 "중심, 반경, 그리고 원주"를 통해서 "하나의 〔온전한〕 원"이 이루어지는 이치와도 같다. 그리하여 이미 플로티노스 및 프로클로스는 "삼위일체적 신"(*θεὸς τριαδικός*) 의 모습을 그와 같은 상징적 원의 기본구조를 따라 우리에게 소개한 바 있다.[129)]

이러한 구조적 고찰에 힘입어 아우구스티누스는 고대철학 이래로 면면히 전승되어 온 세 가지 존재요소를 마침내 "구별되면서도 서로 연관된 전체성"의 관점에서 재구성하여 소개하였다. 곧 이 세 가지 요소는 저 신적 원천에 근거하는데, 우리는 그로써 첫째 '자연학' 안에서 존재문제를, 둘째 '논리학' 안에서 인식문제를, 그리고 셋째 '윤리학' 안에서 행위(실현) 문제를 다루어왔다는 것이다.[130)]

---

129) 참고 Plotinos, *Enn*. VI 8, 19.23; *Enn*. VI 5, 4.20~24; *Enn*. V 1, 7.1~8.11 etc. 이에 관하여 Kyu-Hong Cho, *Zeit als Abbild der Ewigkeit* (〔Historische und systematische Erläuterungen zu Plotins Enneade III 7〕, Frankf./M.-Berlin-Bern-New York-Paris-Wien 1999) 을 볼 수 있음; Proklos, *In Primum Euclidis Elem. librum Commentarii*, ed. G. Friedlein, Lipsiae 1873, Repr. Hildesheim 1967, p.155 참조.

130) 참고 Augustinus, *De civ. Dei* VIII 4과 XI 25. 또한 이에 참고로 E.

그러나 오늘날 우리의 학문적 태도는 그러한 세 가지 측면이 뚜렷하게 부각되기보다는 오히려 감추어지고 복잡다단한 형태로 바뀌었다. 그래서 우리에게 가장 먼저 관찰되는 현상으로서는 "신이 현대의 학문 안에서 일반적으로 — 혹은 보편적으로 — 더 이상 의미심장한 역할을 수행하지 못한다"고 못박아버리는 것이요, 나아가 설령 신론(神論)이 다루어진다 하더라도, "부록화된 의미로서 첨부된 별개의 형태"를 띠기에, 우리가 이른바 "종교-철학"하고 말하듯이 '신'은 오늘날 우리에게 "예외적 관찰대상"으로 전락하였고, 그로써 "존재론, 인식론, 그리고 윤리학"으로부터 소외된 채 다루어지고 있다는 것이다.[131] 이 같은 현상은 분명 시대적 반영이다. '초월성' 혹은 "피안의 세계"에 대한 관심이 어느덧 "실존적 관점"에서 의미 없는(?) 가설로 쫓겨난 오늘날의 상황에서 인간의 역사는 더 이상 결론다운 결론에 이르지 못할 것이요, 이에 관하여 어쩌면 후기의 하이데거가 묘한 여운을 남긴 채 우리에게 경고하였는지도 모른다. "오로지 신만이 아직 우리를 구원할 수 있을지 모른다."[132]

만일 우리가 천우신조(天佑神助) 혹은 "하늘은 스스로 돕는 자를 돕는다"고 기꺼이 되뇌이듯, 신이 결코 인간의 적(敵)이 아니요, 적수가 될 수 없다면, 한 가지 질문을 던지며 마무리하고 싶다. 이 세상에서 신적 존재라고 칭하여 온 "첫 번째이자 최고의 원인"[133]이 단

Schadel의 *Kants "Tantalischer Schmertz"*〔= 주 7번〕에 소개된 단원 "Zur Überlieferungsgeschichte der Wissenschafts-Triade: Physik-Logik-Ethik (*Ibid.*, pp. 390~398)" 참조.

131) Walther Ch. Zimmerli, "Philosophie in einer gottverlassenen Welt." In: *Bamberger Hegelwoche* 1990, *Bamberg* 1991, pp. 85~93, 여기 인용문은 p. 86 이하에서 발췌.

132) M. Heidegger, "'Spiegel' Gespräch mit M. Heidegger am 23 September 1966." In: *Der Spiegel* 23 (31. Mai 1976), pp. 193~219. "Nur noch ein Gott kann uns nur retten."

순히 부차적이거나 덧없이 추가된 혹은 사고의 가설로서 우리 생각의 끝자락에 내버려두어야 옳을지? 아니면 "우리의 생각을 위한 가장 생각할 만한 무엇"134)으로서 더 이상 '존재론', '인식론', 그리고 '윤리학'의 바깥 변두리(가장자리)에서가 아니라, 오히려 "학문을 위한 근본적 원칙에 깊이 내면적으로 관여하는 그 결속성"을 의식하며 다루어지는 것이 옳을지?

4) **제의: 포스트모더니즘과의 대화**135)

(1) 대화 제의

이 번역서는 니콜라우스가 모든 존재 및 인식의 근간(根幹)으로 모색한 "다른 것이 아닌 것"(개념)을 음미함으로써 오늘날 진리의 하나됨에 대한 회의적(懷疑的) 입장을 재고하기를 제의한다. 특히 포스트모더니즘의 조류를 타고 '다양성', '상이성', '차연'(差延) 등 '다름'(*alteritas*)이 저마다의 존재를 파악하는 기초이자 나아가 전부라고 규

---

133) Aristoteles, *Metaphysica* XI 7 〔1064b. 37f.〕.

134) M. Heidegger, *Identität und Differenz*, Pfullingen 1957, p. 52; 이와 관련하여 역시 H. Beck, *Anthropologischer Zugang zum Glauben*. Eine rationale Meditation, Salzburg-München ^{2}1982; E. Schadel, "Anthropologischer Zugang zum Glauben. Implikationen der Beck'schen Religionsphilosophie als konstruktive Kritik neuzeitlichen Wissenschaftsverständnisses in trinitätsmetaphysischer Perspektive." In: *Freiburger Zeitschrift für Philosophie und Theologie* 36(1989), pp. 129~158 참조.

135) 이 글은 일찌감치 아래와 같이 소개하였던 역자의 졸고를 일부 교정하여 실었다. "存在 및 認識의 源泉으로서 '다르지 않음(*Non-aliud*)' 동일성과 차이에 대한 존재론적 고찰," 《대동철학》 제 13집, pp. 41~70.

정하려는 움직임에 반하여 그와 근본적으로 구별되는 개념으로서 "다른 것이 아닌 것"을 생각할 때, 그것이 과연 포스트모더니즘의 입장에서처럼 최우선적 원칙(?)으로서의 '다름'(*différence*; *différance*)에 부수적(附隨的)이거나 혹은 대립적(對立的)인 어떤 것에 지나지 않을지 아니면 오히려 '다름'에 앞서(*ante*) 필연적으로 전제되고, 그로 인해 비로소 '다름'이 결정되는 것이 아닐지 생각해보자는 것이다.

그러나 이 제의가 복고주의적 태도를 지향하는 것은 아니다. 과거 획일성에 의해 퇴색해버리거나 무시될 수 있는 '다양성'의 의미와 가치를 진지하게 재고하도록 돌려세웠다는 점에서 포스트모더니즘의 발상은 유익하다고 본다. 그러나 포스트모더니즘의 '다름'에 관한 지나친 역설(力說)은 점차 팽배하는 오늘날의 '상대주의적' 진리관에 따른 자기모순을 반드시 풀어야만 한다. 이를 과제로 받아들인다면, 전통이란 명목 아래 근대가 살펴본 '하나됨'(*unitas*)에 분명 "획일적 측면"이 비판의 대상이 될 만하다고 여기더라도, 다른 한편 고전적 의미의 '하나됨'이 과연 '다양성' 없이 '전일성'(全一性)을 지지할 수 있었을까 하고 한번쯤 되묻는 일이 도로(徒勞)는 아닐 것 같다. 이러한 제의는 좀더 진취적 대화를 위하여 '하나됨' 곁에서 '다양성'이란 기껏 빛 좋은 개살구에 지나지 않을지 그래서 '다양성'은 여전히 '하나됨'과는 결코 뒤섞일 수 없는 이질적(異質的)인 어떤 것인지 생각해보기를 권하는 것이다.

(2) 포스트모더니즘의 특징

지난 세기 말 런던대학의 새럽 교수는 포스트모더니즘에 대한 몇 가지 특징들을 우리에게 소개한 바 있다. 포스트모더니즘은 종래의 '주체성'이란 개념이 "강요된 통일성"으로 우리를 몰아세우는 까닭에, 그런 "인간 주체〔개념〕에 대하여 비판적이며", "어떤 법칙성" 안에서 진보하는 "역사관(혹은 역사주의)을 비판하며", 언어연구를 통해 규범적으로 제시된 "의미체계를 비판하며", 끝으로 그들은 사변적인 것을 싫어하고 실천적인 것에 관심을 가짐으로써 인과율, 동일성 개념 등 형이상학적 "〔전통〕철학에 대하여 비판한다."[136] 여기서 특기할 만한 사항은 포스트모더니즘이 "인간 주체성" 개념을 "철학의 사생아"라고 비난하는 그 근거를 저 근대 데카르트의 '주체성'으로부터, 곧 사물(*res extensa*)과 화합할 수 없는 사유하는 존재(*res cogitans*)라는 이원론적 관점으로부터 모색하였다는 분석결과이다. 과연 근대의 "코페르니쿠스적 전향"이란 구호 아래 "사유존재로서 인간의 자기중심적 태도"는 사유대상 일체를 '타자화'하는 데 기여했고, 나아가 "공작인으로서의 인간(*homo faber*)"에게 그저 내맡겨진 전유물처럼 여기도록 부추겼다.

그러므로 포스트모더니즘의 비판은 일면 타당성을 갖는다. 그렇듯 잘못된 인간중심성에서 벗어나 "객관적 사태와 주관적 의식(意識) 사이의 근본적 대립을 극복해야 한다"는 점에서 더 이상 인위적 '구성'(*construction*)이 아니라 오히려 '해체'(*de-construction*; *desolution*)가 바람직하다는 입장에 동의할 수 있겠기 때문이다. 그와 같은 입장은 포스트모더니즘에 영향을 주었던 레비-스트로스가 한편으로는 '원시적' 자연으로 되돌아가는 일에 관심을 갖고, 다른 한편 '무의식'(無意識) 탐구에 열정적이었던 사실과 관련을 맺는다.[137] 그리하여 그것은 "마

136) Madan Sarup, 임헌규 역, 《데리다와 푸꼬 그리고 포스트모더니즘 — 입문적 안내》(인간사랑, 1992); 참고 신승환, 《포스트모더니즘에 대한 성찰》 살림지식총서 27(살림, 2003).

137) 참고 Claude Lévi-Strauss, *The Savage Mind*, Chicago 〔Chicago Univ. Press〕 ^{2}1966, p. 247; 전경갑, 《현대와 탈현대의 사회사상》 오늘의 사상신서 158(한길사, 1993), p. 54. "… 결국 인간의 무의식 수준에서 작용하는 논리적 구조를 밝히고자 하는 구조주의는 인식가능성의 초점을 주체로부터 구조(構造)로 이행시키고, … 레비-스트로스는 인간과학의 목

치 판옵티콘(*Pan-opticon*) 안에 감시당하는 죄수처럼", 과거 전체주의 혹은 부르주아 계급에 의한 이데올로기적 논리(제도, 효율성, 능률, 합리성, 보편적 의미)에 철저히 통제되었던 삶에서 마침내 해방[138] 되어야 한다고 외친 푸코의 사회적 관심에 기초가 된다. 또한 그것은 보다 본격적으로 "형이상학에 대한 불신"과 전통적 진리관 및 그 의미를 전복시키는 데에 앞장선 데리다의 경종, 한마디로 "현존(*presence*)의 부재(不在)"로 인해 진리는 지연(遲延)된다는 경종으로 이어졌고, 이를 통해 우리는 그동안의 타성적 태도에 대해 반성할 수 있는 계기를 얻었다고 할 수 있겠다.[139]

적은 인간을 구성시키는 데 있지 않고, 인간을 해체(解體)시키는 데 있다고 하였다"; Claude Lévi-Strauss, *Myth and Meaning*, Toronto 〔Toronto Univ. Press〕 1978 (=임옥희 역, 《신화와 의미》 생각하는 글들 9(이끌리오, 2000) 〔총 153쪽〕) 참조.

138) 참고 Michel Foucault, *Discipline and Punish*, transl. by A. Sheridan, New York 1979, p. 199ff. ; 전경갑, 앞의 책, p. 199 참조. "푸코에 의하면, 원형감옥제도(*Panopticon*)는 현실적으로 그렇게 널리 유행하지 못했지만, 전면적 통제와 감시를 가능하게 하는 (벤담의) 발상자체는… 현대 사회의 모든 영역에 일반화될 수 있는 권력 메카니즘의 이념형으로 볼 수 있다는 것이다."

139) 참고 Jacques Derrida, "Deconstruction and the Other." in: Richard Kearney, *Dialogues with Contemporary Continental Thinkers*, New York 1984; R. Kearney, *Modern Movements in European Philosophy*, Manchester Univ. Press 1986 〔=임헌규 외 역, 《현대유럽철학》(한울, ²1998)〕 pp. 168~169 참조. "주체는 메타언어적 실체 또는 동일성, 즉 자기현전의 어떤 순수 사유하는 자아가 아니다. 그것은 항상 언어에 각인되어 있고, 그리고 바로 이러한 각인이 자유의 형식을 구성한다.… 왜냐하면 단일한 하나의 동일성 또는 본질에 얽매여 있는 것이 아니라, 언어에서, 그리고 차연으로 살고 있다는 것이 주관을 드러낸다.… 텍스트를 해체한다는 것은 주관이 어떻게 욕망으로, 즉 무한히 연기된 현전(現前)과 실행에 대한 탐구로서 기능(機能)하는지를 드러내는 것이다. 우리는 언어에 대한 욕망에, 즉 자신에게 있지 않으면서 자신과 다른 어떤 것에

그러나 그들이 애초에 다양성의 근거로서, 그리고 인간중심적 논리에 대해 불신의 실마리로 삼았던 근대의 "이원론적 사상", 곧 "정신과 사물의 분립(*separatio*)"에 대한 이중적 태도(수용과 비판)가 어느새 "그 모든 사상들"에 대한 비난과 거부(拒否)로 이어지는 사실에 대해서 주목해야 할 것이다. 다시 말해 근대의 서로 하나될 수 없는 양분된 세계관(정신과 사물)으로부터 한편 '다수'의 논리가 수용되고 동시에 다른 한편 인간중심적 논리가 모두 그로부터 비판의 대상이 되었다. 그들의 비판은 단지 근대 이후 전개된 논리만을 대상으로 삼지 않고, 그 이전에 도대체 사유의 터전을 제공한 모든 사상에 대한 '전면적'(全面的) 불신(不信)으로 이어졌다. 그렇듯 제 뿌리까지 잘라버려야 하는 고립무원의 결단(?)으로 포스트모더니즘은 새로운 어려움을 피할 수 없다. 그것은 단적으로 자기모순적 토대를 해소시켜야 함에도 해소시킬 수 없는 숙명을 가리킨다.[140)]

아무튼 그렇게까지 근절(根絶)시켜야 하는 양보할 수 없는 근거를 포스트모더니즘은 현사실적 경험(*de facto*)의 '다양성', 곧 '차이'(差異)라고 주저 없이 말하며, 그로써 한결같이 '복수주의'(複數主義)를

대한 갈망에 자신을 열어놓지 않고서는 해독할 수 없다. … 모든 해독에는 독자와 텍스트가 살과 살을 서로 맞대고 있으며, 또한 독자의 욕망을 텍스트의 욕망으로 구체화시킨다."; 이와 함께 이광래, "데리다의 反철학으로서의 철학," 서양철학사연구회 편, 《反철학으로서의 철학》(지성의 샘, 1995), pp. 63~81 참조; 또한 자크 데리다, 김보현 편역, 《해체》(문예, 1996), p. 123. "〔데리다에 의하면〕 현전자(*étant-present*, *Seiendes-Praesens*)는 결코 동일하게 현전(現前)되지 못한다. … 차연(*différance*)은 현존 자체를 현재로나, 그리고 그 누구에게도 드러낸 적이 없다."

140) 포스트모더니즘의 '다수원리'를 위한 "이론적 토대"와 관련하여서 우리는 '하나'와 '다수'를 놓고 생각했던 플라톤의 실험적 사고(*Parmenides* 137c~160b)를 떠올리는 것이 유익할 것이다. 이에 중복적 언급을 피하기 위해서 이 책의 번역문 각주 15번(43~45쪽)을 참조하도록 권하고 여기서는 생략한다.

표방한다. "포스트모더니즘의 근본입장은 우리가 철저히 서로 다른 경험형태와 학문적 관점 및 전개하고자 하는 의도의 점차 증가하는 다양성에 직면하고 있다는 데서 특징짓는다. 우리는 이러한 '다양성' 내지 '복수주의'의 원칙을 지나쳐서는 안 되며, 나아가 그 권리를 포기해서도 안 된다."[141] 그들은 그렇듯 '복수주의'가 이제 세계를 이해하는 데 있어서 근본원리라고 말하고, 그로써 세계를 더 이상 "그 어떤 하나됨(동일성)에만 집착하는 사유(*Vernunft*)의 틀"에 몰아세워서는 안 된다고 강조한다. 왜냐하면 그들에 따르면 그것은 이성을 수단으로 획일화시키는 "강요 내지 폭력"[142]이기 때문이다.

---

141) Wolfgang Welsch, *Postmoderne-Pluralität als ethischer und politischer Welt*, Köln 1988, p. 23; 이와 함께 참고로 Hans Günther Zemplin, "Grußwort." In: W. Welsch(Hg.), *op. cit.*, pp. 11~16. 역자는 현재 독일에서 활동하고 있는 벨쉬 교수의 포스트모더니즘에 의한 태도에 대하여 플로티노스의 '하나'(*Hen*) 사상〔삼위일체론〕을 통해 비판하고, '다양성'의 참된 의미를 밝히고자 시도한 적이 있기에, 여기서는 간단히 요지만을 밝힐 것이다. 이에 참고로 Kyu-Hong Cho, "Die postmoderne Vielheits-These in ontotriadischer Perspektive." In: E. Kim, E. Schadel und U. Voigt(Hgg.), *Aktive Gelassenheit*. Festschrift für Heinrich Beck zum 70. Geburtstag Frankf./M.-Berlin-Bern-New York-Wien 1999〔Sonderdruck〕, pp. 249~261.

142) W. Welsch, *op. cit.*〔주 141번〕, p. 38. 그는 앞의 책에서 "일원론적 원칙"이란 일종의 강제적 '훈령'(*Dekret*), '환상'(*Vision*), 나아가 "강요 혹은 테러"(*Zwang oder Terror*)라 정의하는데, 그 이유는 뒤에 다른 책에서 "다양성을 무시한 일원론이란 '일치'(내지 '하나됨')가 아니라, 획일적"이라는 데 있다고 밝힌다(W. Welsch, *Vernunft*. Zeitgenössische Vernunftkritik und das Konzept der transversalen Vernunft, Frankf./M. 1995, p. 913. "denn Einheit ohne Verschiedenheit wäre nicht Einheit, sondern Einerlei"〔왜냐하면 다양성을 배제한 일치란 일치가 아니라 획일성이다〕).

(3) '언어'(개념)에 대한 포스트모더니즘의 입장과 관련하여

포스트모더니즘에게 "사유 혹은 이성"이 신뢰할 만한 것이 못되는 만큼, 언어(개념)를 통한 진리인식(眞理認識) 역시 불명료한 것으로 남아 있다.

언어(개념)에 대한 포스트모더니즘의 입장은 그들의 '언어분석'을 통해서 보여주듯이 "유명론적 사고방식"143)에 젖어 있다. 그래서 데리다의 경우 '개념'은 이중적(二重的)이다. 곧 "낱말이란 부정확하기 때문에 실체를 덮어 가리지만, 동시에 그럼에도 필요하기 때문에 판독할 수 있도록 내버려둔다"는 것이다. 우리는 이와 유사한 태도를 니콜라우스에게서도 발견할 것이다. 예컨대 그의 부정신학적 측면이 그러하다. 하지만 니콜라우스는 "다른 것이 아닌 것"이란 인식원리를 통하여 언어의 이중성이 긍정적으로 전회(轉回)한다. 그러나 데리다의 '언어'에 대한 태도에는 부정성이 강하게 앞세워진다. 왜냐하면 그에게서 "실체의 현전성(現前性)이 부재(不在)하는 언어"란 도대체 "일의적(一義的)이지도 않으며, 나아가 역설적(逆說的)이기까지" 하기 때문이

143) W. Welsch, *Unsere postmoderne Moderne*, Weinheim [2]1988, p. 319. "〔실체의 내용과 무관한 것으로서 개념을 이해하는〕 유명론자들의 사고방식에 (포스트모더니즘은) 의무적이기까지 하다." 여기서 간단히 오컴(William Ockham, 1285~1349)의 입장을 회고한다면, 그는 "단순한 존재(*simpliciter esse*)로서의 신"을 고려하여 인간(영혼)에 의해 만들어진 "형이상학적 요소, 보편개념"(참고 그의 *Sententiae* I, d. 2, q. 7G)과 구별하고자 했는데, 후자는 인간이 어떤 실체를 특징짓고 확정한 기호(*signum*)요, 의도(*intentio*)라고 보았다. 다시 말해 일종의 허구(*quoddam fictum*)요, 인간이 편의로 만든 것(*tantum ex institutione*)이라고 정의하였다(참고 *Ibid.*, q. 8E). 그리하여 모든 〔보편〕개념은 '이름'(*nomen*)에 불과하다는 것이다. "Non plus quam vox est sui significati〔그가 의미한 바에 목소리 외에 덧붙여진 것이 하나도 없다〕"(*Ibid.*, q. 7T); "Nulla igitur secunda substantia est substantia〔그러므로 두 번째 실체는 실체가 아니다〕"(*Summa logicae* I c. 42).

다. 그래서 그는 단적으로 "언어는 그 자체가 차이성의 산물인 기표에 의해서 무한히 연기(延期) 된다"고 함으로써 진리인식과 관련하여 납득하기 어려운 여운을 남기고 있다. 예컨대 되돌려 묻는다면, 정작 우리는 그가 "무엇을 말하고자 하는지 혹은 무엇에 대해서 글을 쓰고 있는지" 그 의미에 대한 파악을 무한히 보류시켜도 좋다는 말일까?

'언어'(개념) 가 실상 '사물'(실체) 과 '다르다'는 점을 부인할 수 없다. 그와 마찬가지로 〔언어를 구사하는 혹은 언어를 통해 재현하는〕 '정신'과 '사물'이 서로 '다르다'는 점을 부인할 수 없다. 그럼에도 여기에 그저 '다름'만이 존재할까? 만일 '다름'만이 존재한다면, 우리의 모든 언어적 시도, 아주 사소한 '외침'으로부터 학문적 탐구 및 진지한 논의(論議) 들은 사실상 그저 헛된 행위로 마감되어야 한다는 뜻일까? 왜냐하면 데리다에 따르자면, 그때마다의 '말'이란 (심지어 '글'조차) 그것을 표현하는 자의 '의도'를 일의적으로 파악할 수 있게 하는 '단서'가 아니기 때문이다. 오로지 그 둘 — 작가와 글, 작가와 독자 나아가 사물과 정신 — 사이에 '다름'만이 있을 뿐이라고 간주하기에 말이다.

(4) '진리'에 대한 포스트모더니즘의 입장과 관련하여

포스트모더니즘에는 "〔이성을 통해〕 인식할 수 있는 진리가 없다"고 평가한다면, 일방적으로 곡해(曲解) 된 독설(毒舌) 이라고 그들은 반박할지도 모른다. 과연 그들에게 "인식할 수 있는 진리가 없다면", 주장하거나 제의할 것 또한 하나도 남아 있지 않을 것이다. 반대로 그들이 "우리에게 무언가 전하려는 바"가 있다면, 분명 그들의 '말' 혹은 '글'에 대해서 우리가 그들의 '의도'를 어느 만큼 파악하기 때문일 것이다. 혹시 우리의 파악이 때로 "빗나간 오해"일 수도 있겠지만, 더욱 중요한 사실은 그들이 그렇듯 빗나간 오해와 "바른 이해"를 이미 구별하고 내심 염려하면서, 이미 의도한 바가 "제대로 이해되기를"

고려하여 "말하거나 글을 쓴다면", 언어(개념)는 정녕 "전달하고자 하는 실체(내용)"와 그저 "다르지만은 않을 것이다." 바로 그런 점에서 "다른 것이 아닌 것" 개념이 우리의 현실에 더욱 자연스럽고도 타당한 근거를 마련해 줄 만하다고 볼 수 있지 않을까?

따라서 여기 "다른 것이 아닌 것"개념을 통해서 제안하는 바는 "다양성을 함축하는 하나됨"에 대한 진지한 재고이다. 포스트모더니즘이 비판하는 저 '하나됨'(동일성)의 원리가 실상 근대 이후 양자택일적(兩者擇一的) 관점에서 자행된 "인간중심의 논리"에서 비롯한 것이라면 동의할 만하지만, 그 같은 비판이 고전적(古典的) 관점에서 '다양성'을 함께 논의한 '하나됨'의 논리에도 유효하게 적용시킬 만큼 세련된 잣대라고 볼 수 있는지 돌이켜 보아야 할 것이다. 고전적 관점에서 "하나(됨)의 원리"는 분명 이원론적으로 분립된 세계관 아래 다져진 것이 아니다. 니콜라우스의 "대립하는 것들의 합일" 개념이 단적으로 그런 입장을 대변할 수 있다. 더욱이 '다수'에 상대적 의미로서가 아니라, 오히려 그러한 다수성의 논리를 근거짓는 필연적 전제(前提)로서 "다른 것이 아닌 것"이란 의미의 '하나됨'이라면, '획일성'이라는 명목으로 간단히 폐기해버리고 마는 성급함은 삼가야 하지 않을까?

▪ 일차문헌

Cusanus, Nicolaus, "De non-aliud," in: Leo Gabriel(Hg.), *Philosophisch-theologische Schriften* Bd. II, Studien und Jubiläumsausgabe Lateinisch-Deutsch, übers. u. komment. v. Dietlind/ Wilhelm Durpré, Wien〔1966〕 Nachdr. 1989.

______, "De venatione sapientiae," "De docta ignorantia〔I~III권〕," "De Deo abscondito," "Apologia doctae ignorantiae," in: *Ibid.*, Bd. I 〔1964〕.

______, "De coniecturis," "De Principio," "Trialogus de possest," "De apice theoriae," "Dialogus de Genesi," "De quaerendo Deum," "De filiatione Dei," "De dato patris luminum," in: *Ibid.*, Bd. II 〔1966〕.

______, "De beryllo," "De visione Dei," "De ludo globi," "De aequalitate," "Idiota de sapientia," "Idiota de mente," "Idiota de staticis experimentis," "Complementum theologicum," "De pace fidei," "Cribratio Alchorani," in: *Ibid.*, Bd. III〔1967〕.

______, *Compendium 10*, ed. B. Decker/K. Bornmann, Hamburg 1982.

▪ 이차문헌

1) Nicolaus Cusanus에 관한 연구서 및 연구논문

Beierwaltes, Werner, "Deus oppositio oppositorum. Nicolaus Cusanus, De visione Dei XIII," in: *Salzburger Jahrbuch für Philosophie* 8(1964), pp. 175~185.

Biechler, J. E., "Nicholas of Cusa and the End of the Conciliar

Movement: A. Humanist Crisis of Identity," in: *Church History* 44(1957), pp. 5~21.

de Gandillac, Maurice, *Nicolaus von Cues.* Studien zu seiner Philosophie und philosophischen Weltanschauung, Düsseldorf 1953.

Flasch, Kurt, *Die Metaphysik des Einen nach Nikolaus von Kues.* Problemgeschichtliche Stellung und systematische Bedeutung, Leiden 1973.

______, *Nikolaus von Kues*, Geschichte einer Entwicklung. Vorlesung zur Einführung in seine Philosophie, Frank./M. 1998.

______, *Nicolaus Cusanus* [Beck'sche Reihe; 562: Denker], München 2001.

Fuehrer, M. L., "Wisdom and Eloquence in Nicholas of Cusa's Idiota de sapientia and de mente," in: *Vivarium* 16(1978), pp. 142~155.

______, "The Consolation of Contemplation in Cusanus, De visione Dei," in: *Medioevo* 20(1994), pp. 205~231.

Haubst, Rudolf, *Das Bild des Einen und Dreieinen Gottes in der Welt nach Nikolaus von Kues*, Trier 1952.

______, "Das Bild des Einen und Dreieinen Gottes in der Welt nach Nikolaus von Kues," in: *Trierer theologische Studien* Bd. 4, Trier 1952.

______, *Streitzüge in der cusanischen Theologie*, Münster 1991.

Hirschberger, Johannes, *Geschichte der Philosophie: Altertum und Mittelalter*, Basel-Freiburg-Wien ^{8}1965.

Hopkins, Jasper, *A Concise Introduction to the Philosophy of Nicholas of Cusa*, Minneapolis ^{3}1986.

______, *Nicholas of Cusa on God as Not-other*, Minneapolis Minnesota (The Arthur J. Banning Press) ^{3}1987 [from Codex Latinus Monacensis 24848, folios 1^{v}~54^{r}].

______, *Nicholas of Cusa's Dialectical Mysticism*, Minneapolis ^{2}1988.

______, *Nicholas of Cusa on Wisdom and Knowledge*, Minneapolis 1996.

Itzbicki, Th. M., *Nicolas of Cusa.* In Search of God and Wisdom,

Leiden 1991.
Jacobi, K., *Die Methode der cusanischen Philosophie*, München-Freiburg 1969.
Jaspers, Karl, *Nikolaus Cusanus*, München 1964.
Klibansky, R., "Nicolas of Cues," in: R. Klibansky(Ed.), *Philosophy in the Mid-Century*, A Survey, Florenz(1959), pp. 88~94.
Maier-Oeser, Stephan, *Die Präsenz des Vergessenen.* Zur Rezeption der Philosophie des Nicolaus Cusanus vom 15. bis zum 18 Jahrhundert, Münster 1989.
Rice, E. F., "Nicholas of Cusa's Idea of Wisdom," in: *Traditio* 13 (1957), pp. 345~368.
Ritter, J., *Docta ignorantia, die Theorie des Nichtwissens bei Nicolaus Cusanus*, Leipzig 1927.
Schaber, Johannes, "Nikolaus von Kues," in: *Biographisch-Bibliographisches Kirchenlexikon*, Begründet und herausgegeben von F. W. Bautz, Fortgeführt von Traugott Bautz, Band VI, Herzberg 1993.
Schadel, Erwin, "Gott als Zusammenfall der Gegensätze? Historische und systematische Erläuterungen zu Nikolaus von Kues," in: E. Schadel, U. Voigt, E. Kim(Hgg.), *Aktive Gelassenheit* (Schriften zur Triadik und Ontodynamik Bd. 17), Frankf./M.-Berlin-Bern-New York-Paris-Wien 1999, pp. 127~150.
Senger, Hans Gerhard, "Nikolaus von Kues," in: *Die deutsche Literatur des Mittelalters Verfasserlexikon*, Band 6, Begründet von Wolfgang Stammler, Zweite, völlig neu beartbeitete Auflage, hrsg. v. Kurt Ruth, Berlin-New York 1987.
Stallmach, Josef, "Zusammenfall der Gegensätze. Das Prinzip der Dialektik bei Nikolaus von Kues," in: *Mitteilungen und Forschungsbeträge der Cusanus-Gesellschaft* 1(1961), pp. 52~75.
______, "Das Absolute und die Dialektik bei Cusanus im Vergleich zu Hegel," in: *Nicolò Cusano agli inizi del mondo moderno.* Atti del Congresso internazionale in occasione del V centenario della morte de Nicolò Cusano, Bressanone, 6~11 sett 1964,

Firenze 1970, pp. 240~255.

______, *Ineinsfall der Gegensätze und Weisheit des Nichtwissens*. Grundzüge der Philosophie des Nikolaus von Kues, Münster 1989.

Sullivan, D. D., "Apocalypse tamed: Cusanus and the Traditions of Late Medieval Prophecy," in: *Journal of Medieval History* 9 (1983), pp. 227~236.

Vansteenberghe, E., *Le Cardinal Nicolas de Cues*, Paris 1920.

Volkmann-Schluck, K.-H., *Nicolaus Cusanus*, Die Philosophie in Übergang vom Mittelalter zur Neuzeit, Frank./M. 〔1957〕 ^{2}1968.

Watts, P. Moffitt, *Nicolaus Cusanus*. A Fifteenth-Century Vision of Man, Leiden 1982.

Wilpert, Paul, *Vom Nichtanderen* (*De non aliud*), in: Ernst Hoffmann (Hg.), Schriften des Nikolaus von Cues 〔Im Auftrage der Heidelberger Akademie der Wissenschaften Heft 12〕 übers. u. mit Einführung u. Anmerkungen v. P. Wilpert (Der philosoph. Bibl. Bd. 232), Hamburg 1952.

______, "Das Problem der 'coincidentia oppositorum' in der Philosophie des Nikolaus von Cues," in: Josef Koch (Hg.), *Humanismus, Mystik und Kunst in der Welt des Mittelalters*, Leiden-Köln 1953, pp. 39~55.

Wisser, Richard, "Von der Unumgänglichkeit des Nicht-Anderen für alle Arten des Anderen," in: *Perspektiven der Philosophie* 17 (1991), pp. 199~233.

Wyller, Egil A., "Zum Begriff Non-aliud bei Cusanus," in: *Nicolò Cusano agli inizi de mondo moderno*, Firenze 1970, pp. 419~443.

권기철, "니콜라우스 쿠사누스의 철학과 신론," 《이성과 신앙》 제 21호 (수원가톨릭대학출판부, 2001. 4), pp. 217~253.

정달용, "니콜라우스 쿠사누스의 '神-論' (*De docta ignorantia* 제 1권과 *De non-aliud*를 중심으로)," 《중세철학》 제 7호 (분도출판사, 2001), pp. 3~31.

조규홍, "존재 및 인식의 원천으로서의 '다르지 않음'(*Non-aliud*)," 《대동철학》 제 13집(대동철학회, 2001. 6), pp. 41~70.

2) 삼위일체 '존재원천'에 관한 참고문헌

Beck, Heinrich, "Analogia Trinitatis-ein Schlüssel zu Strukturproblemen der heutigen Welt," in: *Salzburger Jahrbuch für Philosophie* 25(1980), pp. 87~99.

______, "Triadische Götter-Ordnungen: klassischer-antiker Ansatz," in: *Theologie und Philosophie* 67(1992/H2), pp. 230~245.

Beierwaltes, Werner, "Deus est esse-esse est Deus. Die ontotheologische Grundfrage als aristotelisch-neuplatonische Denkstruktur," in: *Platonismus und Idenalismus*, Frankf./M. 1972, pp. 5~82.

______, *Proklos*. Grundzüge seiner Metaphysik, Frankf./M. 1979.

______, "All-Einheit und Einung. Zu Plotins 'Mystik' und deren Voraussetzungen," in: Dieter Heinrich, *All-Einheit. Wege eines Gedankens in Ost und West*, Stuttgart 1985, pp. 53~72.

Châtillon, Jean, "Unitas, aequalitas, concordia vel connexio. Recherches sur les origines de la théorie thomiste des appropriations(S. th. I qu. 33, art. 7~8)," in: *St. Thomas Aquinas, 1274~1974. Commemorative studies*. Vol. 1, Toronto 1974, pp. 337~379.

Cho, Kyu-Hong, *Zeit als Abbild der Ewigkeit*(Schriften zur Triadik und Ontodynamik Bd. 16), Frankf./M.-Berlin-Bern-New York-Paris-Wien 1999.

Jeauneau, Edouard, "Mathématiques et Trinité chez Thierry de Chartres," in: Paul Wilpert(Hg.), *Die Metaphysik im Mittelalter*, Berlin 1963, pp. 289~295.

Kremer, Klaus, "Das 'Warum' der Schöpfung: 'quia bonus' vel/et 'quia voluit?' Ein Beitrag zum Verhältnis von Neuplatonismus und Christentum an Hand des Prinzips 'bonum est diffusivum sui'," in: Kurt Flasch(Hg.), *Parusia*. Festgabe für Johannes Hirschberger, Frankf./M. 1965, pp. 241~264.

Schadel, Erwin, "Anthropologischer Zugang zum Glauben. Implikationen der Beck'schen Religionsphilosophie als konstruktive Kritik neuzeitlichen Wissenschaftsverständnisses in trinitätsmetaphysischer Perspektive," in: *Freiburger Zeitschrift für Philosophie und Theologie* 36(1989), pp. 129~158.

______, "Trinität als Archetyp? Ontologische Anmerkungen zu C. G. Jungs 'Versuch einer psychologischen Deutung des Trinitätsdogmas'," in: *Symbolon N. F. 10*(1991), pp. 105~151.

______, *Musik als Trinitätssymbol* (Schriften zur Triadik und Ontodynamik Bd. 8), Frankf./M.-Berlin-Bern-New York-Paris-Wien 1995.

박승찬, "하느님 명칭의 올바른 사용," 《신학과 사상》(32/여름) (가톨릭대학, 2000), pp. 27~54.

3) 그 밖의 참고문헌

Beierwaltes, Werner, "Die Metaphysik des Lichts in der Philosophie Plotins," in: *Zeitschrift für philosophische Forschung* 15(1961), pp. 334~362.

Berlinger, Rudolph, "Der Name Sein. Prolegomena zu Augustins Exodus-Metaphysik," in: Berlinger, *Vermischte Schriften* Bd. 1, Amsterdam 1975, pp. 125~142.

Dionysius, *S. Dionysii areopagitae opera omina quae extant* [commentarii quibus illustrantur a Balthasaris Corderii], accurante et denuo reognoscente a J.-P. Migne, Patrologiae Graecae Tomus 3, Belgium 1968.

Louth, Andrew, *The Origins of the Christian Mystical Tradition*. From Plato to Denys, Oxford 1981: 배성옥 옮김, 《서양 신비사상의 기원-플라톤에서 디오니시우스까지》(분도출판사, 2001).

Mahnke, Dietrich, *Unendliche Sphäre und Allmittelpunkt*. Beiträge zur Genealogie der mathematischen Mystik, Halle/Saake 1937 [Repr. Stuttgart-Bad Cannstatt 1966].

Nishitani, Keiji, *Was ist Religion?* Übers. v. Dora Fischer-Barnicol, Frankf./M. ^{2}1986 〔정병조 옮김, 《종교란 무엇인가?-종교와 절대무》 불교와 기독교의 대화총서 1권(대원정사, 1998)〕.

Reale, G., *Zu einer neuen interpretation Platons.* Eine Auslegung der Metaphysik der großen Dialoge im Lichte der "ungeschriebenen Lehre," Paderbon-München-Wien-Zürich 1993.

Schadel, Erwin, Kants *'Tantalischer Schmertz.'* Versuch einer konstruktiven Kritizismus-Kritik in ontotriadischer Perspektive (Schriften zur Triadik und Ontodynamik Bd 13), Frankf./M.-Berlin-Bern-New York-Paris, Wien 1998.

Siewerth, Gustav, *Andrés Philosophie des Lebendigen*, Salzburg 1959.

von Löwenich, Walter, 진철승 역, "하늘에 계시는 신," 《현대의 神》(범우, ^{2}1988), pp. 62~76 〔=Nobert Kutschki(Hg.), *Gott heute.* Fünfzehn Beiträge zur Gottesfrage, München ^{2}1967〕.

Wandelfels, Hans, 김승철 역, 《불교의 공과 하느님》(대원정사, 1993) 〔=*Absolutes Nichts.* Zur Grundlegung des Dialogs zwischen Buddhismus und Christentum, Freiburg i. Br., 1976〕.

소광희, 《시간의 철학적 성찰》(문예, 2001).

조규홍, 《시간과 영원 사이의 인간존재》(성바오로, 2002).

조대호(역해), 《아리스토텔레스의 형이상학 〔주요 본문에 대한 해설번역주석〕》(문예, 2004).

한자경, 《유식무경(唯識無境) — 유식불교에서의 인식과 존재》(예문서원, 2000).

찾아보기

(용 어)

ㄱ ~ ㄴ

ㄷ ~ ㄹ

ㅁ ~ ㅂ

ㅅ ~ ㅇ

ㅋ ~ ㅌ

ㅍ ~ ㅎ

기 타

찾아보기

(인 명)

ㅈ ~ ㅎ

니콜라우스 쿠사누스(Nicolaus Cusanus / Nikolaus von Kues, 1401~1464)
1401년 모젤 강(독일 라인 강 지류) 유역의 쿠스(Kues)에서 태어났으며, 1416년 하이델베르크대학에 입학, 교양과정인 자유학예(*artes liberales*, 문법, 수사학, 논리학; 대수학, 기하학, 음악, 천문학)를 이수하고 2년 뒤 파두아에서 교회법을 공부하여 1423년 교회법 박사학위(*Doctor decretorum*)를 받았다. 잠시(1424년) 로마에 머물다가 독일로 되돌아가 쾰른대학에서 철학과 신학을 배우면서 알트리히의 성 안드레아 성당 부속 학원장을 겸하였다. 1427년 트리어에 있는 성 강골프 본당 산하에서 일하다가 1428년 루뱅(Löwen)대학으로부터 — 1425년 처음 문을 연 이 대학으로부터 니콜라우스는 나중에(1435년) 또 한번 — 교수직을 제안받지만 사양하고, 당시 교구장 오토(Otto von Ziegenheim) 대주교의 비서로 활동했다. 교황 에우제니오의 명을 받고 전체교회의 일치를 위해 콘스탄티노플로 파견될 즈음에(1437년) 사제로 수품되었고, 1450년 주교품을 받고 브릭센 교구를 관할하다가 일생의 대부분을 그래왔듯이 교황특사로서 삶을 마쳤다.

저서로는 《공동체의 친밀성》(*De usu communionis*), 《과반수》(*De maioritate*), 《권위》(*De auctoritate*), 《교회일치》(*De concordantia catholica I~III*), 《전례력 수정》(*De correctio kalendarii*), 《박학한 무지》(*De docta ignorantia I~III*), 《가늠에 관하여》(*De coniecturis*), 《감추어진 하느님》(*De Deo abscondito*), 《하느님을 찾아》(*De quaerendo Deum*), 《하느님의 자녀됨》(*De filiatione Dei*), 《성부께서 베푸신 빛》(*De dato patris luminum*), 《최후의 날들에 대한 추정》(*Coniectura de ultimis diebus*), 《창조》(*De genesi*), 《박학한 무지에 대한 변론》(*Apologia doctae ignorantiae*), 《지혜에 대한 문외한》(*Idiota de sapientia I~II*), 《정신에 대한 문외한》(*Idiota de mente*), 《저울〔통계〕 실험에 대한 문외한》(*Idiota de staticis experimentis*), 《산술적 보충설명》(*De arithmiticis complementis*), 《원의 구적법(求積法)》(*De circuli quadratura*), 《원의 구적법에 관한 대화》(*Dialogus de circuli quadratura*), 《세속국가의 원-구적법》(*De caesarea circuli quadratura*), 《신앙이 주는 평화》(*De pace fidei*), 《신의 알아봄》(*De visioni Dei*), 《신학적 보충》(*Complementum theologicum*), 《수학적 보충설명》(*De mathematicis complementis*), 《수학의 완전성》(*De mathe *matica perfectione*), 《확대경》(*De beryllo*), 《일반적 개혁》(*Reformatio generalis*), 《수학의 황금률》(*Aurea propositio in mathematicis*), 《동등성》(*De aequalitate*), 《원칙론》(*De principio*), 《가능성에 관한 세 사람의 대화》(*Trialogus de possest*), 《코란 탐구》(*Cribratio Alchorani*), 《다른 것이 아닌 것》(*Non-aliud*), 《지혜의 사냥》(*De venatione sapientiae*), 《구(球) 운동》(*De ludo globi I~II*), 《개요》(*Compendium*), 《직관의 절정》(*De apice theoriae*) 등이 있다.

옮긴이 약력

조규홍 (曺圭弘)

광주가톨릭대학 대학원에서 신학석사("Gnosis와 신약성서") 학위를, 독일 뮌헨철학대학에서 철학석사("하이데거의 《존재와 시간》 안에서 '기억과 망각' 개념 연구") 학위와 독일 Otto-Friedrich-Uni. Bamberg에서 철학박사("플로티노스의 Enn. III 7 연구") 학위를 받았으며, 현재 한국교원대학, 배재대학, 한밭대학, 대전가톨릭대학 등에 출강하고 있다.

저서로는 《시간과 영원 사이의 인간존재》, 《플로티노스》 등이 있다.

나남출판 한국학술진흥재단 학술명저번역총서

201 서구 자유주의의 융성과 쇠퇴

앤서니 아블라스터 (Anthony Arblaster) 지음 | 조기제 (진주교대 도덕교육과) 옮김

자유주의는 무엇으로 살아가는가? 자유의 열망? 그렇다. 그러나 이 열망 뒤편엔 "민중에 대한 공포, 민주주의에 대한 공포"도 있다. 자유주의의 빛과 어둠을 균형 있게 서술한 명저이다. 1부에선 자유주의의 개념적 기초를 분석하고, 2부와 3부에선 자유주의 사상의 역사적 전개과정을 추적한다. 자유주의에 대한 가장 포괄적인 서술이면서도 역사적 사건과 인물에 대한 디테일을 놓치지 않고 있다. 충실한 내용에 더해 문학적 향취도 느낄 수 있다.

· 양장본 · 688면 · 35,000원

202 폭력에 대한 성찰

조르주 소렐 (Georges Sorel) 지음 | 이용재 (전북대 사학과) 옮김

'적과 흑의 사상가'로 불리는 조르주 소렐은 제도화된 개량 사회주의에 반기를 들고 프랑스 특유의 노동운동노선인 혁명적 생디칼리슴을 제시한다. 노동자 계급의 혁명성을 총파업 신화 속에서 재구성한 혁명적 생디칼리슴의 성서인 이 책에서 소렐은 좌우를 막론하고 기존체제에 대한 봉기의 사상적 기초를 제공한다. 폭력에 대한 정치적 성찰의 한 전형을 보여준다. 그 어느 때보다 폭력의 문제가 진지한 정치철학적 쟁점으로 떠오른 우리 시대에 반드시 참조해야 할 고전이다. · 양장본 · 448면 · 18,000원

203 다른 것이 아닌 것

니콜라우스 쿠사누스 (Nikolaus von Kues) 지음 | 조규홍 (한국중세철학회) 옮김

중세와 근대 사이에 지성사적 가교를 놓은 니콜라우스 쿠사누스의 대표적 논저이다. 이 책의 주제는 "다른 모든 것들의 존재 및 인식의 출발점이자 … 그들을 지탱해주는 중(심)점이고, 마침내 그들의 마지막 종착점인 다른 것이 아닌 것 (Non-aliud)"이다. 중세의 황혼녘에 서술된 일자와 전체의 관계는 탈근대의 여명기인 오늘날의 핵심 쟁점이기도 하다. 500년 이상의 시간을 뛰어넘어 근대의 시작과 끝에 모두 개입한 보기 드문 명저로서, 서양 형이상학적 사유의 보고이다. · 양장본 · 384면 · 20,000원

204 세계시민주의와 민족국가

프리드리히 마이네케 (Friedrich Meinecke) 지음 | 이상신 (고려대 명예교수) · 최호근(고려대 역사연구소) 옮김

랑케, 드로이젠과 함께 독일 역사주의 거장으로 꼽히는 마이네케는 강렬한 민족주의 시대에도 세계시민주의의 의의를 놓치지 않았던 사상가였다. 이 책에서 그는 국가를 통한 민족 발전이 개인적 자유의 발전과 대립하지 않는다는 전제에서 출발하여, 독일의 국가형성과정을 문화국가에서 민족국가로 나아가는 과정으로 분석한다. 그리고 이 과정은 계몽시대의 세계시민주의적 문화의식에서 민족국가 의식으로 나아가는 과정으로 해석된다. 세계시민주의와 국민국가의 관계가 다시 쟁점이 되는 오늘날의 필독서이다.

205 고골 서신집

니콜라이 고골 (Nikolai Vasilievich Gogol) 지음 | 석영중 (고려대 노어노문학과) 옮김

19세기 러시아의 대문호 고골이 죽음의 문턱에서 회생한 후 영적 체험을 알리기 위해 저술한 작품이다. 지인과의 서신들에 문학평론과 사회평론을 덧붙여 출간한 이 책은 광신적 메시지, 가학적일 만큼 긴 문장, 황당무계한 비유 등으로 러시아 문학사상 "최악의 책"으로 혹평받다가, 20세기 초엽에 종교 · 윤리 · 예술이 결합된 독창적 작품으로 재평가받았다. 예술가로서의 고골을 이해하는 데 중요할 뿐 아니라, 도스토예프스키, 톨스토이, 솔제니친 등 향후 러시아의 위대한 작가들이 걸어갈 길을 예고하고 있는 작품이란 점에서도 중요하다.

206 민주시민의 도덕

로버트 프리먼 버츠 (Robert Freeman Butts) 지음 | 김해성(강원대 사회교육과) 옮김

민주화 이후에는 자유롭고 평등한 개인들이 공존할 수 있는 가능성을 모색하는 것이 가장 시급한 과제이다. 이를 위해선 시민교육의 제도화가 무엇보다 시급하다. 민주주의의 학습장도 이제 거리에서 공교육으로 이행되어야 한다. 이 책에서 저자는 미국 시민교육의 역사적 진화과정을 서술하면서 민주사회의 시민이 갖춰야 할 자질과 덕목도 함께 논의한다. 민주화 이후의 과제들에 직면해 있는 우리에게 많은 것을 시사해준다.

207 선녀여왕

에드먼드 스펜서 (Edmund Spenser) 지음 | 임성균 (숙명여대 영문학과) 옮김

"시인들의 시인" 에드먼드 스펜서의 역작 《선녀여왕》은 영시 사상 가장 긴 서사시다. 서사의 웅대함은 《반지의 제왕》을 능가하고, 이야기의 재미는 〈스타워즈〉나 〈매트릭스〉를 제압한다. 또한 당대의 정치, 사회, 종교, 도덕을 망라하는 풍부한 알레고리와 무궁무진한 표현기교의 보고여서, 그 의의는 영문학의 범위를 넘어선다. 이번에 번역된 제1권과 제2권은 기사의 모험을 통해 구원의 문제와 절제된 삶의 태도를 다룬다. 그러나 무엇보다 관심을 끄는 것은 흥미진진한 모험, 끊임없이 얽혀드는 새로운 사건과 등장인물의 성격이다.

208 라오콘 : 미술과 문학의 경계에 관하여

고트홀트 에프라임 레싱 (Gotthold Ephraim Lessing) 지음 | 윤도중 (숭실대 독문과) 옮김

독일 시민정신의 기수이자 근대 희곡의 아버지로 추앙받는 레싱의 대표작이다. 트로이의 왕자 라오콘과 그 아들을 소재로 하는 고대 조각상을 놓고 '미술과 문학의 경계'를 논한 저서로서, 근대 미학담론의 시작으로 간주된다. 또한 문학이 미술보다 가능성이 더 많은 예술임을 밝힌 근대 문학비평의 고전이기도 하다. 이 책은 1766년 출간 때부터 비상한 주목을 받아 19세기에 미학의 캐논 반열에 올랐으며, 1980년대에도 이 책을 바탕으로 기호학적 미학을 정립하려는 시도가 이루어질 만큼 현실성을 잃지 않고 있다.

209 법철학

아르투어 카우프만 (Arthur Kaufmann) 지음 | 김영환 (한양대 법대) 옮김

독일어로 쓰인 가장 뛰어난 법철학 저서로 평가받는 책이다. 현대 법철학의 교황으로도 불렸던 저자는 법존재론적 차원과 법인식론적 차원을 모두 포괄하는 법철학적 사유의 진수를 보여준다. 이 책은 법철학적 사유의 기초를 형성하는 개념적 문제 및 쟁점들뿐만 아니라, 사회정의에 관한 수많은 실체적 문제들도 중요하게 다룬다. 공리주의, 다원주의, 관용, 위험사회, 생명윤리, 인간유전공학, 임신중절, 자연(동물)의 권리, 전쟁과 평화, 연좌시위 등을 둘러싼 법철학적 쟁점이 무엇인지가 명쾌하게 해명된다.

210 독일론

마담 드 스탈 (Madame de Staël) 지음 | 권유현 (서울대 인문학연구소) 옮김

19세기 초 유럽문화의 아이콘 마담 드 스탈의 대표작이다. 어린 시절부터 계몽주의 거장들의 무릎 위에서 성장한 저자는 나폴레옹과의 갈등으로 10여 년간 독일, 스위스 등 유럽 각지에서 망명생활을 하면서 유럽문화의 중심인물로 떠오른다. 독일의 풍습, 문학과 예술, 철학과 도덕, 종교를 다룬 이 책의 섬세하고 통찰력 있는 비교문화적 필치는 지금도 읽는 이의 탄성을 자아낸다. 또한 《독일론》은 프랑스에 낭만주의를 최초로 도입한 책이기도 하다. 게다가 괴테, 쉴러, 슐레겔, 칸트 등의 대가들이 동시대 유럽 최고 지식인의 눈에 어떻게 비쳤는지를 생생하게 맛보는 특별한 즐거움도 선사한다.

211 영국 소설의 위대한 전통

F. R. 리비스 (Frank Raymond Leavis) 지음 | 김영희 (한국과학기술원) 옮김

20세기 영국을 대표하는 비평가 F. R. 리비스(1895~1978)는 근대 기술문명에 대한 비판의식 위에서 문학적 사유의 창조적 성격을 규명하는 것을 평생의 화두로 삼았다. 문학과 비평에 대한 생각을 집약한 이 책에서 그는 영국소설의 '위대한 전통'이 제인 오스틴에서 시작하여 조지 엘리엇, 헨리 제임스, 조지프 콘래드를 거쳐 D.H. 로런스로 이어지는 5명의 작가에게 있다는 논쟁적 주장을 펼친다. 이 책의 뼈대는 엘리엇, 제임스, 콘래드에 대한 세 편의 작가론이며, 그 앞뒤로 권두 에세이와 디킨스의 《어려운 시절》에 대한 작품론이 있다.

212 씨앗이 첫째 : 식물생명공학의 정치경제학

잭 클로펜버그 2세 (Jack R. Kloppenburg) 지음 | 허남혁 (대구대 강사) 옮김

저명한 농업사회학자인 저자는 이 책에서 농업의 기초인 씨앗을 두고 지난 20세기 농업근대화 과정, 즉 20세기 초반 미국의 잡종 옥수수 개발, 20세기 중반 전세계적인 녹색혁명 과정, 식물유전자원 배분의 전지구적 불균등성, 그리고 20세기 후반 생명공학기술의 등장과 농업부문에의 적용과정에서 벌어진 국가, 민간자본, 농민 간의 상호작용을 분석한다. 이를 통해 저자는 자본이 자연을 어떻게 상품화하고 사유화하는지를 보여준다. 특히 이 책은 생명공학산업의 탄생 및 발전과정에 대한 연구로서, 생명공학의 사회경제적 함의와 관련한 시의적절한 논쟁거리를 풍성하게 제공해준다.

213 말하기: 그 의미에서 조음까지

빌름 르펠트 (Willem J. M. Levelt) 지음 | 김지홍 (경상대 국어교육과) 옮김

우리의 뇌작용과 관련하여 언어를 설명하는 방식으로는 언어산출과정과 언어처리(이해)과정에 대한 서술이 있다. 여기서 언어산출과정은, 의사소통 의도에서 시작하여 언어의미 확정을 포함하는 내용부분과 낱말선택과 문법형태소 배당 및 음성입력과정에 이르는 형식부분으로 구성되어 있다. 이 책은 출간과 동시에 많은 반향을 일으키면서 언어산출분야의 새로운 이정표로 자리잡았다. 이 책을 통해 독자들은 언어산출에 대한 배경지식뿐 아니라, 자세한 연구분야의 내용, 앞으로의 연구방향까지 가늠할 수 있을 것이다.

214 헤겔 자연철학 : 철학백과사전 제 2부

헤겔 (G. W. F. Hegel) 지음 | 박병기 (전남대 철학과) 옮김

헤겔은 《철학백과사전》에서 이념의 필연적 전개과정에 따라 로고스-자연-정신이라는 3개의 개념군으로 나누어 철학적 개념들을 서술했다. 로고스는 추상적 형식 속의 이념이고, 자연은 타재의 형식 속의 이념이며, 정신은 자신에게 복귀한 이념이다. 《자연철학》은 《철학백과사전》의 제 2부이다. 특히 이 번역서엔 헤겔 사후 미슐레가 헤겔의 강의노트와 수강생들의 필기노트를 정리하여 덧붙인 〈보충〉 부분이 포함되어 있어서, 헤겔 자연철학 연구의 중요한 전거가 될 것이다.